全国高等教育金融系列精品教材

Financial Enterprise Accounting

金融企业会计

主　编◎杨开明　张　玲　蒋国珍
副主编◎李晓燕　杨小花

图书在版编目（CIP）数据

金融企业会计/杨开明等主编. —北京：经济管理出版社，2014.2
ISBN 978-7-5096-2879-9

Ⅰ.①金… Ⅱ.①杨… Ⅲ.①金融业—会计 Ⅳ.①F830.42

中国版本图书馆 CIP 数据核字（2013）第 295446 号

组稿编辑：申桂萍
责任编辑：魏晨红
责任印制：黄章平
责任校对：超　凡　王纪慧

出版发行：经济管理出版社
（北京市海淀区北蜂窝8号中雅大厦A座11层　100038）
网　　址：www.E-mp.com.cn
电　　话：（010）51915602
印　　刷：三河市延风印装厂
经　　销：新华书店
开　　本：787mm×1092mm/16
印　　张：23.25
字　　数：524千字
版　　次：2014年2月第1版　2014年2月第1次印刷
书　　号：ISBN 978-7-5096-2879-9
定　　价：58.00元

·版权所有　翻印必究·

凡购本社图书，如有印装错误，由本社读者服务部负责调换。
联系地址：北京阜外月坛北小街2号
电话：（010）68022974　邮编：100836

全国高等教育金融学专业系列规划教材编委会成员

顾　问：张世贤　中国社会科学院工业经济研究所研究员、博士生导师
　　　　　　　　经济管理出版社社长
主　任：徐仁璋　中南财经政法大学教授、硕士生导师
　　　　　　　　中南财经政法大学武汉学院副院长
副主任：刘应森　中南财经政法大学教授、硕士生导师
　　　　　　　　中南财经政法大学武汉学院教务处处长
　　　　杨开明　中南财经政法大学教授、硕士生导师
　　　　　　　　中南财经政法大学武汉学院金融系主任
　　　　李念斋　中南财经政法大学教授、博士生导师
　　　　　　　　华中科技大学武昌分校董事长助理
　　　　夏丹阳　中南财经政法大学武汉学院经济系主任
　　　　雷仕凤　襄樊学院教授、硕士生导师
　　　　　　　　襄樊学院经济与政法学院副院长兼经济系主任
　　　　朱艳阳　襄樊学院教授、硕士生导师
　　　　　　　　襄樊学院管理学院副院长兼副书记
总　编：杨开明　兼
策　划：申桂萍　经济管理出版社第六编辑部主任
　　　　肖　雯　武汉市恒曦书业发展有限公司总经理

《金融学系列教材》总序

随着我国高等教育事业的飞速发展，我国高等教育教学培养方向呈现出日趋多样化的趋势。不同高等院校的定位和办学理念存在着比较大的差距，但是，为社会培养高素质人才这一基本方向却是相同的。《国家中长期教育改革与发展规划纲要》(2010~2020年)提出我国教育工作的根本要求是：培养造就数以亿计的高素质劳动者、数以千万计的专门人才和一大批拔尖创新人才。对于多数高等院校，尤其是多数非重点本科院校、独立学院和高职高专来说，其核心任务应该是培养造就数以亿计的高素质劳动者。

20世纪90年代以来，在国家政策的支持和指引下，我国高等教育领域中，新的主体得到了较快的发展。它们历史较短，独自开展教材建设的力量都比较薄弱。但实践证明，高等学校教师编写适合自己的教材，不仅有利于教师开展科研和教学工作、保证教学质量，而且有利于学生汲取最新最重要的知识、获取日后工作中所需的核心技能、成长为满足社会需求的人才，进而推动学科的发展和我国高等教育事业的进步。为此，我们组织了一批高等学校的教师编写了这套金融学专业系列教材，希望起到抛砖引玉的作用。

本系列教材以培养具备较强实践能力和动手能力的应用型人才为出发点，深入浅出，在为学生提供基本理论知识的基础上强调案例教学，是学生进入金融学科的一部梯子，是教师组织教学活动的基础，是师生沟通的桥梁。

本系列教材的主编均为长期从事教学工作的教授，还有"211"院校的研究生导师，汇集了多所高等院校多年的教学经验和教学研究成果，是数十位具有丰富一线教学经验的老师心血的结晶。

本系列教材的编写得到了经济管理出版社的高度重视，申桂萍主任给予了极大支持。在此，对以上为本系列教材的面世而付出辛勤劳动的所有单位和个人表示衷心的感谢。

同时，希望读者对本系列教材提出宝贵的意见，使其更精、更好。

杨开明

前 言

会计是一种管理活动，金融企业会计是会计学科的重要组成部分。金融业是一个特殊的行业，包括以下7类：银行业存款类金融机构（如商业银行、信用合作社、资金互助社、财务公司）；银行业非存款类金融机构（如信托公司、金融资产管理公司、金融租赁公司、汽车金融公司、贷款公司、货币经纪公司）；证券业金融机构（如证券公司、证券投资基金管理公司、期货公司、投资咨询公司）；保险业金融机构（如财产保险公司、人身保险公司、再保险公司、保险资产管理公司、保险经纪公司、保险代理公司、保险公估公司）；交易及结算类金融机构（如交易所、登记结算类机构）；金融控股公司（如中央金融控股公司、其他金融控股公司）；新兴金融企业（如小额贷款公司、第三方理财公司、综合理财服务公司）。本书主要介绍银行、保险、证券、租赁和信托业务会计。

自20世纪80年代以来，经过三十多年的改革开放，我国金融业已经获得强劲发展，金融总量大幅增长、金融创新进一步深化、金融监督管理不断加强、金融组织体系基本健全。据《中国统计年鉴》（2012）、《中国金融统计年鉴》（2012）公布的数据，截至2011年全国银行金融机构118900个（不包括城市商业银行、农村商业银行、城市信用社、农村信用社），各类保险机构69677个，村镇银行539家（不包括营业机构），贷款公司4282家。如此巨大的金融机构服务网点，对金融企业会计提出了巨大的人才需求。因此，金融企业会计是金融学、保险学、会计学等专业的必修课程。

金融企业会计同其他会计一样，是一门技术性、实用性较强的学科。本书编写的基本原则包括：①以《会计法》、《金融企业会计准则》作为编写的基础；②以新颁布的《金融企业会计制度》（2001）和《金融企业会计科目》（2006）作为编写的依据；③以金融企业实际工作的要求作为编写的资料来源；④以完善学生知识结构和提高学生能力素质作为编写目标。

本书第一章、第八章由中南财经政法大学武汉学院杨开明编写，第二章、第七章由中南财经政法大学武汉学院杨小花编写，第三章、第四章由广东商学院华商学院蒋国珍编写，第五章由湖北经济学院会计学院李晓燕编写，第六章、第九章、第十章由中南财经政法大学武汉学院张玲编写。全书最后由杨开明、张玲总纂、定稿。

本书在编写过程中参阅了大量的相关资料文献和已经公开出版的相关教材与学术成果，并得到了经济管理出版社和武汉恒曦书业发展有限公司的大力支持，在此表示诚挚的谢意。

　　本书涉及的范围比较广、内容比较多、业务比较复杂，由于编写人员的学识有限、实践经验少、编写时间仓促，书中难免存在错误和疏漏，敬请读者提出宝贵意见和建议，以便今后进一步改进和完善。

作　者
2013 年 11 月

目 录

第一章 金融企业会计总论 1
  学习目的与要求 1
  第一节 金融企业会计概述 1
  第二节 金融企业会计核算的基本理论与组织管理 6
  第三节 金融企业会计核算的基本方法 12
  本章小结 37
  思考题 38
  会计趣味 38

第二章 商业银行存款与贷款业务的核算 39
  学习目的与要求 39
  第一节 存款业务的核算 40
  第二节 贷款业务的核算 59
  第三节 贴现业务的核算 74
  本章小结 77
  练习题 78

第三章 商业银行国内支付结算业务的核算 83
  学习目的与要求 83
  第一节 支付结算业务概述 83
  第二节 票据业务的核算 85
  第三节 非票据结算方式的核算 101
  第四节 信用卡业务的核算 109
  本章小结 112
  练习题 113

第四章 银行间往来业务的核算 117
  学习目的与要求 117

第一节	商业银行与中央银行往来业务的核算	117
第二节	联行往来业务的核算	124
第三节	同业往来业务的核算	135

本章小结 ... 141
练习题 ... 142

第五章 商业银行外汇业务的核算 ... 147

学习目的与要求 ... 147
第一节 外汇业务概述 ... 147
第二节 外汇买卖业务的核算 ... 149
第三节 外汇存贷款业务的核算 ... 154
第四节 外汇资金往来的核算 ... 165
第五节 国际结算业务的核算 ... 171
本章小结 ... 185
练习题 ... 186

第六章 证券公司业务的核算 ... 187

学习目的与要求 ... 187
第一节 证券公司概述 ... 187
第二节 证券经纪业务的核算 ... 193
第三节 证券自营业务的核算 ... 201
第四节 证券承销业务的核算 ... 207
第五节 其他证券业务的核算 ... 211
本章小结 ... 216
思考题 ... 217
练习题 ... 217

第七章 保险公司业务的核算 ... 219

学习目的与要求 ... 219
第一节 保险业务概述 ... 219
第二节 财产保险业务的核算 ... 221
第三节 人身保险业务的核算 ... 232
第四节 保险准备金的核算 ... 243
第五节 再保险业务的核算 ... 250
本章小结 ... 261
思考题 ... 261
练习题 ... 261

第八章 信托及租赁公司业务的核算 ··· 263

- 学习目的与要求 ·· 263
- 第一节 信托公司业务的核算 ·· 263
- 第二节 租赁公司业务的核算 ·· 277
- 本章小结 ··· 287
- 思考题 ·· 287
- 练习题 ·· 287

第九章 金融企业收入、费用、利润的核算 ·································· 289

- 学习目的与要求 ·· 289
- 第一节 金融企业收入的核算 ·· 289
- 第二节 金融企业费用的核算 ·· 298
- 第三节 金融企业利润及利润分配的核算 ································· 303
- 本章小结 ··· 310
- 思考题 ·· 310
- 练习题 ·· 311

第十章 金融企业财务报告及财务分析 ·· 313

- 学习目的与要求 ·· 313
- 第一节 金融企业财务报告概述 ··· 313
- 第二节 金融企业财务会计报表的编制 ···································· 316
- 第三节 金融企业财务报表分析 ··· 354
- 本章小结 ··· 359
- 思考题 ·· 359

参考文献 ··· 361

第一章 金融企业会计总论

学习目的与要求

让学生掌握金融企业会计的基本理论及知识；通过学习使学生初步掌握金融企业会计的基本方法，培养学生的实际工作能力，从而为学生将来从事相关工作打下坚实的基础。

通过学习使学生形成对金融企业会计性质、种类、功能、特点等基本理论、基本技能和基本知识的理解；形成对金融企业会计实践意义的认识；形成对金融企业会计实际运用的能力；形成对金融企业会计与其他会计区别的比较。

第一节 金融企业会计概述

一、银行会计与金融企业会计

1. 银行会计

银行会计有广义和狭义之分。狭义的银行会计是指商业银行会计，是指商业银行运用会计的基本原理和基本方法，以货币为主要计量单位，对商业银行的各种业务和财务活动、财务成果进行核算、监督、分析和考核的一门专业会计，是一种经济管理活动。广义的银行会计，则包括商业银行会计、政策性银行会计和中央银行会计；政策性银行会计是运用会计的基本原理和基本方法，以货币为主要计量单位，对政策性银行的资金来源、资金运用等财务活动进行核算、监督、分析和考核的一门专业会计，是一种经济管理活动；中央银行会计是运用会计的基本原理和基本方法，以货币为主要计量单位，真实、准确、完整、及时地记录、计算和综合反映中央银行业务活动情况，为贯彻政策、考核计划、研究国民经济发展情况和金融决策提供正确数据的一门专业会计，是一种经济管理活动。

2. 非银行金融机构会计

按照我国财政部（1992年）的规定，非银行金融机构会计包括信托公司会计、租赁公司会计、证券公司会计、其他经批准从事金融业务的非银行金融机构会计，不包括企业集团财务公司会计、财政系统证券中介机构会计和中外合资非银行金融机构会计。

3. 金融会计

金融会计包括银行会计和非银行金融机构会计。

4. 金融企业会计

按照财政部（2001年）的规定，金融企业包括银行（含信用社，下同）、保险公司、证券公司、信托投资公司、期货公司、基金管理公司、租赁公司、财务公司等。因此，金融企业会计包括商业银行会计、保险公司会计、证券公司会计、信托投资公司会计、期货公司会计、基金管理公司会计、租赁公司会计、财务公司会计等。

二、金融企业会计的特点

1. 金融企业会计核算的对象具有特殊性

金融企业会计核算的对象不仅包括对内业务，还包括对外业务，并以对外业务为核算主体；或者说其核算范围不仅涉及银行自身的资金运动，更涉及社会各部门、各单位之间的资金运动，是一定社会范围内的资金运动；或者说金融企业会计不仅要对自身的财务收支以及经营成果进行综合的反映和监督，同时还要核算、反映和监督各部门各企业各单位的资产活动情况。因此，与企业会计相比，它的核算内容更具有广泛性、社会性和综合性。

2. 金融企业会计核算的方法具有特殊性

（1）会计科目的设置与企业会计不同。金融企业会计科目按其与资产负债表的关系分为表内科目和表外科目。表内科目是指与资产负债表有关项目相关联，用以反映和控制银行资金运动的科目；表外科目是指与资产负债表有关项目无关联，用以记载不涉及资金运动的重要业务事项的科目。前者如"贷款"、"吸收存款"、"实收资本"、"本年利润"等科目，后者如"重要空白凭证"、"代保管抵押品"、"银行承兑汇票"等科目。表外科目是金融企业根据自身的情况和管理的需要自行设置的，一般没有全国统一的表外科目。

（2）金融企业会计凭证设置和填制具有特殊性。金融企业会计特别是商业银行会计凭证的种类较多，其既有通用的基本凭证，又有专用的特定凭证；既有单式凭证，也有复式凭证；既有表内科目凭证，也有表外科目凭证。同时，金融企业会计凭证的设置和填制亦有其自身的特性，首先，商业银行会计凭证具有统一性和社会通用性的特征，其不仅要供银行内部管理使用，而且要供对外营运业务使用；其次，金融企业会计广泛采用由客户填写的原始凭证来取代记账凭证。

（3）金融企业会计账簿具有特殊性。金融企业会计账簿按其提供会计核算资料的详细程度不同分为总账、日记账、分户账、余额表和登记簿。分户账按其账页格式不同分为甲种账、乙种账、丙种账和丁种账四种。余额表是分户账据以计算利息的工具，也是核对分户账余额与总账余额是否相符的工具。登记簿是适应某些业务需要而设置的，用来登记主要账簿未能或不必记录而又需要查考的业务事项，也可以用来统御卡片账和控制重要凭证、有价单证和实物等。登记的方式可区分不同对象立户登记，也可不分账户而按业务发生顺序逐笔记载。登记的格式视业务需要而定，除特定的专用格式外，一般采用通用的收、付、余三栏式，并在各栏中增设数量栏。

（4）金融企业会计核算形式具有特殊性。为了保证核算资料的真实准确及报送的及时有效，金融企业会计要按日提供会计报表，做到当日业务当日核算完毕。也就是说，金融企业会计部门应从填制和审核凭证开始，通过账簿登记与核对，最终编制当日会计报表，以准确及时地反映当日的业务活动及由此产生的财务收支状况。日计表既是当日的试算平衡表，又是金融机构决策者了解资金动态、掌握当日经营状况的日报表。

三、金融企业会计的对象①

（一）资产

资产是指过去的交易、事项形成并由企业拥有或者控制的资源，该资源预期会给企业带来经济利益。金融企业的资产按流动性进行分类，主要分为流动资产、贷款、长期投资、固定资产与在建工程、无形资产和其他资产。

1. 流动资产

流动资产是指可以在1年内（含1年）变现或耗用的资产。金融企业的流动资产主要包括库存现金，存放款项（存放中央银行款项、存放同业），拆出资金，贴现资金，应收利息，应收股利，应收保费，应收代位追偿款，应收分保账款，应收分保未到期责任准备金，应收分保保险责任准备金，存出保证金，结算备付金，代理业务资产，代理兑付证券，贵金属等。

2. 贷款

贷款是指金融企业对借款人提供的按约定的利率和期限还本付息的货币资金。金融企业发放的贷款主要包括短期贷款、中期贷款和长期贷款。

3. 长期投资

长期投资是指持有时间准备超过1年（不含1年）的各种股权性质的投资、不能变现或不准备随时变现的债券投资、其他债权投资和其他长期投资。

4. 固定资产与在建工程

（1）金融企业的固定资产是指同时具有以下特征的有形资产：①为提供劳务或经营管理而持有的；②使用年限超过1年；③单位价值较高，如房屋和建筑物、各类设备。未作为固定资产管理的工具、器具等，作为低值易耗品核算。

（2）金融企业的在建工程包括施工前期准备、正在施工中的建筑工程、安装工程、技术改造工程、大修理工程等。

5. 无形资产和其他资产

（1）金融企业的无形资产是指为提供劳务或为管理目的而持有的、没有实物形态的

---

① 根据财政部印发《金融企业会计制度》（2002年1月1日起施行）整理。

非货币性长期资产。无形资产分为可辨认无形资产和不可辨认无形资产。可辨认无形资产包括专利权、非专利技术、商标权、著作权、土地使用权等；不可辨认无形资产是指商誉。金融企业自创的商誉以及未满足无形资产确认条件的其他项目，不能作为无形资产。

（2）金融企业的其他资产是指除上述资产以外的其他资产，如长期待摊费用、存出资本保证金、抵债资产、应收席位费等。

长期待摊费用是指金融企业已经支出，但摊销期限在1年以上（不含1年）的各项费用，包括租入固定资产的改良支出等。应当由本期负担的借款利息、租金等不得作为长期待摊费用处理。

存出资本保证金是指金融企业从事保险业务按规定比例缴存的、用于清算时清偿债务的保证金。存出资本保证金应于金融企业成立后按注册资本的20%提取，在实际发生时，按实际发生额入账。

金融企业取得抵债资产时，按实际抵债部分的贷款本金和已确认的利息作为抵债资产的入账价值。如果取得的处置收入大于抵债资产的账面价值，其差额计入营业外收入；如果取得的处置收入小于抵债资产的账面价值，其差额计入营业外支出；保管过程中发生的费用直接计入营业外支出。处置过程中发生的费用从处置收入中抵减。抵债资产在期末应当按照账面价值与可收回金额孰低计量。

应收席位费是指金融企业向法定交易场所支付的交易席位费用。交易席位费用应当按照实际支付的金额入账，并按10年的期限平均摊销。

（二）负债

负债是指过去的交易、事项形成的现时义务，履行该义务预期会导致经济利益流出企业。金融企业的负债按其流动性，可分为流动负债、应付债券、长期准备金和其他长期负债等。

1. 流动负债

流动负债是指将在1年（含1年）内偿还的债务。金融企业的流动负债主要包括存入保证金、拆入资金、向中央银行借款、同业存放、吸收存款、贴现负债、交易性金融负债、卖出回购金融资产款、应付保单红利、应付分保账款、代理买卖证券款、代理承销证券款、代理兑付证券款、代理业务负债、预计负债、应付股息、应付利息、应交税费、应付职工薪酬等。

2. 应付债券

金融企业发行金融债券和可转换债券所形成的债务。

3. 长期准备金

从事保险业务的金融企业，其长期准备金主要包括未到期责任准备金、保险责任准备金等。

4. 其他长期负债

其他长期负债主要包括保户储金、长期借款和长期应付款、专项应付款、未确认融资费用和独立账户负债等。

(三) 所有者权益

所有者权益是指所有者在企业资产中享有的经济利益，其金额为资产减去负债后的余额。金融企业的所有者权益，主要包括实收资本（或股本）、资本公积、盈余公积和未分配利润等。

金融企业的实收资本是指投资者按照企业章程，或合同、协议的约定，实际投入金融企业的资本。

金融企业的资本公积主要包括：①资本（或股本）溢价，是指金融企业投资者投入的资金超过其在注册资本中所占份额的部分。②接受非现金资产捐赠准备，是指金融企业因接受非现金资产捐赠而增加的资本公积。③接受现金捐赠，是指金融企业因接受现金资产捐赠而增加的资本公积。④股权投资准备，是指金融企业对被投资单位的长期股权投资采用权益法核算时，因被投资单位接受捐赠等原因增加的资本公积，金融企业按其持股比例计算而增加的资本公积。⑤外币资本折算差额，是指金融企业接受外币投资因所采用的汇率不同而产生的资本折算差额。⑥关联交易差价，是指上市的金融企业与关联方之间的交易，对显失公允的交易价格部分而形成的资本公积。这部分资本公积不得用于转增资本或弥补亏损。⑦其他资本公积，是指除上述各项资本公积以外所形成的资本公积，以及从资本公积各准备项目转入的金额。债权人豁免的债务，也在本项目核算。

金融企业的盈余公积主要包括：①法定盈余公积，是指金融企业按照规定的比例从净利润中提取的盈余公积。②任意盈余公积，是指金融企业经股东大会或类似机构批准按照规定的比例从净利润中提取的盈余公积。③法定公益金，是指金融企业按照规定的比例从净利润中提取的用于职工集体福利设施的公益金。法定公益金用于职工集体福利时，应当将其转入任意盈余公积。金融企业的盈余公积可以用于弥补亏损、转增资本（或股本）。符合规定条件的金融企业，也可以用盈余公积分派现金股利。

(四) 收入

收入是指企业在销售商品、提供劳务及让渡资产使用权等日常活动中所形成的经济利益的总流入。金融企业提供金融商品服务所取得的收入，主要包括利息收入、手续费及佣金收入、贴现利息收入、保费收入、分保费收入、租赁收入、其他业务收入、投资收益、营业外收入等。收入不包括为第三方或者客户代收的款项，如企业代垫的工本费、代邮电部门收取的邮电费等。

(五) 成本和费用

金融企业的成本和费用是指在业务经营过程中发生的与业务经营有关的支出或营业成本、营业费用，包括利息支出、手续费及佣金支出、赔付支出、分出保费、分保费用等。

金融企业必须分清本期营业成本、营业费用和下期营业成本、营业费用的界限，不得任意预提和摊销费用。

(六) 利润

利润是指金融企业在一定会计期间的经营成果，包括营业利润、利润总额和净利

润。金融企业营业利润是指营业收入减去营业成本和营业费用加上投资净收益后的净额。金融企业利润总额是指营业利润减去营业税金及附加，加上营业外收入，减去营业外支出后的金额。金融企业净利润是指扣除资产损失后利润总额减去所得税后的金额。

第二节　金融企业会计核算的基本理论与组织管理

一、金融企业会计核算的基本前提

（一）会计主体

会计主体是指会计工作为其服务的特定单位或组织，是会计人员进行会计核算时采取的立场以及在空间范围上的界定。会计主体既可以是一个企业，也可以是若干个企业组织起来的集团公司，既可以是法人，也可以是不具备法人资格的实体。

会计主体是财务会计的基本假设或基本前提之一，会计为之服务的特定单位。开展会计工作，首先应当明确会计主体，即明确会计人员的立足点，解决为谁记账、算账、报账的问题。会计人员只为特定的会计主体记账并编制会计报表。

（二）持续经营

持续经营是假设企业正常的生产经营活动能永远地进行下去，即在可以预见的将来企业不会倒闭。持续经营是会计确认、计量、报告的前提，有了持续经营的假设才能对资产按历史成本计价，折旧费用的分期提取才能正常进行，否则资产的评估、费用在受益期的分配、负债的按期偿还以及所有者权益和经营成果将无法确认。

（三）会计分期

会计分期是指把企业持续不断的生产经营过程划分为较短的等距会计期间，以便分期结算账目，按时编制会计报表。《企业会计准则》规定，我国企业的会计期间按年度划分，以日历年度为一个会计年度，即从每年1月1日至12月31日为一个会计年度。

会计分期假设是把会计主体的经营活动看成长河，又人为把它隔断以测定其流量，于是产生了当期与其他期间的差别。从而出现了权责发生制和收付实现制的区别，进而出现了应收、应付、递延、预提、待摊等会计处理方法。

（四）货币计量

货币计量是指企业在会计核算中要以货币为统一的主要的计量单位，记录和反映企业生产经营过程和经营成果。会计主体的经济活动是多种多样、错综复杂的。为了实现会计目的，必须综合反映会计主体的各项经济活动，这就要求有一个统一计量尺度。可供选择的计量尺度有货币、实物和时间等，但在商品经济条件下，货币作为一种特殊的商品，最适合充当统一的计量尺度。

货币计量包括两层意思：一是会计在选择货币作为统一的计量尺度的同时，要以实物量度和时间量度等作为辅助的计量尺度。二是假定币值稳定，因为只有在币值稳定或相对稳定的情况下，不同时点上的资产的价值才有可比性。

二、金融企业会计核算的一般原则

会计核算的一般原则是进行会计核算的指导思想和衡量会计工作成败的标准。为规范金融企业的会计核算行为，提高会计信息质量，《金融企业会计制度》第七条明确规定了金融企业会计核算的十三条基本原则。金融企业会计核算的十三条基本原则，具体可以分为以下三个方面：衡量会计信息质量的一般原则，确认和计量的一般原则，起修正作用的一般原则。①

（一）衡量会计信息质量的一般原则

金融会计工作的基本任务是为金融企业有关各方提供经济决策所需要的信息，金融会计信息质量的高低是评价金融会计工作成败的标准。根据《金融企业会计制度》的规定，评价金融企业会计信息质量的标准主要有六条，即客观性、相关性、可比性、一贯性、及时性和明晰性。

1. 客观性

《金融企业会计制度》规定："金融企业的会计核算应当以实际发生的交易或事项为依据，如实反映其财务状况、经营成果和现金流量。"在会计核算工作中坚持客观性原则，就应当在会计核算时客观地反映金融企业的财务状况、经营成果和现金流量，保证会计信息的真实性；在会计工作中应当正确运用会计原则和方法，准确反映企业的实际情况；会计信息应当能够经受验证，以核实其是否真实。所以，如果金融企业的会计核算不是以实际发生的交易或事项为依据，没有如实地反映其财务状况、经营成果和现金流量，会计工作就失去了存在的意义，甚至会误导会计信息使用者，导致决策的失误。

但是，客观性不等于精确性，会计不可能提供绝对精确的信息，这是因为经济活动存在着不确定性因素。因此，会计核算不可能完全排除会计人员的主观判断。为保证会计信息的客观性，会计人员在做估计前，必须尽可能获得现实的、客观的数据。

2. 相关性

《金融企业会计制度》规定："金融企业提供的会计信息应当能够反映其财务状况、经营成果和现金流量，以满足会计信息使用者的需要。"信息的价值在于其与决策相关，有助于决策。相关的会计信息，有助于会计信息使用者评价过去的决策，证实或修正某些预测，具有反馈价值功能；有助于会计信息使用者合理预计未来的发展，具有预测价值功能。因此，金融企业在收集、加工、处理和提供会计信息过程中，必须充分考虑会计信息使用者的需求。

3. 可比性

《金融企业会计制度》规定："金融企业应当按照规定的会计处理方法进行会计核算，

---

① 夏博辉：《金融企业会计核算的基本前提和一般原则》，《中国金融》，2003年第8期。

会计指标应当口径一致、相互可比。"在金融企业贯彻可比性原则，就是要求金融企业严格按照新制度的规定进行会计核算，保证相同的交易或事项采用相同的会计处理方法，使所有金融企业的会计核算都建立在相互可比的基础上。

4. 一贯性

《金融企业会计制度》规定："金融企业的会计核算方法前后各期应当保持一致，不得随意变更。如有必要变更，应当将变更的内容和理由、变更的累积影响数以及累积影响数不能合理确定的理由等，在会计报表附注中予以分别说明。"金融企业发生的交易或事项具有复杂性，呈现多样化，对于某些交易或事项可以有多种会计核算方法。例如，贷款损失准备、坏账准备的计提，可采用未来现金流量法、余额比例法、账龄分析法、公允价值计量法等。保证金融会计信息一贯性的前提是金融企业在各个会计期间应尽可能地采用相同的会计核算方法。

一贯性原则并不意味着会计核算方法不能做必要的变动。如果会计核算方法的变更符合经济环境的变化，有利于提供更加正确和更加有效的会计信息，那么这种变更就成为必要。鉴于此，金融企业可以变更会计核算方法，但应在财务报告中做相应的披露。

5. 及时性

《金融企业会计制度》规定："金融企业的会计核算应当及时进行，不得提前或延后。"会计信息的价值在于帮助信息使用者作出经济决策，具有时效性。如果金融企业的会计信息不能及时提供，即使其信息具有客观、可比、相关的特性，对于会计信息使用者也没有任何意义，甚至可能会误导会计信息使用者。为保证会计信息的及时性，务必做到三点：及时收集会计信息，及时对会计信息进行加工处理，及时传递会计信息。

6. 明晰性

《金融企业会计制度》规定："金融企业的会计核算应当清晰明了，便于理解和利用。"会计信息要对使用者有用，首先应为使用者理解，这就要求会计核算和财务会计报告必须清晰明了。为此，金融企业在会计核算工作中必须做到：一是会计记录准确、清晰，填制会计凭证、登记会计账簿合法有据，账户对应关系清楚、文字摘要完整；二是报表项目勾稽关系清楚、项目完整、数字准确。

在上述关于会计信息质量特征的一般原则中，最重要的是客观性和相关性。客观性是基础，相关性是目的；可比性、一贯性和及时性可提高会计信息的相关性；明晰性是会计信息有用的一个必要条件，否则，即使是真实而相关的信息，但不为人所理解也是无用的。

（二）确认和计量的一般原则

1. 权责发生制

《金融企业会计制度》规定："金融企业的会计核算应当以权责发生制为基础。凡是当期已经实现的收入和已经发生或应当负担的费用，不论款项是否收付，都应当作为当期的收入和费用；凡是不属于当期的收入和费用，即使款项已在当期收付，也不应当作为当期的收入和费用。"因此，在权责发生制下，金融企业收到的现金不一定是收入，有收入不一定收到现金，支付现金不一定是费用，发生费用不一定就支付现金。

2. 配比原则

《金融企业会计制度》规定："金融企业在会计核算时，收入与其成本、费用应当相互配比，同一会计期间内的各项收入和与其相关的成本、费用，应当在该会计期间内确认。"配比原则的基本要求主要体现在两个方面：一是性质上的因果性，指应予配比的费用和已确认的收入在经济内容上要有因果关系。费用应当是为了获取收入而发生的，不过这种因果关系可能有直接或间接的程度之分。如果已耗资产与收入没有任何因果关系，就不能作为费用来配比。二是时间上的一致性，指费用必须与同一期间的收入相配比。如果收入要待到未来某一时期实现，相应的费用或已耗成本就要递延到未来的实际受益期间。

3. 历史成本原则

《金融企业会计制度》规定："金融企业的各项财产在取得时应当按照实际成本计量。各项财产如果发生减值，应当按照本制度规定计提相应的减值准备。除法律、行政法规和国家统一的会计制度另有规定者外，金融企业一律不得自行调整其账面价值。"历史成本原则有三层意思：一是以原始成本记账，当时花多少钱记多少钱，而不管后来是什么价格；二是以名义货币为记账的货币单位，而不管后来物价指数有什么变化；三是以历史交易为依据，而不管现在的交易条件发生了什么变化。

4. 划分收益性支出与资本性支出

《金融企业会计制度》规定："金融企业的会计核算应当合理划分收益性支出与资本性支出。凡支出的效益仅与本会计年度相关的，应当作为收益性支出；凡支出的效益与几个会计年度相关的，应当作为资本性支出。"所以，这一原则也是配比原则的具体体现。金融企业在会计核算工作中确认支出时，要区分两类不同性质的支出：将资本性支出计列于资产负债表中，作为资产反映，以真实地反映企业的财务状况；将收益性支出计列于利润表中，计入当期损益，以正确地计算金融企业当期的经营成果。这主要是因为资本性支出的效益可在几个连续的会计期间发挥作用，而收益性支出的效益只在当期发挥作用。

(三) 起修正作用的一般原则

1. 谨慎性原则

《金融企业会计制度》规定："金融企业的会计核算，应当遵循谨慎性原则，不得多计资产或收益，也不得少计负债或费用。"金融企业的经营活动充满着风险和不确定性，在会计核算工作中坚持谨慎性原则，要求金融企业在面临不确定因素的情况下作出职业判断时，应当保持谨慎，充分估计到各种风险和损失，既不高估资产或收益，也不低估负债或费用。因此，《金融企业会计制度》规定："金融企业应当定期或者至少于每年年度终了时对各项资产进行检查，根据谨慎性原则，合理地预计各项资产可能发生的损失，对可能发生的各项资产损失计提资产减值准备。"这一规定充分体现了谨慎性原则对历史成本原则的修正。

但是，金融企业的各项资产减值准备应当合理地计提，但不得设置秘密准备。《金融企业会计制度》规定："如有确凿证据表明金融企业不恰当地运用了谨慎性原则设置秘

密准备的,应当作为重大会计差错予以更正,并在会计报表附注中说明事项的性质、调整金额以及对金融企业财务状况、经营成果的影响。"

2. 重要性原则

《金融企业会计制度》规定:"金融企业的会计核算应当遵循重要性原则,对资产、负债、损益等有较大影响,进而影响财务会计报告使用者据以作出合理判断的重要会计事项,必须按照规定的会计方法和程序进行处理,并在财务会计报告中予以充分的披露;对于次要的会计事项,在不影响会计信息真实性和不至于误导会计信息使用者作出正确判断的前提下,可适当简化处理。"如何确认金融企业的会计事项,哪些属于重要的,哪些属于次要的呢?一般情况下,应从量和质两个方面综合考虑。从数量上说,会计人员可按一定的金额限度作为区分重要与否的标准;从性质上说,主要看这一事件是否影响金融企业本身的正常活动,是否对会计信息使用者的决策产生影响。

3. 实质重于形式原则

《金融企业会计制度》规定:"金融企业应当按照交易或事项的实质和经济现实进行会计核算,而不应当仅仅按照它们的法律形式作为会计核算的依据。"实际工作中,交易或事项的外在法律形式或人为形式并不总能完全反映其实质内容。如金融企业以融资租赁方式租入的资产,从法律形式上讲,承租企业不拥有该资产的所有权,但由于其租赁期接近于该资产的使用寿命,租赁期结束时承租企业又有优先购买权,租赁期内承租企业有权支配资产并从中受益,所以,从其经济实质来看,企业能够控制其创造的未来经济利益。因此,《金融企业会计制度》规定,以融资租赁方式租入的资产应视为承租企业的资产管理。

三、金融企业会计工作的组织与管理

(一) 会计机构

会计机构是"单位内部所设置的、专门办理会计事项的机构"。我国《会计法》第三十六条明确规定:"各单位应当根据会计业务的需要,设置会计机构,或者在有关机构中设置会计人员并指定会计主管人员;不具备条件设置的,应当委托经批准设立从事会计代理记账业务的中介机构代理记账。"

1. 金融企业会计机构的任务

金融企业会计机构的主要任务:①有效地进行会计核算;②进行合理的会计监督;③制定本单位的会计制度、会计政策;④参与本单位的各种计划的制订,并考核计划的执行情况。为保证顺利、有效地完成上述任务,达到预期的会计目标,会计机构内部应进行合理的分工,按照会计核算的流程设置责任岗位,配备会计人员。

2. 金融企业会计机构设立的基本原则

(1) 合规合法原则。金融企业会计机构的设立应当符合国家有关法律法规和会计基础工作规范,以及单位的实际情况。

(2) 全员性原则。金融企业会计机构的设立应当起到约束银行内部涉及会计工作的所有人员，任何个人都不得拥有超越的权力。银行行长应当对本行的会计管理工作制度的建立健全及有效实施负责。

（3）全面性与系统性结合原则。金融企业会计机构的设立应当涵盖银行内部涉及会计工作的各项经济业务及岗位，并应针对业务处理过程中关键控制点，落实到决策、执行、监督、反馈等各个环节。

（4）权责明确、相互制衡原则。金融企业会计机构的设立应当保证银行内部涉及会计工作的机构、岗位的合理设置及其职责权限的合理划分，坚持不相容职务相互分离，确保不同机构和岗位之间权责分明、相互制约、相互监督。

（5）成本效益原则。金融企业会计机构的设立应当遵循成本效益原则，以合理的成本达到最佳的控制效果。

（6）动态性原则。金融企业会计机构的设立应随着外部环境的变化、银行业务职能的调整和管理要求的提高，不断修改和完善。

（二）金融企业会计人员的管理

（1）金融企业要根据会计工作需要，配足会计人员，并指定会计主管人员（总会计师，总会计，财务会计处、科、股长以及由上级或本单位指定的负责会计工作的人员）。为保证核算工作正常进行，杜绝空岗现象，应配备必要的机动会计人员。

（2）会计人员要保证质量，建立业务培训和上岗考核制度，培训合格后上岗，上岗人员必须持有会计证，不适宜担任会计工作的人员应及时进行调整。

（3）会计人员力求稳定，必须调动时，会计主管人员的任免、调动，须经上一级会计部门同意。一般会计人员的调动，须经本单位会计主管人员同意。

（4）市、地级金融企业（机构）应设立同级副职总会计师岗位，总会计师由具有高级会计师专业技术任职资格的人员担任。

（5）联行人员（含密押员）、票据交换员为机要人员，应按机要人员的条件和审批程序配备。

（6）业务专柜及核算小组的柜、组长和复核员可互相兼任。

（三）金融企业会计人员的职责、权限与岗位管理[①]

1. 金融企业会计人员的职责

金融企业会计人员的职责主要包括：①遵守国家的法律，贯彻执行会计法规和金融企业会计制度。②按照规定和有关核算规程履行会计核算与监督职能，完成会计任务；通过审查凭证、登记账簿、编制报表，有秩序地进行会计业务核算。定期进行会计分析。③加强财务管理，编制财务计划，检查分析财务活动情况，审核各项开支，提出提高盈利能力的措施。④按照管理权限，拟定辖属单位办理会计事务的具体办法、细则，做好加强会计基础工作的组织、督促、检查。⑤讲究职业道德，履行岗位职责，文明服务，秉公守法，廉洁奉公。⑥办理上级或领导交办的其他有关会计事项。

---

① 中国工商银行：《中国工商银行会计基本制度》，1996年10月1日起执行。

2. 金融企业会计人员的权限

金融企业会计人员的权限主要包括：①有权要求开户单位及银行其他业务部门，认真执行财经纪律和银行有关规章制度、办法。如有违反，会计人员有权制止纠正。有权对本行各职能部门在资金使用、财产管理、财务收支等方面实行会计监督。②会计人员对违法的收支，制止或纠正无效的，应向单位领导人提出书面意见，要求处理。单位领导人应当自接到书面意见之日起十日内作出书面决定。③发现违反国家政策、财经纪律、弄虚作假等违法乱纪行为，会计人员有权拒绝执行，并向本行行长或上级行报告。④会计人员在行使职权过程中，对违反国家政策、财经纪律和金融企业会计制度事项，与领导意见不一致时，若领导坚持办理的，会计人员可以执行，但应向上级提出书面报告，请求处理。如果有人对会计人员在行使职权过程中进行刁难或打击报复，上级行要严肃处理。⑤会计人员应当保守本行的商业秘密，除法律规定和所在金融企业领导人同意外，不能私自向外界提供或者泄露各项会计信息。

3. 金融企业会计人员的岗位管理

金融企业会计人员的岗位管理包括以下四个方面：岗位培训、岗位考核、岗位轮换和岗位调动。①岗位培训，会计人员必须实行岗位培训，未经过岗前培训或培训不合格不得上岗。②岗位考核，会计人员必须确定岗位，把会计各个工作岗位的内容范围、责任制度化，确定执行考核和离岗考绩办法，经考核不适宜担任会计工作的人员应进行调整。③岗位轮换，各级行会计人员工作岗位要有步骤地进行轮换，以保证会计人员全面掌握会计业务。会计人员因工作调动或其他原因离职时，必须办理交接手续，并在监交人员监督下进行。④岗位调动，应由金融企业领导或指定人员监交；一般会计人员调动，应由会计主管人员或指定人员监交。会计人员在未办清交接手续以前，不得离职。监交人员对交接工作负全面责任，如事后发现交接不清，除追究交接双方人员责任外，监交人员应负连带责任。

第三节 金融企业会计核算的基本方法

为了实现会计管理的目标，人们在长期的实践工作中形成了一套行之有效的会计方法体系。会计方法体系一般包括会计核算方法、会计分析方法和会计检查方法。会计核算方法主要包括设置账户、复式记账、填制和审核凭证、登记会计账簿、成本计算、财产清查、编制会计报表；会计分析方法包括偿债能力分析、营运能力分析、获利能力分析、发展能力分析和综合能力分析五个方面。会计检查方法包括审查会计凭证、审查账簿、审查报表。

本节介绍的金融企业会计核算方法包括金融企业会计科目、会计凭证、记账方法和会计账簿等。

一、金融企业会计科目

(一) 会计科目的意义

会计科目是按照经济业务的内容和经济管理的要求，对会计要素的具体内容进行分类或归类，是对会计对象具体内容进行分类的类别名称。会计科目是会计制度的重要组成部分，它是编制会计凭证、设置账簿、编制财务报表的依据。

(二) 会计科目的种类

按照经济内容，金融企业会计科目可以分为6类：①资产类科目，包括反映流动资产的科目和反映非流动资产的科目。②负债类科目，包括反映流动负债的科目和反映长期负债的科目。③所有者权益类科目，包括反映资本的科目和反映留存收益的科目。④收入类科目，包括反映业务收入的科目和反映非业务收入的科目。⑤费用类科目，包括反映成本的科目、反映期间费用的科目和反映支出的科目。⑥共同类科目，是指既有资产性质，又有负债性质的科目。

会计科目按其所提供信息的详细程度及其统御关系不同，又分为总分类科目和明细分类科目。前者是对会计要素具体内容进行总括分类，提供总括信息的会计科目，如"应收账款"、"原材料"等科目；后者是对总分类科目做进一步分类，提供更详细、更具体的会计信息科目，如"应收账款"科目按债务人名称设置明细科目，反映应收账款具体对象或往来客户。

(三) 会计科目的设置原则

会计科目作为向投资者、债权人、企业经营管理者等提供会计信息的重要手段，在其设置过程中应努力做到科学、合理、适用，应遵循下列原则：

(1) 合法性原则，是指所设置的会计科目应当符合国家统一的会计制度的规定，以保证不同企业对外提供的会计信息的可比性。在保证可比性的前提下，企业可以根据自身的生产经营特点，自行增设、减少或合并某些会计科目。

(2) 相关性原则，是指所设置的会计科目应当为提供有关各方所需要的会计信息服务，满足对外报告与对内管理的要求。根据《企业会计准则》的规定，企业财务报告提供的信息必须满足对内、对外各方面的需要，而设置会计科目必须服务于会计信息的提供，必须与财务报告的编制相协调、相关联。

(3) 实用性原则，是指所设置的会计科目应符合单位自身特点，满足单位实际需要。企业的组织形式、所处行业、经营内容及业务种类等不同，在会计科目的设置上亦应有所区别。在合法性的基础上，企业应根据自身特点，设置符合企业需要的会计科目。

(4) 清晰性原则，是指会计科目作为对会计要素分类核算的项目，要求简单明确，字义相符，通俗易懂。同时，企业对每个会计科目所反映的经济内容也必须做到界限明确，既要避免不同会计科目所反映的内容重叠，也要防止会计科目未能涵盖企业某些经济内容。

(四)金融企业会计科目表

2006年10月30日财政部制定了《企业会计准则———应用指南》(以下简称《指南》),要求各企业在不违反《企业会计准则》中确认、计量和报告规定的前提下,可以根据本单位的实际情况自行增设、分拆、合并会计科目。金融企业会计科目表如1-1所示。

表1-1　　　　　　　　　金融企业会计科目(财政部2006年制定)

序号	编号	会计科目名称	会计科目适用范围	序号	编号	会计科目名称	会计科目适用范围
		一、资产类		31	1501	持有至到期投资	租赁专用
1	1001	库存现金		32	1502	持有至到期投资减值准备	
2	1002	银行存款		33	1503	可供出售金融资产	
3	1003	存放中央银行款项	银行专用	34	1511	长期股权投资	
4	1011	存放同业	银行专用	35	1512	长期股权投资减值准备	
5	1012	其他货币基金		36	1521	投资性房地产	
6	1021	结算备付金	证券专用	37	1531	长期应收款	
7	1031	存出保证金	金融共用	38	1532	未实现融资收益	
8	1101	交易性金融资产	金融共用	39	1541	存出资本保证金	保险专用
9	1111	买入返售金融资产	金融共用	40	1601	固定资产	
10	1121	应收票据	金融共用	41	1602	累计折旧	
11	1122	应收保费	保险专用	42	1603	固定资产减值准备	
12	1123	预付赔付款	保险专用	43	1604	在建工程	
13	1124	应收手续费及佣金	银证共用	44	1606	固定资产清理	
14	1131	应收股利		45	1611	未担保余值	租赁专用
15	1132	应收利息		46	1701	无形资产	
16	1201	应收代位追偿款	保险专用	47	1702	累计摊销	
17	1211	应收分保账款	保险专用	48	1703	无形资产减值准备	
18	1212	应收分保合同准备金	保险专用	49	1711	商誉	
19	1221	其他应收款		50	1801	长期待摊费用	
20	1231	坏账准备		51	1811	递延所得税资产	
21	1301	贴现资产	银行专用	52	1821	独立账户资产	保险专用
22	1302	拆出资金	金融共用	53	1901	待处理财产损溢	
23	1303	贷款	银保共用			二、负债类	
24	1304	贷款损失准备	银保共用	54	2001	短期借款	
25	1311	代理兑付证券	银证共用	55	2002	存入保证金	金融共用
26	1321	代理业务资产		56	2003	拆入资金	金融共用
27	1431	贵金属	银行专用	57	2004	向中央银行借款	银行专用
28	1441	抵债资产	金融共用	58	2011	吸收存款	银行专用
29	1451	损余物资	保险专用	59	2012	同业存放	银行专用
30	1461	融资租赁资产		60	2021	贴现负债	银行专用

续表

序号	编号	会计科目名称	会计科目适用范围	序号	编号	会计科目名称	会计科目适用范围
61	2101	交易性金融负债		97	4002	资本公积	
62	2111	卖出回购金融资产款	金融共用	98	4101	盈余公积	
63	2201	应付票据		99	4102	一般风险准备	
64	2202	应付手续费及佣金		100	4103	本年利润	
65	2203	预收保费		101	4104	利润分配	
66	2204	预收赔付款		五、损益类			
67	2211	应付职工薪酬		103	6001	主营业务收入	
68	2221	应交税费		104	6011	利息收入	金融共用
69	2231	应付利息		105	6021	手续费及佣金收入	金融共用
70	2232	应付股利		106	6031	保费收入	保险专用
71	2241	其他应付款		107	6032	分保费收入	保险专用
72	2251	应付保单红利	保险专用	108	6041	租赁收入	租赁专用
73	2261	应付分保账款	保险专用	109	6051	其他业务收入	
74	2311	代理买卖证券款	证券专用	110	6061	汇兑损益	金融专用
75	2312	代理承销证券款	银证共用	111	6101	公允价值变动损益	
76	2313	代理兑付证券款	银证共用	112	6111	投资收益	
77	2314	代理业务负债		113	6201	摊回保险责任准备金	保险专用
78	2401	递延收益		114	6202	摊回赔付支出	保险专用
79	2501	长期借款		115	6203	摊回分保费用	保险专用
80	2502	应付债券		116	6301	营业外收入	
81	2601	未到期责任准备金	保险专用	117	6401	主营业务成本	
82	2602	保险责任准备金	保险专用	118	6402	其他业务支出	
83	2611	保户储金	保险专用	119	6405	营业税金及附加	
84	2621	独立账户负债	保险专用	120	6411	利息支出	金融共用
85	2701	长期应付款		121	6421	手续费及佣金支出	金融共用
86	2702	未确认融资费用		122	6501	提取未到期责任准备金	保险专用
87	2711	专项应付款		123	6502	提取保险责任准备金	保险专用
88	2801	预计负债		124	6511	赔付支出	保险专用
89	2901	递延所得税负债		125	6521	保单红利支出	保险专用
		三、共同类		126	6531	退保金	保险专用
90	3001	清算资金往来	银行专用	127	6541	分出保费	保险专用
91	3002	货币兑换	金融共用	128	6542	分保费用	
92	3101	衍生工具		129	6601	业务及管理费	
93	3201	套期工具		130	6701	资产减值损失	
94	3202	被套期项目		131	6711	营业外支出	
		四、所有者权益类		132	6801	所得税费用	
96	4001	实收资本		133	6901	以前年度损益调整	

二、会计凭证

会计凭证是按一定格式编制的据以登记会计账簿的书面证明。其记载经济业务的发生和完成情况,可以为会计核算提供原始依据;其反映经济业务的真实性、合法性和合理性,可以为会计监督提供重要依据;其明确经济责任,可以为落实岗位责任制提供重要文件;其记录相关经济利益关系,可以为维护合法权益提供法律证据;其监督经济活动,可以起到控制金融企业经营活动运行的目的。填制、审核、传递会计凭证以及会计凭证的装订保管,是金融企业会计核算的重要方法之一。

(一) 金融企业会计凭证的种类

金融企业经营活动频繁、业务内容复杂丰富,用以记录、监督经济业务的会计凭证也必然是五花八门、名目繁多。为了具体地认识、掌握和运用金融企业会计凭证,首先要对金融企业会计凭证加以分类。按照会计凭证的填制程序和用途一般可以分为原始凭证和记账凭证两类。

1. 原始凭证

原始凭证是记录经济业务已经发生、执行或完成,用以明确经济责任,作为记账依据的最初的书面证明文件。原始凭证是在经济业务发生的过程中直接产生的,是经济业务发生的最初证明,在法律上具有证明效力,所以也称"证明凭证"。原始凭证按其取得的来源不同,可以分为自制原始凭证和外来原始凭证两类。

(1) 自制原始凭证。金融企业的自制原始凭证是指在经济业务发生、执行或完成时,由本单位的经办人员自行填制的原始凭证。

(2) 外来原始凭证。金融企业的外来原始凭证是指在服务客户和与其他金融机构发生业务往来时,从所服务的客户和其他金融机构处取得的凭证。如客户提交的支票、进账单,以及各种结算凭证;收到其他金融机构划款凭证、清算通知;收到的税务机关的纳税凭证。

2. 记账凭证

记账凭证又称记账凭单或分录凭单,是会计人员根据审核无误的原始凭证按照经济业务事项的内容加以归类,并据以确定会计分录后所填制的会计凭证。它是登记账簿的直接依据。记账凭证可分为以下几类:

(1) 单式记账凭证和复式记账凭证。单式凭证是指一笔经济业务涉及的科目分别填制在几张凭证上,一张凭证只做一个科目记账依据的记账凭证。只填写借方科目的称为借项凭证,只填写贷方科目的称为贷项凭证。借项记账凭证与贷项记账凭证一般多用不同颜色的纸张印制示区别。采用单式记账凭证,便于汇总每一会计科目的借方发生额和贷方发生额,便于分工记账;但不能在一张凭证上反映一项经济业务的全貌,不便于查账,而且记账凭证的数量和填制工作都很大。复式凭证是指将一笔经济业务事项所涉及的全部会计科目及其发生额均在同一张记账凭证中反映的一种凭证。

(2) 基本凭证和特定凭证。基本凭证是金融企业会计根据有关原始凭证及业务事先自行编制凭以记账的传票。按性质可分为：现金收入传票、现金付出传票、转账收入传票、特种转账收入传票、转账付出传票、特种转账付出传票等。

特定凭证是金融企业根据业务的特点制定的各种专用凭证，如各种存款凭证、各种取款凭证、各种定额单证、旅行支票、挂失申请书、利息清单等，特定凭证是随着业务的发展或新业务的开办而不断增加的。

（二）金融企业会计凭证的特点

（1）采用单式凭证。金融企业（特别是银行）会计凭证采用单式记账凭证，不论现金或转账凭证，一张会计凭证只填制一个会计科目或一个账户，因此，每笔业务至少要填制一张或一张以上的传票以适应银行的业务需要。

（2）大量使用外来原始凭证代替记账凭证。金融企业（如银行）在办理各项业务时，一般都由客户提交有关凭证代替收付款证明，即金融机构大量采用客户所提交的原始凭证，经审核后代替银行的记账凭证。这样既可以避免重复劳动，又可以提高工作效率，防止错账。

（3）凭证在各个部门传递。即每一笔银行业务的会计凭证在办理过程中，要在所涉及的部门间传递。有的业务不仅涉及同一家银行的两个部门，而且有可能涉及同城或异地的两家或两家以上的银行，这样凭证就必须在相关的金融企业之间传递。

（三）会计凭证的填制、传递和保管

1. 会计凭证的填制

（1）原始凭证的填制要求。①记录要真实，即原始凭证所填列的经济业务的内容和数字必须真实可靠，符合实际情况。②内容要完整，即原始凭证所要求填列的项目必须逐项填列齐全，不得遗漏和省略。③手续要完备，即单位自制的原始凭证必须有经办单位领导人或者其他指定的人员签名盖章，对外开出的原始凭证必须加盖本单位公章，从外部取得的原始凭证必须盖有填制单位的公章，从个人取得的原始凭证必须有填制人员的签名盖章。④书写要清楚、规范，即不得使用未经国务院公布的简化汉字、大小写金额必须相符且填写规范，小写金额用阿拉伯数字逐个书写，不得写连笔字，在金额前要填写人民币符号"￥"，人民币符号"￥"与阿拉伯数字之间不得留有空白；金额数字一律填写到角、分，无角、分的，写"00"或符号"—"；有角无分的，分位写"0"，不得用符号"—"；大写金额用汉字壹、贰、叁、肆、伍、陆、柒、捌、玖、拾、佰、仟、万、亿、元、角、分、零、整等，一律用正楷或行书字书写；大写金额前未印有"人民币"字样的，应加写"人民币"三个字，"人民币"字样和大写金额之间不得留有空白；大写金额到元为止的，后面要写"整"或"正"字；到角为止的，可以写"整"或"正"字；有分的，不写"整"或"正"字。如小写金额为￥1008.00，大写金额应写成"人民币壹仟零捌元整"。⑤编号要连续，如果原始凭证已预先印定编号，在写坏作废时，应加盖"作废戳记"，妥善保管，不得撕毁。⑥不得涂改、刮擦、挖补，原始凭证有错误的，应当由出具单位重开或更正，更正处应当加盖出具单位印章。原始凭证金额有错误的，应当由出具单位重开，不得在原始凭证上更正。⑦原始凭证的填制要及时。

（2）记账凭证的填制。记账凭证是登记账簿的直接依据，它是在审核无误的原始凭

证的基础上，系统归类整理编制而成的。记账凭证有很多种类，同一种类的记账凭证又有不同的格式，但所有的记账凭证都应该具备以下基本要素：①记账凭证的名称。②记账凭证的编号。③填制凭证的日期。④有关经济业务内容摘要。⑤有关账户的名称（包括总账、明细分类账）、方向和金额。⑥有关原始凭证张数和其他有关资料份数。⑦有关人员的签名或盖章。

填制记账凭证就是要由会计人员将各项记账凭证要素按规定方法填写齐全，便于账簿登记。记账凭证虽有不同格式，但就记账凭证确定会计分录、便于保管和查阅会计资料来看，各种记账凭证除严格按原始凭证的填制要求填制外，还应注意以下几点：①要将经济业务的内容以简练概括的文字填入"摘要"栏内。这样做对于日后查阅凭证和登记账簿都十分必要，也是做好记账工作的一个重要方面。②要根据经济业务的性质，按照会计制度所规定的会计科目和每一会计科目所核算的内容，正确编制会计分录，从而确保核算口径一致，以便于指标的综合汇总和分析对比，同时，也有助于根据正确的账户对应关系，了解有关经济业务的完成情况。③每张记账凭证只能反映一项经济业务，除少数特殊业务必须将几个会计科目填在一张记账凭证上外，不得将不同类型经济业务的原始凭证合并填制记账凭证，对同一笔经济业务不得填制对应关系不清的多借多贷的记账凭证。④附件数量完整。除结账与更正差错的记账凭证可以不附原始凭证，其他记账凭证必须附有原始凭证，以便于复核会计分录是否正确，也便于日后查阅原始凭证。如果一张原始凭证要涉及几张记账凭证，可把原始凭证附在一张主要的记账凭证后面，在其他记账凭证上注明附有原始凭证的记账凭证的编号。例如，用支票购物，同时又用现金在同一时间、地点购物，供货单位只开了一张发票，此时，应分开作两张记账凭证，原始凭证只能附在其中一张后面，另一张记账凭证后面无原始凭证时，或复印、或在记账凭证摘要栏中注明附原始凭证的记账凭证的凭证号。企业单位提取各项税费的记账凭证，应附自制原始凭证，列明合法的计算提取依据及正确的计算过程。⑤填写内容齐全。记账凭证中的各项内容必须填写齐全，并按规定程序办理签章手续，不得简化。⑥凭证顺序编号。记账凭证应按业务发生顺序按不同种类的记账凭证连续编号，若一笔经济业务需填制多张记账凭证的，可以采用按该项经济业务的记账凭证数量编列分数顺序号的方法，如前面的整数为总顺序号，后面的分数为该项经济业务的分号，分母表示该项经济业务的记账凭证总张数，分子表示该项经济业务的顺序号。

若记账之前发现记账凭证有错误，应予重新编制正确的记账凭证，并将错误凭证作废或撕毁。已经登记入账的记账凭证，在当年内发生填写错误时，应用红字填写一张与原内容相同的记账凭证，在摘要栏注明"注销×月×日×号凭证"，同时再用蓝字重新填制一张正确的记账凭证，注明"订正×月×日×号凭证"。如果会计科目没有错误，只是金额错误，也可以将正确数字与错误数字之间的差额，另编一张调整的记账凭证。调增金额用蓝字，调减金额用红字。发现以前年度的错误，应用蓝字填制一张更正的记账凭证。

2. 会计凭证的传递

会计凭证传递是指从会计凭证的取得或填制时起至归档保管过程中，在单位内部有关部门和人员之间的传送程序。会计凭证的传递,一般包括传递程序和传递时间两个方面,要求能够满足内部控制制度的要求,使传递程序合理有效,同时尽量节约传递时间,减少传递的工作量。

(1)会计凭证传递的作用。正确组织会计凭证的传递,对及时处理和登记经济业务、明确经济责任、实行会计监督具有重要作用。从一定意义上说,会计凭证的传递起着在单位内部经营管理各环节之间协调和组织的作用。会计凭证传递程序是企业管理规章制度的重要组成部分,传递程序的科学与否,说明该企业管理的科学程度。其作用为:①有利于完善经济责任制度。经济业务的发生或完成及记录,是由若干责任人共同负责、分工完成的,会计凭证作为记录经济业务、明确经济责任的书面证据,体现了经济责任制度的执行情况。单位会计制度可以通过会计凭证传递程序和传递时间的规定,进一步完善经济责任制度,使各项业务的处理顺利进行。②有利于及时进行会计记录。从经济业务的发生到账簿登记有一定的时间间隔,通过会计凭证传递,可使会计部门尽早了解经济业务的发生和完成情况,并通过会计部门内部的凭证传递,记录经济业务,进行会计核算,实行会计监督。

(2)会计凭证传递的组织工作主要包括以下几个方面:①规定会计凭证的传递程序。根据经济业务的特点、内部机构组织、岗位分工以及各职能部门利用这种凭证进行经济管理的需要,规定各种凭证的联数和传递程序,做到既使有关部门和人员了解经济业务的情况,及时办理凭证手续,又要避免不必要的环节,提高效率。②确定会计凭证在各个环节停留的时间。根据有关部门或人员使用会计凭证办理业务手续对时间的合理需要,确定其在各个环节停留的时间,既要防止时间过久造成积压,又要防止时间过短造成草率从事。③制定会计凭证传递过程中的交接签收制度。为保证会计凭证在传递过程中的安全完整,防止出现毁损、遗失或其他意外情况,应制定各个环节凭证传递的交接签收制度。会计凭证传递办法是经营管理的一项重要规章制度,一经制定,有关部门和人员必须遵照执行。

3. 会计凭证的保管

会计凭证保管是指将办理完毕的会计凭证按照一定标准和方法进行整理、归档和保存的整个工作。会计凭证保管是保证会计档案资料完整与安全的重要环节和主要内容。会计凭证保管的内容主要包括以下四个方面:①在平时(如周末、旬末、月末),应将装订成册的会计凭证交专人负责保管;年终决算后,则须将全年的会计凭证移交档案室造册登记,归档集中保管。②会计凭证移交档案室保管后,需要查阅会计凭证时,应履行一定的审批手续,详细登记调阅凭证的名称、调阅日期、调阅人员的姓名、工作单位及调阅理由等,一般就地查阅。原始凭证不得外借,其他单位如因特殊原因需要使用原始凭证时,经本单位会计机构负责人、会计主管人员批准,可以复制。向外单位提供的原始凭证复制件,应当在专设的登记簿上登记,并由提供人员和收取人员共同签名或者盖章。③会计凭证的保管期限,应按财政部门的规定执行。会计凭证的保管期限分为永久和定期保管两种。除年度会计报表及某些涉外的会计凭证、会计账簿属于永久保管外,其他属于定期保管,期限为3年、5年、15年和25年。④会计凭证保管期满需要

或可以销毁时，必须按制度规定严格执行，登记造册，报单位领导审批后，方可销毁。

三、记账方法

（一）记账方法的种类

记账方法是会计部门根据单位所发生的经济业务（或会计事项），采用特定的记账符号并运用一定的记账原理（程序和方法），在账簿中进行登记的方法。按照登记经济业务方式的不同，记账方法可分为单式记账法和复式记账法。

单式记账法是对所发生的经济业务只在一个账户进行登记的方法。它是一种不完整的简易记账方法。这种记账方法一般只记录银钱收付和债权债务结算业务，有时也登记实物。单式记账法只能反映经济业务的一个侧面，会计记录之间不存在钩稽关系，因此，不能全面、系统地反映经济业务的来龙去脉，也不便于检查账簿记录的正确性。

复式记账法是从单式记账法发展、演变而来的。这种记账方法是对所发生的经济业务，以相等的金额在两个或两个以上账户中进行登记的方法。在复式记账法下，由于对每项经济业务都以相等的金额在相互对应的账户中作全面记录。因此，账户之间存在钩稽关系，可以了解每项经济业务的来龙去脉，还可以用试算平衡的方法检验账簿记录的正确性。复式记账方法有多种，如借贷记账法、增减记账法和收付记账法。其中收付记账法又分为现金收付记账法和资金收付记账法等。复式记账是一种科学的记账方法，其中借贷记账法被世界各国广泛采用。我国金融企业会计曾经长期采用收付记账法，从20世纪90年代起，金融企业会计全部改用借贷记账法。

（二）借贷记账法

1. 借贷记账法的主要内容

（1）记账符号。以"借"、"贷"为记账符号，其含义：第一，代表账户的两个固定的部位，一切账户均需设两个部位记录数量上的增减变化，其中，左方一律称作借方，右方一律称作贷方。第二，与不同类型的账户相结合，分别表示增加和减少。借和贷本身不等于增和减，只有与具体的账户相结合后才可以表示增和减，如对资产类账户来说，借表示增加，贷表示减少；对负债类账户正好相反，贷表示增加，借表示减少。第三，表示余额的方向。通常资产类账户、负债类账户和所有者权益类账户期末都有余额，其中，资产类账户的余额在借方，负债类账户与所有者权益类账户的余额在贷方。

（2）记账规则。借贷记账法的记账规则为"有借必有贷，借贷必相等"。具体表现在：第一，任何一笔经济业务的发生，都必然同时导致至少两个账户发生变化。或者说，经济业务发生后，同时至少在两个或两个以上的账户中相互进行联系地记录。第二，在记入有关账户时，一定是记入一个或几个账户的借方，同时记入另一个或几个账户的贷方。不能全部记入借方或全部记入贷方，即"有借必有贷"。第三，记入借方账户的金额与记入贷方账户的金额必须相等，即"借贷必相等"。

（3）账户结构。将所有账户的左方定为"借"方，右方定为"贷"方，并用一方登记增加数，一方登记减少数。其中，资产类、成本类和损益支出类账户用借方登记增加数，贷方登记减少数，期末余额在借方[见图1-1（a）]；负债类、所有者权益类和损益收入类账户用贷方登记增加数，借方登记减少数，期末余额在贷方[见图1-1（b）]。

借	资产类、成本类和损益支出类账户	贷
期初余额：××××		
××××（金额增加）	×××××（金额减少）	
本期借方发生额合计：××××	本期贷方发生额合计：×××××	
期末余额：×××××		

（a）

借	负债类、所有者权益类和损益收入类账户	贷
	期初余额：×××××	
×××××（金额减少）	×××××（金额增加）	
本期借方发生额合计：××××××	本期贷方发生额合计：××××××	
	期末余额：××××××	

（b）

图1-1　账户结构

资产类、成本类和损益支出类账户的期末余额计算公式为：

期末余额=期初借方余额+本期借方发生额合计-本期贷方发生额合计

负债类、所有者权益类和损益收入类账户的期末余额计算公式为：

期末余额=期初贷方余额+本期贷方发生额合计-本期借方发生额合计

（4）试算平衡。试算平衡就是指在某一时日（如会计期末），为了保证本期会计处理的正确性，依据会计等式或复式记账原理，对本期各账户的全部记录进行汇总、测算，以检验其正确性的一种专门方法。通过试算平衡，可以检查会计记录的正确性，并可查明出现不正确会计记录的原因，进行调整，从而为会计报表的编制提供准确的资料。

在借贷记账法下，根据其基本特征和原理，如记账规则"有借必有贷、借贷必相等"、会计等式"资产+费用=负债+所有者权益+收入"等，试算平衡的方法主要有两种：本期发生额平衡法和余额平衡法。

本期发生额平衡法是指将全部账户的本期借方发生额和本期贷方发生额分别加总后，利用"有借必有贷，借贷必相等"的记账规则来检验本期发生额账户处理正确性的一种试算平衡方法，试算平衡公式如下：

全部账户本期借方发生额合计=全部账户本期贷方发生额合计

发生额是属于期间动态的会计指标，反映资金的增减变化，所以又称为动态平衡公式。这种试算平衡方法的原理是：在平时编制会计分录时，都是"有借必有贷，借贷必相等"，将其记入有关账户经汇总后，也必然是"借贷必相等"。本期发生额平衡法主要是用来检查本期发生的经济业务在进行各种账户处理时的正确性。

余额试算平衡法就是根据本期所有账户借方余额合计与贷方余额合计的恒等关系，检验本期账户记录是否正确的方法。其理论依据是"资产＝负债＋所有者权益"的恒等关系，资产账户的期末余额在借方，负债和所有者权益账户的期末余额在贷方，所以全部账户的借方期末余额合计数应当等于全部账户的贷方期末余额合计数。余额试算平衡法又可分为期初余额平衡与期末余额平衡两类。试算平衡公式如下：

全部账户的借方期末余额＝全部账户的贷方期末余额

全部账户的借方期初余额＝全部账户的贷方期初余额

余额是属于时点静态的会计指标，反映资金增减变动后的结果，所以又称静态平衡公式。

本期发生额平衡法和余额平衡法主要是通过各种账户记录来检查、推断账户处理正确性的。如果试算不平衡，说明账户的记录肯定有错，如果试算平衡，说明账户的记录基本正确，但不一定完全正确。这是因为有些错误并不影响借贷双方的平衡。不影响平衡关系的错误通常包括以下几个方面：①某项经济业务在有关账户中全部重记、全部漏记或多记、少记，且金额一致等错误，并不能通过试算平衡来发现。②某项经济业务记错账户，而方向无误，借贷仍然平衡。③某项经济业务记录的应借、应贷账户相互颠倒，借贷仍然平衡。④记录某账户的错误金额一多一少，恰好互相抵消，借贷仍然平衡。

2. 借贷记账法的运用

（1）经济业务及其会计分录。某银行本期发生以下主要业务：

【例1-1】储户冰冰以现金1600元存入活期储蓄存款，做如下会计分录：

借：库存现金　　　　　　　　　　　　　　　　　　　1600
　　贷：吸收存款——活期储蓄存款——冰冰　　　　　　　　1600

【例1-2】收到投资者寰寰以现金投入资本金20000元，做如下会计分录：

借：库存现金　　　　　　　　　　　　　　　　　　　20000
　　贷：实收资本——投资者寰寰　　　　　　　　　　　　　20000

【例1-3】复兴机械股份有限公司归还流动资金贷款本金80000元、利息3000元，由其存款户支付，做如下会计分录：

借：吸收存款——活期存款——复兴机械股份有限公司存款户　83000
　　贷：贷款——复兴机械股份有限公司贷款户　　　　　　　80000
　　　　利息收入　　　　　　　　　　　　　　　　　　　3000

【例1-4】收兑客户黄金一份，价格2000元，以现金支付客户，做如下会计分录：

借：贵金属——黄金　　　　　　　　　　　　　　　　2000
　　贷：库存现金　　　　　　　　　　　　　　　　　　　2000

【例1-5】在计息日，向客户世界物业公司支付存款利息1600元，转入其存款账户，做如下会计分录：

借：利息支出　　　　　　　　　　　　　　　　　　　1600
　　贷：吸收存款——活期存款——世界物业公司存款户　　　1600

第一章 金融企业会计总论

【例 1-6】 向中央银行借款 2000 万元，做如下会计分录：

借：存放中央银行款项　　　　　　　　　　　　　　20000000
　　贷：向中央银行借款　　　　　　　　　　　　　　　　20000000

【例 1-7】 将未到期的商业汇票向中央银行申请再贴现，汇票金额 300 万元，再贴现利息 5 万元，已办理再贴现，做如下会计分录：

借：存放中央银行款项　　　　　　　　　　　　　　2950000
　　利息支出（贴现利息）　　　　　　　　　　　　　　50000
　　贷：贴现负债——面值　　　　　　　　　　　　　　3000000

（2）本期发生额试算平衡。

　　　　　　　　　　　　　　　　　　　银行
表 1-2　　　　　　　　本日会计科目发生额和余额试算平衡表　　　　　　　　单位：元

会计科目	上日余额（假设）		本日发生额		本日余额	
	借方	贷方	借方	贷方	借方	贷方
吸收存款		100000	83000	3200		20200
贷款	480000			80000	400000	
贵金属	60000		2000		62000	
库存现金	600000		21600	2000	619600	
利息收入		46000		3000		49000
利息支出	42000		51600		93600	
实收资本		400000		20000		420000
存放中央银行款项	300000		22950000		23250000	
向中央银行借款		300000		20000000		20300000
贴现负债		636000		3000000		3636000
合计	1482000	1482000	23108200	23108200	24425200	24425200

3. 会计分录

上述会计处理经济业务所做的记录，叫做会计分录。会计分录是指对某项经济业务标明其应借应贷账户及其金额的记录，简称分录。会计分录一般包括三个内容：①经济业务应记账户（科目）名称（总账名称和相关明细账名称）。②应记账户（科目）的方向（即应借应贷方向）。③应记金额。按照所涉及账户的多少，会计分录分为简单会计分录和复合会计分录。简单会计分录指只涉及一个账户借方和另一个账户贷方的会计分录，即一借一贷的会计分录；复合会计分录指由两个以上（不含两个）对应账户所组成的会计分录，即一借多贷、多借一贷或多借多贷的会计分录。

会计分录的排列应遵循如下规律：①先借后贷，借贷分行，借方在上，贷方在下。②贷方记账符号、账户、金额都要比借方退后一格，表明借方在左，贷方在右。

四、会计账簿

设置和登记会计账簿,是会计核算基础工作的重要组成部分,是连接会计凭证和会计报表的中间环节,做好这项工作,对于加强金融企业会计管理具有十分重要的意义。

(一) 会计账簿的作用

1. 账簿可以为企业经营管理提供系统、完整的会计核算资料

通过设置和登记账簿,可以把会计凭证提供的大量分散的核算资料,加以归类整理,以全面地、连续地、系统地反映企业的经济活动情况,这对于加强经济核算,提高企业经营管理水平具有重要作用。

2. 账簿可以为编制会计报表提供数据资料

企业定期编制的会计报表的主要依据来自账簿记录,账簿又是进行会计分析和会计检查的必要依据。因此,账簿的记录和设置正确、完整与否,直接影响财务报告的质量。

3. 账簿是考核企业经营业绩、加强经济核算、分析经济活动的重要依据

账簿既提供了总括的核算资料,又提供了明细的核算资料,提供了成本、费用、收入和财务成果的会计信息。结合有关资料,分析企业经营过程中存在的问题,及时总结经验,以便加强企业管理。

(二) 会计账簿的设置与启用

1. 设置会计账簿的原则

(1) 依法原则。各单位必须按照《中华人民共和国会计法》和国家统一会计制度的规定设置会计账簿,包括总账、明细账、日记账和其他辅助性账簿,不允许不建账、不允许在法定的会计账簿之外另外建账。

(2) 全面系统原则。设置的账簿要能全面、系统地反映企业的经济活动,为企业经营管理提供所需的会计核算资料,同时要符合各单位经营规模和经济业务的特点,使设置的账簿能够反映企业经济活动的全貌。

(3) 组织控制原则。设置的账簿要有利于账簿的组织、会计人员的分工,有利于加强岗位责任制和内部控制制度,有利于财产物资的管理,便于账实核对,以保证企业各项财产物资的安全完整和有效使用。

(4) 科学合理原则。应根据不同账簿的作用和特点设置账簿,使账簿结构做到严密、科学,有关账簿之间要有统御或平行制约的关系,以保证账簿资料的真实、正确和完整;账簿格式的设计及选择应力求简明、实用,以提高会计信息处理和利用的效率。

2. 会计账簿的启用

启用会计账簿时,应当在账簿的有关位置记录以下相关信息:

(1) 设置账簿的封面和封底。除订本账不另设封面以外,各种活页账都应设置封面和封底,并登记单位名称、账簿名称和所属会计年度。

(2) 登记账簿启用及经管人员一览表。在启用新会计账簿时,应首先填写在扉页上印制的"账簿启用及交接表"中的启用说明,包括单位名称、账簿名称、账簿编号、起止日期、单位负责人、主管会计、审计人员和记账人员等项目,并加盖单位公章。在会计人员发生变更时,应办理交接手续并填写"账簿启用及交接表"中的交接说明。

(3) 填写账户目录。总账应按照会计科目的编号顺序填写科目名称及启用页码。在启用活页式明细分类账时,应按照所属会计科目填写科目名称和页码,在年度结账后,撤去空白账页,填写使用页码。

(4) 粘贴印花税票。印花税票应粘贴在账簿的右上角,并且划线注销。在使用缴款书缴纳印花税时,应在右上角注明"印花税已缴"及缴款金额。

(三) 账簿的种类与登账要求

1. 会计账簿的种类

会计核算中应用的账簿很多,不同的账簿,其形式、用途、内容和登记方法各不相同。因此,为了更好地了解和使用各种账簿,必须对账簿进行必要的分类或归类。金融企业会计账簿按其用途可以分为序时账簿、分类账簿、联合账簿和登记簿四类。

(1) 序时账簿。序时账簿,也称日记账,是按照经济业务发生时间的先后顺序,逐日连续登记的账簿。在实际会计核算中,序时账簿是根据会计部门收到会计凭证的先后顺序(按记账凭证的编号顺序)逐日逐笔进行登记的,并且每日结出余额(简称日清)。序时账簿可以用来及时、详细地反映经济业务的发生和完成情况,能提供连续、系统的会计资料,而且可以用来与分类账的有关账户进行相互核对。如商业银行根据现金收入传票和现金付出传票,按照先后顺序逐笔分别登记现金收入日记簿、现金付出日记簿,并于每日营业结束后,分别结出当日现金收入、付出业务的数量和金额,与库存现金核对。现金收入(付出)日记簿格式如图1-2所示。

_____银行
现金收入(付出)日记簿

年　月　日

凭证号数	科目及账号		金额	签收盖章
	科目	账号	(位数)	
合计				

图1-2　现金收入(付出)日记簿

(2) 分类账簿。分类账簿是对各项经济业务按照账户进行分类登记的账簿,简称分类账。按账簿反映内容详细程度不同,分类账簿又分为总分类账(简称总账)和明细分类账(简称明细账)。金融企业会计的总分类账是根据金融企业会计制度的规定设置的,用来核算经济业务的总括内容。金融企业会计的明细分类账是根据开户单位(客户)和具体核算对象设置的,并根据记账凭证按照业务发生的顺序逐步连续记录。金融企业会计的总分类账,一般采用三栏式账簿。金融企业会计的明细分类账,由于其核算内容存在较大差异、核算要求不同,通常采用的格式包括:三栏式账簿(甲种账)、多栏式账簿（乙种账）和销账式账簿（丁种账）。

三栏式账簿（甲种账）是设有借方、贷方和余额三个栏目，其适用于各种不需要计算利息的账户，如总账。三栏式账簿（甲种账）格式如图 1-3 所示。

_____账（甲种账）

户名：　　　　　　　　　　账号：　　　　　　　　　　　　　　　第　　页

年		摘要	凭证号码	对方科目代号	借方（位数）	贷方（位数）	借或贷	余额（位数）	复核盖章
月	日								

会计：　　　　　　　　　　　　　　记账：

图 1-3　三栏式账簿（甲种账）格式

金融企业会计的多栏式账簿（乙种账），为了适应计算利息的需要，其栏目不仅要设有借方、贷方、余额等栏目，而且要设日数、积数等栏目；积数是指按实际天数每天累积的账户余额的总和。多栏式账簿（乙种账）格式如图 1-4 所示。

_____账（乙种账）

户名：　　　　　　账号：　　　　　　利率：　　　　　　　　　第　　页

年		摘要	凭证号码	对方科目代号	借方（位数）	贷方（位数）	借或贷	余额（位数）	日数	积数（位数）	复核盖章
月	日										

会计：　　　　　　　　　　　　　　记账：

图 1-4　多栏式账簿（乙种账）格式

销账式账簿（丁种账）是为了适应金融企业会计，清晰反映特定业务的发生与销账而设制的一种账簿，其不仅设有借方、贷方、余额等栏目，而且设有销账栏目。销账式账簿（丁种账）的格式如图 1-5 所示。

_____账（丁种账）

户名：　　　　　　账号：　　　　　　利率：　　　　　　　　　第　　页

年		账号	户名	摘要	凭证号码	对方科目代号	借方（位数）	销账		贷方（位数）	借或贷	余额（位数）	复核盖章
月	日							年	月　日				

会计：　　　　　　　　　　　　　　记账：

图 1-5　销账式账簿（丁种账）格式

（3）登记簿。登记簿是适应于某些业务需要而设置的账簿，是分户账的补充，主要用来登记账户中未能记载的各种业务事项以及对重要空白凭证、有价单证的控制等，是具有统御卡片账功能的辅助账簿。有价单证是指待发行的印有固定面额的特定凭证，包括金融债券、代理发行的各类债券、定额存单、定额汇票、定额本票以及印有固定面值金额的其他有价单证等。重要空白凭证是指无面额的经银行（或其他金融机构，下同）或单位填写金额并签章后即具有支付效力的空白凭证，包括存单、存折、支票、信用卡（证）、限额结算凭证、汇票、联行报单、债券收款单证以及其他重要空白凭证等。金融企业会计部门应建立"有价单证登记簿"核算重要空白凭证、有价单证的收入发出。重要空白凭证、有价单证及其他有价值品保管使用登记簿的基本格式如图1-6所示。

_____银行
重要空白凭证、有价单证及其他有价值品保管使用登记簿

种类： 单位：

年		摘要	起止号码	收入	付出	余额	保管人	领用人	备注
月	日								

图 1-6　重要空白凭证、有价单证及其他有价值品保管使用登记簿格式

联合账簿，是将序时账簿与分类账簿相结合设置的账簿。它兼有序时账簿和分类账簿的作用，如将日记账与总账结合设置的日记总账。联合账簿的特点是：该种账簿的格式兼具不同用途账页的内容。

账簿按其外表形式分类，可以分为订本式账簿、活页式账簿和卡片式账簿。订本式账簿是指把许多账页装订成册的账簿；活页式账簿是把分散的账页装在活页夹内，并可以随时取放（增减）账页的账簿；卡片式账簿是将一定数量的卡片式账页装存于专设的卡片箱中，账页可以根据需要随时增添的账簿。

2. 登账要求

为了保证账簿记录的正确性，必须根据审核无误的凭证登记。具体包括以下几个方面：

（1）填写项目齐全，内容完整。登记账簿时，需将账页中的日期、凭证编号、摘要、金额等项目填写齐全，摘要简明扼要，书写规范整齐，数字清晰无误。账簿中的月、日应填写记账凭证的日期，每一笔记账凭证中的业务登记完毕，都应在记账凭证"过账"栏内画"√"，表示记账完毕，避免重记、漏记。账簿登记人员在登记账簿前，应根据岗位责任制和内部牵制要求对审核过的记账凭证再复核一遍，如发现记账凭证有错误，可暂停登记，报告会计主管人员，由他作出修改或照登决定。在任何情况下，凡不兼任填制记账凭证工作的记账人员都不得自行更改记账凭证。

（2）各种账簿的登记要求。①现金日记账和银行存款日记账。一般由出纳员根据办理完毕的收款凭证、付款凭证，随时进行逐笔登记，如不能随时登记，也应保证每天登

记一次，并每天结出余额。②总分类账。总分类账由于各企业账务处理程序不同，可以根据记账凭证直接登记，也可以根据科目汇总表或其他方式登记，所以可以3~5天登记一次，也可以根据汇总记账凭证的时间按旬或月中、月末进行总分类账登记。③明细分类账。明细分类账是根据原始凭证或记账凭证直接登记的，应根据业务发生情况及时进行登记，以掌握企业财务经营动态。

(3) 书写要求。为了保持账簿记录的持久性，防止涂改，记账必须使用蓝黑墨水或碳素墨水，并用钢笔书写，不得使用圆珠笔或铅笔书写，除结账、改错、冲账、登记减少数可以使用红笔登记外，其余账簿记录均不得使用红色墨水。在书写文字和数字时，不要写满格，一般应占格距的1/2，这样就可以在发现错误时，在该文字和数字的上面进行更正。

(4) 连续登记。记账时，必须按账户页次逐页逐行登记，不得跳页、隔行，如无意发生隔行、跳页现象，应在空页、空行处用红色墨水画对角线注销，加盖"此页空白"或"此行空白"的戳记，并由记账人员签章。每一账页记录完毕结转下页时，为表现账目的连续性，应当结出本页合计数及余额，并在本页最后一行摘要栏注明"过次页"，在下页第一行摘要栏"承前页"，并将上页余额及发生额过入次页；也可以上页最后一行不结计发生额合计及余额，而直接在次页第一行承前页写出发生额合计数及余额。

财政部《会计基础工作规范》对于"过次页"的本页合计数的结计方法做了如下具体规定：①对现金、银行存款和收入、费用明细账等需要按月结计发生额账户，结计"过次页"的本页合计数应当是自本月初起至本页末止的发生额合计数。②对需要结计本年累计发生额的某些明细账户，结计"过次页"的本页合计数应当是自年初起至本页末止的累计发生额。③对不需按月和按年结计发生额的账户，可以只将每页末的余额结转次页。

(5) 余额结计要求。凡需要结出余额的账户，结出余额后，应在"借或贷"栏内写明"借"、"贷"表明余额方向，并在"余额"栏内写清余额金额。没有余额的账户，应当在"借或贷"栏内写"平"字，并在余额栏内"元"字的位置用"0"表示。

(6) 定期打印。对于实行会计电算化的企业，为了便于审计和加强会计信息的安全与完整性，财政部《会计基础工作规范》提出了打印要求，"实行会计电算化的单位，总账和明细账应当定期打印"，"发生收款和付款业务的，在输入收款凭证和付款凭证的当天，必须打印出现金日记账和银行存款日记账，并与库存现金核对无误"。

(四) 账务组织

金融企业的账务组织包括明细核算和综合核算两个系统。明细核算是详细的、个别的核算，是分户反映各科目详细情况的核算系统；综合核算是全面的、概括的核算，是按科目反映综合情况的核算系统。

1. 金融企业明细核算

金融企业明细核算是指对每一会计科目所属分户（或客户）收支所进行的反映与监督，它是金融企业会计核算的重要内容和最主要的工作。其基本内容包括：①根据会计凭证登记分户账或登记簿。②根据分户账编制余额表。③与总账核对，确保明细核算与

第一章 金融企业会计总论

总账核算相符。

（1）分户账的处理。金融企业会计人员应按照不同客户以及同一客户不同性质的业务，设立不同格式的明细账户（如甲种账、乙种账、丁种账），根据会计凭证登记分户账，并结计余额、日数和积数等。

（2）有价单证登记簿的管理要求。按照规定，有价单证实行"证、账分管"原则，由会计部门管账，出纳（或发行）部门管证。需要加签印章的有价单证，要严格执行"证、印分管"。出纳库房应建立有价单证保管登记簿，以原面值金额列账。出纳专管人员变动时应办好交接手续。

有价单证的样本和暗记，是鉴别有价单证真伪的重要依据，要比照人民币票样管理办法妥善保管。有价单证的调运应视同现金调出、调入；调入行应在调出行预留印鉴。

业务部门领用有价单证时，应向出纳部门办理领用手续，并进行登记。经办人员领用有价单证时也应办理领用手续并进行登记。营业结束后，业务部门及经办人员持有的有价单证应装箱封存入出纳库房保管。

有价单证的发售或签发应坚持先收款后办理的原则，并进行销号控制。发现多缺漏页错号等情况，应将差错部分留查，不得发售使用，并及时与领发行和印刷厂联系。已兑付、作废及停止使用的待销毁的有价单证应设表外科目单独核算。

出纳库房保管的有价单证应每日进行清库；业务部门保管的有价单证，应每日进行账、实核对，保持账实相符。出纳库房保管的有价单证库存数，应定期与会计部门表外科目有关账户余额核对相符。有价单证按规定上缴时，应先由会计、出纳部门账实核对相符。

已经兑付、停止使用或注销作废的有价单证，应作出明显作废标记后缴送出纳库房登记保管。有价单证需要销毁时，应由出纳部门造具清单，经会计部门核对报主管领导批准后统一销毁。

（3）建立重要空白凭证登记簿的管理要求。按照规定，金融企业要建立重要空白凭证保管库（柜）及保管登记簿，如实登记保管、领用、使用情况。重要空白凭证必须指定专人负责管理。银行签发的重要空白凭证，应做到"证印分管，证押分管"。

重要空白凭证一律纳入表外科目核算。成本装订的，以每本一元的假定价格记账；非成本装订的，以每份一元的假定价格记账。各业务柜组内部使用的重要空白凭证控制到份数，定期进行账实核对。

重要空白凭证凭供货单位发货票或上级调拨单清点验收入库，并及时登记。重要空白凭证须凭上级调拨单或本单位使用部门加盖预留印鉴并经会计主管人员签章的领用单出库，并及时登记。

业务柜组领用重要空白凭证时，应办理领用手续，及时登记，并记载起讫号码。对柜组内所领用的重要空白凭证，要在登记簿上签收。开户单位领用支票等重要空白凭证时，应填写领用单，加盖全部预留印鉴。银行应根据领用单将起讫号码及时记入该单位存款账户的账页上，并登记重要空白凭证领用登记簿。

经办人员签发重要空白凭证时，应进行销号控制。填错的重要空白凭证，加盖"作废"戳记后作有关科目传票的附件。属于银行签发的重要空白凭证，严禁由客户签发，并不得预先盖好印章备用。使用计算机打印重要空白凭证时，只能在原有重要空白凭证上填空打印，不得自行打印凭证格式。

单位销户时，应将剩余支票和其他重要空白凭证全部交回开户银行登记注销。单位对领用的重要空白支票和其他重要空白凭证负全部责任，如遗失或未交，由此而产生的一切经济损失，由领用单位负责。银行对单位交回的以及停止使用的重要空白凭证应作明显作废标记，造具清单，妥善保管，经主管领导批准后集中销毁。

（4）编制余额表。余额表是核对总账和分户账余额与计算利息的重要工具，是金融企业明细核算的重要组成部分。余额表分为计息余额表和一般余额表两种，计息余额表适用于计息的各科目，按有关存、贷款科目分别设立。每日营业终了，根据各分户账当天的最后余额填列，当天无发生额的账户，将上一日的最后余额填入表内。每旬末加计计息积数，结息日累计计息积数作为计算利息的依据，每日各户余额合计数与总账余额进行核对，保证账账相符。一般余额表适用于各种科目及账户余额（一般余额表的格式见图1-7）。

_____银行
一般余额表

科目名称：　　　　　　　　　　利率：　　　　　　　　　　共　页第　页

科目代号	户名	摘要	余额（位数）	科目代号	户名	摘要	余额（位数）

会计：　　　　　　　　复核：　　　　　　　　制表：

图1-7　一般余额表的格式

2. 金融企业综合核算

金融企业综合核算的基础是以科目为基础的核算，其组成内容由科目日结单、总账、日计表三部分组成。综合核算的程序：①根据同一科目的传票填制科目日结单。②根据科目日结单总共的发生额和余额登记总账。③根据总账各科目当日发生额和余额编制日计表，该表中的各科目借、贷方发生额和余额必须自动平衡。

（1）科目日结单。科目日结单是反映一个科目当日传票张数和借、贷方发生额的汇总记账凭证，又称总传票或总账记账凭证，其格式如图1-8所示；其是轧平当日账务和登记总账的依据；各科目日结单是依据各科目当日的传票来编制，每个科目编制一张科目日结单，当天无发生额的科目不需编制科目日结单。

一般科目日结单编制方法：将同一科目的所有传票按现金传票和转账传票，分别加计现金收入传票、付出传票的合计数，并分别填入科目日结单现金部分的贷方和借方，然后分别加计转账借方传票、贷方传票的合计数，并分别填入科目日结单转账部分的借

_____银行

科目日结单

年　月　日

借方		贷方		附件
传票张数	金额 （位数）	传票张数	金额 （位数）	
现金　张		现金　张		张
转账　张		转账　张		
合计　张		合计　张		

会计：　　　　　　　　复核：　　　　　　　　经办：

图 1-8　科目日结单的格式

方和贷方，并注明传票张数，最后分别将该科目借方、贷方的现金、转账两部分合计计算出来填入日结单最后一行。将传票按顺序排列附在科目日结单之后。

现金科目日结单的编制方法：现金科目日结单是根据一般科目的日结单中现金部分编制。将当天一般科目日结单现金部分分别借方和贷方计算合计数，然后反方向填入现金科目日结单中。现金科目日结单后不附传票。

各科目日结单的借方发生额合计数与贷方发生额合计数必须加总平衡。

（2）总账。总账具有分类汇总记录的特点，为确保账簿记录的正确性、完整性，提供会计要素的完整指标，金融企业应根据自身行业特点和经济业务的内容建立总账，其总账科目名称应与国家统一会计制度规定的会计科目名称一致。

总账根据科目日结单登记。总账记录是编制日计表、月计表、业务状况报告表、资产负债表的基础和依据。金融企业总账的格式如图 1-9 所示。

（3）日计表。日计表是金融企业会计反映当天全部金融业务活动的会计报表，也是轧平当天全部账务的重要工具。日计表是金融企业基层营业单位按营业日编制的会计报表。日计表根据总账中各会计科目借方、贷方发生额和借方、贷方余额分别填列，且借方、贷方发生额和借方、贷方余额的合计数，必须各自平衡。由于日计表按日编制，不仅可以反映当日的全部经济活动，还可检查和核对当日账务是否正确，因此其具有反映和监督明细核算的双重作用，日计表的格式如图 1-10 所示。

金融企业账务组织的明细核算和综合核算是按照双线核算的原则，根据同一凭证平行登记，分别核算的。每一科目明细核算各账户的发生额、余额之和，一定与综合核算该科目的发生额、余额相一致。明细核算是综合核算的具体化，对综合核算起着补充作用；综合核算是明细核算的总括，对明细核算起着统驭作用。两者在反映情况方面相互配合和相互补充，在数字方面则相互核对和相互制约。两者构成了一整套完整的、科学的、严密的账务组织体系，金融企业账务处理的一般程序如图 1-11 所示。

（五）账务核对

账务核对是金融企业会计账务处理的重要环节，是防止账务差错，保证核算正确和资金安全的重要措施。其主要内容包括账证核对、账账核对和账实核对等。

_____银行

总　账

科目名称：　　　　　　　　　　　　　　　　　　　　　　　　　　　　　第　号

年　月	借　方		贷　方	
上年底余额				
本年度累计发生额				
上月底余额				
日期	发生额		余额		复核盖章
	借方	贷方	借方	贷方	
1					
2					
3					
⋮					
10天小计					
11					
12					
⋮					
20天小计					
21					
22					
⋮					
31					
合计					
自年初累计					
本期累计计息积数					
本月累计计息积数					

会计主管：　　　　　　　　　　　　　　　　记账：

图 1-9　金融企业总账的格式

_____银行

日计表

年　月　日　　　　　　　　　　　　　　　共　页第　页

科目代号	科目名称	本日发生额		余额	
		借方	贷方	借方	贷方
		（位数）	（位数）	（位数）	（位数）

会计主管：　　　　　会计：　　　　　复核：　　　　　制表：

图 1-10　日计表的格式

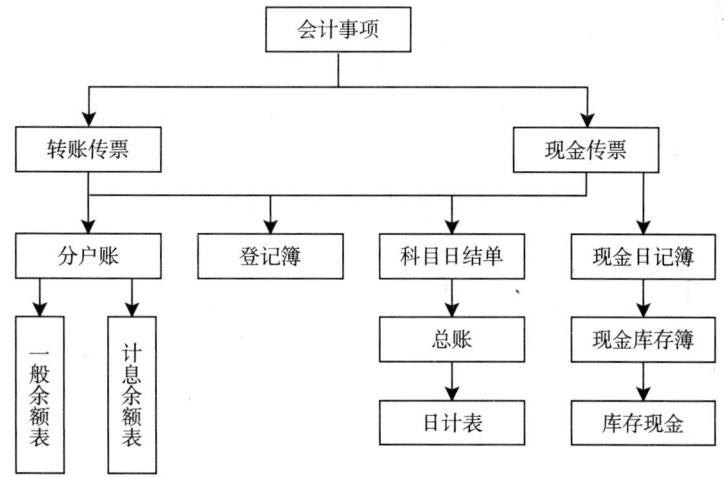

图 1-11 金融企业账务处理一般程序

1. 账证核对

账证核对是指各种账簿（包括总账、明细账以及现金日记账、银行存款日记账）的记录与有关的记账凭证和原始凭证进行核对，要求做到账证相符。这种核对一般是在日常工作中进行。会计凭证是登记账簿的依据，账证核对主要检查登账中的错误。核对时，将凭证和账簿的记录内容、数量、金额和账户等相互对比，保证二者相符。账证核对主要按照业务发生后顺序一笔一笔进行，检查项目主要包括：核对凭证的编号；检查记账凭证与原始凭证看两者是否完全相符；查对账证金额与方向的一致性。检查中发现差错，要立即按照规定方法更正，以确保账证完全一致。

2. 账账核对

金融企业的账账核对主要包括两个方面的内容：

（1）单位内部的账账核对。包括：①总分类账有关账户核对。主要核对总分类账各账户借方期末余额合计数与贷方期末余额合计数是否相等，借方本期发生额合计数与贷方本期发生额合计数是否相等。②总分类账与明细分类账核对。主要核对总分类账各账户的期末余额与所属明细分类账户的期末余额之和是否相等，总分类账各账户的本期发生额与所属各明细分类账户的本期发生额之和是否相等。③总分类账与日记账核对。主要核对总分类账与相对应的日记账的期末余额是否相等。

（2）与外部的账账核对。包括：①与客户（债权人、债务人）之间的账账核对。②与往来金融机构之间的账账核对。③与系统内金融机构之间的账账核对。④与税务、财政、中央银行等之间的账账核对。

3. 账实核对

账实核对是指将各项财产物资的账面余额与实有数额进行核对，做到账实相符。包括：①现金日记账账面余额与现金实际库存数核对。②各种财产物资（如固定资产、材料、物品等）明细账账面余额与财产物资实存数额相核对。

资料

中国工商银行会计基本制度（节选）

账务核对分每日核对与定期核对，其内容包括：借贷相等，资产总额等于负债总额加所有者权益总额，综合核算与明细核算，账账、账款、账表、账实、账据、账折、内外账核对，从而保证账务核对相符。

（一）每日核对

1. 总账各科目余额和发生额合计借贷相等；总账按科目应与分户账或余额表的余额合计核对相符。

2. 现金收、付日记簿的合计数应与现金科目日结单、现金科目总账借、贷方发生额核对相符；现金库存簿的库存数应与实际库存现金和现金科目总账余额核对相符。

3. 联行往来账科目总账上日余额，本日借贷方发生额、余额分别与联行往账、联行来账报告表上日余额，本日借、贷方发生额，本日余额核对相符。

4. 同级联行科目余额轧差数必须与对应级次联行汇差科目余额核对相符。

5. 表外科目余额应与有关登记簿核对相符，其中空白重要凭证、有价单证，经营人员必须核对当天领入、使用、出售及库存实物数。

使用计算机作业，根据凭证输入后，自动生成分户账、科目日结单、总账、日计表的借、贷方发生额和余额，由于数据共享，为保证账务准确，应由手工核打凭证与科目日结单借、贷方发生额核对相符。配备事后监督机构，专柜只清点凭证张数与科目日结单核对相符。

（二）定期核对

1. 使用丙种账记载的账户，应按旬加计未销账的各笔金额总数，与该科目总账的余额核对相符。

2. 贷款借据必须按月与该科目分户账核对相符。

3. 余额表上的计息积数，应按旬、按月、按结息期与该科目总账的累计积数核对相符。

4. 各种卡片账每月与该科目总账或有关登记簿核对相符。

5. 固定资产、低值易耗品在年终决算前账实和固定资产卡片原值、折旧金额核对相符。

6. 与中央银行和其他银行及非银行金融机构送来的对账单（含记满页对账单），应即时换人核对相符。

7. 联行间的账务核对，按联行查清未达账，定期对账。

8. 对外账务核对。各单位的存款、贷款、未收贷款利息（含复息）账户，都应按月或季填发"余额对账单"与企业单位对账，记满页对账单即时发给企业单位对账，在三十天内由企业单位核对相符，填列未达账项，并盖印后送开户行。每年应与单位进行面对面对账。各企业单位送来的对账回单，经核对无误后，应按科目、账号顺序排列装订登记入库保管。

存折户应坚持在办理业务的当时账折核对相符。

9. 对外账务核对采用分离换人核对（含各单位和中央银行及同业），对金额大的账户应主动上门对账。

（六）错账的查找与更正方法

在记账过程中，可能发生各种各样的差错，如重记、漏记、数字颠倒、数字错位、数字记错、科目记错、借贷方向记反等，从而影响会计信息的准确性，应及时找出差错，并予以更正。

1. 错账查找的方法

错账查找的方法主要有：

（1）差数法。差数法是指根据借贷双方合计数的差数查找错账的方法。

（2）尾数法。对于发生的角、分的差错可以只查找小数部分，以提高查找差错的效率。

（3）除2法。除2法是指以差数除以2来查找错账的方法。当某个借方金额错记入贷方（或相反）时，出现错账的差数表现为错误的2倍，将此差数用2去除，得出的商就是反向的金额。

（4）除9法。除9法是指以差数除以9来查找错数的方法。该方法适用于以下三种错账的查找：①将数字写小。如将400写成40，错误数字小于正确数字9倍。查找方法：以差数除以9后得出的商即为写错的数字，商乘以10即为正确的数字。上例差数360除以9，商40即为错数，扩大10倍后即可得出正确的数字。②将数字写大。如将50写成500，错误数字大于正常数字9倍。查找的方法：以差数除以9得出的商即为正确的数字，商乘以10后所得的积为错误的数字。上例差数450除以9后，商50即为正确数字，50乘以10即为错误数字。③邻数颠倒。查找方法：将差数除以9，得出的商连续加11，直到找出颠倒的数字为止。

2. 更正错账的方法

账簿记载发生错误，不准涂改、挖补、刮擦或者用药水消除，必须按照一定方法进行更正。更正错账的方法主要有划线更正法、红字更正法和补充登记法三种方法。

（1）划线更正法。划线更正法又称红线更正法，如果发现账簿记录有错误，而其所依据的记账凭证没有错误，即纯属记账时文字或数字的笔误，应采用划线更正的方法进行更正。更正的方法如下：第一，将错误的文字或数字划一条红色横线注销，但必须使原有字迹仍可辨认，以备查找；第二，在划线的上方用蓝字或黑字将正确的文字或数字填写在同一行的上方位置，并由更正人员在更正处盖章，以明确责任。

（2）红字更正法。红字更正法又称红字冲销法，在会计上，以红字记录表明对原记录的冲减。红字更正法适用于以下两种情况：

一是根据记账凭证所记录的内容记账以后，发现记账凭证中的应借、应贷会计科目或记账方向有错误，且记账凭证同账簿记录的金额相吻合。更正的方法如下：①先用红字填制一张与原错误记账凭证内容完全相同的记账凭证，并据以用红字登记入账，冲销原有错误的账簿记录。②再用蓝字或黑字填制一张正确的记账凭证，并据以用蓝字或黑字登记入账。

二是根据记账凭证所记录的内容记账以后，发现记账凭证中应借、应贷的会计科目和记账方向都没有错误，记账凭证和账簿记录的金额也吻合，只是所记金额大于应记的正确金额，应采用红字更正。更正的方法是将多记的金额用红字填制一张与原错误记账凭证所记载的借贷方向、应借应贷会计科目相同的记账凭证，并据以登记入账，以冲销多记金额，求得正确金额。

（3）补充登记法。补充登记法又称蓝字补记法，根据记账凭证所记录的内容记账以后，发现记账凭证中应借、应贷的会计科目和记账方向都没有错误，记账凭证和账簿记录的金额也吻合，只是所记金额小于应记的正确金额，应采用补充登记法。更正的方法是将少记的金额用蓝字或黑字填制一张与原错误记账凭证所记载的借贷方向、应借应贷会计科目相同的记账凭证，并据以登记入账，以补记少记金额，求得正确金额。

3. 更正错账方法在金融企业会计中的运用

（1）当日发生的差错。

1）日期和金额写错时，应以一道红线把全行数字划销，将正确数字写在划销错误数字的上边，并由记账员在红线左端盖章证明。如划错红线，可在红线两端用红色墨水划"×"销去，并由记账员在右端盖章证明。文字写错，只须将错字用一道红线划销，将正确的文字写在划销文字的上边。划销错误文字或者数字时，必须使原有字迹仍可辨认。对于错误的数字，应当全部划红线更正，不得只更正其中的错误数字，对于文字错误，可只划去错误的部分。

2）传票填错科目或账户，账簿随之记错，应先改正传票，再参照上述办法更正账簿。

（2）次日及以后在本年内发现的差错。

1）记账串户，应填制同一方向红蓝字冲正传票办理冲正。用红字传票记入原错误的账户，在摘要栏内注明："冲销×年×月×日错账"，用蓝字传票记入正确的账户，在摘要栏内注明："补记冲正×年×月×日账"字样，并在原传票上及原错账摘要栏内红字批注"×年×月×日冲正"字样。

2）传票填错，账簿随之记错，应重新填制借、贷方红字传票将错误账全数冲销，再填制正确的借、贷方蓝字传票补记入账，并在摘要栏内注明情况。同时，在原错误传票上红字批注："已于×年×月×日冲正"字样。

3）传票正确，科目日结单结错，应填制红、蓝字科目日结单进行冲正，用红笔注明"冲正×年×月×日错账"字样，同时在原错误的科目日结单上，红字批注"于×年×月×日冲正"字样。

(3) 本年度发现以前年度的差错。

应填制蓝字反方向传票冲正，不得更改原决算报表。如确需更改决算时，须逐级申报总行批准。

冲正传票必须经会计主管人员审查盖章，并将错账的日期、金额以及冲正的日期等情况进行登记。

错账冲正时，红字传票及相应的账簿金额栏用红字，其他内容用蓝字填写（如日期、对方科目等）。

账页记载错误无法更改的，不得撕毁，经会计主管人员同意，可另换新账页记载，但必须经过复核，并在原账页上划交叉红线注销，由记账员和会计主管人员盖章证明。注销的账页另行保管，装订账页时，应附后备查。

本章小结

金融企业会计包括商业银行会计、保险公司会计、证券公司会计、信托投资公司会计、期货公司会计、基金管理公司会计、租赁公司会计、财务公司会计等。无论何种会计都是运用会计的基本原理和基本方法，以货币为主要计量单位，对自身的各种业务和财务活动、财务成果进行核算、监督、分析和考核的一门专业会计，是一种经济管理活动。

金融企业会计的对象包括资产、负债、所有者权益、收入、费用和利润。金融企业的资产应按流动性进行分类，主要分为流动资产、贷款、长期投资、固定资产、无形资产和其他资产。金融企业的负债按其流动性，可分为流动负债、应付债券、长期准备金和其他长期负债等。金融企业的所有者权益，主要包括实收资本（或股本）、资本公积、盈余公积和未分配利润等。金融企业提供金融商品服务所取得的收入，主要包括利息收入、手续费及佣金收入、贴现利息收入、保费收入、分保费收入、租赁收入、其他业务收入、投资收益、营业外收入等。金融企业的成本费用是指在业务经营过程中发生的与业务经营有关的支出，包括利息支出、手续费及佣金支出、赔付支出、分出保费、分保费用等。利润是指金融企业在一定会计期间的经营成果，包括营业利润、利润总额和净利润。

为规范金融企业的会计核算行为，提高会计信息质量，《金融企业会计制度》第七条明确规定了金融企业会计核算的十三条基本原则。这些基本原则可以归为以下三个类：衡量会计信息质量的一般原则、确认和计量的一般原则、起修正作用的一般原则。

按照我国《会计法》第三十六条明确规定：金融企业"应当根据会计业务的需要，设置会计机构，或者在有关机构中设置会计人员并指定会计主管人员；不具备条件设置的，应当委托经批准设立从事会计代理记账业务的中介机构代理记账。"

金融企业会计方法体系，一般包括会计核算方法、会计分析方法和会计检查方法。会计核算的主要方法包括设置账户、复式记账、填制和审核凭证、登记会计账簿、成本计算、财产清查、编制会计报表；会计分析的内容包括偿债能力分析、营运能力分析、获利能力分析、发展能力分析和综合能力分析等五个方面；会计检查方法包括审查会计凭证、审查账簿、审查报表。

金融企业会计科目可以分为六类：①资产类科目，包括反映流动资产的科目和反映非流动资产的科目。②负债类科目，包括反映流动负债的科目和反映长期负债的科目。③所有者权益类科目，包括反映资本的科目和反映留存收益的科目。④收入类科目，包括反映业务收入的科目和反映非业务收入的科目。⑤费用类科目，包括反映成本的科目、反映期间费用的科目和反映支出的科目。⑥共同类科目，是指既有资产性质、又有负债性质的科目。

思考题

1. 金融企业会计的构成。
2. 金融企业会计的特点。
3. 金融企业会计的对象。
4. 金融企业会计的方法体系。
5. 金融企业会计的作用。
6. 金融企业会计的任务。

会计趣味

会计颂

会计，多么朴素的词语，多么普通的职业，多么平凡的群体，一年四季365天，从0~9十个数字，天天在指间流动，你的工作是如此平凡而辛勤，平凡得微不足道，辛勤得默默无闻。

说你平凡，平凡得就像一位普普通通的乐手，鲜花、掌声献给的是前台的指挥，而你十指依然拨动着滚圆的算珠，伴随动人的乐章，演奏出快速增长的经济亮点。

说你辛勤，辛勤得就像一只永不疲倦的蜜蜂，"五一"、"十一"出游的人群中没见你们，依旧忙碌在数字的花园里，采撷醉人的芳香，酿造出滚滚财源。

在外人的眼里，你的工作是如此的单一枯燥，在我们的心里，你的工作又是无比神圣而庄严。

说你神圣，你就像一名战士，一年四季坚守在没有硝烟的数字阵地，钢笔和算盘是你手中的钢枪，凭证和账表是你高擎的战旗，恪尽职守维护着政策制度的尊严，鞠躬尽瘁保卫着国家人民的利益。

说你庄严，你就像一名卫士，日日夜夜守卫在变幻流动的数字疆域，实事求是填报出资产负债，呕心沥血盘算着增收节支，积沙成塔聚起资产万贯，铁面无私管住挥霍浪费，阿拉伯数字被你编制成振奋人心的喜讯捷报，四则运算被你打造出与时俱进的宏伟蓝图，加减乘除天天算，十个数字日日盘，加出了内部活力，减去了附加成本，乘出了经济效益，除去了赤字亏损。

是什么让你如此辛勤而无怨无悔，是什么让你如此平凡却无比自豪，问渠那得清如许，会计准则守一身，那就是：诚信为本、操守为重、遵守准则、不做假账。

——摘自我的搜狐：会计颂，http://fgjjktrr.blog.sohu.com。

第二章 商业银行存款与贷款业务的核算

学习目的与要求

本章主要介绍了银行最基本业务的会计处理方法，包括存款业务核算、贷款业务核算以及贴现业务核算。通过对本单元学习，应熟悉存款业务、贷款业务和贴现业务的流程，掌握单位及个人存款业务、贷款业务及票据贴现业务的核算。掌握存款利息的计算、贷款利息的计算和票据贴现业务的处理流程。

存款、贷款业务是商业银行最主要、最基本的两大传统业务，吸收存款是商业银行主要的负债业务，发放贷款是商业银行主要的资产业务。商业银行通过吸收客户的存款，将国家财政渠道难以集中的、大量的、分散的社会闲散资金集聚为巨额资金，形成巨大的货币力量，然后通过其信用中介作用，将资金有计划地贷放出去，投入社会再生产过程中，从而对社会经济活动进行有效的调节。

存款和贷款是银行不同性质资金的两个方面，两者相互依存相互影响。没有存款就没有贷款，银行就无法以贷款的方式支持社会经济的发展；没有贷款，吸收的存款就失去了存在的意义。同时存款、贷款又是可以互相转化的，存款的增加，可以发放更多的贷款，由于存款、贷款的实现均要通过银行的账户，贷款的增加，绝大多数会转入单位在银行开立的存款账户中，这在一定程度上会引起存款的增加；而一个单位生产经营得好，生产的产品适销对路，又会引起该单位存款的增加，该单位就有能力归还银行的贷款，银行则按规定优先扶持这些生产能力好的企业，以贷款的方式解决支持其扩大再生产中资金不足的需要。存、贷款的有机结合，是银行赖以生存的基本条件，它能更好地促进银行发挥其社会职能作用。认真做好存贷款业务的会计核算，不仅可以落实国家金融方针、政策、法令及有关规定，反映银行主营业务的变化情况，为领导和上级部门提供可靠的分析数据，还对监督单位资金的合理收付，促进企业改善经营管理，加速资金周转，不断提高银行资金的使用效率，提高银行经营成果有着重要的意义。

第一节 存款业务的核算

一、存款业务概述

存款是商业银行以信用方式吸收的社会闲置资金的筹资活动，是银行对存款客户的负债，体现了银行与存款客户之间的一种信用关系。

（一）存款的种类

商业银行为了吸收存款，方便存款户，设置了不同种类的存款。较为常见的存款种类如下所述：

1. 按存款对象分为单位存款和储蓄存款

单位存款主要是指银行吸收企业、事业、机关、社会团体、部队等单位的闲置资金形成的存款；储蓄存款是指商业银行吸收的城乡居民闲余资金的存款。

2. 按存款期限分为活期存款和定期存款

活期存款是指存入时不确定存期，可以随时存取的存款，其利率较低，主要包括单位活期存款和活期储蓄存款；定期存款是指在存款时约定存期，到期支取的存款，其利率较高，主要包括单位定期存款和定期储蓄存款。

3. 按存款的资金性质分为一般存款和财政性存款

一般存款是指商业银行吸收的企事业单位、机关团体、部队及个人存入的，并可由其自行支配的各种资金形成的存款；财政性存款是指商业银行经办的各级财政拨入的预算资金、应上缴财政的各项资金以及财政安排的专项资金形成的存款。财政性存款一般不计付利息，一般存款则应计付利息。

4. 按存款产生的来源分为原始存款和派生存款

原始存款又称现金存款或直接存款，是客户将现金或现金支票送存商业银行形成的存款；派生存款又称转账存款或间接存款，是商业银行通过发放贷款、购买证券等资产业务而创造的存款。

派生存款的增加，会导致全社会货币供应量的增加，商业银行派生存款的能力是建立在原始存款的基础上的。对银行来讲，派生存款具有提供支付手段、节约现金使用和加速资金周转的功能作用。

5. 按存款币种分为人民币存款和外币存款

人民币存款是商业银行吸收的人民币资金形成的存款。外币存款是商业银行吸收客户的外汇资金形成的存款。

（二）银行结算账户的开立与管理

银行结算账户是指银行为存款人开立的办理资金收付结算的人民币活期存款账户。

第二章 商业银行存款与贷款业务的核算

1. 银行结算账户的种类

银行结算账户按存款人分为单位银行结算账户和个人银行结算账户。

（1）单位银行结算账户。单位银行结算账户是存款人以单位名称开立的银行结算账户，以及个体工商户凭营业执照，以字号或经营者姓名开立的银行结算账户。按规定纳入单位银行结算账户进行管理。单位银行结算账户按用途可分为基本存款账户、一般存款账户、专用存款账户和临时存款账户。

基本存款账户是存款人因办理日常转账结算和现金收付在银行开立的银行结算账户，是存款人的主办账户。存款人只能选择一家营业机构开立一个基本存款账户。存款人日常经营活动的资金收付及奖金和现金支取，只能通过该账户办理。

一般存款账户是存款人因借款或其他结算需要，在基本存款账户以外的银行营业机构开立的银行结算账户。该账户用于办理存款人借款转存、借款归还和其他结算的资金收付。存款人可以通过该账户办理转账结算和现金缴存，但不能办理现金支取。

临时存款账户是存款人因设立临时机构、从事异地经营活动或因注册验资等临时需要，在规定期限内使用开立的银行结算账户。存款人通过该账户办理临时机构和临时经营活动发生的资金收付，以及按照国家现金管理规定办理的现金支取。注册验资的临时存款账户在验资期间只收不付。临时存款账户的有效期限最长不得超过2年。

专用存款账户是存款人按照法律、行政法规和规章，对其特定用途进行专项管理和使用而开立的银行结算账户。如企事业单位的基本建设资金、更新改造资金、财政预算外资金、棉粮油收购资金、证券交易结算资金、期货交易保证金、信托基金、金融机构存放同业资金、单位银行卡备用金、住房基金、社会保障基金等需要专项管理和使用的资金。专用存款账户必须用于办理国家规定使用的专款专用、专项管理的专用资金收付。

（2）个人银行结算账户。个人银行结算账户是自然人以身份证或相关证件，因投资、消费、结算等而开立的可办理支付结算业务的银行结算账户。自然人可根据需要申请开立个人银行结算账户，也可以在已开立的储蓄账户中选择并向开户银行申请确认为个人银行结算账户。个人银行结算账户用于办理个人转账收付和现金支取，储蓄账户仅限于办理现金存取业务，不得办理转账结算。

当自然人因使用支票、信用卡等信用支付工具的，或办理汇兑、定期借记、定期贷记、借记卡等结算业务的，可以申请办理个人银行结算账户。按规定存款人的工资、奖金收入，稿费、演出费等劳务收入，债券、期货、信托等投资的本金和收益，个人债权或产权转让收益，个人贷款转存，证券交易结算资金和期货交易保证金，继承、赠与款项，保险理赔、保费退还等款项，纳税退还，农、副、矿产品销售收入等合法款项均可转入其个人银行结算账户。

2. 银行结算账户的开立

根据《人民币银行结算账户管理办法》的规定，单位银行结算账户的存款人可以是企业法人，非法人企业，机关、事业单位，团级（含）以上军队、武警部队及分散执勤的支（分）队，社会团体，民办非企业组织，异地常设机构，外国驻华机构，个体工商户，居民委员会、村民委员会、社区委员会，单位设立的独立核算的附属机构以及其他组织。个人银行结算账户的存款人是自然人。

存款人申请开立银行结算账户，除应向银行提交开户申请书和盖有存款人印章的印鉴卡片外，还应按规定提供以下证明文件：

（1）申请开立基本存款账户时，应向银行出具当地工商行政管理机关核发的《企业法人执照》或《营业执照》正本，有关部门的证明、批文、登记证书等证明文件之一。

（2）申请开立一般存款账户时，应向银行出具其开立基本存款账户规定的证明文件、基本存款账户开户登记证和借款合同或其他结算需要的相关证明。

（3）申请开立专用存款账户时，应向银行出具其开立基本存款账户规定的证明文件、基本存款账户开户登记证和经有权部门批准立项的文件或各专项资金管理部门或机构的批文或证明。

（4）申请开立临时存款账户时，应向银行出具当地工商行政管理机关核发的临时执照或当地有权部门同意设立外来临时机构的批文。因注册验资需要而申请开立临时存款账户时，应向银行出具工商行政管理部门核发的企业名称预先核准通知书或有关部门的批文。

（5）申请开立个人银行结算账户时，应向银行出具存款人有效的身份证明文件，如居民身份证或临时身份证、军人或武警身份证件、港澳居民往来内地通行证、台湾居民往来大陆通行证或其他有效旅行证件、外国公民护照等。

银行在收到存款人提交的开户申请书、印鉴卡片及有关证明文件后，应对开户申请书填写的事项和证明文件的真实性、完整性、合规性进行认真审查。开户申请书填写的事项齐全，符合开立基本存款账户、临时存款账户和预算单位专用存款账户条件的，银行应将存款人的开户申请书、相关证明文件和银行审核意见等开户资料报送中国人民银行当地分支行，经其核准后办理开户手续；符合开立一般存款账户、其他专用存款账户和个人银行结算账户条件的，银行应办理开户手续，并于开户之日起5个工作日内向中国人民银行当地分支行备案。银行为存款人开立银行结算账户，应与存款人签订银行结算账户管理协议，并向其核发开户登记证。

存款人开立单位银行结算账户，自正式开立之日起3个工作日后，方可办理付款业务。但注册验资的临时存款账户转为基本存款账户和因借款转存开立的一般存款账户除外。

3. 银行结算账户的管理

银行应对存款人银行结算账户的开立、使用和撤销加强管理，监督和检查存款人是否按规定正确使用账户，纠正违规开立和使用银行结算账户的行为，以保护存款人、银行的合法权益和资金安全。

（1）单位银行结算账户的存款人只能在一家银行的一个营业机构开立一个基本存款账户。

（2）存款人可自主选择银行开立银行存款账户。除国家法律、行政法规和国务院规定外，任何单位和个人不得强令存款人到指定银行开立银行结算账户。

（3）中国人民银行负责基本存款账户、临时存款账户和预算单位开立专用存款账户

第二章 商业银行存款与贷款业务的核算

开户登记证的管理，任何单位及个人不得伪造、变造及私自印制开户登记证。

（4）存款人开立的账户只能办理存款人本身的业务活动，不允许出租、出借和转让他人，不得套取银行信用。

（5）单位在银行存款，其所有权和使用权属于存款单位，银行应保障其合法权益。除国家政策规定外，银行不得代任何单位和个人查询、冻结、扣划存款人账户内的存款。

（三）存款业务核算应设置的会计科目

1．"吸收存款"科目

该科目属于负债类科目，核算商业银行吸收的除同业存放款项以外的其他各种存款，包括单位存款（企业、事业单位、机关、社会团体等）、个人存款、信用卡存款、特种存款、转贷款资金和财政性存款等。该科目可按存款类别及存款单位，分别"本金"、"利息调整"等进行明细核算。商业银行收到客户存入的款项时，应按实际收到的金额，借记"存放中央银行款项"等科目，贷记"吸收存款——本金"科目，如存在差额，借记或贷记"吸收存款——利息调整"科目。资产负债表日，应按摊余成本和实际利率计算确定的存入资金的利息费用，借记"利息支出"科目，按合同利率计算确定的应付未付利息，贷记"应付利息"科目，按其差额，借记或贷记"吸收存款——利息调整"科目。实际利率与合同利率差异较小的，也可以采用合同利率计算确定利息费用。支付的存入资金利息，借记"应付利息"科目，贷记"吸收存款"科目。支付的存款本金，借记"吸收存款——本金"科目，贷记"存放中央银行款项"、"库存现金"等科目，按应转销的利息调整金额，贷记"吸收存款——利息调整"科目，按其差额，借记"利息支出"科目。该科目期末贷方余额，反映商业银行吸收的除同业存放款项以外的其他各项存款。

2．"应付利息"科目

该科目属于负债类科目，核算商业银行按照合同约定应支付的利息，包括吸收存款、发行债券等应支付的利息。该科目可按存款人或债权人进行明细核算。该科目期末贷方余额，反映商业银行应付未付的利息。

3．"利息支出"科目

该科目属于损益类科目，核算商业银行在吸收存款及借款中发生的利息支出，包括吸收的各种存款（单位存款、个人存款、信用卡存款、特种存款、转贷款资金等）、与其他金融机构（中央银行、同业等）之间发生资金往来业务、卖出回购金融资产等产生的利息支出。该科目可按利息支出项目进行明细核算。期末，应将该科目余额转入"本年利润"科目，结转后该科目无余额。

二、单位存款业务的核算

单位存款又称对公存款，是指企事业单位、机关团体、部队和个体经营者等在金融机构存入的款项，包括单位活期存款、单位定期存款、单位通知存款、单位协定存款等。

（一）单位活期存款业务的核算

单位活期存款是在存入时不约定存期，客户可根据需要随时存取，并按结息期计算利息的存款。单位活期存款的存取主要有现金和转账两种形式。现金存入或提取是存款收支的一种形式；转账存取需采用一定的结算方式，运用一定的支付结算工具进行，其具体内容在以后的章节介绍。现在介绍现金存取款的核算方法。

1. 单位活期存款存取款的核算

单位活期存款按存取方式的不同分为支票户和存折户，支票户是单位在银行开立的凭支票、进账单等结算凭证办理款项存取的账户，适用于财务制度健全，存款金额大，经常发生存取款业务的单位。存折户是单位在银行开立的凭存折、存取款凭条办理款项存取的账户，适用于业务规模小、存款金额少、不经常发生存款业务的单位。两者在存取款时的会计核算基本相同，不同的是所填写的凭证不一样，支票户存取时填写现金缴款单和现金支票，而存折户填写的是存取款凭条。单位活期存款的存取款有现金和转账两种形式，转账结算是通过同城或异地的各种结算方式，进行款项收支的一种形式，将在以后的章节介绍，本章只介绍现金存取款的核算。

（1）存入现金的核算。单位存入现金时，应填写一式两联现金缴款单，连同现金交银行出纳部门，出纳人员审查凭证无误，点收现金后，登记现金收入日记簿，并将一联缴款单加盖"现金收讫"章退还存款单位，另一联传递给会计部门登记存款单位分户账。会计分录为：

借：库存现金
　　贷：吸收存款——单位活期存款——××户

银行可按存款单位和存款种类设置明细账。

（2）支取现金的核算。单位支取现金时，应签发现金支票，并在支票上加盖预留在银行的印鉴。银行会计部门应认真审查支票的内容，核对印鉴，确定支票的真伪，审核无误后，以现金支票代现金付出传票登记单位的分户账。会计分录为：

借：吸收存款——单位活期存款——××户
　　贷：库存现金

转账后，将出纳对号单交取款人，凭以到出纳部门取款。会计人员在记账后的现金支票上签章，交复核人员进行复核签章后，将现金支票传递给出纳部门。出纳人员根据现金支票登记现金付出日记簿，配款复核后，凭对号单向取款人支付现金。

2. 单位活期存款利息的核算

（1）计息时间的规定。根据现行规定，商业银行吸收的存款，除财政性存款和被法院判决为赃款的冻结户存款等有特殊规定的款项外，吸收的其他各种存款均应按规定计付利息。

根据 2005 年 9 月 21 日起执行的《中国人民银行关于人民币存贷款计结息问题的通知》，单位活期存款按日计息，按季结息，计息期间遇利率调整分段计息，每季度末月的 20 日为结息日，如 3 月 20 日。计息时间从上季末月 21 日开始，到本季末月 20 日为止，采取"算头不算尾"的方法，即存入日计算利息，支取日不计算利息。

比如，一笔存款 3 月 1 日存入，5 月 16 日支取，计息时间为：31+30+15=76 天。结出的利息于结息日次日入账。需要注意的是，但若遇结息日，则存期的计算应采取"算头又算尾"的方法。

若单位活期存款账户销户，则利息的结算应采取利随本清的方法。即于销户时将利息与存款单位结算清楚。

（2）利息计算的基本公式：

利息＝本金×存期×利率

其中，利率有年利率、月利率和日利率，在具体运用时，应与存期保持一致。如公式中存期按天数计算时，应用日利率；存期按月数计算时，应用月利率；存期按年数计算时，应用年利率。三种利率之间可以换算，换算公式为：

月利率（‰）＝年利率（%）÷12

日利率＝年利率（%）÷360

或日利率＝月利率（‰）÷30

单位活期存款由于存取频繁，其余额经常发生变动，因此，一般采用积数法计算利息。积数计息法即按实际天数每日累计账户余额，以累计计息积数乘以日利率计算利息。其计息公式为：

利息＝累计计息（日）积数×日利率

累计计息积数以元位起息，元位以下不计息，计算的利息保留分位，分位以下四舍五入。实际工作中，单位活期存款利息的计算通常有余额表和乙种账两种方法计算累计的计息积数。两种方法的区别在于余额表法适用于经常发生存取款业务，存款余额变动频繁的存款户；乙种账计息法适用于不经常发生存取款业务，存款余额变动不频繁的存款户。

余额表计息法是采用计息余额表计算累计计息积数，并凭以计算利息的方法。该方法在每日营业终了，将需要计算利息的各分户账最后余额，按户抄至计息余额表各账户栏内，当日余额未变动的，则照抄上日余额。余额表上各户余额逐日相加之和即为累计日积数。若遇利率调整，则应分段计算累计日积数。错账冲正时，应调整积数，以调增或调减的余额乘以错账日数，计算出应调增或应调减的积数填入余额表中"应加积数"或"应减积数"栏内。结息日计算出本计息期累计计息积数后，乘以适用的日利率（或分段累计计息积数分别乘以适用的日利率后求和），即为本计息期计算的利息。

乙种账计息法是采用乙种账页计算累计计息积数，并凭以计算利息的方法。采用该方法时，当发生资金收付，引起客户存款账户的余额发生变动时，除了登记本次发生额并结出余额外，还应算出上次余额的实存天数，记入账页上相应的"日数"栏内，并将上次余额与实存天数的乘积，记入账页上对应的"积数"栏内。若遇利率调整，应分段计算"日数"和"积数"。

（3）利息的核算，其包括：

① 资产负债表日利息的核算。资产负债表日，按计算确定的存入资金利息，其会计分录为：

借：利息支出——单位活期存款利息支出户
　　贷：应付利息——单位活期存款应付利息户

② 结息日利息的核算。结息日计算出利息后，一般于次日办理入账。银行制作"利息清单"，办理转账。会计分录为：

借：应付利息——单位活期存款应付利息户
　　贷：吸收存款——单位活期存款——××户

【例2-1】中国农业银行2013年6月计息余额表部分摘要如表2-1所示，本计息期内活期存款利率为0.35%，没有发生利率调整变化。

表2-1　　　　　　　　　　中国农业银行计息余额表

科目名称：单位活期存款　　　2013年6月　　　　　　　　　　单位：元
科目代号：　　　　　　　　　利率：0.35%　　　　　　　　　　第　页共　页

日期＼账号户名	20130015 申达股份有限公司	20130016 万圣集团		合计	复核盖章
1	367000				
2	403000				
3	475000				
4	518000				
5	462000				
6	462000				
7	539000				
8	492000				
9	688000	略	略		
10	653000				
10天小计	5059000				
11	617000				
⋮	⋮				
⋮	⋮				
20天小计	9968000				
21	354000				
⋮	⋮				
⋮	⋮				
本月合计	15112000				
至上月底未计息积数	53761000				
应加积数					
应减积数	183000				
至结息日累计计息积数	63546000				
至本月底累计未计息积数	5144000				
结息日计算利息数	617.81				

会计：　　　　　　　复核：　　　　　　　记账：

表 2-1 中，申达股份有限公司本计息期利息计算如下：

至结息日累计计息积数 = 至上月底末计息积数 + 9 月 1~20 日累计计息积数 + 应加积数 − 应减积数

= 53761000 + 9968000 + 0 − 183000 = 63546000（元）

至本月底累计未计息积数 = 本月合计 − 本月 1~20 日累计计息积数

= 15112000 − 9968000 = 5144000（元）

结息日（6 月 20 日）计算利息数 = 至结息日累计计息积数 × (年利率 ÷ 360)

= 63546000 × (0.35% ÷ 360)

= 617.81（元）

6 月 21 日编制"利息清单"，办理利息转账，会计分录为：

借：应付利息——单位活期存款应付利息户　　　　　　　617.81

　　贷：吸收存款——单位活期存款——申达股份有限公司户　　617.81

资产负债表日（6 月 30 日）计提利息费用 = 本月合计 × (年利率 ÷ 360)

= 15112000 × (0.35% ÷ 360)

= 146.92（元）

借：利息支出——单位活期存款利息支出户　　　　　　　146.92

　　贷：应付利息——单位活期存款应付利息户　　　　　　　146.92

【例 2-2】 中国银行开户单位的中盛工贸有限公司分户账如表 2-2 所示。中盛工贸有限公司 2013 年 3 月 21 日至 5 月 31 日的累计积数为 9526000 元。计息期内存款利率为 0.35%，没有发生利率调整变化。

表 2-2　　　　　　　　　　　　　分　户　账

户名：中盛工贸有限公司　　账号：20130005　　利率：0.35%　　单位：元

2013 年		摘要	借方	贷方	借或贷	余额	日数	积数	复核盖章
月	日								
6	1	承前页			贷	220000	72	9526000	
							4	880000	
6	5	现付	10000		贷	210000	3	630000	
6	8	转贷		5000	贷	215000	4	860000	
6	12	现收		8000	贷	223000			
6	12	转借	25000		贷	198000	1	198000	
6	13	转贷		14000	贷	212000	3	636000	
6	16	转贷		20500	贷	232500	2	465000	
6	18	转借	18000		贷	214500	1	214500	
6	19	转借	23000		贷	191500	2	383000	
6	21	转息		134.09	贷	191634.09	92	13792500	

表 2-2 中，中盛工贸有限公司 2013 年 3 月 21 日至 5 月 31 日的累计积数为 9526000 元，2013 年 6 月 1 日至 6 月 20 日的累计积数为 4266500 元。则结息日（6 月 20 日）的

累计计息积数为：

9526000＋4266500＝13792500（元）

计算利息＝13792500×(0.35%÷360)＝134.09（元）

6月21日编制"利息清单"，将利息记入中盛工贸有限公司活期存款账户贷方，并结计出新的存款余额。其会计分录为：

借：应付利息——单位活期存款应付利息户　　　　　　　　　134.09
　　贷：吸收存款——单位活期存款——中盛工贸有限公司户　　　134.09

资产负债表日计提利息费用的账务处理略。

3. 单位活期存款账户的内外账务核对

单位活期存款账户的内外账务核对，是指商业银行的单位活期存款各分户账与各开户单位的银行存款账相互进行核对，以保证双方存款余额的一致。银行与单位之间，由于双方记账的时间有先有后，未达账项的存在会使双方存款余额在某一时点上不相符。同时，双方在记账过程中，可能发生的差错也会导致双方存款余额不一致。因此，银行与单位之间应进行账务核对，以便查清未达账项，发现差错，保证双方账务准确无误和维护存款资金的安全。

支票户内外账务核对可采取随时核对和定期核对相结合的方式。平时，在分户账满页时套打两联式账页。正页为银行的分户账，副页为给单位的对账单。银行应将套打的对账单，及时交给单位核对账务。每月末，对当月有业务发生的支票户，无论分户账是否满页，都应将套打的副页及时送交单位核对账务。每季末或11月末，银行应制作各单位存款余额对账单一式两联，并在第一联上加盖业务公章后，两联一起送交单位核对账务。单位核对无误后，将对账单第一联留存，第二联回单加盖预留银行印鉴后退还银行。如经核对发现不符，单位应在对账单回单上注明未达账项及借、贷方金额，以便双方查明原因，及时处理。对于账务核对长期不符的单位，银行应采取必要的措施限期查清。银行将单位退回的对账单回单按科目、账户顺序排列，装订保管，以备查考。

存折户内外账务核对一般采取随时核对的方式。即银行在存折户每次办理存取款时，应坚持账折见面，随时将存折余额与银行分户账余额核对相符。

（二）单位定期存款的核算

单位定期存款是存款单位在转存存款时，约定存期，到期支取本息的存款。财政拨款、预算内资金和银行贷款不得作为单位定期存款存入银行。单位定期存款1万元起存，多存不限，存期分为3个月、6个月、1年、2年、3年、5年六个档次。

1. 单位定期存款存入的核算

单位定期存款存入方式有现金和转账两种。采取现金存入方式时，应填制单位定期存款缴款凭证，连同现金一起提交银行；采取转账存入方式时，应填制转账支票，在支票用途栏填明"转存单位定期存款"字样，并注明存期后提交银行。银行收到后，按有关规定审查无误，并在收妥款项后，填制一式三联单位定期存款存单。经复核后，现金存入时，以单位定期存款缴款凭证第二联代现金收入传票；转账存入时，以存单第一联代转账贷方传票，以转账支票代转账借方传票，办理转账。其会计分录为：

现金存入时：

借：库存现金
　　贷：吸收存款——单位定期存款——××户

转账存入时：

借：吸收存款——单位活期存款——××户
　　贷：吸收存款——单位定期存款——××户

付出：重要空白凭证——单位定期存款证实书

如上述分录借贷方存在差额，则应将差额借记或贷记"吸收存款——定期存款——××户（利息调整）"科目。

存单第二联加盖"单位定期存款专用章"和经办人名章后，作为定期存款凭据交存款单位；第三联作定期存款卡片账留存，并据以登记开销户登记簿后，按顺序排列，专家保管。如果单位要求凭印鉴支取，应在存单第一联、第二联加盖预留印鉴，并在存单第二联注明"凭印鉴支取"字样。

单位持他行支票办理定期存款时，应按票据交换的要求提出交换，待收妥后，先转入单位活期存款账户，然后通知单位办理定期存款手续。定期存款办理手续和账务处理同上述转账存入方式。

2. 单位定期存款支取的核算

单位定期存款的支取，只能以转账方式将存款转入其基本存款账户，不得将定期存款用于结算或从定期存款账户中提取现金。单位定期存款根据支取的不同情况分为到期支取、提前支取和逾期支取三种。

（1）到期支取的处理。定期存款到期，单位持存单支取款项时，银行应抽出该户卡片账与存单核对户名、金额、印鉴等无误后，计算出利息，填制利息清单，并在存单上加盖"结清"戳记。以存单代定期存款转账借方传票，卡片账作附件，另编制三联特种转账传票，一联作转账借方传票，一联作转账贷方传票，另一联作收账通知，连同利息清单一起交存款单位。同时，销记开销户登记簿。其会计分录为：

借：吸收存款——单位定期存款——××户（本金）
　　应付利息
　　贷：吸收存款——单位活期存款——××户（本利和）

若"吸收存款——利息调整"科目有余额，应予以转销。借记或贷记"利息支出"科目，贷记或借记"吸收存款——利息调整"科目。

（2）提前支取的处理。单位定期存款可以全部或部分提前支取，但若办理部分提前支取，则以一次为限。部分提前支取时，若剩余定期存款不低于起存金额，银行根据提前支取的规定计算利息，办理支取手续，并为定期存款剩余金额开具新存单；若剩余定期存款低于起存金额，银行根据提前支取的规定计算利息，并对该项定期存款予以清户。

在办理单位定期存款全部提前支取时，银行应根据提前支取存款利息计算的有关规定，计算单位定期存款全部提前支取利息，并在卡片账及审查无误的存单上加盖"提前支取"戳记，其余手续和账务处理与单位定期存款到期支取相同。

在办理单位定期存款部分提前支取时，若剩余定期存款不低于起存金额，银行应计算单位定期存款部分提前支取利息，并采取满付实收、更换新存单的做法，即视同原存单本金一次全部支取，对实际未支取部分按原存期、原利率和到期日另开具新存单一式三联。会计分录为：

借：吸收存款——单位定期存款——××户（全部本金）
　　应付利息　　　　　　　　（提前支取部分利息）
　　贷：吸收存款——单位活期存款——××户（本利金）
借：吸收存款——单位活期存款——××户（未支取本金）
　　贷：吸收存款——单位定期存款——××户（未支取本金）

"吸收存款——利息调整"科目余额转销的账务处理同到期支取。

（3）逾期支取的处理。单位定期存款若逾期支取，银行除计算到期利息外，对逾期部分还按逾期支取存款利息计算的有关规定，计算应付利息，其办理手续和账务处理与到期支取相同。

3. 单位定期存款利息的核算

单位定期存款利息的核算采用逐笔计息的方法，即在支取时，按预先确定的计息公式逐笔计算利息，利随本清。

（1）利息计算公式。计息期为整年或整月时，计息公式为：

利息＝本金×年（月）数×年（月）利率　　　　　　　　　　　　　　　　　　　　（2-1）

计息期有整年或整月，又有零头天数时，计息公式为：

利息＝本金×年（月）数×年（月）利率＋本金×零头天数×日利率　　　　　　　　（2-2）

将计息期全部化为实际天数计算利息时，计息公式为：

利息＝本金×实际天数×日利率　　　　　　　　　　　　　　　　　　　　　　　　（2-3）

上述式（2-1）和式（2-2）公式中的年（月）数，按对年、对月、对日计算；式（2-2）中的零头天数，按"算头不算尾"的方法计算实际天数；式（2-3）中的实际天数，即每年为365天（闰年366天），每月为当月公历实际天数。年利率、月利率、日利率之间的换算同前述。

（2）利息计算的有关规定：①在原定存期内的利息，按存入日挂牌公告的利率计算，存期内遇利率调整，不分段计息。②全部提前支取时，按支取日挂牌公告的活期存款利率计算利息（不分段计息）。③部分提前支取时，若剩余定期存款不低于起存金额，提前支取部分按支取日挂牌公告的活期存款利率计算利息（不分段计息），未支取部分到期时按原开户日挂牌公告的利率计算利息；若剩余定期存款低于起存金额，对该项定期存款予以清户，按支取日挂牌公告的活期存款利率计算利息（不分段计息）。④逾期支取时，逾期部分按支取日挂牌公告的活期存款利率计算利息（不分段计息）。⑤到期日为节假日时，可于节假日前最后一个营业日办理支取手续，银行扣除提前支取天数后，按存入日挂牌公告的利率计算利息。节假日后支取的，按逾期支取计算利息。

（3）利息的计提与支付。根据权责发生制原则，于资产负债表日计提利息费用时，应按定期存款利率档次分别逐笔计算利息费用和应付利息，然后，根据计算的利息费用和应付利息金额，编制转账传票办理转账。

【例2-3】2012年8月25日，中国工商银行东湖支行为开户单位的中信公司签发转账支票80000元，转为定期存款半年，存入时挂牌的半年期定期存款利率为2.25%。会计分录为：

借：吸收存款——单位活期存款——中信公司户　　80000
　　贷：吸收存款——单位定期存款——中信公司户　　　　80000

【例2-4】2013年1月31日，中国工商银行东湖支行计提利息费用时，中信公司2012年8月25日存入的半年期定期存款80000元，年利率为2.25%，存满本月，实际利率与合同利率差异较小，资产负债表日采用合同利率计算确定利息费用。

2013年1月31日，银行计算应提中信公司利息费用：

利息费用 = $80000 \times 1 \times 2.25\% \div 12 = 150$（元）

借：利息支出——单位定期存款利息支出户　　150
　　贷：应付利息——单位定期存款应付利息户　　　　150

【例2-5】2013年2月25日，中信公司半年期存款到期，办理支取。假设2013年2月1日，由于中信公司急需资金，需提前支取本金30000元，当天银行挂牌的活期存款利率为0.35%，其他资料同上。

（1）2013年2月25日到期支取时：

利息 = $80000 \times 6 \times 2.25\% \div 12 = 900$（元）

借：吸收存款——单位定期存款——中信公司户　　80000
　　应付利息——单位定期存款应付利息户　　900
　　　贷：吸收存款——单位活期存款——中信公司户　　　　80900

（2）2013年2月1日部分提前支取时：

利息 = $30000 \times 160 \times 0.35\% \div 360 = 46.67$（元）

借：吸收存款——单位定期存款——中信公司户　　80000
　　应付利息——单位定期存款应付利息户　　46.67
　　　贷：吸收存款——单位活期存款——中信公司户　　　　80046.67
借：吸收存款——单位活期存款——中信公司户　　50000
　　贷：吸收存款——单位定期存款——中信公司户　　　　50000

【例2-6】2013年2月10日，招商银行客户申达公司来行支取一年期定期存款100000元，该存款为申达公司2011年12月28日存入，存入时年利率为2.52%。2013年2月10日银行挂牌公告的活期存款利率为0.35%。

2013年2月10日申达公司来行支取时：

利息 = $100000 \times 1 \times 2.52\% + 100000 \times 44 \times 0.35\% \div 360$
　　　= $2520 + 42.78 = 2562.78$（元）

借：吸收存款——单位定期存款——申达公司户　　100000
　　应付利息——单位定期存款应付利息户　　2562.78
　　　贷：吸收存款——单位活期存款——申达公司户　　　　102562.78

51

三、个人存款业务的核算

个人存款又称对私存款或储蓄存款,是指商业银行吸收的城乡居民个人生活结余或待用的资金形成的存款。为加强储蓄管理,国务院颁发了《储蓄管理条例》,该条例规定银行办理储蓄业务必须遵循存款自愿、取款自由、存款有息、为客户保密的原则。

(一)储蓄存款的种类

目前,我国各商业银行开办的储蓄存款业务中,主要的储蓄存款品种有:活期储蓄存款、定期储蓄存款、定活两便储蓄存款、教育储蓄存款以及个人通知存款等。

(1)活期储蓄存款。活期储蓄存款是存入时不约定存期,客户可根据需要随时存取,并按结息期计算利息的储蓄存款。

(2)定期储蓄存款。定期储蓄存款是存入时约定存期,一次或在存期内分次存入本金,到期时一次支取本息,或在存期内分期平均支取本金或利息的储蓄存款。定期储蓄存款一般采取逐笔计息的方式,利随本清。根据款项存取方式的不同,定期储蓄存款又可分为:整存整取、零存整取、整存零取、存本取息四种。

(3)定活两便储蓄存款。定活两便储蓄存款是在存款时不约定存期,一次存入一定数额的本金,客户可根据需要随时一次支取本息,并于支取时按实际存期确定相应的利率,据以计算利息的储蓄存款。这种储蓄存款兼具流动性和收益性,比定期储蓄存款支取灵活,在达到一定存期时又能取得比活期储蓄存款高的收益。

(4)教育储蓄存款。教育储蓄存款是为了鼓励城乡居民以储蓄存款方式,为其子女接受非义务教育[指九年义务教育之外的全日制高中(中专)、大学本科(专科)、硕士和博士研究生]积蓄资金,用于教育事业。教育储蓄按零存整取定期储蓄存款方式存入,存期分1年、3年和6年;50元起存,本金合计最高限额2万元。但在支取时,客户如能提供有关证明,便可按相应存期整存整取定期储蓄存款利率计息,并享受免征利息所得税,教育储蓄提前支取时必须全额支取。

(5)个人通知存款。个人通知存款是一次存入一定数额的本金,不约定存期但约定支取存款的通知期限,支取时按约定通知期限提前通知银行,约定支取存款的日期和金额后,于到期时支取本金和利息的储蓄存款。个人通知存款的收益较高,支取较灵活,客户不仅可以获得高于活期储蓄存款的收益,而且可以随时支取存款。

此外,商业银行为了适应不断发展、日趋多样的客户需求,在以上储蓄存款种类的基础上,衍生出了一些新的储蓄存款方式。如活期一本通、定期一本通、定活通等。活期一本通是集人民币和多种外币活期储蓄存款于一个存折的存款方式,具有人民币和外币活期储蓄的全部基本功能;定期一本通是集人民币和外币等不同币种和不同档次的定期储蓄存款于一个存折的存款方式,客户通过开设的定期一本通账户,可以存取多笔本外币定期储蓄存款;定活通是银行每月自动将客户活期储蓄存款账户的闲置资金转为定期储蓄存款,当活期储蓄存款账户因刷卡消费或转账取现资金不足时,定期储蓄存款将自动转为活期储蓄存款的一种存款方式。定活通具有智能理财、高效现金管理的功能,可以满足客户定期储蓄存款收益与活期储蓄存款便利的双重需要。这些储蓄存款方式是在基本储蓄存款种类的基础上，为方便客户存取款和满足理财需要而设立的，其办理手续和账务处理与相应的基本储蓄存款种类相同。

（二）活期储蓄存款的核算

活期储蓄存款1元起存，多存不限，开户时由储蓄机构发给存折或银行卡，预留密码或印鉴，凭存折或银行卡和预留密码或印鉴随时存取款项。

1. 开户

客户申请开立活期储蓄存款账户时，需持本人有效身份证件，填写活期储蓄存款凭条，连同现金、身份证件一并交给银行，银行审查凭条、验明身份证件并点收现金无误后，登记开销户登记簿，编列账号，开设分户账和签发存折或银行卡，然后以存款凭条代现金收入传票入账。其会计分录为：

借：库存现金
　　贷：吸收存款——活期储蓄存款——××户

2. 续存

客户来行续存时，应填写活期储蓄存款凭条，连同存折或银行卡、现金一并交给银行，银行审核凭条并点收现金无误后，根据账号抽出分户账和存折核对相符后，将续存额记入分户账和存折或银行卡中，并结出余额和积数。会计分录与开户时相同。

3. 取款

客户来行取款时，应填写活期储蓄取款凭条，连同存折或银行卡一并交给银行经办人员。凭印鉴支取的，应在取款凭条上加盖预留印鉴；凭密码支取的，应由客户输入预留密码；若大额支取的还应出示身份证件。银行审核后，先登记分户账和存折或银行卡，系统自动结出余额和积数，最后将现金、存折或银行卡交给客户。会计分录如下：

借：吸收存款——活期储蓄存款——××户
　　贷：库存现金

采取免填凭条的银行，应根据客户取款金额，直接进行业务处理，打印活期储蓄取款凭条，交客户签字确认。若是在银行自动存取款机中存取款的，ATM会自动详细记录每一张卡进出机子的记录，并上传银行系统登记入账。

4. 销户

若客户要求注销账户，则应结清本息将账户内的款项全部取出。由客户按存款余额填写活期储蓄取款凭条，银行凭以记账、登记存折或银行卡，并计算应付利息余额，制作利息清单，以活期储蓄取款凭条代现金付出传票入账，银行在活期储蓄取款凭条、存折或银行卡、分户账上加盖"结清"戳记，存折或银行卡作为取款凭条的附件，分户账另行保管，并销记开销户登记簿。

会计分录为：

借：吸收存款——活期储蓄存款——××户
　　应付利息——活期储蓄存款应付利息户
　　　　贷：库存现金

5. 活期储蓄存款利息的计算与核算

（1）资产负债表日利息计算与核算。资产负债表日，按计算确定的存入资金利息，做会计分录：

借：利息支出——活期储蓄存款利息支出户
　　贷：应付利息——活期储蓄存款应付利息户

（2）结息日利息的计算与核算。根据 2005 年 9 月 21 日起执行的《中国人民银行关于人民币存贷款计结息问题的通知》个人活期存款按季结息，按结息日挂牌活期利率计息，每季末月的 20 日为结息日。未到结息日清户时，按清户日挂牌公告的活期利率计息到清户前一日止。

活期储蓄存款与单位活期存款一样，利息的计算采用积数法，计息的公式也相同，所不同的是，单位活期存款按日计息，按季结息，每季末月的 20 日为结息日，计息期间遇利率调整分段计息；而活期储蓄存款按季结息，每季末月的 20 日为结息日，按结息日当天挂牌活期利率计息，计息期间如遇利率有调整的不分段计息。结息日结出利息后于次日办理转账，会计分录为：

借：应付利息——活期储蓄存款应付利息户
　　贷：吸收存款——活期储蓄存款——××户

（三）定期储蓄存款的核算

定期储蓄存款根据存入方式和支取方式的不同，可以分为整存整取、零存整取、存本取息和整存零取四种，各种类型存款的开户存入和支取核算手续都基本相同，只是"吸收存款"设置明细科目时做相应的更改，最主要的不同点在于利息的计算。定期储蓄存款的核算分为开户、到期支取、提前支取和过期支取几个环节。现以整存整取定期存款为例阐述。

1. 开户

定期储蓄存款的开户程序与活期储蓄存款的开户程序基本一致，不同之处在于开户申请书，存款凭证和存单上打印的要素，其会计分录为：

借：库存现金
　　贷：吸收存款——定期储蓄存款——整存整取××户
付出：重要空白凭证——定期储蓄存款证实书

2. 支取

（1）到期支取。客户持到期存单取款时，银行应先抽出该户卡片账与存单核对账号、户名、金额、印鉴或由客户输入密码等无误后，按原定存期及利率计算利息，制作利息清单，销记开销户登记簿，存单作为现金付出传票，本息及利息清单交客户，其会计分录为：

借：吸收存款——定期储蓄存款——整存整取××户
　　应付利息——定期储蓄应付利息户
　　贷：库存现金

（2）提前支取。若客户急需资金，可持未到期存单办理全部或部分提前取款。提前支取利息按当日挂牌的活期储蓄利率计算。若部分提前支取,每张存单以一次为限。

客户办理全部提前支取时,银行柜员应先审核客户递交的存单和身份证件,再逐一输入各项要素后提交,系统打印取款凭条、存单、利息清单,客户核对利息清单(一式两联)并签字确认,柜员配款,将现金、利息清单第二联交客户,并将取款凭条加盖现讫章作为该笔业务交易流水传票,利息清单第一联加盖附件章作为传票附件。全部提前支取会计分录与到期支取相同。

若部分提前支取,采用"满付实收、更换新存单"的做法,将原存单视同全部支取并收回原存单,对未支取部分的本金按原存入日期、原存期和利率另开新存单。其会计分录为:

借:吸收存款——定期储蓄存款——整存整取××户(全部本金)
　　应付利息——定期储蓄存款应付利息户　(提前支取部分利息)
贷:库存现金(提前支取部分本利和)
　　吸收存款——定期储蓄存款——整存整取或零存整取××户(未支取部分本金)

3. 过期支取

定期储蓄存款过期支取时,其处理手续与到期支取相同,只是在计算利息时,除了计算到期利息外,还应以活期储蓄利率计算过期部分的利息。

4. 定期储蓄存款利息的计算与核算

由于不同类型的定期储蓄存款其利息计算的方法不一致,因此,分别阐述整存整取、零存整取、存本取息和整存零取等定期储蓄存款利息的计算。

(1) 整存整取定期储蓄存款利息的计算与核算。整存整取定期储蓄,特点是本金一次存入,约定存期,到期支取本息。本金 50 元起存,多存不限,存期分为 3 个月、6 个月、1 年、2 年、3 年、5 年六个档次。客户可开立整存整取存单、定期一本通存折或借记卡办理人民币整存整取存款业务,还可根据需要约定到期自动转存期限,凭密码支取的定期储蓄存款可在商业银行分行辖内任一营业网点办理通兑。

整存整取定期储蓄存款利息计算的方法与单位定期存款利息计算的方法基本一致,采用逐笔计息法。即支取时按预先确定的计息公式逐笔计算利息,利随本清。

【例 2-7】2012 年 12 月 3 日,李明以现金存入 1 年期整存整取定期储蓄存款 20000 元,2013 年 12 月 3 日到期支取,存入时 1 年期整存整取定期储蓄存款年利率为 2.25%。请写出存入、到期支取时的会计分录。假设不考虑利息调整。

(1) 2012 年 12 月 3 日存入时,做会计分录:

借:库存现金　　　　　　　　　　　　　　　　　　20000
　　贷:吸收存款——定期储蓄存款——整存整取李明户　　20000

(2) 2012 年 12 月 31 日银行计提利息时,应付该客户的利息,做会计分录:

应付利息 = 20000 × 29 × 2.25% ÷ 360 = 36.25(元)

借:利息支出——定期储蓄利息支出户　　　　　　　36.25
　　贷:应付利息——定期储蓄存款应付利息户　　　　　　36.25

(3) 2013 年 1 月 31 日银行计提利息时,应付该客户的利息,做会计分录:

应付利息＝20000×1×2.25%÷12＝37.5（元）

借：利息支出——定期储蓄利息支出户　　　　　　　　　37.5
　　贷：应付利息——定期储蓄存款应付利息户　　　　　　　　37.5

（4）2013年2~11月资产负债表日计提利息的处理同（3）。

（5）2013年12月3日到期支取时，做会计分录：

利息＝20000×1×2.25%＝450（元）

借：吸收存款——定期储蓄存款——整存整取李明户　　20000
　　应付利息——定期储蓄存款应付利息户　　　　　　　　450
　　贷：库存现金　　　　　　　　　　　　　　　　　　　　　20450

【例2-8】沿用【例2-7】的资料，2014年1月10日，假设李明来行支取存款，当日活期存款年利率为0.35%。其他资料同上。

2014年1月10日该客户过期支取时：

利息＝20000×1×2.25%＋20000×38×0.35%÷360＝457.39（元）

借：吸收存款——定期储蓄存款——整存整取李明户　　20000
　　应付利息——定期储蓄应付利息户　　　　　　　　　457.39
　　贷：库存现金　　　　　　　　　　　　　　　　　　　　　20457.39

【例2-9】2013年1月5日，张南以现金存入1年期整存整取定期储蓄存款30000元，存入时1年期整存整取定期储蓄存款年利率为2.25%，由于急需资金，2013年3月12日张南要求提前支取12000元，当日活期存款年利率为0.35%，剩余18000元存至到期。

2013年3月12日部分提前支取时：

利息＝12000×66×0.35%÷360＝7.70（元）

借：吸收存款——定期储蓄存款——整存整取张南户　　30000
　　应付利息——定期储蓄存款应付利息户　　　　　　　　7.70
　　贷：库存现金　　　　　　　　　　　　　　　　　　　　　12007.70
　　　　吸收存款——定期储蓄存款——整存整取张南户　　18000

（2）零存整取定期储蓄存款利息的计算与核算。零存整取定期储蓄，适用于生活中的小额结余存储，积零为整。每月固定金额，5元起存，多存不限，到期一次支取本息，存期分为1年、3年、5年三个档次。可补存、预存各一次，未补存或漏存次数在一次以上者，视同违约，对违约后存入的部分，支取时按活期存款利率计息。客户可开立零存整取存折或借记卡办理零存整取存款业务，可办理全部提前支取，但不办理部分提前支取。

零存整取定期储蓄存款利息计算可采用月积数计息法和固定基数法。

月积数计息法适用于零存整取定期储蓄存款中途有漏存的到期或提前支取利息的计算，其计算公式如下：

利息＝累计计息月积数×月利率

【例2-10】2012年9月8日，杨林在招商银行开立1年期零存整取定期储蓄存款账户，约定每月固定存入 500 元，开户日银行挂牌公告利率为 1.83%，2013 年 2 月漏存一次，2013 年 9 月 8 日支取，请计算利息。

表 2-3 杨林零存整取定期储蓄存款分户账

利率：1.83%

日期	摘要	存入	余额	月数	积数	累计月积数
2012 年 9 月 8 日	开户	500	500	1	500	500
2012 年 10 月 12 日	续存	500	1000	1	1000	1500
2012 年 11 月 5 日	续存	500	1500	1	1500	3000
2012 年 12 月 15 日	续存	500	2000	1	2000	5000
2013 年 1 月 8 日	续存	500	2500	2	5000	10000
2013 年 3 月 9 日	续存	1000	3500	1	3500	13500
2013 年 4 月 12 日	续存	500	4000	1	4000	17500
2013 年 5 月 16 日	续存	500	4500	1	4500	22000
2013 年 6 月 10 日	续存	500	5000	1	5000	27000
2013 年 7 月 6 日	续存	500	5500	1	5500	32500
2013 年 8 月 6 日	续存	500	6000	1	6000	38500

（1）2012 年 9 月 8 日开户及每月存入时，做会计分录：
借：库存现金　　　　　　　　　　　　　　　　　　500
　　贷：吸收存款——定期储蓄存款——零存整取杨林户　　500
（2）2013 年 9 月 8 日支取时，做会计分录：
累计计息月积数 = 500 + 1000 + 1500 + … + 6000 = 38500（元）
到期利息 = 38500 × 1.83% ÷ 12 = 58.71（元）
借：吸收存款——定期储蓄存款——零存整取杨林户　　6000
　　应付利息——定期储蓄存款应付利息户　　　　　　58.71
　　贷：库存现金　　　　　　　　　　　　　　　　　　6058.71

固定基数计息法适用于每月存入固定金额，且中途没有漏存的零存整取定期储蓄存款。这种方法根据到期支取时，每月每元存入金额的到期利息为固定基数。其计算公式为：

利息 = 每月固定存款额 × 固定基数 × 月利率

其中：固定基数 =（存入次数 + 1）÷ 2 × 存入次数

据此推算 1 年期的固定基数为（12 + 1）÷ 2 × 12 = 78，3 年期、5 年期的累计月积数分别为 666 和 1830。客户记住这几个常数就可按公式计算出零存整取定期储蓄存款的利息。

假设【例 2-10】中，杨林每月存入 500 元，中途无漏存，则到期支取的利息为：
500 × 78 × 1.83% ÷ 12 = 59.48（元）

（3）整存零取定期储蓄存款利息的计算与核算。整存零取定期储蓄，特点是本金一次存入，约定存期，到期支取本息。本金 1000 元起存，存期分 1 年、3 年、5 年三个档次。本金凭存单分期支取本金，支取期分 1 个月、3 个月、6 个月一次，利息于存款到

期结清时一并计付。

由于整存零取定期储蓄的本金逐次递减,因此,利息计算按平均值计算,计息公式:

利息=[(全部本金+每次支取本金额)÷2]×存期×月利率

【例2-11】2012年10月8日,黄蓉开户存入12000元的1年期整存零取存款,每月支取1次,每次支取额1000元,存款年利率为1.74%,2013年10月8日结清利息一次支付。

(1) 2012年10月8日存入时,做会计分录:

借:库存现金　　　　　　　　　　　　　　　　　　　　12000
　　贷:吸收存款——定期储蓄存款——整存零取黄蓉户　　　　　　12000

(2) 每月支取时,做会计分录:

借:吸收存款——定期储蓄存款——整存零取黄蓉户　　　1000
　　贷:库存现金　　　　　　　　　　　　　　　　　　　　　　1000

(3) 2013年10月8日到期支取时,做会计分录:

利息=[(12000+1000)÷2]×12×1.74%÷12=113.1(元)

借:吸收存款——定期储蓄存款——整存零取黄蓉户　　　1000
　　应付利息　　　　　　　　　　　　　　　　　　　　113.10
　　贷:库存现金　　　　　　　　　　　　　　　　　　　　　1113.10

(4) 存本取息定期储蓄存款利息的计算与核算。存本取息定期储蓄存款,其特点是一次存入本金,到期一次支取本金,利息分期支取。本金5000元起存,存期分1年、3年、5年三个档次。银行与客户协商确定取息日期,可以1个月或几个月取息一次,若客户在取息日未支取利息,以后可随时支取,但不计复利。客户可开立存本取息存折或借记卡办理此业务。

存本取息定期储蓄存款每次取息的金额,应在开户时按挂牌公告的利率计算到期应付利息总额,再除以约定的取息次数。计息公式:

每次取息额=(本金×存期×利率)÷取息次数

客户提前支取时,应按支取日挂牌公告的活期储蓄存款利率计算利息,并在办理付款时,将已付给客户的利息扣回,但不办理部分提前支取。过期支取时,超过原定存期的部分按支取日挂牌公告的活期储蓄存款利率计付利息。

【例2-12】2012年8月5日,客户李洋存入10000元的1年期存本取息定期储蓄存款,每月支取1次利息,存款年利率为2.25%,试计算每次支取的利息额,并写出存入和支取的会计分录。

(1) 2012年8月5日存入时,做会计分录:

借:库存现金　　　　　　　　　　　　　　　　　　　　10000
　　贷:吸收存款——定期储蓄存款——存本取息李洋户　　　　　10000

(2) 每月支取利息时,做会计分录:

借:吸收存款——定期储蓄存款——存本取息李洋户　　　18.75
　　贷:吸收存款——活期储蓄存款——李洋户　　　　　　　　　18.75

(3) 2013年8月5日到期支取时，做会计分录：

利息总额 = 10000×1×2.25% = 225（元）

每次取息额 = 225÷12 = 18.75（元）

借：吸收存款——定期储蓄存款——存本取息李洋户　　10000
　　应付利息　　　　　　　　　　　　　　　　　　　18.75
　　贷：库存现金　　　　　　　　　　　　　　　　　　　　10018.75

第二节　贷款业务的核算

贷款又称放款，是商业银行或其他金融机构按一定利率和必须归还等条件出借货币资金的一种信用活动形式。广义的贷款是指贷款、贴现、透支等贷出资金的总称。贷款是商业银行的主要资产业务，也是银行资金运用的主要形式。商业银行应按照中国人民银行规定的贷款利率政策和市场行情确定贷款利率，并在放款前对借款人的借款用途、偿还能力、还款方式等情况进行严格审查，实行审贷分离、分级审批的制度。

贷款业务的意义在于：支持生产发展和商品流通；调节产业结构和产品结构；增加银行的收入，提高银行的经济效益。

一、贷款业务的概述

（一）贷款业务的种类

1. 按贷款的期限不同分为短期贷款、中期贷款和长期贷款

短期贷款是贷款期限在1年以内（含1年）的贷款，中期贷款是贷款期限在1年以上（不含1年）5年以下（含5年）的贷款，长期贷款是贷款期限在5年（不含5年）以上的贷款。

2. 按贷款的保障程度不同分为信用贷款、担保贷款和票据贴现

信用贷款是指银行全凭客户的信誉而无须提供任何抵押物或第三人保证而发放的贷款。担保贷款是指银行依据借款人提供的经银行认可的某种担保方式，向借款人发放的贷款。根据担保方式的不同又可分为保证贷款、抵押贷款、质押贷款。票据贴现是指贷款人以购买借款人未到期商业票据的方式发放的贷款。

3. 按贷款的对象不同分为企业贷款和个人贷款

企业贷款是指银行向各类企业发放的贷款，具体包括流动资金贷款、固定资产贷款、房地产开发贷款、进出口贸易融资、项目贷款、综合授信等信贷品种。个人贷款是指银行向个人发放的贷款，包括个人住房贷款、个人汽车消费贷款、助学贷款、个人定期存单质押贷款、个人旅游贷款、个人授信业务等。

4. 按银行承担责任不同分为自营贷款和委托贷款

自营贷款是指贷款人以合法方式筹集的资金而自主发放的贷款，其风险由贷款人承担，并由贷款人收回本金和利息。自营贷款通常自主发放、自主收回。委托贷款是指由政府部门、企事业单位及个人委托人提供资金。由贷款人（即受托人）根据委托人确定的贷款对象、用途、金额、期限、利率等代为发放、监督使用并协助收回的贷款。贷款人（受托人）只收取手续费，不承担贷款风险。

5. 按贷款的质量和风险程度分为正常贷款、关注贷款、次级贷款、可疑贷款和损失贷款

正常贷款是指借款人能够履行合同，没有足够理由怀疑贷款本息不能按时足额偿还。关注贷款是指尽管借款人目前有能力偿还贷款本息，但存在一些可能对偿还产生不利影响因素的贷款。次级贷款是指借款人的还款能力出现了明显的问题，依靠其正常经营收入无法保证足额偿还贷款本息，即使执行担保，也可能会造成一定损失。可疑贷款是指借款人无法足额偿还本息，即使执行抵押或担保，也肯定要造成一部分损失。损失贷款是指在采用所有可能的措施和一切必要的法律程序之后，本息仍然无法收回或只能收回极少部分。次级贷款、可疑贷款、损失贷款三大类贷款合称为不良贷款。

6. 按贷款的还款方式不同分为到期一次偿还和分期偿还

到期一次偿还是指贷款到期时一次偿还贷款本金，利息根据贷款合同，或在整个贷款期间分期支付，或在贷款到期时一次支付，即利随本清的贷款。分期偿还是指贷款按年、季、月以相等的金额还本付息。

7. 按贷款本息是否逾期超过一定天数分为应计贷款和非应计贷款

非应计贷款是指贷款本金或利息逾期 90 天没有收回的贷款。应计贷款是指非应计贷款以外的贷款。

（二）贷款的申请、审查与发放

1. 贷款申请

借款人需要贷款，应当向主办银行或者其他银行的经办机构直接申请，并填写包括借款金额、借款用途、偿还能力及还款方式等主要内容的《借款申请书》，连同银行所需的其他各种资料上交给银行。

2. 贷款审查

贷款人受理借款人申请后，应当对借款人的信用等级及借款的合法性、安全性、盈利性等情况进行调查，核实抵押物、质物、保证人情况，测定贷款的风险度。对借款人的信用进行审查通常包括 5 个方面，即"5C"原则：品质（Character）、能力（Capacity）、资本（Capital）、担保（Collateral）和条件（Condition）。

3. 贷款发放

贷款应当由贷款人与借款人签订借款合同。借款合同应当约定借款种类，借款用途、金额、利率、借款期限，还款方式，借、贷双方的权利义务，违约责任和双方认为需要约定的其他事项。贷款人要按借款合同规定按期发放贷款。贷款人不按合同约定按期发放贷款的，应偿付违约金。借款人不按合同约定用款的，应偿付违约金。

(三) 贷款业务核算应设置的会计科目

(1)"贷款"科目。该科目属于资产类科目,核算商业银行按规定发放的各种客户贷款,包括质押贷款、抵押贷款、保证贷款、信用贷款等。商业银行按规定发放的具有贷款性质的银团贷款、贸易融资、协议透支、信用卡透支、转贷款以及垫款等,在该科目核算;也可单设"银团贷款"、"贸易融资"、"协议透支"、"信用卡透支"、"转贷款"、"垫款"等科目。该科目可按贷款类别、客户,分"本金"、"利息调整"、"已减值"等进行明细核算。对于逾期贷款,还应按贷款逾期情况设置"逾期贷款"、"非应计贷款"两个明细科目。该科目期末余额在借方,反映商业银行按规定发放尚未收回贷款的摊余成本。

(2)"应收利息"科目。该科目属于资产类科目,核算商业银行发放贷款、存放中央银行款项、交易性金融资产等应收取的利息。该科目可按借款人或被投资单位进行明细核算。商业银行发放的贷款,应于资产负债表日按贷款的合同本金和合同利率计算应收未收的利息,借记"应收利息"科目,按贷款的摊余成本和实际利率计算利息收入,贷记"利息收入"科目,按其差额,借记或贷记"贷款——利息调整"科目。该科目期末余额在借方,反映商业银行尚未收回的利息。

(3)"利息收入"科目。该科目属于损益类科目,核算商业银行确认的利息收入,包括发放的各类贷款(银团贷款、贸易融资、贴现和转贴现融出资金、协议透支、信用卡透支、转贷款以及垫款等)、与其他金融机构(中央银行、同业等)之间发生资金往来业务、买入返售金融资产等实现的利息收入。该科目可按业务类别进行明细核算。期末,应将该科目余额转入"本年利润"科目,结转后该科目无余额。

(4)"贷款损失准备"科目。该科目属于资产类科目,是"贷款"科目的备抵科目,核算商业银行贷款的减值准备。该科目可按计提贷款损失准备的资产类别进行明细核算。资产负债表日,贷款发生减值的,按应减记的金额,借记"资产减值损失"科目,贷记"贷款损失准备"科目。对于确实无法收回的各项贷款,按管理权限报经批准后予以转销,借记"贷款损失准备"科目,贷记"贷款"、"贴现资产"、"拆出资金"等科目。已计提贷款损失准备的贷款价值以后又得以恢复,应在原已计提的贷款损失准备金额内,按恢复增加的金额,借记"贷款损失准备",贷记"资产减值损失"科目。该科目期末余额在贷方,反映商业银行已计提但尚未转销的贷款损失准备。

(5)"资产减值损失"科目。该科目属于损益类科目,核算商业银行计提各项资产减值准备所形成的损失。该科目可按计提资产减值损失的项目进行明细核算。期末,应将该科目余额转入"本年利润"科目,结转后该科目无余额。

(四) 贷款业务核算的原则

商业银行发放贷款主要应遵循安全性、流动性和盈利性的原则。而在进行贷款核算时,尤其是中长期贷款核算应遵循以下原则:

(1)本息分别核算的原则。商业银行发放的中长期贷款,应按照实际贷出的金额入账,期末按照贷款本金和适用的利率计算应收取的利息,分贷款本金和利息进行核算。

(2)商业性贷款和政策性贷款分别核算的原则。

(3)自营贷款和委托贷款分别核算的原则。商业银行发放委托贷款时,只收取手续

费，不得垫付资金。商业银行因发放委托贷款而收取的手续费，按收入确认条件予以确认。

（4）应计贷款和非应计贷款分别核算的原则。非应计贷款是指贷款本金或利息逾期90天没有收回的贷款。应计贷款是指非应计贷款以外的贷款。当贷款的本金或利息逾期90天时，应单独核算。当应计贷款转为非应计贷款时，应将已入账的利息收入和应收利息予以冲销。从应计贷款转为非应计贷款后，在收到该笔贷款的还款时，首先冲减本金；本金全部收回后，再收到的还款则确认为当期利息收入。

二、企业贷款的核算

（一）信用贷款的核算

信用贷款是指商业银行仅凭借款人的信誉而发放的贷款。银行和借款人之间签订借款合同（即借据），由于信用贷款无须实物或有价物作担保，因而是银行的高风险资产，信用贷款适用于具有良好信用等级且具有法人资格的企业单位。

目前，我国的信用贷款、担保贷款多采用逐笔核贷的贷款核算方式。逐笔核贷是指借款单位根据借款合同逐笔填写借据，经银行信贷部门逐笔审核，一次发放，约定期限，一次或分次归还的一种贷款方式。发放时，贷款应一次转入借款单位的结算存款账户后才能使用，不能在贷款中直接支付；收回时，由借款单位开具支票，从基本账户中归还或由银行从基本账户中直接扣收。

1. 贷款发放的核算

借款人申请贷款时，向银行信贷部门提交申请书，银行审查批准后，签订借款合同。借款合同签订后，借款人需要用款时，填写一式五联的借款借据。第一联借方传票，加盖借款单位公章及预留印鉴，送信贷部门核定借款金额；第二联为贷方传票，作为银行会计入账依据；第三联为回单加盖转讫章后退给借款人；第四联为放款记录，加盖转讫章后送信贷部门留存；第五联为到期卡由会计部门留存，按到期日排列保管，据以到期收回贷款。

会计部门收到借款凭证，审核无误后，为借款单位开立贷款分户账，办理转账。其会计分录为：

借：贷款——信用贷款——××户
　　贷：吸收存款——单位活期存款——××户

2. 贷款收回的核算

贷款到期前3天，由银行信贷部门通知借款人筹措资金，以备按时还款。借款单位在归还贷款时，填写一式四联的贷款还款凭证办理还款手续，会计部门收到还款凭证后，抽出留存的到期卡进行核对，审核无误后办理收回贷款的转账手续。其会计分录为：

借：吸收存款——单位活期存款——××户（本金加利息）
　　贷：贷款——信用贷款——××户（客户归还的贷款本金）
　　　　应收利息（已计收的利息金额）

利息收入（尚未计收的利息）

转账后注销借款借据，若借款人分期还款，则应在借据上登记每次还款金额，并结计未归还余额，借据继续保管，待最后一期还清余款时，再将借据注销，退给借款人。若贷款到期，借款人未主动还款，银行应按有关规定实行自动扣收，会计处理手续同上。

3. 贷款展期的核算

贷款展期是指借款人因特殊原因不能按期归还贷款申请贷款延期。申请展期时，借款人应向银行信贷部门提交一式三联的"贷款展期申请书"，说明展期原因，银行信贷部门视具体情况决定是否展期。根据规定贷款展期仅以一次为限，不办理转账手续。短期贷款展期不得超过原贷款期限，中期贷款不得超过原贷款期限的一半，长期贷款不得超过3年。如属担保贷款展期，还应有保证人、抵押人、质押人出具同意的书面证明。

4. 逾期贷款

逾期贷款是指借款人因到期（含展期后到期或展期申请后未经批准）不能归还的贷款。对于逾期贷款，银行应将其转入借款单位的"逾期贷款"账户，其会计分录为：

借：贷款——逾期贷款——××户

　　贷：贷款——信用贷款——××户

到期贷款转入逾期贷款账户后，借据上批注"某年某月某日转入逾期贷款"另行保管，加强催收。待借款单位账户有款支付借款时，一次或分次扣收，除按规定利率计息外，还应按实际逾期天数和人民银行规定的罚息率计收罚息。其会计分录为：

借：吸收存款——单位活期存款——××户（本利和）

　　贷：贷款——逾期贷款——××户

　　　　应收利息

　　　　利息收入

5. 逾期贷款转非应计贷款

商业银行发放的各项贷款，当贷款本金或表内利息逾期90天没有收回时，此外，若贷款不能为银行带来实际可能收回的利息，应转入"非应计贷款"。

当贷款本金或利息逾期90天没有收回时，系统自动将逾期贷款本金转入非应计贷款，非应计贷款产生的利息直接记入"应收未收的贷款利息"，并将"已入账的利息收入和应收利息"（特指应收未收但已入账的利息，而不是已经实际收回的利息）予以冲销，原贷款积数清空。

若遇特殊情况如贷款逾期未满90天或虽未逾期但生产已经停止、项目已停建的贷款等也应转为非应计贷款。其会计分录为：

借：贷款——非应计贷款——××户

　　贷：贷款——逾期贷款——××户

冲减原已入账但实际尚未收回的利息收入：

借：利息收入

　　贷：应收利息

收入：应收未收贷款利息——××户

(二) 担保贷款的核算

担保贷款是指银行以法律规定的担保方式作为还款保障而发放的贷款，根据还款保证的不同分为保证贷款、抵押贷款和质押贷款。担保贷款到期，若借款人不能按期归还贷款，应由保证人履行偿债责任或以财产拍卖、变卖价款偿还贷款。

1. 保证贷款的核算

保证贷款是指按《担保法》规定的保证方式，以第三人承诺在借款人不能偿还贷款时，按约定承担一般保证责任或连带责任而发放的贷款。

借款人申请保证贷款，不仅要提交借款申请书和其他银行要求的相关资料，还要提供保证人情况及保证人同意保证的证明文件，担保人承担了保证偿还借款的责任后，还应开具《贷款担保意向书》。

银行信贷部门要对保证人的资格和经济担保能力进行认真审查核实。重点审核保证人的法人资格、经济效益和信用履历情况，从而避免因担保人无力担保或无意承担担保责任而使贷款产生损失。审核符合出贷要求后，银行要与借款人、保证人三方签订合法完整的借款合同、保证合同，明确各方责任。

保证贷款的核算手续与信用贷款基本相同，不同的是"贷款"明细科目改为保证贷款，且要与保证人签订保证合同，约定贷款到期借款人无力偿还贷款时由保证人代为偿还。

（1）贷款发放时做会计分录：

借：贷款——保证贷款——××户
　　贷：吸收存款——单位活期存款——××户

（2）贷款收回时做会计分录：

借：吸收存款——单位活期存款——××户（本利和）
　　贷：贷款——保证贷款——××户（客户归还的贷款本金）
　　　　应收利息（已计收的利息金额）
　　　　利息收入（尚未计收的利息）

（3）贷款到期不能收回。贷款到期如借款人无力偿还，直接向保证人收取，保证人承担保证的时间为借款合同履行期届满，贷款本息未受清偿之时起2年。其会计分录为：

借：吸收存款——单位活期存款——保证人户（本利和）
　　贷：贷款——保证贷款——××户（客户归还的贷款本金）
　　　　应收利息（已计收的利息金额）
　　　　利息收入（尚未计收的利息）

2. 抵押贷款的核算

抵押贷款是指按《担保法》规定的抵押方式，以借款人或第三人的财产作为抵押物发放的贷款。可以作为抵押物的财产是：①抵押人所有的房屋和其他地上定着物。②抵押人所有的机器、交通运输工具和其他财产。③抵押人依法有权处分的国有土地使用权、房屋和其他地上定着物。④抵押人依法有权处分的国有的机器、交通运输工具和其他财产。⑤抵押人依法承包并经发包方同意抵押的荒山、荒沟、荒丘、荒滩等荒地的土地使用权。⑥依法可以抵押的其他财产。

抵押人可以其中一种、某几种或全部财产作抵押，但法律法规禁止转让的土地所有权，自然资源和文物，金银及其制品，学校、幼儿园、医院等福利设施，对所有权、使用权有争议的财产和非借款人所有的财产以及依法被查封、扣押、监管的财产不能作为抵押品。

借款人若到期无法偿还贷款本息，银行有权处理其抵押品，并从所得价款中优先收回贷款本息。因此，对于银行来说，抵押贷款要比信用贷款更具安全性，风险性降低。

商业银行办理抵押贷款，应确认借款人拥有抵押物的所有权或经营权，且抵押物一般为具有变卖价值和可以转让的物品。抵押贷款的额度，以抵押物的现值为基数，乘以约定的抵押率，抵押率一般掌握在50%~70%。抵押贷款中流动资金贷款最长不超过1年，固定资产贷款一般为1~3年，最长不超过5年。抵押贷款应到期归还，一般不得展期。

抵押贷款的核算手续与信用贷款基本相同，不同的是"贷款"明细科目改为抵押贷款，且要与借款人签订抵押合同，约定贷款到期借款人无力偿还贷款时，银行有权处分抵押物用以偿还贷款。

（1）贷款发放时做会计分录：

借：贷款——抵押贷款——××户

　　贷：吸收存款——单位活期存款——××户

收入：代保管有价值品——××户

（2）贷款收回时做会计分录：

借：吸收存款——单位活期存款——××户（本利和）

　　贷：贷款——抵押贷款——××户（客户归还的贷款本金）

　　　　应收利息（已计收的利息金额）

　　　　利息收入（尚未计收的利息）

付出：代保管有价值品——××户

（3）贷款到期不能收回的处理。抵押贷款到期，如借款单位不能按期归还，银行应将抵押物从"代保管有价值品"表外科目转入"待处理抵押品"科目核算，其贷款转入"逾期贷款"账户，并按规定计收罚息。

若抵押贷款逾期一个月以上，借款单位仍无力偿还贷款，经催收无效，银行有权依法取得抵押资产，并按照国家规定的方式处置抵押资产收回贷款本息。处理后取得的收入，扣除银行在处理抵押品过程中发生的保管、维护、清理、法律诉讼等费用后，应先偿还贷款本金，再收还利息。高于贷款本息的部分为营业外收入，低于贷款本息的部分为营业外支出。

金融企业根据抵押贷款合同处理其抵押品时，应设置"抵债资产"科目，该科目属于资产类科目，核算金融企业依法取得并准备按有关规定进行处置的实物抵债资产的成本。抵债资产不计提折旧或摊销，发生减值时，单独设置"抵债资产跌价准备与资产减值损失"科目进行核算。"抵债资产"可按抵债资产类别及借款人进行明细核算。该科

目期末借方余额反映商业银行取得的尚未处置的实物抵债资产的成本。

①将抵押品作价入账的核算。银行取得抵债资产，按其公允价值入账时，做会计分录：

借：抵债资产
　　贷款损失准备（已计提的减值准备）
　　营业外支出（借方差额）
　贷：贷款——抵押贷款——××户
　　资产减值损失（贷方差额）
　　应收利息
　　应交税费
　　营业外收入（贷方差额）

如抵债资产为原贷款的抵押品、质押品，将其转为抵债资产核算时，还应销记原已登记的表外科目和登记簿。

②抵债资产保管期间收入和费用的核算。取得收入，作为其他业务收入时，做会计分录：

借：库存现金（或存放中央银行款项）
　贷：其他业务收入

发生费用，作为其他业务成本时，做会计分录：

借：其他业务成本
　贷：库存现金（或存放中央银行款项）

③出售抵押品时，做会计分录：

借：库存现金（或存放中央银行款项）
　　抵债资产跌价准备
　贷：抵债资产
　　应交税费

处置抵债资产，若有差额计入营业外收支。

④抵债资产转为自用时，做会计分录：

借：固定资产等科目
　　抵债资产跌价准备
　贷：抵债资产

【例2-13】中国光大银行2012年1月1日向宏大公司发放1年期流动资金贷款500万元，利率5%。该公司以一栋豪华别墅（评估价600万元）作抵押。《贷款合同》规定，到期不能归还贷款，银行可直接拍卖抵押物。

2013年1月1日，贷款到期，宏大公司按时归还贷款。

假定2013年1月1日，该公司因财务状况恶化，无法偿还贷款本息。银行将其抵押的房产作为抵债资产入账，该房产的公允价值是580万元，暂不考虑税费因素。银行委托拍卖公司拍卖，拍卖价为580万元，需支付拍卖手续费30万元。

中国光大银行的会计处理如下：

（1）2012年1月1日，银行发放贷款时，做会计分录：

借：贷款——抵押贷款——宏大公司　　　　　　5000000
　　贷：吸收存款——单位活期存款——宏大公司　　　　　　5000000
收入：代保管有价值品——宏大公司　　　　　　6000000

（2）2013年1月1日，贷款到期公司按时归还时，做会计分录：

利息=5000000×1×5%=250000（元）

借：吸收存款——单位活期存款——宏大公司　　　　　　5250000
　　贷：贷款——抵押贷款——宏大公司　　　　　　5000000
　　　　应收利息　　　　　　　　　　　　　　　　　　250000
付出：代保管有价值品——宏大公司　　　　　　6000000

（3）2013年1月1日，无法偿还贷款本息，将抵押房产作为抵债资产入账，做会计分录：

借：抵债资产　　　　　　　　　　　　　　　5800000
　　贷：贷款——抵押贷款——宏大公司　　　　　　5000000
　　　　应收利息　　　　　　　　　　　　　　　　　　250000
　　　　营业外收入　　　　　　　　　　　　　　　　　550000

（4）出售抵债资产取得收入时，做会计分录：

借：吸收存款——单位活期存款——拍卖公司　　5500000
　　营业外支出　　　　　　　　　　　　　　　300000
　　贷：抵债资产　　　　　　　　　　　　　　　　　5800000
付出：代保管有价值品——宏大公司　　　　　　6000000

3. 质押贷款的核算

质押贷款是指按《担保法》规定的质押方式，以借款人或第三人的动产或权利作为质物而发放的贷款。动产质押是指债务人或者第三人将其动产移交债权人占有，将该动产作为债权的担保。可以作为质押的质物有：①汇票、支票、本票、债券、存款单、仓单、提单。②依法可以转让的股份、股票。③依法可以转让的商标专用权、专利权、著作权中的财产权。④依法可以质押的其他权利。

质押贷款的核算手续与抵押贷款基本相同，不同的是"贷款"明细科目改为质押贷款，与借款人签订的是质押合同，约定贷款到期借款人无力偿还贷款时，银行有权处分质押物用以偿还贷款。

质押与抵押相比，最大的特点是质物必须移交银行占有。抵押的基本特征是转移抵押物的所有权而不转移其占有权，质押则要将质押品或权利凭证转移给质权人，在质押期内，出质人不能占有、使用质物。

三、个人贷款业务的核算

随着社会的进步和个人征信体系的不断完善,个人贷款业务蓬勃发展。个人贷款业务主要包括个人住房贷款、个人商用房贷款、个人住房装修贷款、个人汽车消费贷款、助学贷款、个人保单权利质押贷款、个人定期存单质押贷款、个人旅游贷款、个人授信业务、住房公积金委托贷款等。

(一) 分期还本付息贷款的核算

分期还本付息的贷款,是指借款人用于购买汽车、住房、耐用消费品等,按月分期偿还本息的贷款,贷款方式一般为:抵押、质押或保证。包括个人住房贷款、个人住房装修贷款、个人汽车消费贷款、个人旅游贷款等。这种贷款数额取决于贷款的用途,一般金额较大,耐用消费品贷款期限1~3年,汽车贷款2~5年,住房贷款期限10~30年。个人旅游贷款期限一般为1年,贷款金额不超过旅游公司规定费用的70%,且最高不超过2万元。

为了阐述分期还本付息贷款的核算,本书以个人住房贷款为例。个人住房贷款也称个人住房按揭贷款,即以住宅(或土地)作为抵押的贷款,也是一种担保贷款。通常做法为购房者因为资金不足与房地产商签订房屋买卖合同,并以该合同项下的房产及全部权益抵押给银行以期取得贷款。其中,购房者(甲方)为债务人,银行(乙方)为债权人,卖房者(丙方)为连带担保责任人。具体业务关系为:银行将按揭额以甲方购房款的名义一次性划入丙方在银行的结算账户内,由甲方按月等额归还,直至期满还清。房屋竣工后,三方共同到房地产管理部门办理产权证和他项权证,产权证上注明银行为他项权人,产权证交甲方,他项权证交银行,如甲方不能还清本息,银行对该房产有优先处分权。

1. 贷款发放的核算

银行会计部门在收到《购房抵押合同》副本及有关凭据后,据以编制转账传票,并以借款人的名头开立贷款分户账,计算贷款按揭金额。一般来说,贷款按揭金额不得高于房价总额的70%。计算出按揭额后,根据合同规定,将款项全额划入丙方(房地产开发商)的结算账户内。抵押房产竣工验收后,丙方作为担保方应负责协助办理该房产抵押手续,办理抵押登记并负责办理产权证和他项权证。银行收到他项权证后作表外科目,其会计分录为:

借:贷款——个人住房贷款——××借款人户
　　贷:吸收存款——单位活期存款——××开发商户

同时,根据贷款抵押品担保合同登记表外科目:

收入:代保管有价值品——××户

2. 贷款分期扣款的处理

购房借款人需在按揭贷款银行开立还款专用储蓄账户,并从贷款发放的次月开始,按月供款偿还借款本息,直至偿清为止方可销户。

（1）正常贷款扣收本息，做会计分录：

借：吸收存款——活期储蓄存款——××户
　　贷：贷款——个人住房贷款——××户
　　　　利息收入

（2）贷款转逾期、表内欠息，做会计分录：

借：贷款——逾期贷款——××户
　　贷：贷款——个人住房贷款——××户

借：应收利息
　　贷：利息收入

（3）逾期贷款扣收本息，做会计分录：

借：吸收存款——活期储蓄存款——××户
　　贷：贷款——逾期贷款——××户
　　　　应收利息

（4）逾期贷款转非应计贷款、表外欠息，做会计分录：

借：贷款——非应计贷款——××户
　　贷：贷款——逾期贷款——××户

借：利息收入
　　贷：应收利息

收入：应收未收贷款利息——××户

（5）非应计贷款扣收本息，做会计分录：

借：吸收存款——活期储蓄存款——××户
　　贷：贷款——非应计贷款——××户
　　　　利息收入

付出：应收未收贷款利息——××户

3. 贷款提前还款的核算

一般来说，从贷款还款第 2 年起，借款人可凭本人身份证、借款合同到贷款银行办理部分或全部提前还款。

（1）贷款部分提前还款的处理。借款人提前偿还部分贷款，做会计分录：

借：吸收存款——活期储蓄存款——××户
　　贷：贷款——个人住房贷款——××户
　　　　利息收入

（2）贷款全部提前还款的处理。借款人办理全部提前还款的，柜员核对已还清贷款本息后，有抵押（质押）物的，按规定还应办理抵押（质押）物的出库手续。其会计分录为：

借：吸收存款——活期储蓄存款——××户
　　贷：贷款——个人住房贷款——××户
　　　　利息收入

付出：代保管有价值品——××户

4. 贷款到期全部归还的核算

贷款的最后一期还款通常采用手工处理，购房者按期或提前还清全部借款的本息后，抵押关系终止。银行应到房管局办理抵押登记注销手续。其会计分录为：

借：吸收存款——活期储蓄存款——××户
　　贷：贷款——个人住房贷款——××户
　　　　利息收入
付出：代保管有价值品——××户

（二）有价单证质押贷款的核算

有价单证是指经批准发行的印有固定面额的特殊凭证，主要包括银行发行或代理发行的实物债券、旅行支票、定额存单以及其他印有固定面额的单证。有价单证质押贷款是指借款人以未到期的有价单证作质押，取得银行一定金额的贷款。主要包括个人定期存单质押贷款、个人保单权利质押贷款等。

1. 贷款发放的核算

银行审核一式五联的"借款借据"、借款合同和贷款审批需要的其他相关资料，审查无误后，借款人移交质押品给银行，银行柜员开立一式三联"代保管收据——质押物"，加盖签章，一联交借款人作回单，在贷款结清后取回质物，一联作表外收入传票的附件，一联留底。其会计分录为：

借：贷款——个人短期质押贷款——××户
　　贷：吸收存款——活期储蓄存款——××户
　　　　或库存现金
收入：代保管有价值品——××户

2. 贷款归还的核算

借款人到期或提前偿还贷款本息时，提交代保管质押物收据。银行核对无误后，办理贷款销户，柜员对存单等质物进行解质押处理，若非本行签发的存单，应及时向存单签发机构发出《解除个人定期储蓄存单质押通知书》。若借款人要求用质押物抵偿贷款，柜员应先对质押物进行出库并解质押，结清质押物后再进行贷款偿还手续。其会计分录为：

借：吸收存款——活期储蓄存款——××户
　　或库存现金
　　贷：贷款——个人短期质押贷款——××户
　　　　利息收入
付出：代保管有价值品——××户

四、贷款利息的核算

（一）贷款利息的有关规定

（1）短期贷款利息。贷款合同期内遇利率调整的不分段计息。贷款按季结息的，每季末月的 20 日为结息日；按月结息的，每月的 20 日为结息日。具体结息方式由双方协商确定。

（2）中长期贷款。利率一年一定，每满一年后（以第一笔贷款的发放日为准），再按当时相应档次的法定贷款确定下一年度利率，按季结息。

（3）贷款展期。期限累计计算，累计期限达到新的利率期限档次时，自展期之日起，按展期日挂牌的同档次利率计息；达不到新的期限档次时，按展期日的原档次利率计息。

（4）逾期贷款或挤占挪用贷款。按罚息利率计收罚息，直至清偿为止，遇罚息利率调整则分段计息。同一笔贷款逾期又挤占挪用，应责其重，不能并处。

（二）贷款利息的计算方法

银行发放的贷款，应按期计提利息并确认收入。贷款利息的计算方法分为定期结息和利随本清两种方式。

1. 定期结息

定期结息，即按规定的结息期结计利息。按季收息的，以每季末月 20 日为结息日；按年收息的，以每年 12 月 20 日为结息日，利息于结息日次日办理转账。定期计息一般采用余额表计息法和乙种账页计息法。利息计算公式为：

利息 = 累计计息积数 × 日利率

结息时，做会计分录：

借：应收利息
　　贷：利息收入

扣收时，做会计分录：

借：吸收存款——单位或个人活期存款——××户
　　贷：应收利息——××户

【例 2-14】交通银行水果湖支行 6 月 20 日编制的短期贷款计息表中宏大公司本季累计积数为 35820000 元，贷款年利率 7.47%，计算其应计利息并做账。

结息时，做会计分录：

利息 = 35820000 × 7.47% ÷ 360 = 7432.65（元）

借：应收利息——宏大公司　　　　　　　　　　7432.65
　　贷：利息收入　　　　　　　　　　　　　　　　　　7432.65

银行扣收利息时，做会计分录：

借：吸收存款——单位活期存款——宏大公司　　7432.65
　　贷：应收利息——宏大公司　　　　　　　　　　　　7432.65

2. 利随本清

利随本清，即逐笔结息，指银行按规定的贷款期限，在贷款归还时收取利息的一种计息方法。其利息计算的基本公式为：

贷款利息 = 贷款本金 × 期限 × 利率

银行收回贷款本息时，办理转账的会计分录为：

借：吸收存款——单位活期存款——××户（客户实际归还的金额）
　贷：贷款——××贷款——××户（贷款的合同本金）
　　　利息收入（贷款的利息）

【例2-15】交通银行水果湖支行2013年5月1日向太平洋百货公司发放一笔短期信用贷款，金额为50万元，假定年利率为6.57%，期限6个月，利随本清法计算其应计利息并做会计分录：

利息 = 500000 × 6 × 6.57% ÷ 12 = 16425（元）

借：吸收存款——单位活期存款——太平洋百货公司　　516425
　贷：贷款——信用贷款——太平洋百货公司　　　　　　　500000
　　　利息收入　　　　　　　　　　　　　　　　　　　　16425

五、贷款损失准备和转销的核算

贷款损失准备是银行按贷款余额的一定比例提取的，用于补偿贷款损失的准备金。贷款损失准备的计提范围是需要银行承担风险和损失的各项资产，包括贷款（客户和银团）、贴现资产、拆出资金、信用卡透支、贸易融资、转贷款和垫款等。银行不承担风险和还款责任的代理业务资产，不计提贷款损失准备。

一般来说，贷款损失准备的计提比例不得低于年末风险资产余额的1%。而对于按照贷款五级分类计提的比例为：正常类贷款——0，关注类贷款——2%，次级类贷款——25%，可疑类贷款——50%，损失类贷款——100%。其中，次级类贷款和可疑类贷款的损失准备，其计提比例可以上下浮动20%。

(1) 贷款发生减值的核算。资产负债表日，商业银行确定贷款发生减值的，按应减记的金额，做会计分录：

借：资产减值损失
　贷：贷款损失准备

本期应计提的贷款损失准备大于其账面余额，应按其差额计提；应计提的贷款损失准备小于其账面余额做相反的会计分录。同时，应将贷款（本金、利息调整）余额转入贷款（已减值），做会计分录：

借：贷款——××贷款——已减值——××户
　贷：贷款——××贷款——××户（本金）
　　　贷款——××贷款——利息调整——××户

(2) 计提减值贷款利息。资产负债表日，应按贷款的摊余成本和实际利率计算确定的利息收入，做会计分录：

借：贷款损失准备——客户贷款户
　　贷：利息收入——发放贷款及垫款

同时，将按合同本金和合同利率计算确定的应收利息金额进行表外登记。其会计分录为：

收入：应收未收利息——××户

（3）减值贷款价值恢复。已计提贷款损失准备的贷款价值以后又得以恢复，应在原已计提的贷款损失准备金额内，按恢复增加的金额，做会计分录：

借：贷款损失准备
　　贷：资产减值损失

（4）收回减值贷款时，做会计分录：

借：吸收存款（或存放中央银行款项）（实际收到的金额）
　　贷款损失准备（相关贷款损失准备余额）
　　贷：贷款——××贷款——已减值——××户（相关贷款余额）
　　　　资产减值损失（差额）

同时，销记表外登记的应收未收贷款利息，会计分录为：

付出：应收未收贷款利息——××户

（5）转销呆账损失。对于确实无法收回的各项贷款，按管理权限报经批准后转销各项贷款，做会计分录：

借：贷款损失准备
　　贷：贷款——××贷款——已减值——××户

按管理权限报经批准后转销表外应收未收贷款利息，会计分录为：

付出：应收未收贷款利息——××户

（6）已转销的贷款又收回。已确认并转销的贷款以后又收回，按原转销的已减值贷款余额，做会计分录：

借：贷款——××贷款——已减值——××户
　　贷：贷款损失准备

按实际收到的金额，做会计分录：

借：吸收存款（或存放中央银行款项）
　　贷：贷款——××贷款——已减值——××户
　　　　资产减值损失

【例2-16】招商银行武汉分行2012年12月31日各项贷款余额为：关注类50000万元、次级类20000万元、可疑类5000万元、损失类2000万元。按规定银行分类计提比例为2%、25%、50%和100%，年初贷款损失准备账户余额为3300万元，计提2012年度的贷款损失准备，做会计分录：

2012年贷款损失准备期末余额 $=50000\times2\%+20000\times25\%+5000\times50\%+2000\times100\%$
$=10500$（万元）

2012年应计提的贷款损失准备＝10500－3300＝7200（万元）
借：资产减值损失　　　　　　　7200000
　　贷：贷款损失准备　　　　　　　　　　　　7200000
同时：
借：贷款——已减值　　　　　　7200000
　　贷：贷款——本金　　　　　　　　　　　　7200000

【例 2-17】【例 2-16】中的损失类贷款 2000 万元，利息 50 万元，因借款人破产，经追偿后确实无法收回，经上级批准予以核销，做会计分录：
借：贷款损失准备　　　　　　　7200000
　　贷：贷款——已减值　　　　　　　　　　　7200000
付出：应收未收的贷款利息　　　500000

第三节　贴现业务的核算

一、贴现业务的概述

票据贴现是指借款人将未到期的商业票据（银行承兑汇票或商业承兑汇票）贴付一定的利息转让给银行，取得资金的经济行为。即银行以购买借款人未到期商业票据的方式发放的贷款。若商业银行再把票据转让给同行称作转贴现，把票据转让给中央银行称作再贴现。目前，商业银行办理贴现业务的票据主要是商业汇票。

（一）票据贴现与一般贷款的异同点

采用贴现方式放贷，银行在贴现时要扣除一定的利息，因此，并不是按票面金额全部贴现的。贴现既是一项票据转让行为，又是一项融通资金的业务。票据贴现与一般贷款既存在联系又有区别。

1. 票据贴现与一般贷款的相同点
（1）票据贴现与一般贷款都是商业银行的资产业务。
（2）票据贴现与一般贷款都是借款人融通资金的方式。
（3）商业银行都要计付利息。

2. 票据贴现与一般贷款的不同点
（1）资金投放的对象不同。贴现贷款以持票人（债权人）为放款对象；一般贷款以（债务人）为对象。
（2）体现的信用关系不同。贴现贷款体现的是贴现银行与贴现申请人、承兑人、背书人、出票人之间的信用关系；一般贷款体现的是银行与借款人、保证人之间的关系。
（3）期限不同。贴现贷款的期限较短，最长不得超过 6 个月；一般贷款的期限较长。

(4）利息扣收的方式不同。贴现贷款是在贴现业务发生时预先扣收利息，贴现申请人得到的贷款是票面金额扣除利息后的金额，其实际利率要比名义利率（贴现率）略高；一般贷款是先发放贷款本金，贷款到期利随本清或按定期计收利息。

（5）资金的流动性不同。贴现贷款可以通过转贴现或再贴现提前收回资金；一般贷款只有到期才能收回。

（二）贴现业务核算应设置的会计科目

"贴现资产"科目，该科目为资产类科目，核算商业银行办理商业票据的贴现、转贴现等业务所融出的资金。银行买入的即期外币票据，也通过该科目核算。该科目可按贴现类别和贴现申请人，分"面值"、"利息调整"进行明细核算。商业银行办理贴现时，按贴现票面金额，借记"贴现资产——面值"科目，按实际支付的金额，贷记"吸收存款"等科目，按其差额，贷记"贴现资产——利息调整"科目。资产负债表日，商业银行按计算确定的贴现利息收入，借记"贴现资产——利息调整"科目，贷记"利息收入"科目。贴现票据到期，应按实际收到的金额，借记"吸收存款"等科目，按贴现的票面金额，贷记"贴现资产——面值"科目，按其差额，贷记"利息收入"科目。存在利息调整金额的，也应同时予以结转。期末借方余额，反映商业银行办理的贴现、转贴现等业务融出的资金。

二、贴现业务的核算

（一）贴现银行办理贴现的处理

持票人持未到期的商业汇票向开户银行申请贴现时，填制一式五联贴现凭证，连同汇票送交银行。银行审批同意并审核无误后，计算贴现利息和实付贴现金额，其计算公式为：

汇票到期值=汇票票面金额+汇票票面金额×年利率÷360

贴现利息=汇票到期值×贴现天数×（月贴现率÷30）

实付贴现金额=汇票到期值–贴现利息

其中，"贴现天数"一般按实际天数计算，从贴现之日起算至汇票到期的前一日止，算头不算尾。

计算出贴现利息和实付贴现金额后填写在贴现凭证的有关栏目内，并以贴现凭证第一联作转账借方传票，第二联、第三联作转账贷方传票办理转账，其会计分录为：

借：贴现资产——贴现——面值——××户

　　贷：吸收存款——活期存款——××贴现申请人户

　　　　贴现资产——贴现——利息调整——××户

资产负债表日，按计算确定的贴现利息收入，做会计分录：

借：贴现资产——贴现——利息调整——××户

　　贷：利息收入——贴现利息收入户

（二）贴现汇票到期银行收回票款的处理

贴现汇票到期，银行应收回贴现票款。商业承兑汇票贴现到期收回是通过委托收款方式进行的。贴现银行作为收款人，应于汇票到期前，提前填制委托收款凭证，连同汇票一并向付款人开户行收取票款。付款人开户行收到委托收款凭证和汇票后，应于汇票到期日将票款从付款人账户付出。承兑银行于汇票到期日，应向承兑申请人收取票款并专户储存。

1. 汇票承兑人在本行开户

汇票承兑人在本行开户，做会计分录：

借：吸收存款——活期存款——××承兑人户
　　贴现资产——贴现——利息调整——××户
　　贷：贴现资产——贴现——面值——××户
　　　　利息收入——贴现利息收入户

承兑人账户余额不足，则从贴现申请人账户扣收，做会计分录：

借：吸收存款——活期存款——××贴现申请人户
　　贴现资产——贴现——利息调整——××户
　　贷：贴现资产——贴现——面值——××户
　　　　利息收入——贴现利息收入户

贴现申请人账户余额也不足，则将不足部分转作逾期贷款，做会计分录：

借：吸收存款——活期存款——××户
　　贷款——逾期贷款——××户
　　贷：贴现资产——贴现——××户
　　　　利息收入——贴现利息收入户

2. 汇票承兑人在他行开户

承兑人开户行，做会计分录：

借：吸收存款——活期存款——××承兑人户
　　贷：清算资金往来

贴现银行，做会计分录：

借：清算资金往来
　　贴现资产——贴现——利息调整××户
　　贷：贴现资产——贴现——××户
　　　　利息收入——贴现利息收入户

【例 2-18】开户单位的华为公司 2013 年 5 月 22 日持一张面值为 35000 元的银行承兑汇票来行申请办理贴现，该汇票出票日为 2013 年 3 月 11 日，期限 4 个月，银行审核无误后，当即按贴现率 3.6% 办理贴现。设上述贴现汇票到期后，银行向本行开户的承兑人荣光公司收回贴现票款。

（1）银行办理贴现时，做会计分录：

贴现天数 = 10 + 30 + 10 = 50（天）

贴现利息 = 35000 × 50 × (3.6% ÷ 360) = 175（元）
实付贴现金额 = 35000 − 175 = 34825（元）

 借：贴现资产——贴现——面值——华为公司   35000
  贷：吸收存款——单位活期存款——华为公司   34825
    贴现资产——贴现——利息调整——华为公司   175

(2) 资产负债表日，做会计分录：

5月31日：贴现利息 = 35000 × 10 × (3.6% ÷ 360) = 35（元）
 借：贴现资产——贴现——利息调整——华为公司 35
  贷：利息收入——贴现利息收入户   35

6月30日：贴现利息 = 35000 × 30 × (3.6% ÷ 360) = 105（元）
 借：贴现资产——贴现——利息调整——华为公司 105
  贷：利息收入——贴现利息收入户   105

(3) 贴现汇票到期银行收回贴现票款，做会计分录：

贴现利息 = 175 − 35 − 105 = 35（元）

 借：吸收存款——单位活期存款——荣光公司   35000
  贴现资产——贴现——华为公司   35
  贷：贴现资产——贴现——面值——华为公司   35000
    利息收入——贴现利息收入户   35

本章小结

  存款业务是商业银行主要的负债业务，贷款与贴现业务是商业银行主要的资产业务。商业银行通过吸收客户的存款，集聚社会闲散资金，然后通过贷款和贴现业务，将资金有计划地贷放出去，投入社会再生产过程中，从而对社会经济活动进行有效的调节。存款与贷款相互依存相互影响。没有存款就没有贷款，银行就无法以贷款的方式支持社会经济的发展；没有贷款，吸收的存款就失去了存在的意义。

  存款按照不同的分类标准，可分为单位存款和储蓄存款；活期存款和定期存款；一般存款和财政性存款；原始存款和派生存款；人民币存款和外币存款等。银行结算账户分为单位银行结算账户和个人银行结算账户。其中，单位银行结算账户按用途又可分为基本存款账户、一般存款账户、专用存款账户和临时存款账户。单位存款又称对公存款，包括单位活期存款、单位定期存款、单位通知存款等。个人存款又称对私存款、储蓄存款，包括活期储蓄存款、定期储蓄存款、定活两便储蓄存款、教育储蓄存款和个人通知储蓄存款等。其中，定期储蓄存款又分为整存整取、零存整取、整存零取和存本取息四种。存款业务的核算主要包括存入、支取的核算以及利息的计算与核算。

  贷款是指商业银行将其所吸收的资金，按一定的利率贷给客户，并约定一定期限归还贷款本息的经济行为。按照不同的标准，贷款可分为短期贷款、中期贷款和长期贷款；信用贷款和担保贷款；企业贷款和个人贷款；正常贷款、关注贷款、次级贷款、可疑贷款和损失贷款等。贷款的核算主要包括贷款的发放、到期收回的核算；贷款减值的核算；呆账贷款的转销及已转销贷款又收回的核算；贷款利息的计算与核算等。其中，贷款利息的核算有定期结息和逐笔结息两种方法。

贴现是商业汇票的持票人在票据到期前，为取得资金，向银行贴付一定利息而将票据转让给银行，以此融通资金的行为。贴现贷款和一般贷款虽然都是商业银行的资产业务，商业银行都要计付利息，但两者又存在明显的区别。票据贴现的核算主要包括贴现银行办理贴现的核算以及贴现汇票到期贴现银行收回票款的核算两个方面。

练习题

一、简答题

1. 单位存款账户按用途可分为哪几类？应如何使用和管理？
2. 商业银行存款业务的种类有哪些？
3. 商业银行贷款业务的种类有哪些？
4. 一般贷款与贴现贷款的联系与区别是什么？

二、单项选择题

1. 银行为吸收单位长期闲置资金而开办的存款业务是（　　）。
   A. 活期储蓄存款　　　　　　B. 定期存款
   C. 活期存款　　　　　　　　D. 定期储蓄存款
2. 适用于余额变动不多的单位活期存款户的计息方法是（　　）。
   A. 月积数计息法　　　　　　B. 固定积数计息法
   C. 余额表计息法　　　　　　D. 账页计息法
3. 存款人的工资、奖金等现金支取通过（　　）办理。
   A. 基本存款账户　　　　　　B. 一般存款账户
   C. 临时存款账户　　　　　　D. 专用存款账户
4. 下列属于非应计贷款的是（　　）。
   A. 逾期 180 天的贷款本金　　B. 利息逾期 180 天以上的贷款
   C. 贷款本金逾期 90 天以上　　D. 贷款本金逾期 120 天以上
5. 单位活期存款的计息时间一般是（　　）。
   A. 每月末　　　　　　　　　B. 每季末月 20 日
   C. 每季末月 21 日　　　　　 D. 每季末
6. 活期储蓄存款利息计算一般采用（　　）。
   A. 固定积数计息法　　　　　B. 利随本清
   C. 积数计息法　　　　　　　D. 利息法
7. 中期贷款展期期限不得超过（　　）。
   A. 原贷款期限　　　　　　　B. 原贷款期限的一半
   C. 1 年　　　　　　　　　　D. 3 年
8. 银行对抵押物拍卖、变卖，其价款（扣除有关费用）超过贷款本息部分，应（　　）。

A. 返还借款人 B. 作为营业外收入
C. 作为其他营业收入 D. 作为利息收入

9. 银行发放的到期（含展期后到期）不能收回的贷款是（　　）。
A. 损失贷款 B. 逾期贷款
C. 催收贷款 D. 呆账贷款

10. 银行按借款合同约定的期限，于贷款归还的同时计收利息的计息方法是（　　）。
A. 余额表计息法 B. 利随本清法
C. 在账页上计息法 D. 定期结息计息法

三、多项选择题

1. 为满足资金管理上的需要，开立了基本存款账户的企业单位还可以开立（　　）。
A. 基础存款户 B. 辅助存款户 C. 一般存款户
D. 专用存款户 E. 临时存款户

2. 单位活期存款按支取方式的不同可分为（　　）。
A. 单位存款 B. 储蓄存款 C. 支票户
D. 存折户 E. 活期存款

3. 单位活期存款利息的计算方法有（　　）。
A. 公式计息法 B. 月积数计息法 C. 固定积数计息法
D. 余额表计息法 E. 账页计息法

4. 下列贷款可以计提贷款损失准备的有（　　）。
A. 委托贷款和代理贷款 B. 银行卡透支 C. 拆出资金
D. 票据贴现资产 E. 银行承兑汇票垫款及担保贷款

5. 贷款按保证程度可分为（　　）。
A. 信用贷款 B. 票据贴现 C. 正常类贷款
D. 关注类贷款 E. 次级类贷款

6. 贷款按期限可分为（　　）。
A. 长期贷款 B. 中期贷款 C. 短期贷款
D. 中短期贷款 E. 中长期贷款

7. 贷款展期期限的规定有（　　）。
A. 各种贷款都不得超过原贷款期限 B. 各种贷款都不得超过原贷款期限的一半
C. 短期贷款不得超过原贷款期限 D. 中期贷款不得超过原贷款期限的一半
E. 长期贷款不得超过3年

8. 可以用于贷款质押的有（　　）。
A. 支票 B. 债券 C. 存款单
D. 提单 E. 机器

9. 关于贴现的正确叙述有（　　）。
A. 贷款银行用信贷资金购买到期的商业汇票
B. 票据到期贴现银行向贴现申请人收取票款

C. 以票据金额扣除贴现利息后的余额，付给贴现申请人
D. 贴现天数从贴现日起至到期日止（算头不算尾），按实际天数
E. 贴现天数从贴现日起至到期日前一天止（算头不算尾）

四、判断题

1. 客户来行办理定活两便存款及支取时的有关手续，基本与活期储蓄存款相同。（　）
2. 存款人不得在同一家银行的几个分支机构开立一般存款账户。（　）
3. 临时存款账户存款人可以通过本账户办理转账结算和根据国家现金管理的规定办理现金收付。（　）
4. 个人通知存款是由客户一次存入本金，银行发给存折，客户凭存折在有限的次数内支取款项，取款时需提前一天或七天通知银行的储蓄存款。（　）
5. 短期贷款是指贷款期限在1年以内（不含1年）的贷款。（　）
6. 贷款按贷款的保证程度可分为正常类贷款、关注类贷款、次级类贷款、可疑类贷款和损失类贷款五类。（　）
7. 保证贷款的保证人与债权人应当以书面形式订立保证合同。（　）
8. 贷款逾期超过90天仍未归还时，应收利息应专设表外科目反映。（　）
9. 对抵押贷款的抵押物，应进行表外登记。（　）

五、会计实务题

1. 2013年9月5日，红星商店将销货收入的现金1000000元，填写现金缴款单存入银行。
2. 2013年9月6日，武汉钢铁厂280000元的定期存款到期，该开户行凭单办理转账手续，并按规定计算应付利息4500元。
3. 2013年10月5日，借款人新世纪百货一笔抵押贷款（以楼房作抵押）到期未还，本金50万元，应收利息2万元，转入抵债资产。
4. 2013年5月8日，农业银行发放的一笔单位短期信用贷款到期，金额为50万元，假定年利率为6.57%，期限6个月，利息采用利随本清法。
5. 2013年5月5日，永华商场开出现金支票，从银行支取现金1000元备用。
6. 2013年10月8日，环球公司将闲置的10万元活期存款转存定期1年，定期存款利率为3.75%，请写出存入和到期支取的会计分录。
7. 2013年9月7日，王平向星火房地产公司购买住房一套，总价值50万元，并向建设银行申请住房按揭贷款，按揭额为70%，分10年还清，每月还款4300元，请写出相关的会计分录。
8. 2012年12月5日，华为公司到银行申请短期贷款500000元，经批准同意发放。约定期限为6个月，月利率为5.6‰，采用利随本清法计息。
9. 太平洋百货公司将闲置的500000元活期存款转存定期1年，当时定期存款利率为3.5%，计算到期利息并做到期支取时的银行会计分录。
10. 2013年7月5日，刘智持银行承兑汇票一份向建设银行长沙市支行申请贴现，

汇票金额为 600000 元，该汇票 5 月 15 日签发，6 月 3 日贴现，8 月 15 日到期。经审查建设银行同意办理。请列出算式计算贴现利息和实付贴现额，并写出相关会计分录（假定贴现月利率为 4‰）。

六、综合实务题

1. 掌握活期储蓄存款的利息计算。

储户：黎平   利率：0.35%

2013 年		摘要	借方	贷方	借或贷	余额	日数	积数
月	日							
3	28	开户		500	贷	500		
4	10	工资		2500	贷	3000		
	12	消费	258		贷	2742		
	27	支取	300		贷	2442		
5	10	工资		2500	贷	4942		
	16	支取	1000		贷	3942		
	30	消费	862		贷	3080		
6	10	工资		2500	贷	5580		

要求：根据分户账，完成表格，计算利息并写出利息入账的会计分录。

2. 运用乙种账页计息法计算单位活期存款利息。

分 户 账

户名：冠杰科技有限公司   账号：2013171837   利率：0.6‰

2013 年		摘要	借方	贷方	借或贷	余额	日数	积数
月	日							
6	21	承前页			贷	50736.00		
	21	转贷		5200.00	贷	55936.00		
	29	转借	3000.00		贷	52936.00		
7	10	转借	5068.70		贷	47867.30		
	23	现收		6320.00	贷	54187.30		
	27	现收		2000.00	贷	56187.30		
8	13	现付	7500.00		贷	48687.30		
	19	转贷		2700.70	贷	51388.00		
	26	转借	21500.00		贷	29888.00		
9	14	转贷		4200.00	贷	34088.00		

要求：根据上述资料，完成表格，计算利息并写出利息入账的会计分录。

第三章 商业银行国内支付结算业务的核算

学习目的与要求

了解银行国内支付结算的种类、结算原则和结算纪律；熟悉银行国内支付结算业务的操作流程；掌握银行"三票一卡"结算方式及其他非票据结算方式的基本规定及账务处理。

第一节 支付结算业务概述

一、银行办理支付结算的意义和任务

支付结算是指单位、个人在社会经济活动中使用票据、信用卡和汇兑、托收承付、委托收款等结算方式进行货币给付及资金清算的行为。

(一) 银行办理支付结算的意义

(1) 银行办理支付结算是实现社会经济活动中的货币给付、资金清算的重要手段，是社会经济活动中各项资金清算的中介。

(2) 银行是支付结算和资金清算的中介机构，有效地组织支付结算，不仅有利于各单位、个人间债权、债务的清偿，保障经济活动当事人的合法权益，而且可以简化结算手续，缩短结算过程，从而有利于加速资金周转，促进商品交易、劳务供应及资金调拨等经济活动的开展，这对于促进社会主义市场经济的发展都具有重要意义。

(二) 银行办理支付结算的任务

银行办理支付结算业务所承担的任务主要是：①根据经济往来，合理组织和准确、及时办理结算。②按照有关法律、行政法规和结算办法的规定管理支付结算，保障结算活动的正常进行。

二、支付结算的原则和纪律

（一）支付结算的原则

支付结算原则是银行和客户在办理结算时应共同遵守的基本准则。单位、个人和银行办理支付结算必须遵守下列原则：①恪守信用，履约付款。②谁的钱进谁的账，由谁支配。③银行不垫款。

（二）支付结算的纪律

1. 单位和个人应遵守的结算纪律

办理支付结算的单位和个人必须重合同、守信用，严格执行以下结算纪律：不准套取银行信用，不准签发空头支票或印章与预留银行印鉴不符的支票、远期支票以及没有资金保证的票据；不准无理拒付，任意占用他人资金；不准违反规定开立和使用账户；不准签发、取得和转让没有真实商品交易和债权、债务的票据，套取银行和他人资金。

2. 银行应遵守的结算纪律

银行要履行"清算中介"的职责，严格遵守各项结算纪律：不准以任何理由压票、任意退票、截留挪用客户和他行资金、无理拒付、不扣或少扣滞纳金；不准在结算制度之外规定附加条件，影响汇路畅通；不准违反规定为单位和个人开立账户；不准拒绝代理、受理他行正常结算业务；不准放弃对企事业单位和个人违反结算纪律的制裁；不准违章签发、承兑、贴现票据，套取银行资金；不准超额占用联行汇差资金，转嫁资金矛盾；不准逃避向中国人民银行转汇大额汇划款项和清算大额银行汇票资金；不准签发空头银行汇票、银行本票和空头汇款；不准拒绝支付应由银行支付的票据款项。

三、支付结算的种类

我国目前采用的国内支付结算种类主要由"三票一卡"和三种非票据结算方式构成。"三票一卡"是指汇票、本票、支票和银行卡。其中汇票又分为银行汇票和商业汇票。非票据结算方式是指由单位或个人填写结算凭证，直接提交银行委托收款或付款的结算手段。它主要包括汇兑、托收承付和委托收款。

第二节 票据业务的核算

一、票据业务概述

（一）票据的概念与特征

票据是出票人签发，由出票人自己或委托他人在见票时，或在票据到期日无条件支付确定金额给收款人或持票人的有价证券。它包括三层含义：①票据是一种有价证券，而且是一种完全有价证券。②票据是以无条件支付一定金额为目的的证券。③票据是可以流通转让的证券。

（二）票据的种类

根据《票据法》的规定，票据的种类如图 3-1 所示。

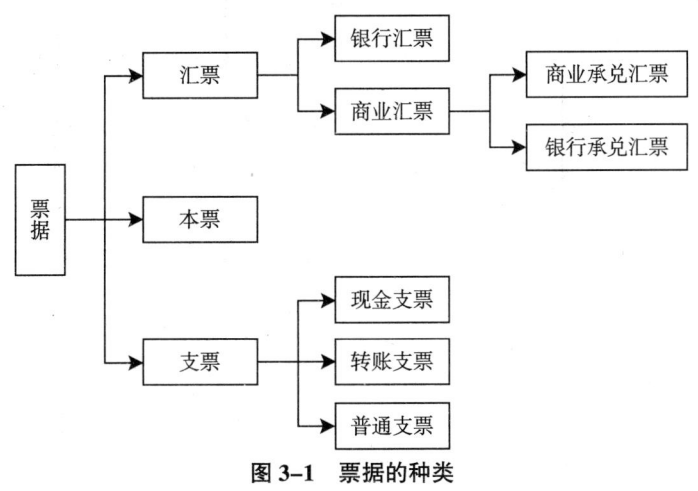

图 3-1 票据的种类

（三）票据的基本规定

（1）票据签发和交换的基础。票据签发、取得和转让的基础是必须具有真实的交易关系和债权、债务关系。

（2）票据记名。出票时出票人必须记载收款人名称，背书时必须记载背书人、被背书人名称，被背书人即现实收款人。

（3）票据行为。票据行为是指票据权利、义务关系成立的相关法律行为。《票据法》规定的票据行为包括出票、背书、承兑、保证等。出票指出票人签发票据并将其交付给收款人的票据行为。背书是指在票据背面或者粘单上记载有关事项并签章的票据行为。承兑汇票的付款人依据《票据法》的规定，在汇票上记载一定的事项，以表示其愿意

85

支付汇票金额的一种票据行为。保证是保证人为担保票据债务的履行，以负担同一内容票据债务为目的的一种票据行为。

（4）票据权利。票据权利包括付款请求权和追索权。付款请求权是持票人向主债务人或其他债务人请求支付票据金额的权利。追索权是持票人行使付款请求权得不到实现时，可以向出票人、背书人或其他债务人行使的第二次权利。

（5）票据背书转让。流通转让是票据的一个重要特点。流通转让的票据必须要经过背书。

（6）票据保证。票据保证即票据债务人以外的人为担保票据债务的履行，在票据上或者粘单上所做的表示愿意与被保证人负相同责任的票据行为。

（7）提示付款。票据的收款人或持票人必须按《票据法》规定的期限提示付款。商业汇票的持票人超过规定期限提示付款的，丧失对其前手的追索权。

（8）票据签章。单位在票据上的签章，应为该单位的财务专用章或者公章加其法定代表人或其授权的代理人的签名或者盖章。

（9）票据抗辩。票据抗辩是票据债务人基于某些合法的事由，对票据债权人拒绝履行义务的行为。

（10）票据的丧失与挂失。票据丧失是指票据的权利人因被盗、遗失、毁损等原因而失去了对汇票的占有。票据权利并不因票据丧失而消灭。票据丧失后可以采取相应的补救措施。

（11）票据填制。票据的出票日期必须使用中文大写，出票金额、出票日期、收款人名称不得更改。票据填写不合规的，银行不予受理。

二、支票业务的核算

（一）支票的概念、种类和作用

1. 支票的概念

支票是出票人签发的，委托办理支票存款业务的银行在见票时无条件支付确定的金额给收款人或者持票人的票据。

2. 支票的种类和作用

在实际工作中，支票的种类较多，如图 3-2 所示。

（二）支票的基本规定

（1）支票的出票人限于在经中国人民银行批准办理支票业务的银行或其他金融机构开立可以使用支票的存款账户的单位和个人。

（2）支票必须记载的事项：表明"支票"字样，无条件支付的委托，确定的金额，付款人的名称，出票日期，出票人签章。收款人名称可以由出票人授权补记。

（3）支票付款方式：支票限于见票即付，不得另行记载付款日期，另行记载付款日期的支票无效。

（4）提示付款期限：自出票之日起 10 日内，超过提示期限的，付款人不予付款，

第三章　商业银行国内支付结算业务的核算

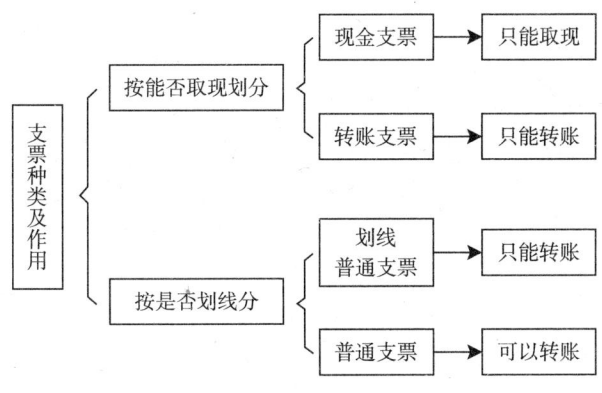

图 3–2　支票的种类

但出票人对持票人承担票据责任。

（5）禁止签发空头支票、印鉴不符的支票或支付密码错误的支票。对签发的上述三类支票，银行除退票外，另按票面金额处以 5%但不低于 1000 元的罚金；持票人有权要求出票人赔偿支票金额的 2%的赔偿金。对屡次签发空头支票或印鉴与预留印鉴不符以及密码错误的支票单位，银行应停止其签发支票。

（6）签发支票必须使用墨汁或碳素墨水钢笔书写。

（7）支票使用范围：原仅限同城使用，现可在全国范围内使用。

（三）支票及进账单票样

1. 支票票样

在实际工作中，现金支票、转账支票的格式如图 3–3 所示。

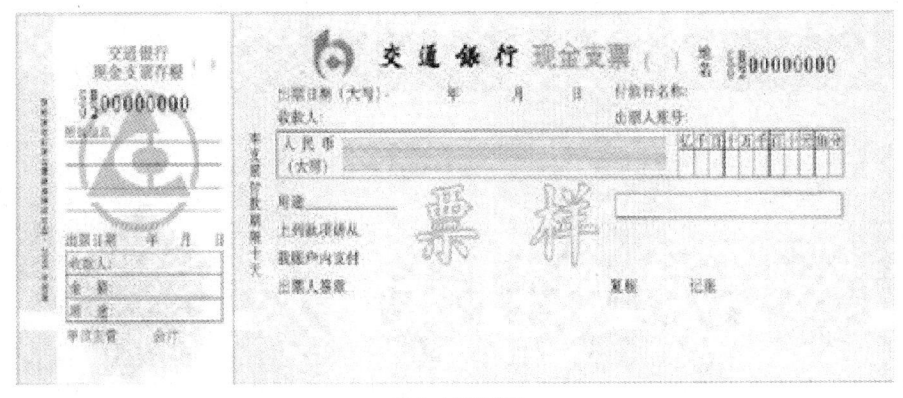

现金支票票样

图 3–3　现金支票、转账支票的格式

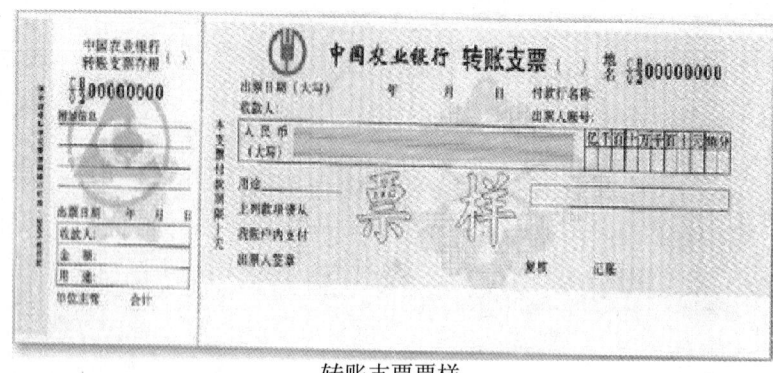

转账支票票样

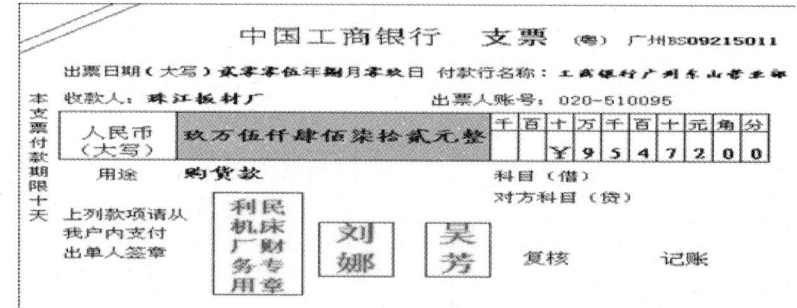

划线支票票样

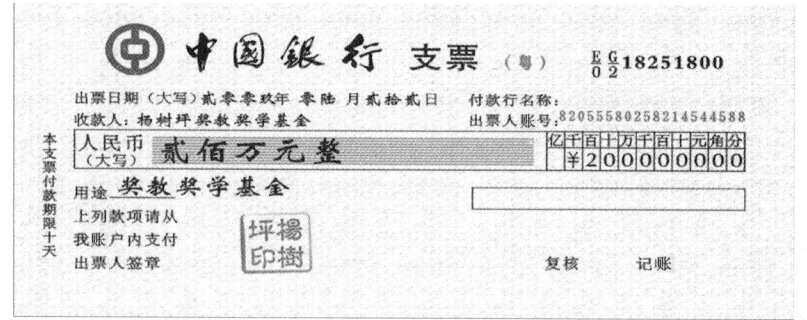

普通支票票样

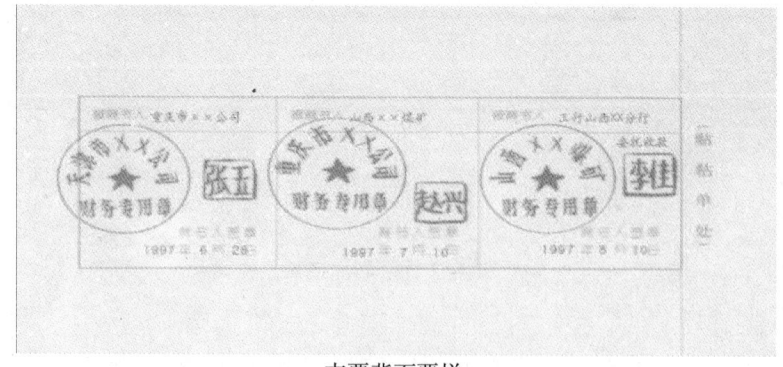

支票背面票样

图 3-3 现金支票、转账支票的格式（续）

第三章　商业银行国内支付结算业务的核算

2. 进账单样式

实际工作中，进账单的格式如图3-4所示。

```
工商银行 北京市分行  进账单（回单或收账通知）
交款日期              年  月  日           第001号
```

付款	全　称		收款人	全　称		此联是收款人开户银行交给收款人的回单或收账通知
	账　号			账　号		
	开户银行			开户银行		
人民币（大写）：			亿 千 百 十 万 千 百 十 元 角 分			
票据种类	转账支票					
票据张数	1					
单位 主管：　　会计：　　复核：　　记账：			收款人开户银行盖章			

图 3-4　进账单票样格式

进账单一般一式三份，第一联回单，收单银行盖了受理章后交回支票提示付款人，第二联贷方凭证，持票人开户行作贷方进账凭证，第三联收账通知，持票人开户行办妥转账收款后给持票人的收账通知。在符合条件情况下，进账单也可使用一式两份格式，即省略回单联。

（四）转账支票的核算

1. 持票人与出票人在同一行处开户的流程

持票人与出票人如果在同一行处开户，其转账支票的流程如图3-5所示。

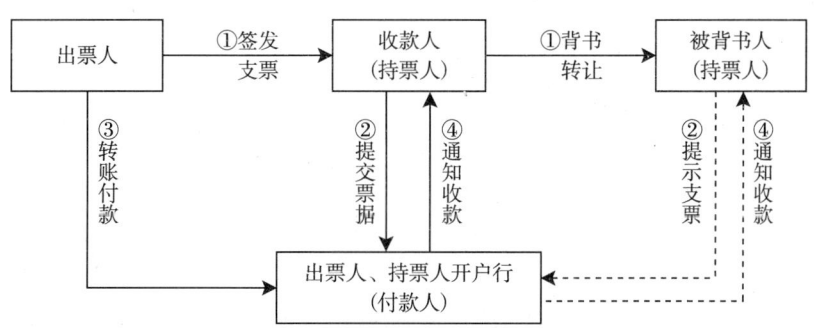

图 3-5　由票持人提交支票的流程

图示说明：
①出票人签发支票交收款人。
②收款人（持票人）在支票有效期内填制进账单连同支票一并提交开户行提示付款。
③开户行审核单据无误，办理转账，从出票人存款账户支付票款，会计分录如下：
　　借：吸收存款——活期存款——出票人户

贷：吸收存款——活期存款——持票人户

④转账结束后，开户行将进账单的收账通知联交收款人（持票人）通知收款。

票据在提示付款期内可多次背书转让，背书转让后兑付的流程如图3-5虚线部分所示，后续各种票据的处理流程将省略背书后兑付环节。

由出票人提交支票的票据审核处理以及会计分录与由持票人提交票据基本相同。如图3-6所示。

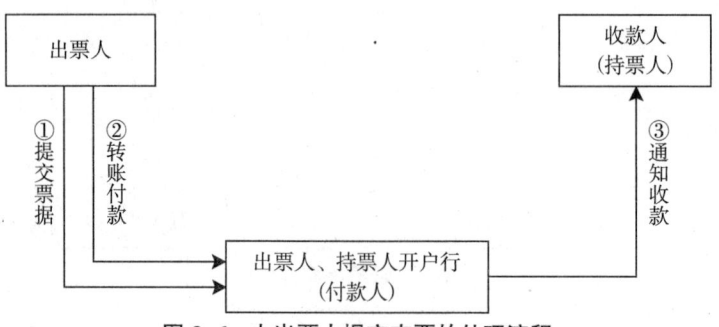

图3-6 由出票人提交支票的处理流程

2. 持票人与出票人不在同一行处开户的流程

持票人与出票人不在同一行处开户时，其转账支票的结算流程如图3-7所示。

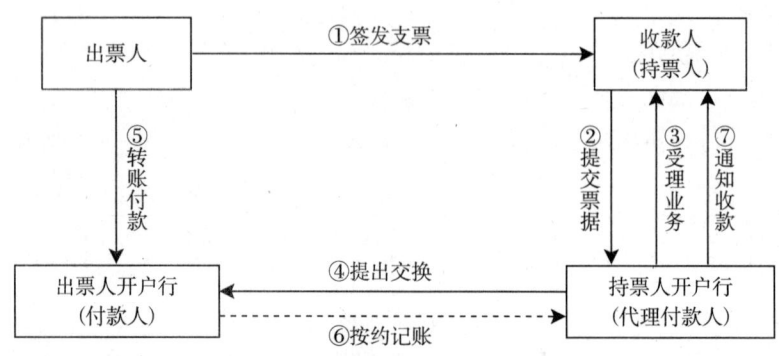

图3-7 由持票人提交支票的流程

图示说明：

①出票人签发支票交收款人。

②收款人（持票人）在支票有效期内填制进账单连同支票一并提交开户行提示付款。

③持票人开户行审核票据无误，退进账单回单联受理业务。

④持票人开户行通过票据交换将票据提出给出票人开户行。

⑤出票人开户行审核单据无误，办理付款，会计分录为：

借：吸收存款——活期存款——出票人户

　　贷：存放中央银行款项

　　　　或存放同业

或清算资金往来——同城票据清算

⑥在约定的退票时间内未发生退票,持票人开户行办理转账,会计分录为:

借:存放中央银行款项

或存放同业

或清算资金往来——同城票据清算

贷:吸收存款——活期存款——持票人户

⑦款项收妥后,持票人开户行将进账单收账通知联交持票人通知收款。

如果由出票人提交支票(其流程见图3-8),出票人开户行和持票人开户行的会计分录与由持票人提交支票的相同。

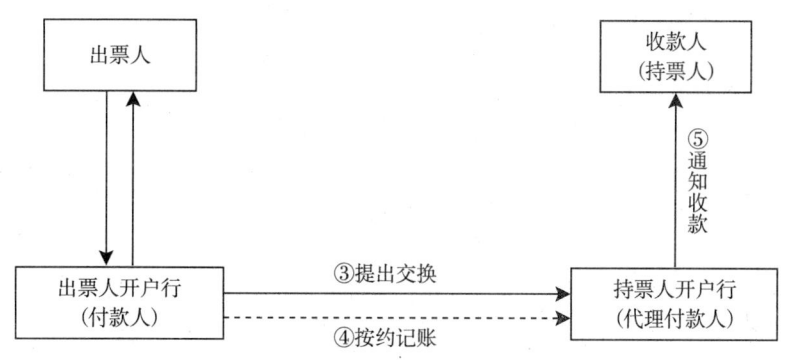

图3-8 由出票人提交支票的流程

3. 支票退票的处理

出票人开户行对于因出票人签发空头支票或签章与预留银行印鉴不符的支票,除办理退票外,同时还应按规定向出票人扣收罚金作为营业外收入。其会计分录为:

借:吸收存款——单位或个人活期存款——××户(出票人户)

贷:营业外收入——罚款收入

三、银行本票业务的核算

(一)银行本票的概念和分类

银行本票是银行签发的承诺自己在见票时无条件支付确定的金额给收款人或持票人的票据。银行本票分为定额本票和不定额本票,定额本票的面额为1000元、5000元、10000元和50000元;不定额本票需用统一制作的压数机压印出票面金额。

(二)银行本票的基本规定

(1)单位和个人在同一票据交换区域需要支付的各种款项,均可以使用银行本票。

(2)银行本票可以用于转账,注明"现金"字样的银行本票可以用于支取现金。申请人或收款人为单位的,不得申请签发现金银行本票。

(3)签发的银行本票必须记载下列事项:表明"银行本票"的字样,无条件支付的承诺，确定的金额，收款人名称，出票日期，出票人签章。

（4）银行本票的出票人为经中国人民银行当地分支行批准办理银行本票业务的银行机构。

（5）银行本票的提示付款期自出票日起最长不超过 2 个月。持票人超过付款期限提示付款的，代理付款人不予受理。

（6）银行本票见票即付；跨系统银行本票的兑付，持票人开户银行可根据中国人民银行规定的金融机构同业往来利率向出票人收取利息。

（7）银行本票一律记名，允许背书转让。

（8）银行本票丧失，失票人可以凭人民法院出具的证明其享有票据权利的证明，向出票人要求付款或退款。

（9）银行本票使用范围：只能同城使用。

（三）银行本票和银行本票申请书票样

在实际工作中，银行本票和银行本票申请书的格式如图 3-9 所示。

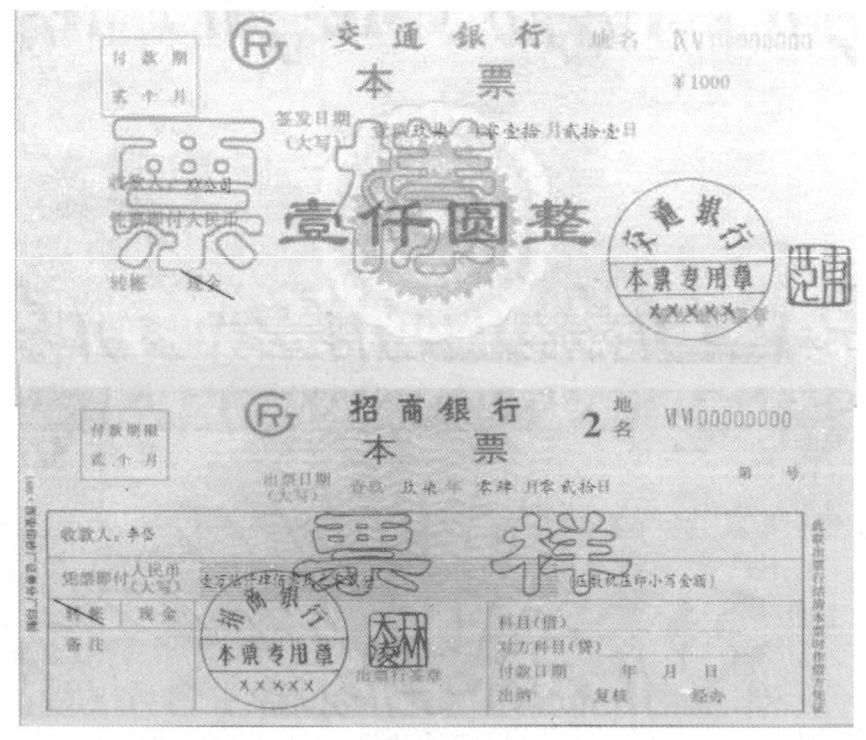

不定额银行本票

图 3-9　银行本票申请书格式

第三章 商业银行国内支付结算业务的核算

银行本票申请书（存根） ① NO：000375

申请日期　年　月　日

申请人		收款人										
账号或住址		账号或住址										
用途		代理付款行										
款项金额	人民币（大写）		万	千	百	十	万	千	百	十	元	角	分
备注：		科　目										
		对方科目										
		财务主管：　　　复核：　　　经办：										

此联申请人留存

图 3-9　银行本票申请书格式（续）

银行本票一式二联，第一联卡片，出票行结清本票时作借方凭证附件；第二联本票，出票行结清本票时作借方凭证。

银行本票申请书一式三联，第一联存根，由申请人留存；第二联借方凭证，第三联贷方凭证，分别作为出票行转存保证金的借、贷方记账凭证。

（四）银行本票的核算

1. 申请人与持票人在同一行处开户的流程

申请人与持票人在同一行处开户时，其银行本票的流程如图 3-10 所示。

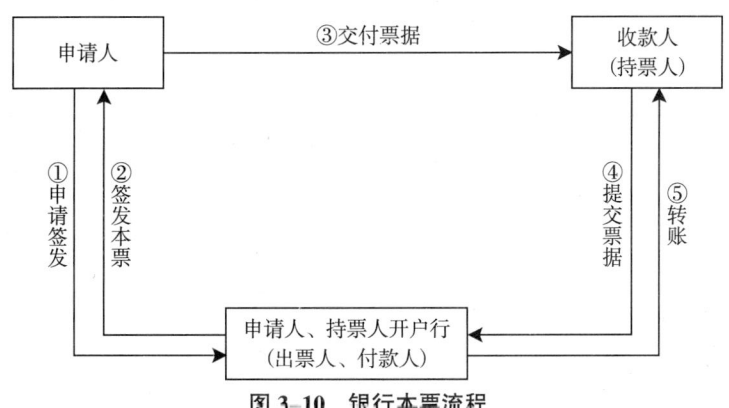

图 3-10　银行本票流程

图示说明：

①申请人填写一式三联"银行本票申请书"，交开户行。

②开户行审核票据无误，票款转存专户后签发本票交申请人，会计分录为：

借：吸收存款——活期存款——申请人户

　　或库存现金

　　贷：本票——定额（不定额）本票——申请人户

③申请人将银行本票交付收款人（持票人）。

④持票人在银行本票有效期内向开户行提示付款。

93

⑤开户行审核票据无误，办理转账付款，会计分录为：
借：本票——定额（不定额）本票——申请人户
　　贷：吸收存款——活期存款——持票人户

2. 申请人与持票人不在同一行处开户的流程

申请人与持票人不在同一行处开户时，其银行本票的流程如图3-11所示。

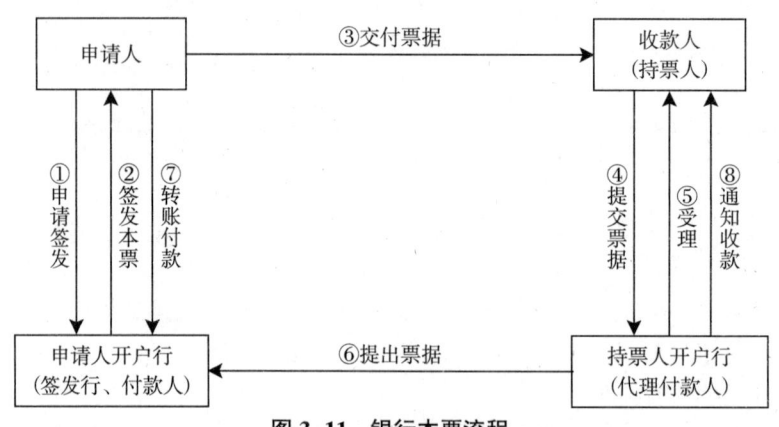

图3-11　银行本票流程

申请人与持票人不在同一行处开户与在同一银行开户的核算流程基本相同，只是申请人与持票人开户行须分别进行会计核算。

（1）持票人开户行的会计分录为：
借：存放中央银行款项
　　或存放同业
　　或清算资金往来——同城票据清算
　　贷：吸收存款——活期存款——持票人户

（2）申请人开户行的会计分录为：
借：本票——定额（不定额）本票——申请人户
　　贷：存放中央银行款项
　　　　或存放同业
　　　　或清算资金往来——同城票据清算

四、银行汇票的核算

（一）银行汇票的概念和使用科目

银行汇票是出票银行签发的，由其在见票时按照实际结算金额无条件支付给收款人或者持票人的票据。

银行汇票核算需要使用的会计科目："汇出汇款"、"清算资金往来"和"应解汇款"等。

(二) 银行汇票的基本规定

(1) 单位和个人的各种款项结算均可使用银行汇票。银行汇票可以用于转账,填明"现金"字样的银行汇票也可用于支取现金。

(2) 银行汇票只能异地使用。银行汇票的出票和付款,只限于中国人民银行和参加"全国联行往来"的各商业银行机构办理。跨系统银行签发的转账银行汇票的汇票款,应通过同城票据交换将银行汇票和解讫通知提交给同城的有关银行审核支付,收妥抵用。

(3) 银行汇票为记名式汇票,允许背书转让。对转账银行汇票,不得填写代理付款人名称;对现金银行汇票必须填明代理付款地、代理付款人。

(4) 签发银行汇票必须记载下列事项:填明"银行汇票"的字样,无条件支付的承诺,票面金额,付款人名称,收款人名称,出票日期,出票人签章。欠缺上列事项之一的,银行汇票无效。

(5) 签发现金银行汇票,申请人和汇款人必须均为个人。

(6) 银行汇票的提示付款期限自出票日起1个月,持票人超过付款期限提示付款的,代理付款人不予受理。

(7) 申请人应将银行汇票和解讫通知一并交付给汇票上记明的收款人。

(8) 收款人受理申请人交付的银行汇票时,应在出票金额以内,根据实际需要的款项办理结算,并将实际结算金额和多余金额准确、清晰地填入银行汇票和解讫通知的有关栏内。银行汇票的实际结算金额不得更改。未填明实际结算金额和多余金额或实际结算金额超出票金额的,银行不予受理。

(9) 收款人可以将银行汇票背书转让给被背书人。银行汇票的背书转让不得超过实际结算金额。未填写实际结算金额或实际结算金额超过出票金额的银行汇票不得背书转让。

(三) 银行汇票及汇票申请书票样

在实际工作中,银行汇票及汇票申请书的格式如图3-12所示。

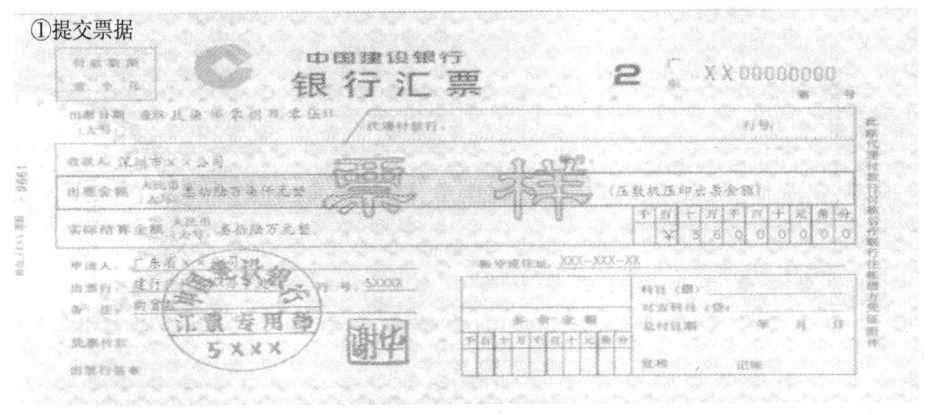

图3-12 银行汇票票样及银行汇票申请书格式

②受理业务

 汇票申请书（存根）

申请日期　年　月　日　　　　　　9855335

申请人				收款人										
账号或住址				账号或住址										
用途				代理付款行										
汇票金额	人民币（大写）				千	百	十	万	千	百	十	元	角	分
备注：				科　目＿＿＿＿＿＿＿＿＿＿＿＿＿＿＿＿ 对方科目＿＿＿＿＿＿＿＿＿＿＿＿＿＿ 财务主管：　　复核：　　经办：										

图 3-12　银行汇票票样及银行汇票申请书格式（续）

银行汇票一式四联，第一联卡片，出票行结清汇票时作为汇出汇款借方凭证；第二联汇票，代理付款行付款后作联行往账借方凭证附件；第三联解讫通知，代理付款行兑付后随报单寄出票行，出票行做多余款贷方凭证；第四联多余款收账通知，出票行结清余款后交申请人。

银行汇票申请书一式三联，第一联存根，由申请人留存；第二联借方凭证，第三联贷方凭证，分别作为出票行转存保证金的借、贷方记账凭证。

（四）银行汇票的核算

按照规定，银行汇票的使用流程如图 3-13 所示。

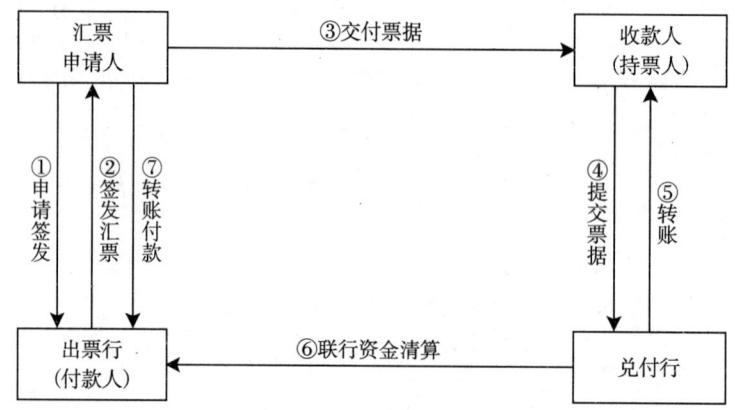

图 3-13　银行汇票流程

图示说明：

①申请人填写一式三联"银行汇票申请书"，交出票行。

②出票行审核票据无误，票款转存专户后签发汇票交申请人，会计分录为：

借：吸收存款——活期存款——申请人户

　　或库存现金

　　贷：汇出汇款

③申请人将银行汇票交付收款人（持票人）。

④持票人在银行汇票提示付款有效期内填写实际结算金额,向兑付行提示付款。

⑤⑥兑付行审核票据无误,签发联行报单办理转账,会计分录为:

持票人在银行开有账户时:

借:清算资金往来——电子汇划款项户
　　贷:吸收存款——活期存款——持票人户

持票人未在银行开立账户时:

如果持票人未在银行开立账户,可以选择任何一家银行提示付款。代理付款行审查无误后,先转入"应解汇款"科目,以持票人姓名开立临时存款户并注明汇票号码,然后再一次或分次支取,会计分录为:

借:存放同业——存放系统内款项
　　贷:应解汇款——持票人户

持票人取款的会计分录为:

借:应解汇款——持票人户
　　贷:库存现金
　　　　或相关科目

⑦申请人开户行收到持票人开户行提交的票据审核无误,办理转账付款。

汇票全额付款的会计分录为:

借:汇出汇款
　　贷:存放同业——存放系统内款项

汇票有多余款的会计分录为:

借:汇出汇款
　　贷:存放同业——存放系统内款项
　　　　吸收存款——活期存款——申请人户

如果出票行和兑付行为不同系统银行,需通过"先横后直"或"先直后横",具体流程将在第四章介绍。

(五) 汇票退汇

申请人由于汇票超过付款期限或其他原因申请办理退款时,应向出票银行交回汇票和汇款解讫通知申请退回。

申请人为单位的,应由单位出具说明原因的正式公函,申请人为个人的,应出示有效身份证件。

出票行经与原留存的卡片核对无误后,在汇票和汇款解讫通知的实际结算金额大写栏填写"未用退回"字样,将款项转入申请人存款账户,在多余款收账通知上按原汇款金额填入多余金额栏,并加盖转讫章作为退款收账通知交给申请人。会计分录为:

借:汇出汇款
　　贷:吸收存款——活期存款——申请人户
　　　　或库存现金

五、商业汇票的核算

(一) 商业汇票的概念和种类

商业汇票是由出票人签发,委托付款人在指定日期无条件支付确定的金额给收款人或持票人的票据。

按承兑人的不同,商业汇票分为商业承兑汇票和银行承兑汇票。商业承兑汇票由银行以外的付款人承兑,银行承兑汇票由银行承兑。商业汇票的付款人为承兑人。

(二) 商业汇票的基本规定

(1) 凡是在银行开立账户的法人以及其他组织之间,根据购销合同进行商品交易和清偿债权、债务,均可以使用商业汇票。商业汇票可同城使用,也可异地使用。

(2) 签发商业汇票必须有真实的交易关系或债权债务关系。出票人不得签发无对价的商业汇票用以骗取银行或者其他票据当事人的资金。

(3) 商业承兑汇票的出票人必须是在银行开立存款账户的法人及其他组织。

(4) 签发商业汇票必须记载下列事项:表明"商业承兑汇票"或"银行承兑汇票"字样,无条件支付的委托,确定的金额,付款人名称,收款人名称,出票日期,出票人签章。欠缺记载上列事项之一的,商业汇票无效。

(5) 付款人承兑商业汇票,应当在汇票正面记载"承兑"字样和承兑日期并签章。付款人承兑商业汇票,不得附有条件;承兑附有条件的,视为拒绝承兑。银行承兑汇票的承兑银行,应按票面金额向出票人收取 0.5‰ 不低于 10 元的手续费,不足 10 元的按 10 元计。银行承兑汇票的每张票面金额最高为 1000 万元 (含)。

(6) 商业汇票的付款期限,最长不得超过 6 个月。

(7) 商业汇票的提示付款期限为自汇票到期日起 10 日内。持票人应在提示付款期限内通知开户银行委托收款或直接向付款人提示付款。对异地委托收款的,持票人可匡算邮程,提前通过开户银行委托收款。

(8) 银行承兑汇票的出票人于汇票到期日未能足额交存票款时,承兑银行除凭票向持票人无条件付款外,对出票人尚未支付的汇票金额按照每天 0.5‰ 计收利息。

(三) 商业汇票票样

在实际工作中,商业承兑汇票和银行承兑汇票的格式如图 3-14 所示。

商业承兑汇票和银行承兑汇票都是一式三联,第一联卡片,由承兑人留存;第二联汇票,由持票人开户行随托收凭证寄付款行做借方凭证附件;第三联存根,由出票人留存。

(四) 商业汇票的核算

1. 商业承兑汇票处理流程

商业承兑汇票的处理流程如图 3-15 所示。

第三章 商业银行国内支付结算业务的核算

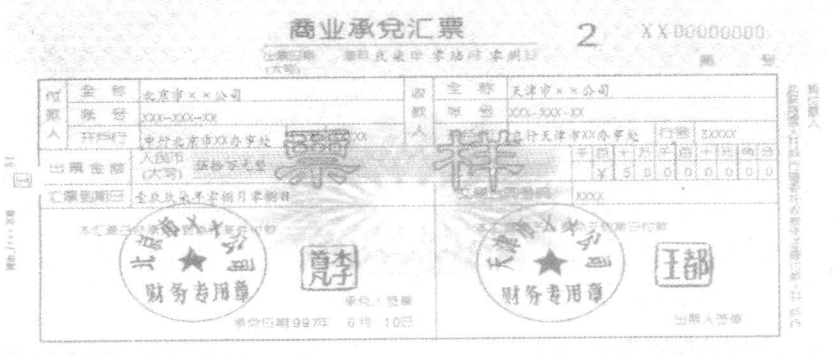

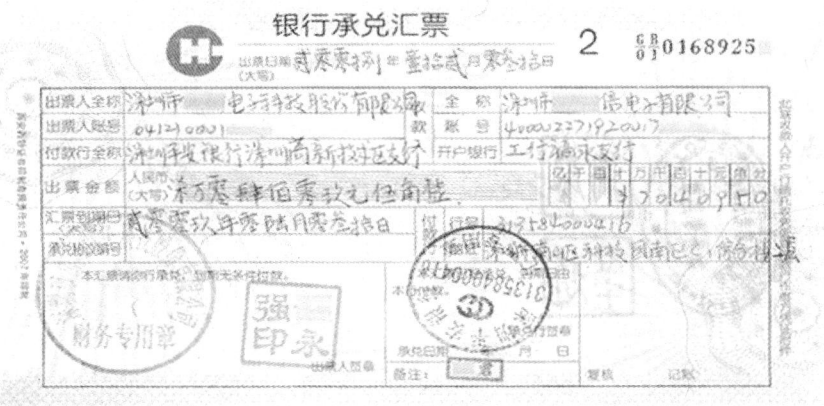

图 3-14 商业承兑汇票及银行承兑汇票票样

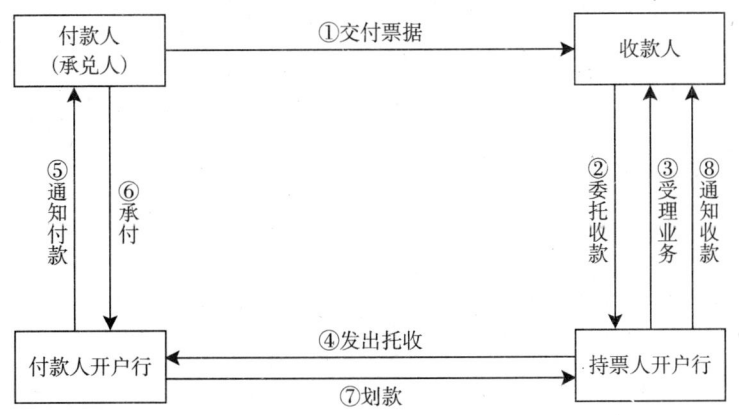

图 3-15 商业承兑汇票处理流程

图示说明：
①付款人将商业承兑汇票交收款人。
②持票人在提示付款期限内委托开户行收款，对异地委托收款的，持票人可匡算邮

程，提前通过开户银行委托收款。

③持票人开户行审核单据无误，退托收凭证回单受理业务。

④持票人开户行向付款人开户行发出托收单据，登记"发出托收登记簿"。

⑤付款人开户行审核单据无误，向付款人交付托收单据，通知付款并登记"收到托收登记簿"。

⑥付款人在承付期内同意付款，或提交"拒付理由书"。

⑦付款人开户行填制联行报单（或票据交换）办理划款，会计分录为：

借：吸收存款——活期存款——付款人户
　　贷：清算资金往来
　　　　或存放中央银行款项

如果付款人拒付，付款人应填制"拒付理由书"连同原托收单据一并交回开户行，开户行将单据退回原托收行，同时销记"收到托收登记簿"。

⑧持票人开户行收妥款项或接到退票后，通知持票人收款或退票。收款会计分录为：

借：清算资金往来
　　或存放中央银行款项
　　贷：吸收存款——活期存款——持票人户

如果收到付款人开户行退票，持票人开户行将票据退回持票人，同时销记"发出托收登记簿"。

2. 银行承兑汇票的处理流程

按照规定，银行承兑汇票的处理流程如图3-16所示。

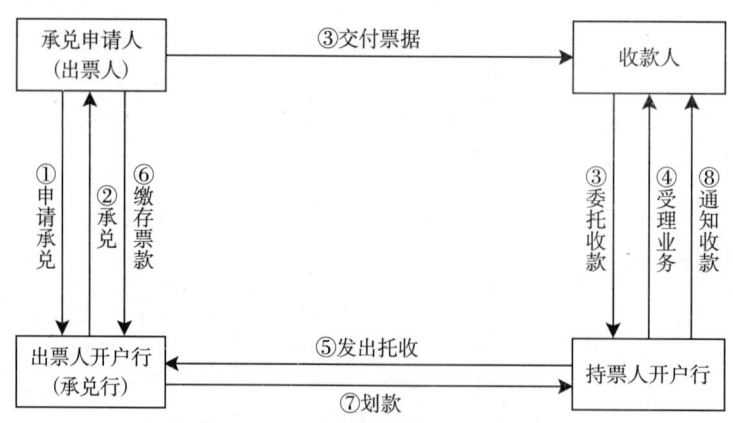

图3-16 银行承兑汇票的处理流程

图示说明：

①出票人出票并申请承兑。

②出票人开户行根据承兑协议收取手续费并办理承兑和登记表外科目，会计分录为：

借：吸收存款——活期存款——承兑申请人户
　　贷：手续费及佣金收入——结算手续费收入

同时，收入：银行承兑汇票
③~⑤的处理同商业承兑汇票。
⑥汇票到期，承兑银行向承兑申请人收取票款，会计分录为：
借：吸收存款——活期存款——承兑申请人户
　　或贷款——逾期贷款——承兑申请人贷款户
　　贷：应解汇款
同时，付出：银行承兑汇票
⑦承兑银行收到持票人开户行托收票据，会计分录为：
借：应解汇款
　　贷：清算资金往来
　　　　或同业存放
　　　　或存放中央银行款项
　　　　或吸收存款——活期存款——持票人户
⑧的处理同商业承兑汇票。

第三节　非票据结算方式的核算

一、汇兑结算

汇兑是汇款人委托银行将款项支付给异地收款人的结算方式。
汇兑分为信汇和电汇两种，当前银行基本只使用电汇方式。
（一）汇兑业务的基本规定
（1）单位和个人的各种款项的结算，均可使用汇兑结算方式。
（2）汇兑结算凭证必须记载的事项包括：表明"信汇"或"电汇"的字样，无条件支付的委托，确定的金额，汇款人的名称，收款人的名称，汇入地点、汇入行名称，汇出地点、汇出行名称，委托日期，汇款人签章。
（3）汇兑凭证记载的汇款人名称、收款人名称，其在银行开立存款账户的，必须记载其账号。
（4）汇兑凭证上记载收款人为个人，需要到汇入行领取汇款，汇款人应在汇兑凭证上注明"留行待取"字样。
（5）汇款人确定不得转汇的，应在汇兑凭证备注栏注明"不得转汇"字样。
（6）汇款人和收款人均为个人，需要在汇入行支取现金的，应在汇兑凭证的"汇款金额"大写栏，先填写"现金"字样，后填写汇款金额。
（7）未在银行开立存款账户的收款人须提供有效凭证和证件向汇入银行支取款项。

需转账支付的，应由原收款人向银行填制支款凭证办理。该账户的款项只能转入单位或个体工商户的存款账户，严禁转入储蓄和信用卡账户。

（二）汇兑凭证格式

在实际工作中，信汇、电汇凭证的格式及其内容如图 3-17 所示。

××银行　信汇凭证（贷方凭证）　3　第　号
委托日期　年　月　日　　应解汇款编号

汇款人	全称					收款人	全称					此联汇入行作贷方凭证
	账号或住址						账号或住址					
	汇出地点	省	市县	汇出行名称			汇入地点	省	市县	汇入行名称		
金额	人民币（大写）							千百十万千百十元角分				
汇款用途：					科　目（贷）							
备注：					对方科目（借）							
					汇入行转账日期：　年　月　日							
					复核：　　　记账：							

8.5×17.5 公分（白纸红油墨）

××银行　信汇凭证（回单）　1　第　号
委托日期　年　月　日

汇款人	全称					收款人	全称					此联汇出行给汇款人的回单
	账号或住址						账号或住址					
	汇出地点	省	市县	汇出行名称			汇入地点	省	市县	汇入行名称		
金额	人民币（大写）							千百十万千百十元角分				
汇款用途：					汇出行盖章：							
单位主管：　会计：　复核：　记账：									年　月　日			

8.5×17.5 公分（白纸黑油墨）

图 3-17　信汇、电汇凭证格式

信汇凭证一式四联，第一联回单，由汇出行交汇款人作为银行受理业务的凭据；第二联借方凭证，汇出行作借方账户记账凭证；第三联贷方凭证，汇入行作贷方账户记账凭证；第四联收账通知，汇入行给收款人的收款通知或取款凭证。

电汇凭证一式三联，第一联和第二联与信汇凭证相同；第三联汇款依据，汇出行作为拍发电报的依据。

（三）汇兑业务的核算流程

在实际工作中，汇兑业务的核算流程如图 3-18 所示。

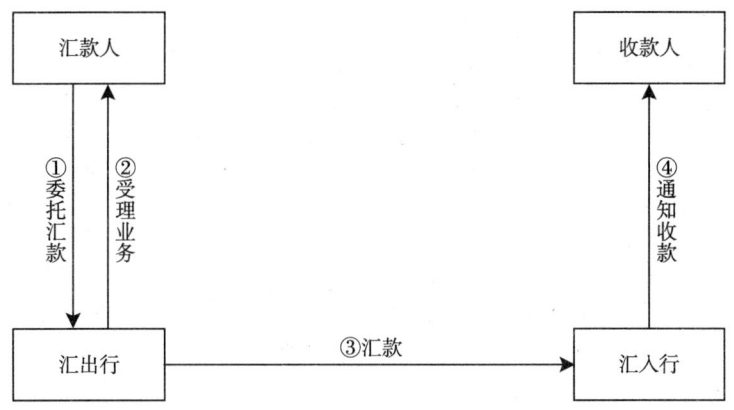

图 3-18 汇兑业务流程

图示说明：
①汇款人提交汇款凭证委托银行汇款。
②汇出行退回单受理业务。
③汇出行填制联行报单，邮寄或电报划款。
转账汇款的，会计分录为：
借：吸收存款——活期存款——汇款人户
　　贷：资金清算往来——电子汇划款项户
　　　　或存放中央银行款项——备付金存款户
　　　　或同业存放——汇入行
交付现金的，会计分录为：
借：库存现金
　　贷：应解汇款——汇款人户
借：应解汇款——汇款人户
　　贷：清算资金往来——电子汇划款项户
　　　　或存放中央银行款项——备付金存款户
　　　　或同业存放——汇入行
④汇入行收妥款项后，将收账通知联交收款人，通知其收款或作为其取款凭证。
收款人在汇入行开户，会计分录为：
借：清算资金往来——电子汇划款项户
　　或存放中央银行款项——备付金存款户
　　或存放同业
　　贷：吸收存款——活期存款——收款人户
收款人未在汇入行开户，会计分录为：
借：清算资金往来——电子汇划款项户
　　或存放中央银行款项——备付金存款户

或存放同业

贷：应解汇款——收款人户

未在汇入行开户的收款人需要支取现金或转存、转汇的，会计分录为：

借：应解汇款——收款人户

贷：库存现金

或相关科目

如果付款人开户行和收款人开户行为不同系统银行，需通过"先横后直"或"先直后横"，具体流程将在第四章介绍。

（四）退回的处理

1. 汇款人申请退汇

前提是收款人未在汇入行开户，不直接入账。由汇款人备函或本人身份证件连同原信、电汇凭证回单交汇出行办理退汇；汇出行接到退汇函件或身份证件以及回单，应填制四联"退汇通知书"寄汇入行；汇入行接到汇出行的"退汇通知书"或通知退汇的电报，如该笔汇款已转入应解汇款科目，尚未解付的，应及时办理退汇。

（1）原汇入行的会计分录为：

借：应解汇款——持票人户

贷：清算资金往来——电子汇划款项户

或存放中央银行款项——备付金存款户

（2）原汇出行的会计处理：

原汇款人在银行开户，做会计分录：

借：清算资金往来——电子汇划款项户

或存放中央银行款项——备付金存款户

贷：吸收存款——活期存款——原汇款人户

原汇款人未在银行开户，做会计分录：

借：清算资金往来——电子汇划款项户

或存放中央银行款项——备付金存款户

贷：其他应付款

原汇款人支取时，做会计分录：

借：其他应付款

贷：库存现金

或相关科目

2. 汇入行退回汇票

因各种原因主动退回，应填制联行报单将款项退回原汇出行。汇入、汇出行的会计分录同上。

二、托收承付结算

托收承付是根据购销合同由收款人发货后委托银行向异地付款人收取款项,由付款人向银行承认付款的结算方式。

(一)托收承付的基本规定

(1)使用托收承付结算方式的收款单位和付款单位,必须是国有企业、供销合作社以及经营管理较好,并经开户银行审查同意的城乡集体所有制工业企业。

(2)办理托收承付结算的款项,必须是商品交易,以及因商品交易而产生的劳务供应的款项。代销、寄销、赊销商品的款项,不得办理托收承付结算。

(3)收付双方使用托收承付结算必须签有符合《合同法》的购销合同,并在合同上订明使用托收承付结算方式。收款人办理托收,必须具有商品确已发运的证件(包括铁路、航运、公路等运输部门签发运单、运单副本和邮局包裹回执)。

(4)托收承付结算每笔的金额起点为1万元。新华书店系统每笔的金额起点为1000元。

(5)办理托收承付结算,必须重合同、守信用。收款人对同一付款人发货托收累计3次收不回货款的,收款人开户银行应暂停收款人向该付款人办理托收;付款人累计3次提出无理拒付的,付款人开户银行应暂停其向外办理托收。

(6)签发托收承付凭证必须记载下列事项:表明"托收承付"字样,确定的金额,付款人名称及账号,收款人名称及账号,付款人开户行名称,收款人开户行名称,托收附寄单证张数或册数,合同名称、号码,委托日期,收款人签章。托收凭证上欠缺记载上列事项之一的,银行不予受理。

(7)托收承付结算款项的划回方法分为邮划和电划两种,由收款人选用。

(8)托收。收款人按照签订的购销合同发货后,委托银行办理托收。

(9)承付。付款人开户银行收到托收凭证及其附件后,应当及时通知付款人。承付货款分为验单付款和验货付款两种,由收付双方商量选用,并在合同中明确规定。①验单付款的承付期为3天,从付款人开户银行发出承付通知的次日算起(承付期内遇法定休假日顺延)。②验货付款的承付期为10天,从运输部门向付款人发出提货通知的次日算起。付款人收到提货通知后,应即向银行交验提货通知。

(10)逾期付款。付款人在承付期满日银行营业终了时,如无足够资金支付,其不足部分,即为逾期未付款项,按逾期付款处理。

(11)付款人开户银行对付款人逾期支付的款项,应当根据逾期付款金额和逾期天数,按每天0.5‰计算逾期付款赔偿金,逾期付款天数从承付期满日算起。

(12)付款人开户银行对逾期未付的托收凭证,负责进行扣款的期限为3个月(从承付期满日算起)。期满时,付款人仍无足够资金支付该笔尚未付清的欠款,银行应于次日通知付款人将有关交易单证(单证已作账务处理或已部分支付的,可以填制应付款项证明单)在2日内退回银行。银行将有关结算凭证连同交易单证或应付款项证明单退回收款人开户银行转交收款人，并将应付的赔偿金划给收款人。

对付款人逾期不退回单证的，开户银行应当自发出通知的第 3 天起，按照该笔尚未付清欠款的金额，每天处以 0.5‰但不低于 50 元的罚款，并暂停付款人向外办理结算业务，直到退回单证时止。

(13) 拒绝付款。对符合拒绝付款规定的，付款人在承付期内，可向银行提出全部或部分拒绝付款。

(二) 托收承付结算凭证格式

在实际工作中，托收承付结算凭证的格式及内容如图 3-19 所示。

第　　号

托收承付 凭证（借方凭证） **3**

托收号码：

承付期限
到期　　年　月　日

邮

委托日期　　年　月　日

<table>
<tr><td rowspan="3">付款人</td><td>全称</td><td colspan="2"></td><td rowspan="3">收款人</td><td>全称</td><td colspan="3"></td></tr>
<tr><td>账号或住址</td><td colspan="2"></td><td>账号</td><td colspan="3"></td></tr>
<tr><td>开户银行</td><td colspan="2"></td><td>开户银行</td><td></td><td>行号</td><td></td></tr>
<tr><td>托收金额</td><td>人民币（大写）</td><td colspan="4"></td><td colspan="3">千 百 十 万 千 百 十 元 角 分</td></tr>
<tr><td colspan="2">附　件</td><td colspan="3">商品发运情况</td><td colspan="4">合同名称号码</td></tr>
<tr><td colspan="2">附寄单证张数或册数</td><td colspan="3"></td><td colspan="4"></td></tr>
<tr><td colspan="3">备注：</td><td colspan="3">银行意见

收款人开户银行盖章　月　日</td><td colspan="3">科　目（借）________
对方科目（贷）________
转账：　　年　月　日
复核：　　记账：</td></tr>
</table>

此联付款人开户银行作借方凭证

10×17.5 公分（白纸黑油墨）　　　　付款人开户银行收到日期　　年　月　日

图 3-19　托收凭证格式

托收承付凭证一式五联，第一联回单，收款人开户行受理业务给收款人的回单；第二联贷方凭证，收款人开户行作为收款账户的贷方记账凭证；第三联借方凭证，付款人开户行作为付款账户的借方记账凭证；第四联收账通知（或发电依据），邮汇划款时，收款人开户行收妥款项后给收款人的收账通知（或电汇划款时，付款人开户行作拍发电报的依据）；第五联承付（付款）通知，付款人开户行通知付款人按期承付（付款）的通知。

(三) 托收承付的核算程序

在实际工作中，托收承付结算的流程如图 3-20 所示。

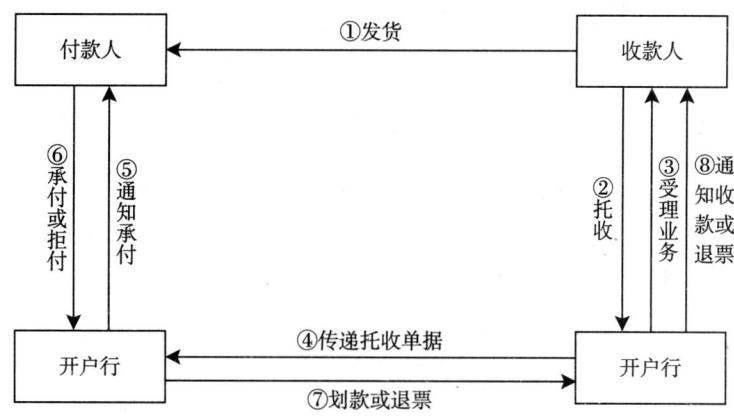

图 3-20 托收承付结算程序

图示说明：
①收款人根据购销合同发运货物。
②收款人将托收凭证和发运证件或其他符合规定的有关证明和交易单证送交开户行委托收款。
③收款人开户行审核单据无误，受理业务，将托收凭证回单联交回收款人；
④收款人开户行将托收单据寄付款人开户行，同时登记"发出委托收款登记簿"。
⑤付款人开户行审核单据无误，登记"收到委托收款登记簿"，将单据交付款人通知其按时承付。
⑥付款人在规定的承付期内承付或填写"拒付理由书"拒付。
⑦付款人开户行办理划款或退票。划款的会计分录为：
借：吸收存款——活期存款——付款人户
　　贷：清算资金往来——电子汇划款项户
　　　　或存放中央银行款项——备付金存款户
　　　　或同业存放
同时，销记"收到委托收款登记簿"。
如果付款人拒付，开户行审核"拒付理由书"无误，将"拒付理由书"连同原托收凭证一并退回收款人开户行并销记"收到委托收款登记簿"。
⑧收款人开户行收妥款项或收到退票后，将托收承付凭证收账通知联交收款人通知其收款或退票。收到款项的会计分录为：
借：清算资金往来——电子汇划款项户
　　或存放中央银行款项——备付金存款户
　　或存放同业
　　贷：吸收存款——活期存款——收款人户
同时，销记"发出委托收款登记簿"。

三、委托收款结算

委托收款是收款人委托银行向付款人收取款项的结算方式。

(一) 委托收款的基本规定

(1) 单位和个人凭已承兑商业汇票、债券、存单等付款人债务证明办理款项的结算，均可以使用委托收款结算方式。

(2) 委托收款在同城和异地均可以使用。

(3) 委托收款结算款项的划回方式，分邮寄和电报，由收款人选择使用。

(4) 签发委托收款凭证必须记载下列事项：表明"委托收款"字样，确定的金额，付款人名称，收款人名称，委托收款凭据名称及附寄单证张数，委托日期，收款人签章。欠缺记载上列事项之一的，银行不予受理。

(5) 收款人办理委托收款应向银行提交委托收款凭证和有关的债务证明。

(6) 付款。银行接到寄来的委托收款凭证及债务证明，审查无误办理付款。①以银行为付款人的，银行应在当日将款项主动支付给收款人。②以单位为付款人的，银行应及时通知付款人，按照有关办法规定，需要将有关债务证明交给付款人的应交给付款人，并签收，付款人应于接到通知的当日书面通知银行付款。按照有关办法规定，付款人未在接到通知日的次日起 3 日内通知银行付款的，视同付款人同意付款。银行在办理划款时，付款人存款账户不足支付的，应通过被委托银行向收款人发出未付款项通知书。

(7) 拒绝付款。付款人审查有关债务证明后，对收款人委托收取的款项需要拒绝付款的，可以自收到委托收款及债务证明的次日起 3 日内出具拒绝证明连同有关债务证明、凭证寄给被委托银行，转交收款人。

(二) 委托收款凭证格式

委托收款凭证格式以及与各联次的用途与托收承付凭证基本一致。

(三) 委托收款结算程序

在实际工作中，委托收款结算的程序如图 3-21 所示。

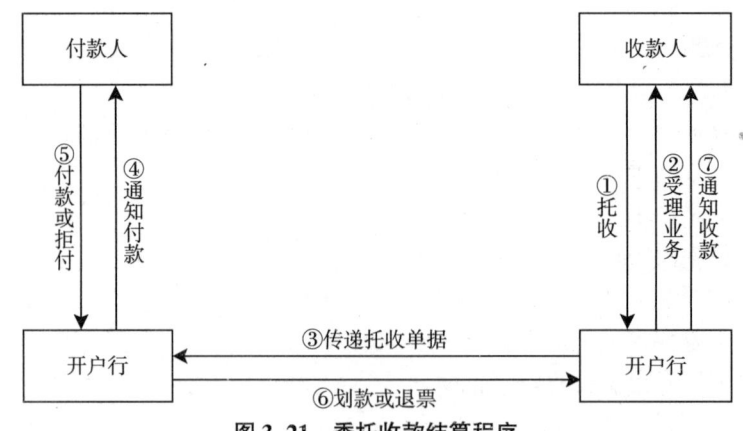

图 3-21 委托收款结算程序

图示说明：
①收款人提交委托收款结算凭证及债务证明。
②收款人开户行审核单据无误，受理业务，将委托收款凭证回单联交回收款人。
③收款人开户行将托收单据寄付款人开户行，同时，登记"发出委托收款登记簿"。
④付款人开户行审核单据无误，登记"收到委托收款登记簿"，将单据交付款人通知其付款。
⑤付款人付款或在3日内填写"拒付理由书"拒付。
⑥付款人开户行办理划款或退票。划款的会计分录为：
　　借：吸收存款——活期存款——付款人户
　　　　贷：清算资金往来——电子汇划款项户
　　　　　　或存放中央银行款项——备付金存款户
　　　　　　或同业存放
同时，销记"收到委托收款登记簿"。

如果付款人拒付，开户行将"拒付理由书"连同原托收凭证和债务证明一并退回收款人开户行，同时，销记"收到委托收款登记簿"。

⑦收款人开户行收妥款项或收到退票后，将托收凭证收账通知联交收款人通知其收款或退票。收到款项时的会计分录为：
　　借：资金清算往来——电子汇划款项户
　　　　或存放中央银行款项
　　　　或存放同业
　　　　贷：吸收存款——活期存款——收款人户
同时，销记"发出委托收款登记簿"。

第四节　信用卡业务的核算

一、信用卡的概念、分类和基本规定

（一）概念

信用卡是指经批准由商业银行（含邮政金融机构）向社会发行的具有消费信用、转账结算、存取现金等全部或部分功能的信用支付工具。

（二）分类

（1）信用卡按使用对象分为单位卡和个人卡。
（2）按信誉等级分为金卡和普通卡。
（3）按是否可透支分为借记卡、贷记卡和准贷记卡。借记卡就是储蓄卡，是个人结

算账户的工具，先存入后支用，具有转账结算、存取现金和消费功能，不具备透支功能。贷记卡指发卡银行给予客户一定的信用额度，客户在信用额度内先消费后还款，并享有一定期限的免息期。准贷记卡指客户须先按发卡银行要求交存一定金额的备用金，当备用金账户余额不足支付时，可在发卡银行规定的信用额度内透支的信用卡。

（三）基本规定

（1）凡在境内金融机构开立基本存款账户的单位可申领单位卡，单位卡可申领若干张，持卡人资格由申领单位法定代表人或其委托人的代理人书面指定或注销。

（2）凡具有完全民事行为能力的公民可申领个人卡。个人卡的主卡持卡人可为其配偶及年满18周岁的亲属申领附属卡，申领的附属卡最多不超过2张。

（3）银行卡及其账户只限经发卡银行批准的持卡人本人使用，不得出租和转借。

（4）单位人民币卡账户的资金一律从其基本存款账户转账存入，不得存取现金，不得将销货收入存入单位卡账户。严禁将单位的款项转入个人卡账户存储。

（5）贷记卡每卡每日累计取现不得超过2000元人民币。借记卡持卡人在自动柜员机（ATM）取款，每卡每日累计提款不得超过2万元人民币。

（6）持卡人可持卡在特约单位购物、消费。单位卡不得用于10万元以上的商品交易、劳务供应款项的结算。持卡人使用信用卡不得发生恶意透支。

（7）信用卡透支额，金卡最高不超过1万元，普通卡最高不得超过5000元。信用卡透支期限最长为60天。

（8）信用卡透支利息，自签单日或银行记账日起15日内按日息0.5‰计算，超过15日按日息1‰计算，超过30日或透支金额超过规定限额的，按日息1.5‰计算，透支计息不分段，按最后期限或最高透支额的最高利率档次计息。

（9）特约单位不得拒绝受理持卡人合法持有的有效银行卡，不得因持卡人使用银行卡而向其收取附加费用。

（10）持卡人需还清全部交易款项、透支本息和有关费用后，方可申请信用卡销户。

二、信用卡主要业务账务处理

（一）信用卡发卡的处理

（1）准贷记卡发卡的处理。发卡行受理单位或个人的开卡申请书后，经审核符合发卡条件的，发卡行向申请人收取备用金和手续费，并登记开销户登记簿和发卡登记簿，办理转账。其会计分录为：

借：库存现金（个人卡）
　　吸收存款——活期存款——持卡人户
　　贷：吸收存款——信用卡存款——持卡人户
　　　　手续费及佣金收入（年费）

（2）贷记卡发卡的处理。贷记卡发卡如需缴存备付金，与准贷记卡核算相同；如需缴存保证金，必须开立保证金专户。其会计分录为：

借：库存现金（个人卡）
　　吸收存款——活期存款——持卡人户
　贷：吸收存款——单位（个人）定期存款——持卡人信用卡保证金户
　　手续费及佣金收入（年费）

储蓄卡开户、取现、消费等各项内容的处理均见第二章，以下内容均以贷记卡和准贷记卡为例。

（二）信用卡续存的处理

单位卡续存只能从基本户转账，账务处理与开卡相同。个人卡持卡人交存现金续存，需提交现金缴款单，受理银行压制存款单，分别不同情况处理。

（1）在同城非开卡行现金续存的处理，做会计分录：

代理行 ─────────→ 开卡行

借：库存现金　　　　　　　借：存放中央银行款项
　贷：应解汇款——持卡人　　　或清算资金往来
借：应解汇款——持卡人　　　贷：吸收存款——信用卡存款
　贷：存放中央银行款项
　　或清算资金往来

"同城票据交换清算"与"存放中央银行款项"的关系详见"第四章银行间往来业务的核算"。

（2）在异地本系统银行现金续存的处理，做会计分录：

代理行　　　　　　　　　　开卡行

借：库存现金　　　　　　　借：清算资金往来
　贷：应解汇款——持卡人　　　贷：吸收存款——信用卡存款
借：应解汇款——持卡人
　贷：清算资金往来

（三）信用卡提取现金的处理

单位卡不允许提取现金，个人卡持卡人提取现金可从信用卡存款中提取或透支提取，信用卡取现需收取手续费，各行的收费标准有一定差异，账务处理如下：

（1）持卡人在发卡行取现的处理。银行接到持卡人交来的取现资料，审核无误，会计分录为：

借：吸收存款——信用卡存款——持卡人户
　　吸收存款——信用卡透支——持卡人户
　贷：库存现金
　　手续费及佣金收入（有的银行同城同行取现不收手续费）

（2）持卡人在异地本系统银行取现的处理，做会计分录：

代理行账务处理 ─────────→ 开卡行账务处理

借：清算资金往来　　　　　借：吸收存款——信用卡存款——持卡人
　贷：库存现金　　　　　　　　吸收存款——信用卡透支——持卡人

　　　　手续费及佣金收入　　　　　贷：清算资金往来

（四）信用卡购物消费的处理

持卡人到银行卡特约商店刷卡购物时，特约单位打印签购单，由持卡人签字。特约商户汇总签购单，填制两联进账单交开户银行。特约商户开户银行经审核无误后，将签购单寄有关发卡行，收取持卡人应付的款项。

（1）持卡人与特约商户同在发卡行开户的账务处理，做会计分录：

借：吸收存款——信用卡存款——持卡人户
　　吸收存款——信用卡透支——持卡人户
　　贷：吸收存款——活期存款——特约商户

（2）特约商户与持卡人在不同地区的同系统银行开户的账务处理，做会计分录：

特约商户开户行 ──────────→ 开卡行

借：清算资金往来　　　　　　借：吸收存款——信用卡存款——持卡人
　　贷：吸收存款——特约商户　　　吸收存款——信用卡透支——持卡人
　　　　　　　　　　　　　　　　贷：清算资金往来

（3）特约商户与持卡人在同城不同银行开户的账务处理，做会计分录：

特约商户开户行 ──────────→ 发卡行

借：存放中央银行款项　　　　借：吸收存款——信用卡存款——持卡人
　　或清算资金往来　　　　　　　吸收存款——信用卡透支——持卡人
　　贷：吸收存款——特约商户　　贷：存放中央银行款项
　　　　　　　　　　　　　　　　　或清算资金往来

（五）信用卡透支还本付息的处理

对信用卡透支款项，开卡行于扣款日从约定扣款账户扣收透支本息。其会计分录为：

借：吸收存款——持卡人
　　贷：吸收存款——信用卡透支——持卡人
　　　　利息收入（如在免息期内不收利息）

（六）信用卡销户的处理

在确认信用卡透支本息已全部还清的前提下，持卡人可到柜台或通过电话申请办理信用卡销户，如信用卡存款账户有余款，单位卡余款转入单位基本户，个人卡余款可转入借记卡或提取现金。其会计分录为：

借：吸收存款——信用卡存款——持卡人存款户
　　贷：吸收存款——持卡人
　　　　库存现金（个人卡）

本章小结

国内支付结算方式较多，有关规定和结算流程各异，可通过表3-1集中比较，方便学习。

表 3-1　　　　　　　　　　　银行支付结算方式一览表

结算方式	分类	出票人（签发人）	付款人	适用对象	支取方式	提示付款期	可否背书转让	可否挂失止付	适用范围
银行汇票	—	银行	出票银行	单位个人	现金、转账均可	自出票日起1个月	现金、银行汇票不可以	现金、银行汇票可以	同城异地
商业汇票	商业承兑汇票	银行以外的企业、其他组织	承兑人	单位	不可提取现金、只可转账	自到期日起10日	可以	已承兑的商业汇票可以	同城异地
	银行承兑汇票		承兑银行						
银行本票	定额银行本票	银行	出票银行	单位个人	现金、转账均可	自出票日起不得超过2个月	现金、银行本票不可以	现金、银行本票可以	同城
	不定额银行本票								
支票	现金支票	存款人	出票人开户银行	单位个人	现金	自出票日起10日	现金、支票不可以	可以	同城异地
	转账支票				转账				
	普通支票				均可				
汇兑	信汇	汇款人	汇款人	单位个人	现金、转账均可	—	不可以	不可以	异地
	电汇								
托收承付	—	销货人	购货人	单位个人	只能转账	验单3天、验货10天	不可以	不可以	异地
委托收款	—	收款人	凭证记载的付款人	单位个人	只能转账	交付单据次日起3天	不可以	不可以	同城异地
信用卡	—	—	持卡人	单位个人	个人卡现金、转账均可	透支期限60天	不可以	可以	同城异地

练习题

一、单项选择题

1. 支票出票人的签章应为（　　）。
A. 出票人的财务专用章　　　　　　B. 公章
C. 法定代表人或者授权的代理人的签章　D. 预留银行签章

2. 支票的提示付款期限为（　　）。
A. 3 天　　　　B. 10 天　　　　C. 1 个月　　　　D. 2 个月

3. 银行签发的承诺自己在见票时无条件支付确定的金额给收款人或者持票人的票据是（　　）。
A. 银行本票　　B. 银行汇票　　C. 银行承兑汇票　　D. 银行期票

4. 银行签发的、由其在见票时按照实际结算金额无条件支付给收款人或者持票人的票据是（　　）。
A. 银行本票　　B. 银行汇票　　C. 银行承兑汇票　　D. 银行期票

5. 以下不属于签发银行汇票必须记载的事项是（　　）。
A. 收款人名称　　B. 付款人名称　　C. 出票金额　　D. 实际结算金额

6. 由银行以外的单位承兑的商业汇票是（　　）。

A. 银行汇票　　　　B. 商业承兑汇票　　C. 银行承兑汇票　　D. 银行本票

7. 银行本票的提示付款期限最长为（　　）。
A. 10 天　　　　　　B. 1 个月　　　　　C. 2 个月　　　　　D. 6 个月

8. 银行汇票的提示付款期限为（　　）。
A. 10 天　　　　　　B. 1 个月　　　　　C. 2 个月　　　　　D. 6 个月

9. 商业汇票的提示付款期限为（　　）。
A. 10 天　　　　　　B. 1 个月　　　　　C. 2 个月　　　　　D. 6 个月

10. 商业汇票的付款期限最长不超过（　　）。
A. 10 天　　　　　　B. 1 个月　　　　　C. 2 个月　　　　　D. 6 个月

11. 以下票据（　　）可以有贴现行为。
A. 银行本票　　　　B. 支票　　　　　　C. 银行汇票　　　　D. 商业汇票

12. 关于委托收款结算金额起点的说法正确的是（　　）。
A. 1000 元　　　　　B. 1 万元　　　　　C. 10 万元　　　　 D. 无结算金额起点

13. 关于托收承付结算金额起点的说法正确的是（　　）。
A. 1000 元　　　　　B. 1 万元　　　　　C. 10 万元　　　　 D. 无结算金额起点

14. A 公司需向外省 B 公司预付货款 6000 元，可采用的结算方式是（　　）。
A. 银行本票　　　　B. 支票　　　　　　C. 托收承付　　　　D. 汇兑

15. A 公司向外省 B 公司销售货物，货款 4 万元，A 公司如果想一手交钱一手交货，适当的结算方式是（　　）。
A. 银行本票　　　　B. 银行汇票　　　　C. 汇兑　　　　　　D. 托收承付

16. 甲在原工作地 W 城市存款 10 万元，由于工作变动，甲目前在 D 城市工作，此时，甲如果想取出到期存款，可采用的方式是（　　）。
A. 托收承付　　　　B. 汇兑　　　　　　C. 委托收款　　　　D. 银行本票

17. 以下说法正确的是（　　）。
A. 支票的出票人是支票的付款人
B. 银行本票的出票人与付款人是同一人
C. 商业汇票的出票人就是汇票的付款人
D. 银行汇票的出票人不是银行汇票的付款人

18. 在银行开立存款账户的法人以及其他组织之间，必须具有真实的交易关系或债权债务关系，才能使用（　　）办理结算。
A. 支票　　　　　　B. 银行汇票　　　　C. 银行本票　　　　D. 商业汇票

19. 承兑银行办理汇票承兑时，使用的表外科目是（　　）。
A. 应解汇款　　　　B. 有价单证　　　　C. 银行承兑汇票　　D. 重要空白凭证

20. 根据购销合同由收款人发货后委托银行向异地付款人收取款项，由付款人向银行承兑付款的结算方式是（　　）。
A. 商业汇票　　　　B. 转账支票　　　　C. 托收承付　　　　D. 委托收款

二、多项选择题

1. 支付结算的原则是（   ）。
   A. 维护结算双方的合法利益   B. 正确使用账户
   C. 努力提高服务质量   D. 恪守信用，履约付款
   E. 谁的钱进谁的账，由谁支配   F. 银行不垫款

2. 我国的票据包括（   ）。
   A. 银行汇票   B. 商业汇票   C. 支票   D. 银行本票
   E. 商业本票   F. 期票

3. 票据的签章是指（   ）。
   A. 签名   B. 盖章   C. 签名加盖章   D. 按指印
   E. 盖章加按指印   F. 签名加按指印

4. 同城和异地均可以采用的结算方式是（   ）。
   A. 委托收款   B. 托收承付   C. 商业汇票   D. 汇兑
   E. 银行本票

5. 只适用同城结算的方式是（   ）。
   A. 支票   B. 银行本票   C. 银行汇票   D. 商业汇票
   E. 委托收款

6. 只适用于异地结算的方式是（   ）。
   A. 汇兑   B. 委托收款   C. 托收承付   D. 银行汇票
   E. 商业汇票

7. 票据上不得更改的事项是（   ）。
   A. 票据金额   B. 出票地点   C. 出票人名称   D. 出票日期
   E. 收款人名称   F. 出票事由

三、判断题

1. 支票都可以挂失。   （   ）
2. 既可以用于支取现金，也可以用于转账的是普通支票。   （   ）
3. 支票的提示付款期限为5天，到期日遇例假日顺延。   （   ）
4. 现金支票的收款人可向支票的付款人提示付款，也可委托开户行收款。   （   ）
5. 单位和个人在同城或异地结算各种款项均可使用支票。   （   ）
6. 支票的付款银行支付支票款记账时，以支票代转账贷方传票。   （   ）
7. 支票出票人开户行收到支票及进账单，审核无误付款，当收款人在他行开户时，将进账单提出交换。   （   ）
8. 银行汇票是银行签发的承诺自己在见票时无条件支付确定的金额给收款人或者持票人的票据。   （   ）
9. 银行本票只能单位在同一票据交换区域结算各种款项使用。   （   ）
10. 申请人或收款人为个人可签发现金银行本票。   （   ）
11. 银行本票的提示付款期限自出票之日起最长不超过1个月。   （   ）

12. 申请人或收款人为个人可签发现金银行汇票。（　　）

13. 银行汇票收款人未填明实际结算金额和多余金额或实际结算金额超过出票金额的银行不予受理。（　　）

14. 银行汇票持票人向银行提示付款时，必须同时提交银行汇票和解讫通知，缺少任何一联，银行不予受理。（　　）

15. 汇款人、收款人在银行开立存款账户的，汇兑凭证必须记载其账号，欠缺记载的，银行不予受理。（　　）

16. 验单付款的承付期为3天，从付款人开户行发出承付通知之日算起（承付期内遇例假日顺延）。（　　）

17. 验货付款的承付期为10天，从运输部门向付款人发出提货通知之日算起。（　　）

18. A公司与外省B公司签订购销合同，A公司已发货，货款9000元，A、B公司均为国有企业，A公司可采用委托收款或托收承付结算方式收款。（　　）

四、会计实务

1. 银行在银行承兑汇票到期日向承兑申请人胜佳贸易公司收取票款240000元，胜佳贸易公司存款账户只能支付180000元。

2. 银行收到开户单位制药厂交来的支票及进账单，金额46000元，出票人为在本行开户的康健药店，审核无误，办理转账。

3. 银行收到开户单位设备厂交来的支票及进账单，金额40000元，收款人为在本行开户的百货公司，审核无误，办理转账。

4. 银行收到开户单位进出口公司交来的支票及进账单，金额68000元，出票人为在其他系统行开户的A公司，收妥款项，办理转账。

5. 云景支行收到开户单位广运公司交来的"银行本票申请书"，金额6000元，审核无误，收妥款项，办理转账。

6. 云景支行收到填明"现金"字样的银行本票申请书及现金8200元，收款人为个人，办理转账。

7. 云景支行提入银行本票审核确定为本行签发，金额6000元，代理付款行为建行海珠支行，办理转账。

8. 江南支行收到开户单位东风公司交来的银行汇票申请书8万元，审核无误，收妥款项，办理转账。

第四章 银行间往来业务的核算

学习目的与要求

了解银行间往来业务的概念、种类和核算内容;了解联行往来业务的概念和管理方式,熟悉联行往来业务手工联行往来与电子联行往来处理的区别,掌握手工联行往来业务手工核算方法;掌握同城票据交换账务处理方法、同业拆借的有关规定、同业拆借的账务处理方法;了解商业银行与中央银行往来业务的核算内容,掌握缴存存款业务的核算规定、缴存财政性存款的核算方法及缴存一般性存款的核算方法。

银行往来是指商业银行与商业银行之间以及商业银行与人民银行之间,由于办理资金划拨、结算等业务而引起的资金账务往来。银行间往来包括系统内银行间往来、跨系统商业银行间往来和商业银行与中央银行往来三大类:一是系统内银行间往来,简称联行往来,指同一系统内银行各行(处)之间的资金账务往来;二是跨系统商业银行间往来,简称同业往来,是指不同系统商业银行之间的资金账务往来;三是商业银行与中央银行往来是指商业银行与中央银行之间的资金账务往来。

银行间往来的基本内容:①联行往来的内容主要包括:资金调拨、货币结算和相互间代收代付款项等。②商业银行之间的往来主要包括:同城票据交换及清算、异地跨系统汇划款项相互转汇、同业拆借及转贴现等。③商业银行与中央银行的往来主要包括商业银行向中央银行送存或提取现金、缴存存款、向中央银行借款、再贴现及通过央行汇划款项等。

第一节 商业银行与中央银行往来业务的核算

商业银行与中央银行的往来包括:在当地中央银行开立存款账户用于办理资金收付;向中央银行发行库提取、缴存现金;按规定向中央银行缴存存款准备金;向中央银行办理再贴现、再贷款;与其他商业银行的资金清算;系统内上下级行之间资金头寸的调拨、借入及借出等。

一、向中央银行发行库提取、缴存现金的核算

商业银行各级行需在当地中国人民银行开立存款账户,通过"存放中央银行款项"科目进行款项收支核算。该科目为商业银行的资产科目,存入时记借方,支用时记贷方,余额在借方,表示商业银行在中国人民银行的存款数。该存款账户必须先存后用,不能透支。

1. 向中国人民银行提取现金

商业银行向开户中央银行发行库提取现金时,需签发中国人民银行现金支票交开户行。

(1) 商业银行的会计分录为:
借:库存现金
　　贷:存放中央银行款项

(2) 中国人民银行的会计分录为:
借:××银行准备金存款
　　贷:库存现金

同时,付出:发行基金

2. 向中国人民银行缴存现金

商业银行将超过库存限额的现金缴存开户的中国人民银行时,填制现金缴款单连同现金一并交开户行。

(1) 商业银行的会计分录为:
借:存放中央银行款项
　　贷:库存现金

(2) 中国人民银行的会计分录为:
借:库存现金
　　贷:××银行准备金存款

同时,收入:发行基金

二、缴存存款的核算

缴存存款是指商业银行和其他金融机构将吸收的存款按规定比例划缴中国人民银行的业务,包括缴存财政性存款和缴存一般性存款(也称缴存法定存款准备金)。

1. 缴存财政性存款的核算

(1) 缴存范围:商业银行代办的中央预算收入、地方金库存款和代理发行国债款项等。包括国家金库款、财政预算存款、财政预算外存款、待结算财政款项、部队存款、机关团体存款等。

(2) 缴存比例:100%。

(3) 缴存时间：除第一次按规定缴存外，城市分支行（包括所属部、处）每旬调整一次，于旬后 5 日内办理；县支行及其所属处所，每月调整一次，于月后 8 日内办理，如遇调整日最后一天为例假日，则可顺延。

(4) 调整计算方法：按本旬（月）末各财政性存款科目余额总数减已交存财政性存款余额，计算应补交或退回数。缴存（调整）金额以千元为单位，千元以下四舍五入。

(5) 缴存方式：商业银行县支行可直接向中央银行县支行办理缴存，而商业银行市级行对同城所属行采取集中汇缴，向同级中央银行办理。

(6) 调整交存款的核算。商业银行通过"缴存中央银行财政性存款"科目核算缴存和退回财政性存款业务，缴存（或补缴）时记借方，退回时记贷方，余额在借方，表示已缴存余额。缴存存款账户的资金商业银行不能支用。缴存（或补缴）财政性存款的会计分录为：

借：存放中央银行款项——财政性存款户
　　贷：存放中央银行款项——备付金存款户

如为调减退回则会计分录方向相反。

2. 缴存法定存款准备金的管理与核算

(1) 缴存范围：一般性存款，即商业银行吸收的企事业单位和个人存款。包括企业存款、储蓄存款、农村存款、部队存款、基建单位存款、机关团体存款、财政预算外存款、其他一般存款等。

(2) 缴存比例：法定存款准备金的缴存比例，由央行根据调整和控制信用规模和货币供应量的需要确定，并根据经济与金融发展状况及需要进行调整。

(3) 缴存时间：每旬调整一次，于旬后 5 日内办理。

(4) 调整计算方法：按每旬一般性存款增加（或减少）的实际数额乘缴存比例，计算调整增加（或减少）准备金存款。

(5) 缴存方式：各商业银行缴存的一般性存款，由各商业银行总行存入总行所在地的中国人民银行。

(6) 调整缴存款的核算。商业银行通过在"存放中央银行款项"账户下设立"一般性存款"专户核算缴存和退回一般性存款，缴存（或补缴）时记该专户借方，退回时记贷方，余额在借方，表示已缴存余额。该专户的资金商业银行不能支用。缴存（或补缴）一般性存款的会计分录为：

借：存放中央银行款项——法定存款准备金户
　　贷：存放中央银行款项——备付金存款户

如为调减退回则会计分录相反。

三、向中央银行借款和再贴现的核算

（一）向中央银行借款的核算

向中央银行借款是指商业银行因资金不足，根据计划和需要向中央银行申请的贷

款，也称再贷款。再贷款的目的，一是弥补商业银行临时资金短缺，发挥"银行的银行"的作用；二是通过放松或紧缩银根，调节货币供给，发挥中央银行宏观调控的作用。

1. 向中国人民银行借款的种类

（1）年度性贷款：用于解决商业银行因经济合理增长而引起的年度资金不足，贷给商业银行年度性使用的贷款。期限一般为1年，最多不超过2年，贷款对象一般主要是省级分行或二级分行。

（2）季节性贷款：用于解决商业银行因信贷资金先支后收或季节性下降、上升等情况引起的临时性资金不足的贷款。期限一般为2个月，最长不超过3个月。

（3）日拆性贷款：用于解决商业银行因汇划款未达等因素而引起的临时性资金短缺而发放的贷款。一般期限为10天，最长不超过20天。

2. 向中国人民银行借款的核算

（1）取得再贷款。中国人民银行发放再贷款的会计分录为：

借：××银行贷款——××贷款户
　　贷：××银行准备金存款——××存款户

商业银行收到资金的会计分录为：

借：存放中央银行款项——备付金存款户
　　贷：向中央银行借款——××借款户

（2）到期归还再贷款本息。中国人民银行收回再贷款本息的会计分录为：

借：××银行准备金存款
　　贷：××银行贷款——××贷款户
　　　　利息收入——金融机构贷款利息收入户

商业银行归还再贷款本息的会计分录为：

借：向中央银行借款 ——××借款户
　　利息支出——金融企业往来支出
　　贷：存放中央银行款项

（二）再贴现的核算

再贴现是商业银行持已贴现而尚未到期的承兑汇票向中国人民银行申请融通资金，中国人民银行从汇票面额中扣除从再贴现之日起到票据到期日止的利息后，以其差额向商业银行融通资金的业务。各商业银行核算再贴现的科目名称不完全一致，有"贴现负债"、"卖出回购票据"等，科目性质为负债科目，申请再贴现时，登记贷方；票据到期，从中国人民银行回购票据时，登记借方，余额在贷方，表示已办理再贴现，尚未到期的票据金额。

1. 办理再贴现的处理

（1）商业银行做会计分录：

借：存放中央银行款项
　　利息支出——金融企业往来支出
　　贷：贴现负债——再贴现户

或卖出回购金融资产款
(2) 中国人民银行做会计分录：
借：再贴现——××银行汇票户
　　贷：××银行准备金存款
　　　　利息收入——再贴现利息收入户

2. 再贴现到期收回的处理
(1) 商业银行回购票据的会计分录为：
借：贴现负债——再贴现户
　　或卖出回购金融资产款
　　贷：存放中央银行款项
(2) 人民银行处理的会计分录为：
借：××银行准备金存款
　　贷：再贴现——××银行再贴现户

四、中国现代支付系统简介

(一) 现代支付系统概述

1. 中国现代支付系统概念

中国现代支付系统（CNAPS）是中国人民银行按照我国支付清算的需要，并利用现代计算机技术和通信网络自主开发建设的，能够高效、安全处理各银行办理的异地、同城各种支付业务及其资金清算和货币市场交易的资金清算的应用系统。它是各银行和货币市场的公共支付清算平台，是中国人民银行发挥其金融服务职能的重要的核心支持系统。

2. 现代支付系统构成

中国现代支付系统由大额实时支付系统、小额批量支付系统、全国支票影像交换系统、境内外币清算系统、电子商业汇票系统、网上支付跨行清算系统组成。

3. 现代支付系统的主要作用

(1) 加快资金周转，提高社会资金的使用效益。中国现代支付系统，特别是其中的大额支付系统，采取从发起行到接收行的全过程的自动化处理，实行逐笔发送、实时清算，是一个高效、快捷的系统。通过支付系统处理的每笔支付业务不到60秒即可到账，实现全国支付清算资金的每日零在途，为促进市场经济的快速发展发挥着重要作用。

(2) 支撑多样化支付工具的使用，满足各种社会经济活动的需要。中国现代支付系统，尤其是其中的小额批量处理系统能够支撑各种贷记、借记支付业务的快速处理，并能为其提供大业务量、低成本的服务，可以满足社会各种经济活动的需要。

(3) 增强商业银行的流动性，提高商业银行的经营管理水平。中国现代支付系统将商业银行法人及其分支机构的清算账户物理上集中摆放在国家处理中心处理跨行的资金清算，商业银行法人、管理行以及开户行可以随时查询监控其头寸的变动情况，根据需要及时地调度资金；支付系统是一个高效运转的系统，有利于商业银行头寸的快速调度和从货币市场寻找资金的及时到账，提高头寸的运用水平。

(4) 支持货币政策的实施，增强金融宏观调控能力。实施货币政策加强金融调控，是中央银行的重要职能。中国现代支付系统可以对法人存款准备金进行考核，中国人民银行各级分支行通过支付系统及时掌握存款准备金的余额信息，便于对其进行管理。此外，支付系统还蕴藏着大量的支付业务和资金清算信息可以为研究货币政策和宏观调控提供决策参考。

(5) 防范支付风险，维护金融稳定。中国人民银行在建设中国现代支付系统时，将防范支付系统风险作为一个重要目标，采取大额支付实时清算，小额支付净额清算，不足支付排队处理；设置清算窗口时间，用于头寸不足的银行及时筹措资金；设置清算账户控制功能，对有风险的账户进行事前控制等措施。这些措施的采用能有效地防范支付风险的发生，维护金融稳定。

(二) 大额支付系统

1. 大额支付系统含义

大额实时支付系统（简称大额支付系统）是中国人民银行按照我国支付清算的需要，利用现代计算机技术和通信网络开发建设，处理同城和异地跨行之间与行内的大额贷记及紧急小额贷记支付业务、中国人民银行系统的贷记支付业务以及即时转账业务等的应用系统。

2. 大额支付系统的作用

建设大额实时支付系统，有利于给各银行和广大企业单位以及金融市场提供快速、高效、安全、可靠的支付清算服务，防范支付风险，它对中央银行更加灵活、有效地实施货币政策和实施货币市场交易的及时清算具有重要作用。

3. 大额支付系统业务范围

大额支付系统的业务范围包括：①规定金额起点以上的跨行贷记支付业务；②规定金额起点以下的紧急跨行贷记支付业务；③各银行行内需要通过大额支付系统处理的贷记支付业务；④特许参与者发起的即时转账业务；⑤城市商业银行银行汇票资金的移存和兑付资金的汇划业务；⑥中国人民银行会计营业部门和国库部门发起的贷记业务及内部转账业务；⑦中国人民银行规定的其他支付清算业务。

4. 大额支付系统的运行时间、额度和处理周期

大额支付系统按照国家法定工作日运行，8:00~17:00为日间业务处理时间。大额支付系统的业务处理周期在系统正常运行情况下，一笔支付业务从支付系统发起到支付系统接收行的时间为实时到达。如收款客户的开户行应用大额支付系统，付款客户在营业日当日17:00前办理的大额支付业务都可实现实时到达收款行。实现了全国支付清算资金的每日零在途，彻底改变了电子联行系统"天上三秒，地上三天"的状况。目前大额支付系统规定的金额起点是0元，也就是说，所有的贷记支付业务都可以通过大额支付系统处理。

5. 大额支付业务的处理方式

大额支付系统采用支付指令实时传输,逐笔实时处理,全额清算资金的处理方式。

(三) 小额支付系统

小额批量支付系统(简称小额支付系统)是处理同城和异地纸质凭证截留的借记支付业务和小额贷记支付业务等的应用系统。

1. 小额支付系统的作用

建设小额批量支付系统的目的,是为社会提供低成本、大业务量的支付清算服务,支撑各种支付业务的使用,满足社会各种经济活动的需要。

2. 小额支付系统的业务范围

(1)普通贷记业务,主要包括规定金额以下的进账单、电汇、委托收款划回、托收承付划回、行间转账以及国库汇划款项等主动汇款业务。

(2)定期贷记业务,主要包括代付工资、保险金等定期批量付款的业务。

(3)普通借记业务,主要包括双方或三方签订协议的跨行利息汇划、国库汇划款项等业务。

(4)定期借记业务,主要包收取水、电、煤、气等定期批量收款的业务。

(5)信息服务业务,包括查询、查复以及支票圈存等非支付类信息业务。

3. 小额支付系统的运行时间、额度和处理周期

小额支付系统实行 7×24 小时连续运行,为客户通过"网上银行"、"电话银行"纳税等服务提供支持,同时满足法定节假日的支付活动需要,实行的是"全时"服务。小额支付系统的单笔金额上限贷记 20000 元,实时贷记和借记业务不设金额限制。每日 16:00 进行日切处理,即前一日 16:00 至当日 16:00 为小额支付系统的一个工作日。

4. 小额支付业务的处理方式

小额支付系统采取了"连续运行、逐笔发起、批量发送、实时传输、双边轧差、定时清算"的处理流程。

(1)小额系统实行 24 小时连续运行,系统每一工作日运行时间为前一自然日 16:00 至本自然日 16:00。

(2)发起行逐笔发起小额业务,组包后经城市处理中心或国家处理中心实时传输至接收行。

(3)同城业务在城市处理中心、异地业务在国家处理中心逐包按收款清算行或付款清算行双边轧差,并在规定时点提交清算。

(4)小额系统轧差净额的清算日为国家法定工作日,清算时间为 8:30~17:00。

(5)清算公式:

应收差额=(借报业务往账金额+贷报业务来账金额)
         -(贷报业务往账金额+借报业务来账金额)

应付差额=(贷报业务往账金额+借报业务来账金额)
         -(借报业务往账金额+贷报业务来账金额)

(四)全国支票影像交换系统

全国支票影像交换系统是指运用影像技术将实物支票转换为支票影像信息，通过计算机及网络将影像信息传递至出票人开户银行提示付款的业务处理系统。全国支票影像交换系统实现了支票的全国通用。

全国支票影像交换系统的基本规定是：

(1) 通过影像交换系统处理的支票影像信息具有与原实物支票同等的支付效力，出票人开户银行收到影像交换系统提交的支票影像信息，应视同实物支票提示付款。

(2) 影像交换系统处理单笔支票业务的金额上限暂为50万元，超过金额上限的支票，影像交换系统拒绝受理。

(3) 支票影像业务处理遵循"先付后收、收妥抵用、全额清算、银行不垫款"的原则。

(4) 提入行应在规定时间内通过小额支付系统返回支票业务回执。

(5) 提出行收到小额支付系统发送的支票业务回执后，对出票人开户银行同意付款的，应立即贷记持票人账户；对出票人开户银行拒绝付款的，作退票处理。

第二节 联行往来业务的核算

一、联行往来概述

(一)联行往来的基本含义

联行往来业务又称商业银行系统内往来业务。同一银行系统内各行、处彼此互称联行。联行之间因支付结算业务、内部资金调拨而引起的资金账务往来业务称为联行往来业务。联行往来的实质是系统内各行、处之间一种债权债务，也是将客户之间的资金存欠关系转换为联行之间的代收代付关系。

(二)联行往来的管理层次

传统的联行往来体系与商业银行组织管理体系相适应，采取"统一领导、分级负责"的管理制度，包括全国联行往来、分行辖内往来和支行辖内往来三级，分别由总行、分行、支行管理。

(1) 全国联行往来。适用于全国不同省、自治区和直辖市各行、处之间的资金账务往来。由总行负责监督清算，各行、处必须有总行颁发全国联行的行号、专用章和密押，才能凭以办理全国联行往来业务。

(2) 分行辖内往来。适用于同一省、自治区和直辖市内各行、处之间的资金账务往来。由省分行负责监督清算，参加的各行、处必须有管辖分行颁发的辖内行号和专用章，才能凭以办理分行辖内往来业务。

(3) 支行辖内往来。适用于同一市（县）内各行、处所之间的资金账务往来。由支行负责监督清算，参加的行、处必须有支行核发的辖内行号和联行专用章，才能办理支行辖内往来业务。

目前，我国有中央银行和中国银行、中国农业银行、中国工商银行、中国建设银行交通银行 6 大联行往来系统。现行联行管理模式是各家银行自成系统，包括各联行系统内资金往来与清算、联行系统的建设、联行往来操作程序及其联行往来核算方法等，均由各系统自行制定执行。随着计算机和通信网络技术的发展，传统的手工联行被现代化支付系统所替代，传统的三级管理体制也转向总行集中处理方式，本节重点介绍系统内资金电子汇划业务的核算。

二、系统内资金电子汇划业务的核算

（一）电子联行往来系统概述

电子联行往来系统是指经总行批准参加全国联行往来的机构之间，通过计算机网络进行异地资金清算的账务往来系统。系统内资金电子联行往来系统一般由汇划业务经办行、清算行、省区分行及总行清算中心组成，各行间通过计算机网络连接。其结构如图 4-1 所示。

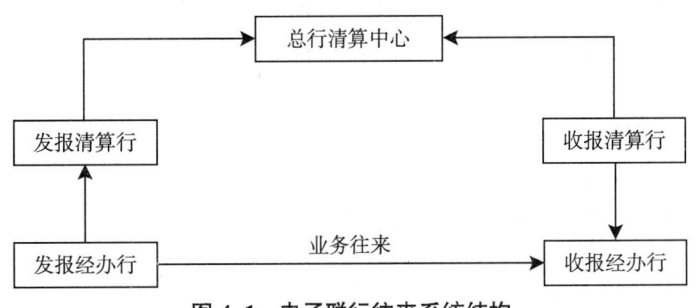

图 4-1　电子联行往来系统结构

经办行是具体办理资金结算和内部资金汇划业务的行处。汇划业务的发生行是发报经办行，汇划业务的接收行是收报经办行。

清算行是在总行清算中心开立备付金存款账户，办理其辖属行处汇划款项清算的分行，包括直辖市分行、总行直属分行及二级分行（含省分行营业部）。省区分行在总行开立备付金户，但不用于汇划款项的清算，只办理系统内资金调拨和内部资金利息汇划。

总行清算中心是办系统内各经办行之间的资金汇划、各清算行之间的资金清算及资金拆借、账户对账等账务的核算和管理的部门。

1. 电子联行往来系统的基本做法和基本程序

电子联行往来系统的基本做法是：实存资金、同步清算、头寸控制、集中监督。

实存资金，即清算行在总行清算中心开立的备付金存款账户用于资金的清算。同步清算，即发报经办行通过其清算行经总行清算中心将款项划至收报经办行的同时，总行清算中心办理清算行之间的资金清算。头寸控制，即清算行在总行清算中心开立的备付金存款账户应保持足够余额，不得透支，如余额不足，应及时调入。集中监督，即总行清算中心对汇划往来数据发送、资金清算、备付存款账户资信情况和行际间查询查复事宜进行管理和监督。

电子联行往来系统的基本核算程序是各发报经办行根据发生的各结算资金汇划业务录入数据，全部及时发送至发报清算行。发报清算行将各发报经办行的资金汇划信息传输给总行清算中心。所有经办行的资金汇划，查询查复全部通过清算行进出，清算行控制辖属经办行的资金清算。总行清算中心将发报清算行传输来的汇划数据及时传输给收报清算行，并当日更新各清算行备付金存款。收报清算行当日或次日将汇划信息传输给收报经办行，从而实现资金汇划业务。实时业务由收报清算行及时传输至收报经办行，批量业务由收报清算行次日传输到收报经办行。清算行处在信息中转站有着举足轻重的地位，既要向总行清算中心传输发报经办行的汇划信息，又要向收报经办行传输总行清算中心发来的汇划业务信息，资金汇划的出口、入口均反映在清算行，使其可以控制辖属经办行的资金汇划与清算。

2. 科目设置

（1）"清算资金往来"科目，共同类科目，核算系统内电子汇划款项及其往来资金的清算。划付款时，借记本科目，贷记吸收存款等科目；划收款时，借记吸收存款等科目，贷记本科目。日终清算时，本科目为借方余额，借记"存放同业——存放系统内款项"科目，贷记本科目。本科目为贷方余额，则借记本科目，贷记"存放同业——存放系统内款项"科目。

（2）"存放系统内款项"科目，资产类科目，下级行核算存放上级行的清算备付资金等款项。存放活期款项增加时，借记本科目，贷记"存放中央银行款项"等科目；存放活期款项减少时，借记"存放中央银行款项"等科目，贷记本科目，余额在借方。

（3）"系统内存放款项"科目，负债类科目，上级行核算下级行存放于本行的清算备付资金等款项。收到下级行存入的款项时，借记"存中央银行存款"等科目，贷记本科目；下级行支取款项时，借记本科目，贷记"存中央银行存款"等科目，余额在贷方。

（二）实存资金的核算

系统内资金电子汇划清算业务是以清算行为单位在总行清算中心开立备付金存款账户，作为实际资金划拨和清算的基础，各清算行必须保证该账户有足够的存款。

1. 清算行在总行清算中心开立备付金存款账户

清算银行通过中国人民银行将款项汇入总行清算中心，具体手续是根据资金营运部门的资金调拨单，填制中国人民银行电（信）汇凭证，由中国人民银行汇入总行清算中心。

（1）清算银行的会计分录：

借：存放系统内款项——上存总行备付金户

贷：存放中央银行款项——备付金存款户

（2）总行清算中心收到清算银行上存的备付金后，做会计分录：

借：存放中央银行款项——备付金存款户
　　贷：系统内存放款项——××分行备付金户

2. 各支行或网点在上级管辖分行开立备付金存款户的核算

（1）支行的会计分录：

借：存放系统内款项——上存分行备付金户
　　贷：存放中央银行款项——备付金存款户

（2）上级管辖分行在收到各支行或网点上存的备付金后，进行账务处理：

借：存放中央银行款项——备付金存款户
　　贷：系统内存放款项——××支行备付金户

（三）电子联行汇划的日常核算

1. 发报经办行的账务处理

发报经办行是资金汇划业务的发生行，业务发生后，要经过录入、复核和授权三个环节的处理，做到不积压、不延误，快速及时。汇划业务的发出分为实时处理和批量处理，实时处理主要是对紧急款项的划拨与查询、查复事项要即时处理。其他业务作批量处理。发报行根据汇划业务种类，由经办人员根据汇划凭证录入有关内容。若为贷报业务（如托收承付、委托收款、汇兑等）的会计分录为：

借：吸收存款——活期存款——××户
　　贷：清算资金往来——发报行清算中心往来户

若为借报业务（如银行汇票、信用卡等代付应收）会计分录相反。

【例4-1】中国工商银行武汉东湖支行受本行开户单位武汉王府井商场委托，向中国工商银行北京中关村支行开户单位长城自行车厂支付货款8万元。贷报业务，中国工商银行东湖支行会计分录为：

借：吸收存款——单位活期存款——王府井商场　　　　80000
　　贷：资金清算往来——武汉分行往来　　　　　　　　　　80000

2. 发报行省分行（发报清算行）的账务处理

发报清算行收到发报经办行传输来的跨清算行汇划业务后，如为贷方汇划业务，会计分录为：

借：清算资金往来——××支行往来户
　　贷：清算资金往来——总行清算中心往来户

若为借报业务，则会计分录相反。数据经过按规定权限授权、编押及账务处理后，汇划业务数据由计算机自动传输至总行。

【例4-1】中，武汉分行的会计分录为：

借：清算资金往来——东湖支行往来　　　　　　　　　　80000
　　贷：资金清算往来——中国工商银行北京总行往来　　　　80000

3. 总行清算中心的处理

总行清算中心收到各发报清算行汇划款项，由计算机自动登记后，将款项传送至收报清算行。每日营业终了更新各清算行在总行开立的备付金存款账户。如为贷方汇划款项，则会计分录为：

借：系统内存放款项——发报清算行备付金户
　　贷：系统内存放款项——收报清算行备付金户

若为借报业务会计分录相反。经过按规定权限授权、编押及账务处理后，汇划业务数据由计算机自动传输至总行。

【例4-1】中，中国工商银行北京总行的会计分录为：

借：系统内存放款项——武汉分行备付金户　　　　80000
　　贷：系统内存放款项——北京分行备付金户　　　　　　80000

4. 收报行省分行（收报清算行）的账务处理

收报清算行收到总行清算中心传来的汇划业务数据，经核对无误后自动进行账务处理。实时业务即时处理并传送至收报经办行。如提入贷方报单业务，会计分录为：

借：清算资金往来——总行清算中心往来户
　　贷：清算资金往来——××支行往来户

若为借报业务会计分录相反。

【例4-1】中，中国工商银行北京分行的会计分录为：

借：清算资金往来——工行总行清算中心往来　　　　80000
　　贷：资金清算往来——中关村支行往来　　　　　　　　80000

5. 收报经办行（集中汇划点）的账务处理

当收报经办行收到清算中心传来的批量或实时汇划数据，经确认无误后，应打印"资金汇划借方（或贷方）补充凭证"，进行账务处理。会计分录为：

借：资金清算往来——收报行清算中心往来户
　　贷：吸收存款——活期存款——××收款人户

若为借报业务会计分录相反。

【例4-1】中，中关村支行会计分录为：

借：清算资金往来——北京分行往来　　　　　　　　80000
　　贷：吸收存款——单位活期存款——长城自行车厂　　　80000

6. 日终清算

日终，由下至上上划"清算资金往来"科目余额，结清当日联行业务。

（1）下级行上划贷方余额时，会计分录为：

借：清算资金往来
　　贷：存放系统内款项——上级行

上划借方余额的分录方向相反。

（2）上级行收到下级行贷方余额时，会计分录为：

借：系统内存放款项——下级行
　　贷：清算资金往来

收到下级行借方余额的分录方向相反。

当日清算完成后，各级行的"清算资金往来"科目余额为"0"。

值得关注的是，不同系统银行的电子联行往来核算不完全相同，具体核算时，应遵循各行的制度规定。

三、传统的（手工）联行往来

（一）传统的联行往来核算的基本形式

传统的联行往来，由于各行联行往来自成体系，其核算的基本形式不尽相同，本节介绍使用相对广泛的"分散核算，集中对账"形式。其主要内容包括：

1. 直接往来，分散核算

联行往来业务发生时，直接由发生资金代收代付业务的联行通过填制和接受联行往来报单处理业务；同时，划分往账和来账两个系统，发报行核算往账，收报行核算来账。

每笔资金划拨，双方银行都要依据相同的金额、相反的方向分别在往账、来账中进行记载，因而就构成了联行账务的对应关系。

一笔业务的发报行，可能是另一笔业务的收报行，因此，每一行处，既是发报行又是收报行，因而需将往账和来账划分清楚，分别进行核算。

2. 往来报告，集中对账

各发报行和收报行在营业终了，应分别编制联行往账报告表和联行来账报告表，并附报告卡逐级上报管辖行，由管辖行将辖内往账与来账报告卡进行逐笔配对核销，并逐级通知下级行查清未核对联行账务。

3. 划分年度，逐年结清

联行往来业务应分清年度，不得混淆。新年度开始，各级行查清上年未达账项，结平上年联行账务。

（二）联行往来的会计科目与会计凭证

1. 会计科目

比较传统的资金清算做法是通过联行往来实现资金划拨。联行往来是同一银行系统内行与行之间由于办理结算业务等款项划拨，相互代收、代付而引起的资金账务往来。计算机在资金清算中的运用，使得联行往来已经脱离原本意义，但很多专用的术语仍然保留，如"联行往账"、"联行来账"、"上年联行往账"、"上年联行来账"、邮划借方报单和邮划贷方报单等。所以，以下对仍然保留的"术语"作些说明。

（1）"联行往账"。资产负债类科目，发报行专用，当发报行向省、自治区、直辖市以外全国联行单位填发报单时，其联行科目的收付，用本科目核算。签发借方报单，借记本科目；签发贷方报单，贷记本科目；借、贷双方轧差后的余额若在借方，可视为该银行的资产，即存入联行的款项；余额若在贷方，可视为该银行的负债，即联行存入的款项。"联行往账"账户结构如图4-2所示。

（2）"联行来账"。资产负债类科目，收报行专用，当收报行收到省、自治区、直辖市以外全国联行单位填发的报单时，其联行科目的收付，用本科目核算。收到借方报单，贷记本科目；收到贷方报单，借记本科目；借、贷双方轧差的余额若在借方，可视为该银行的资产，即存入联行的款项；余额若在贷方，可视为该银行的负债，即联行存入的款项。"联行来账"账户结构如图4-3所示。

联行往账	
填发借方报单 （代付款项）	填发贷方报单 （代收款项）
应收款项	应付款项

图4-2 "联行往账"账户结构

联行来账	
收到贷方报单 （代付款项）	收到借方报单 （代收款项）
应收款项	应付款项

图4-3 "联行来账"账户结构

（3）"上年联行往账"和"上年联行来账"是上年全国联行在未达账查清前使用的科目。新年度开始，将上年度"联行往账"、"联行来账"科目余额，不通过会计分录，分别转入"上年联行往账"、"上年联行来账"科目。也可直接在联行往账和联行来账科目下设置上年户。收报行收到发报行寄来上年度填发的报单，应通过"上年联行来账"科目办理转账。待联行未达查清后，办理余额上划时，通过本年度的"联行往账"科目分别转销上述两个科目的余额。"上年联行往账"和"上年联行来账"的账户结构与"联行往账"和"联行来账"相同。

2. 会计凭证及使用

联行往来业务按划款方式不同分为电划和邮划，联行凭证分类如下：

（1）邮划借方报单和邮划贷方报单，由发报行填写。发报行代收报行付款时填借方报单，代收报行收款时填贷方报单。

邮划联行报单一式四联，第一联：来账卡片，由发报行寄收报行，收报行作联行来账记账凭证；第二联：来账报告卡，由发报行寄收报行，收报行作来账报告表附件报管辖行；第三联：往账报告卡，由发报行作往账报告表附件寄管辖行；第四联：往账卡片，作发报行联行往账记账凭证。

（2）电划借方报单和电划贷方报单，电划借方补充报单和电划贷方补充报单。①电划借方报单和电划贷方报单，由发报行填写。电划报单第一联、第二联作发报行拍发电报的依据和附件，第三联、第四联作用同邮划。②电划借方补充报单和电划贷方补充报单，由收报行收到电报时填写，电划补充报单一式四联，第一联和第二联用途同邮划报单，第三联作联行来账对应账户记账凭证；第四联交开户单位。

（三）联行往来行号、联行密押、联行专用章

（1）联行行号，是办理联行业务的行名代号，是确定收受行的主要依据；联行往来电划业务时，行号是发报行拍发电报的依据。

(2)联行密押,是办理联行间汇划款项时,辨别汇划款项真伪,保证联行资金安全的重要工具。

(3)联行专用章,是证明联行资金划拨凭证真实性的专用图章。发报行填写的联行凭证必须加盖联行专用章,否则无效。

(四)手工联行往来系统核算

1.发报行的处理

(1)编制联行报单,办理转账。发报行代收款业务,填制"联行往来贷方报单"。会计分录为:

借:××存款——付款人户
　　贷:联行往账——收报行户

发报行代付款业务,填制"联行往来借方报单",会计分录为:

借:联行往账——收报行户
　　贷:××存款——收款人户

(2)编制"往账报告表"。每日营业终了,发报行将当天填制的第三联报单按借、贷方分开,再按收报行行号的顺序进行排列,然后将借、贷方报单的总笔数和总金额分别进行汇总编制"往账报告表"报管辖行集中对账。

2.收报行的处理

(1)收到完整报单,办理转账。收到"联行往来贷方报单"的会计分录为:

借:联行来账——发报行来账户
　　贷:××存款——收款人户

收到"联行往来借方报单"的会计分录为:

借:汇出汇款
　　或:××科目
　　贷:联行来账——收报行来账户

【例4-2】广州甲工商银行开户A单位提交汇兑结算凭证,委托甲工商银行汇款20万元给武汉乙工商银行开户B单位。

甲工商银行填制联行贷方报单邮寄或电报给乙工商银行。

甲工商银行会计分录为:

借:××存款——A单位户　　　　　　　　　　　　200000
　　贷:联行往账——乙工商银行户　　　　　　　　　　　　200000

乙工商银行的会计分录为:

借:联行来账——甲工商银行户　　　　　　　　　　200000
　　贷:××存款——B单位户　　　　　　　　　　　　　　200000

【例4-3】广州甲工商银行开户A单位提交银行汇票10万元进账,银行汇票出票行为武汉乙工商银行,汇票申请人为武汉乙工商银行开户B单位。

甲工商银行填制联行借方报单邮寄或电报给乙工商银行。

甲工商银行会计分录为:

    借：联行往账——乙工商银行户　　　　　　　　　　　　200000
        贷：××存款——A单位户　　　　　　　　　　　　　　　　　200000
    乙工商银行的会计分录为：
    借：汇出汇款　　　　　　　　　　　　　　　　　　　　200000
        贷：联行来账——甲工商银行来账户　　　　　　　　　　　200000

（2）收到可转账不完整报单。可转账不完整报单指报单上填写的收报行行号与行名不相符，但附件正确；或报单内容清楚具体，但缺少附件或部分附件内容不清。收报行处理方式如下：

第一种情况：报单上的行名、行号是本行的，但附件内容是他行的；或者行号是本行的，行名与附件是他行的，必须坚持以行号为准的原则，先记入本行联行来账科目，后填贷方报单转寄正确收报行。会计分录为：
    借：联行来账——原发报行
        贷：联行往账——正确收报行

【例4-4】广州工商银行天河支行收到上海工商银行营业部寄来的贷方报单和信汇凭证一份，要求汇给某物资公司货款50000元。经审核报单所列行号是本行的，但据附件内容判断，正确的收报行应是深圳工商银行罗湖支行。

天河支行会计分录为：
    借：联行来账——上海工商银行营业部　　　　　　　　　　50000
        贷：联行往账——罗湖支行　　　　　　　　　　　　　　　50000
罗湖支行会计分录为：
    借：联行来账——天河支行　　　　　　　　　　　　　　50000
        贷：××存款——某物资公司　　　　　　　　　　　　　　50000

第二种情况：报单上行名、附件属本行，但行号属他行，或附件是本行的，但行名行号均属他行，为了保证结算款项及时入账，可根据附件办理入账手续，同时向报单所列行号的收报行填写反方向报单，连同原报单一同寄新的收报行，如果收到的是贷方报单，填借方报单转划。会计分录为：
    借：联行往账——原报单收报行
        贷：××存款——收款人户
新收报行接到两份报单后的会计分录为：
    借：联行来账——原发报行
        贷：联行来账——新发报行

如收到的为借方报单，两银行以上会计分录相反。

【例4-5】广州工商银行海珠支行收到武汉工商银行洪山支行寄来邮划贷方报单和托收承付结算凭证第四联，向本行开户单位红光公司承付货款200000元。报单所填行号是工商银行珠海分行的，但根据附件内容判断，报单应是寄给本行的。

海珠支行会计分录为：
    借：联行往账——珠海分行　　　　　　　　　　　　　　200000

  贷：××存款——红光公司   200000

珠海分行会计分录为：

  借：联行来账——洪山支行   200000

    贷：联行来账——海珠支行   200000

第三种情况：收到的报单所列行号、附件是本行的，但行名不是本行的，收报行可以更改行名办理转账，分录与正常转账相同。

第四种情况：收到的报单缺少附件，如果报单内容填写得清楚明白，并且非常具体，收报行可代其补制附件，办理转账，分录与正常转账相同。

（3）收到错误报单的处理。错误报单是指报单中的重要内容缺漏或不符，致使收报行无法转账的报单。收到不能转账的错误报单，应向发报行发出查询书，待收到答复后再分别情况处理。

（4）编制"来账报告表"。每日营业终了，发报行将当天收到的第二联报单按借、贷方分开，再按收报行行号的顺序进行排列，然后将借、贷方报单的总笔数和总金额分别进行汇总，编制"来账报告表"报管辖行集中对账。

3. 总行对账中心的处理

总行对账中心负责全国联行往来业务的账务监督与账务核对工作，根据各管辖分行传输的往、来账报告表及所附联行报单信息，进行逐笔配对核销，以监督全国联行往账和全国联行来账。如核对不符，及时通知往来双方查对。

4. 联行汇差资金清算

联行汇差是指联行之间代收代付款项的差额，即联行往来各科目借、贷方发生额的轧差数。表明占用他行或被他行占用资金数。

汇差为贷差的，称应付汇差，表明占用了他行资金；汇差为借差的，称应收回差，表明被他行占用资金。汇差资金应按时汇总逐级上划上级行。

为避免因联行占用资金影响日常业务，参加全国联行业务各行按日（或定期）计算汇差资金，将汇差资金通过"存中央银行款项"结清。

（1）应付汇差的核算：

经办行会计分录为：

  借：联行往账——上级行

    贷：存放中央银行款项

上级行会计分录为：

  借：存放中央银行款项

    贷：联行来账——经办行

（2）应收汇差的核算：

应收汇差上划与应付汇差上划的会计分录方向相反。

汇差资金上划后，各行联行往来汇差应为"0"。

全国联行往来汇差上划总行后，总行收到的应付汇差应等于应收汇差。

5. 联行往来的年度结清

全国联行往来账务以每年的12月31日为界限划分年度予以结清。

(1) 上年与本年联行往来账目的划分。新年度开始，各行将"联行往账"、"联行来账"两科目的年末余额不通过分录直接转入"上年联行往账"、"上年联行来账"科目。

新年度开始后，除冲账外，发报行不再编发上年联行报单。收报行收到上年联行报单，应纳入"上年联行来账"科目核算。收到本年度联行报单，纳入"本年度联行来账"科目核算。

(2) 上年全国联行往来账务的清查与核对。上年全国联行往来账务达到以下标志，总行按经办行编制"联行往账与来账余额核对通知"逐级下发各级行核对。

全国联行往账与来账两大系统的全年累计发生额相等，余额相等，方向相反；联行往账与联行来账报告卡已全部配对，没有"未配对"或"待查对"情况；各级行联行往账和联行来账发生额和余额都已核对相符。

各级行根据核对通知核对相符后办理上年联行往来账务结清。

(3) 上年联行账务的上划及结平。上年联行往来账目由下至上上划，由总行结平。

①经办行的上划。上划"上年联行往账"、"上年联行来账"贷方余额的会计分录为：

借：上年联行往账
　　上年联行来账
　　贷：联行往账

上划"上年联行往账"、"上年联行来账"借方余额的分录方向相反。

②管辖行收到经办行上划。收到贷方余额时，会计分录为：

借：联行来账
　　贷：上年联行往账
　　　　上年联行来账

收到借方余额时，分录方向相反。

管辖行收齐经办行上划的上年全国联行往账和来账后，汇总上划总行，方法同经办行。

③总行结平上年全国联行往来账务。总行收到各管辖分行上划的分录与管辖分行收到经办行上划的分录相同；收齐管辖分行上划的上年全国联行往账和来账后，总行"上年联行往账"和"上年联行来账"两科目应金额相等，余额相反，总行反向编制传票，结平上年全国联行往来账目。结平"上年联行往账"贷方余额、"上年联行来账"借方余额时，会计分录为：

借：上年联行往账
　　贷：上年联行来账

结平"上年联行往账"借方余额、"上年联行来账"贷方余额的分录相反。至此，上年全国联行往来业务全部结束。

第三节 同业往来业务的核算

同业往来是指不同系统商业银行之间由于办理跨系统转账结算、相互融通资金等业务而引起的资金账务往来。同业往来业务包括同城票据交换、跨系统划款相互转汇和商业银行之间的资金拆借等。

一、同城票据交换

(一) 同城票据交换的概念

同城票据交换是指在同一交换区域范围内,各商业银行按规定的时间集中到指定的地点(票据交换所),相互交换代收、代付的票据,然后轧计差额,并清算应收或应付资金的办法。

(二) 票据交换的基本规定

(1) 对参加交换的行处,核定交换号码。

(2) 确定交换场次和时间。目前基本上一天交换两次,分上午场和下午场。

(3) 交换的票据分借方票据(付款票据)和贷方票据(收款票据)两种。

(4) 票据交换分"提出行"、"提入行"两个系统处理。提出行是向他行提交票据的行处,提入行是接受他行提交票据的行处。参加票据交换的行处一般既是提出行,同时也是提入行。参加票据交换的行处提出的借方票据和提入的贷方票据是指付款单位在他行开户,收款单位在本行开户的票据。参加票据交换的行处提出的贷方票据和提入的借方票据是指收款单位在他行开户,付款单位在本行开户的票据。

(5) 票据交换的差额应向中国人民银行办理转账清算。

(三) 票据交换与资金清算的程序

1. 票据交换的时间和地点

参加票据交换的行处持应提出的票据与汇总表,在规定的时间,到票据交换所进行票据交换。其主要工作包括提出票据、提入票据和交换差额。

2. 提出票据

各参加票据交换的行处按规定的交换场次和时间参加票据交换时,将应提出的代收、代付的票据,分别提交各提入行。提出票据分为提出借方和提出贷方。

3. 提入票据

在票据交换所,各行在将提出的票据交换给各提入行后,同时也从他行提入票据。提入票据分为提入借方和提入贷方。

提出(提入)借方是指提出行开户人为付款人,提入行开户人为收款人。通常包括支票、商业承兑汇票、汇兑、托收承付、委托收款等。

提出（提入）贷方是指提出行开户人为收款人，提入行开户人为付款人。通常包括银行本票、银行汇票等。

4. 轧算票据交换差额

各行将提出、提入的票据通过"同城票据清算"科目汇总核算应收、应付金额，比较应收票据总金额与应付票据总金额，计算出应收差额（应收款金额大于应付款金额），或应付差额（应付款金额大于应收款金额）。

"清算资金往来——同城票据清算"，共同类科目，也是结转票据交换差额的过渡性科目，借方登记提出和提入的应付款票据，贷方登记提出和提入的应收款票据，借方余额代表应收款差额，清算时增加存放中央银行款项；贷方余额代表应付款差额，清算时减少存放中央银行款项。"同城票据清算"账户结构如图4-4所示：

同城票据清算	
提出借方票据 提入贷方票据	提出贷方票据 提入借方票据
应收款差额	应付款差额

图4-4 "同城票据清算"账户结构

（1）提出借方和提入贷方的会计分录为：
借：清算资金往来——同城票据清算
　　贷：吸收存款——活期存款——××户

（2）提入贷方票据和提出借方票据的会计分录为：
借：吸收存款——活期存款——××户
　　贷：清算资金往来——同城票据清算

5. 票据交换所平衡交换差额

票据交换所（中国人民银行）根据各交换行提交的应收应付款差额清算表，对各行的应收差额、应付差额分别加计合计，两者应当平衡。如不平衡，各参加交换的行当场检查，直至平衡为止。

6. 清算票据交换差额

各应付差额行须如数开具准备金存款户支款凭证，各应收差额行则须填送存款凭证。人民银行根据各行提交的支款凭证及存款凭证办理转账。

（1）应付差额行：将"同城票据清算"贷方余额从借方转入"存放中央银行款项"贷方，减少其在中央银行的存款，结平"同城票据清算"科目，会计分录为：
借：清算资金往来——同城票据清算
　　贷：存放中央银行款项

（2）应收差额行：将"同城票据清算"借方余额从贷方转入"存放中央银行款项"借方，增加其在中央银行的存款，结平"同城票据清算"科目，会计分录为：
借：存放中央银行款项

贷：清算资金往来——同城票据清算

（3）中国人民银行：收齐各交换银行的差额清算表后，核对无误，清算各行票据交换差额，会计分录为：

借：××银行准备金存款——应付差额行户
　　贷：××银行准备金存款——应收差额行户

【例4-6】假设某票据交换中心某场次票据交换情况如表4-1所示。

表4-1　　　　　　　某票据交换中心某场次票据交换情况

单位：万元

票据内容	交换行处	中国工商银行	中国农业银行	中国建设银行
提出票据	应付款票据	100000	320000	240000
	应收款票据	230000	180000	170000
提入票据	应付款票据	240000	150000	190000
	应收款票据	120000	250000	290000
交换差额	应付差额		40000	
	应收差额	10000		30000

各交换银行以及中国人民银行票据交换中心会计分录如下：

（1）中国工商银行：

轧算差额，做会计分录：

借：清算资金往来——同城票据清算　　　　　　　　10000
　　吸收存款——活期存款——付款人户　　　　　　340000
　　贷：吸收存款——活期存款——收款人户　　　　　　　　　　350000

清算差额，做会计分录：

借：存放中央银行款项　　　　　　　　　　　　　　10000
　　贷：清算资金往来——同城票据清算　　　　　　　　　　　　10000

（2）中国农业银行：

轧算差额，做会计分录：

借：吸收存款——活期存款——付款人户　　　　　　470000
　　贷：吸收存款——活期存款——收款人户　　　　　　　　　　430000
　　　　清算资金往来——同城票据清算　　　　　　　　　　　　40000

清算差额，做会计分录：

借：清算资金往来——同城票据清算　　　　　　　　40000
　　贷：存放中央银行款项　　　　　　　　　　　　　　　　　　40000

（3）中国建设银行：

轧算差额，做会计分录：

借：清算资金往来——同城票据清算　　　　　　　　30000

吸收存款——活期存款——付款人户　　　430000
　　　　贷：吸收存款——活期存款——收款人户　　　　　　　460000
清算差额，做会计分录：
　　借：存放中央银行款项　　　30000
　　　　贷：清算资金往来——同城票据清算　　　　　　　　30000
（4）主持票据清算的中国人民银行，做会计分录：
　　借：中国农业银行准备金存款　　　40000
　　　　贷：中国工商银行准备金存款　　　　　　　　　　　10000
　　　　　　中国建设银行准备金存款　　　　　　　　　　　30000

二、异地跨系统转汇业务的核算

商业银行异地跨系统转汇业务达到限额（50万元）以上的，必须通过中国人民银行结算大额支付系统逐笔清算，限额以下的，可通过中国人民银行大额支付系统和小额支付系统结算，也可通过"先横后直"结算，无法"先横后直"的，可"先直后横"办理。下面以汇出行为付款人开户行，汇入行为收款人开户行为例：

（一）通过中央银行清算

为了避免商业银行之间的资金占用，限额以上结算款项应通过中央银行"大额支付系统"办理清算，方法如图4-5所示。

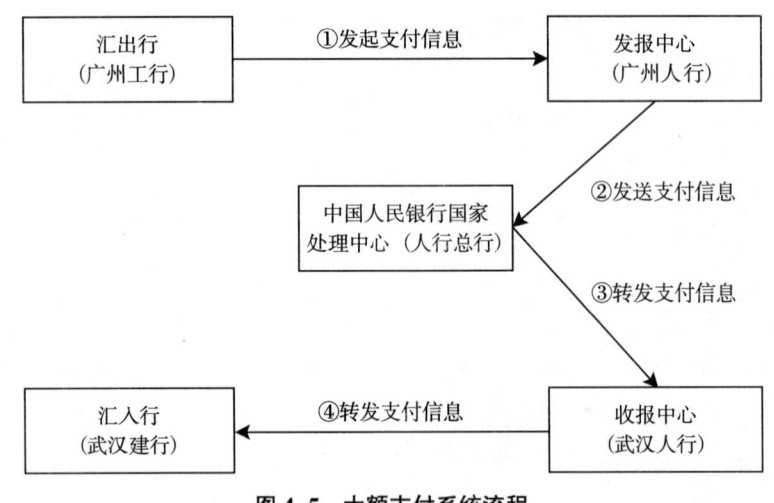

图4-5　大额支付系统流程

图示说明：
①汇出行（广州工行）向大额支付系统发起支付业务，会计分录为：
　　借：吸收存款——活期存款——付款人户
　　　　贷：存放中央银行款项

②③国家处理中心（中国人民银行总行）收到支付报文审核无误，分别为发报行和收报行办理转账，会计分录为：

借：中国工商银行准备金存款——广州工行
　　贷：大额支付往来——广州人行（发报中心）

同时

借：大额支付往来——武汉人行（收报中心）
　　贷：中国建设银行准备金存款——武汉建行

④汇入行（武汉建行）接收到汇出行支付报文审核无误，办理转账并通知收款人，会计分录为：

借：存放中央银行款项
　　贷：吸收存款——活期存款——收款人户

（二）"先横后直"转汇业务

"先横后直"是指汇出行所在地是双设机构，汇出行先通过同城票据交换将款项划入汇入行在本地的转汇行，由转汇行通过其系统内联行往来转汇汇入行。具体方法如图4-6所示：

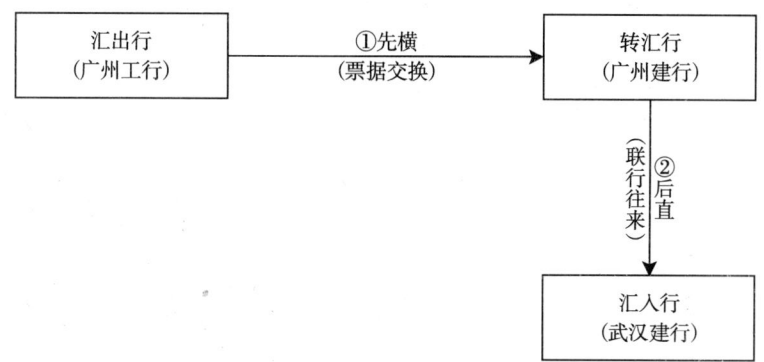

图4-6　"先横后直"转汇业务流程

图示说明：

①汇出行广州工行通过同城票据交换，将款项划入转汇行广州建行，会计分录为：

借：吸收存款——活期存款——付款人户
　　贷：存放中央银行款项
　　　　或同业存放

②转汇行广州建行收到票据审核无误，通过本系统联行往来将票据转寄汇入行武汉建行，会计分录为：

借：存放中央银行款项
　　或存放同业
　　　　贷：清算资金往来

③汇入行武汉建行收到票据审核无误，办理转账并通知收款人，会计分录为：

借：清算资金往来
　　贷：吸收存款——活期存款——收款人户

(三) "先直后横"转汇业务

"先直后横"是指汇出行所在地是单设机构，汇出行先通过其系统内联行往来请本系统在汇入行所在地的转汇行转划，由转汇行通过同城票据交换将款项划入汇入行。具体方法如图 4-7 所示：

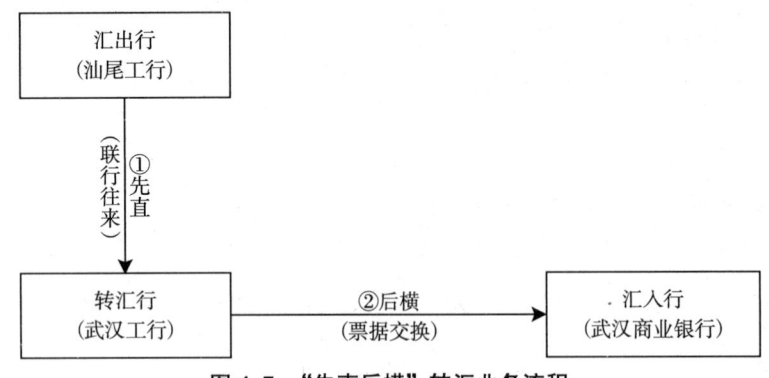

图 4-7　"先直后横"转汇业务流程

图示说明：

①汇出行汕尾工行通过本系统联行往来将票据寄往本系统在汇入地的转汇行武汉工行，会计分录为：

借：吸收存款——活期存款——付款人户
　　贷：清算资金往来

②转汇行武汉工行收到票据审核无误，通过同城票据交换，将款项划入汇入行武汉建行，会计分录为：

借：清算资金往来
　　贷：存放中央银行款项
　　　　或同业存放

③汇入行武汉建行收到票据审核无误，办理转账并通知收款人，会计分录为：

借：存放中央银行款项
　　或存放同业
　　贷：吸收存款——活期存款——收款人户

三、同业拆借的核算

同业拆借是商业银行之间临时融通资金的一种借贷行为，是解决商业银行短期资金不足的一种有效方法。

同业之间的拆出资金仅限于交足存款准备金和归还中国人民银行到期贷款之后的闲

第四章 银行间往来业务的核算

置资金；拆入资金也仅用于弥补票据清算、联行汇差头寸不足和解决临时性周转资金的需要，不得将拆借资金用于弥补信贷收支缺口、扩大贷款规模和直接投资。

（1）同业头寸拆借的期限。参加同城票据交换的金融机构可以通过同业头寸拆借调剂头寸余缺，头寸拆借以无形市场为主，期限不得超过7天。

（2）同业短期拆借的期限。通过融资中介机构办理，只限于没有向中央银行借款的商业银行之间的资金融通，向中央银行借款的商业银行在同业短期拆借市场上只能拆入资金而不得拆出资金，期限为7天以上4个月以内。

（一）资金拆借的处理

（1）拆出行会计部门收到信贷同意拆借的通知后办理转账，会计分录为：

借：拆出资金
　　贷：存放中央银行款项

（2）拆入行收到拆入的款项办理转账，会计分录为：

借：存放中央银行款项
　　贷：拆入资金

（3）中国人民银行办理转账的会计分录为：

借：××银行准备金存款——拆出行户
　　贷：××银行准备金存款——拆入行户

（二）到期归还的处理

（1）拆入行通过中国人民银行还本付息，会计分录为：

借：拆入资金
　　利息支出——金融机构往来支出
　　贷：存放中央银行款项

（2）拆出行收回借出资金本息，会计分录为：

借：存放中央银行款项
　　贷：拆出资金
　　　　利息支出——金融机构往来支出

（3）中国人民银行办理转账的会计分录为：

借：××银行准备金存款——拆入行户（本息）
　　贷：××银行准备金存款——拆出行户（本息）

本章小结

银行间往来业务分为三大板块，即联行往来业务、同业往来业务和商业银行与中央银行往来业务。三类银行间往来业务的联系与区别，通过表4-2汇总显示，方便学习。

表 4-2　　　　　　　　　　银行间往来业务一览表

往来种类	联行往来	同业往来			与中央银行往来		
往来对象	同系统银行内部各行处	不同系统商业银行			商业银行与中国人民银行		
往来业务	办理结算、资金调拨等	办理结算	同业拆借、转贴现		存取款项	缴存资金	借款、再贴现
往来方式	实存资金、同步清算、头寸控制、集中监督	通过中国人民银行现代支付系统	先横后直	先直后横	通过票据交换	通过票据交换	
资金结算方式	代收代付	实收实付	先实收实付后代收代付	先代收代付后实收实付	实收实付	实收实付	
商业银行核算科目	同业存放、存放同业、清算资金往来	存放中央银行款项	存放中央银行款项、存放同业、同业存放、清算资金往来	存放同业、同业存放或清算资金往来、存放中央银行款项	存放中央银行款项、拆入资金、拆出资金	存放中央银行款项	存放中央银行财政性存款、存放中央银行款项	向中央银行借款、贴现负债、存放中央银行款项
涉及系统	各系统内部的联行往来系统	大、小额支付系统	票据交换系统、各系统内部的联行往来系统		票据交换系统	票据交换系统	
往来范围	异地	异地	先同城、后异地	先异地、后同城	同城	同城	

练习题

一、单项选择题

1. 同一银行系统各行处之间，因发生国内外支付结算业务或内部资金调拨而引起的资金账务往来称为（　　）。

　　A. 同业往来　　　B. 代理行往来　　　C. 联行往来　　　D. 资金往来

2. 联行往来账务以（　　）为界，查清未达和结平往来账务。

　　A. 旬　　　　　　B. 月份　　　　　　C. 季度　　　　　　D. 年度

3. 某商业银行本次缴存存款时，财政性存款余额为 1360 万元，上次财政性存款余额为 1352 万元，则本次应（　　）。

　　A. 调增 8 万元　　　　　　　　　　　B. 调增 1 万元

　　C. 不足 10 万元，不予调整　　　　　　D. 调减 8 万元

4. 商业银行因信贷资金先支后收或存款季节性下降、贷款季节性上升等原因引起资金不足，可向中国人民银行申请（　　）。

　　A. 年度性贷款　　　B. 季节性贷款　　　C. 日拆性贷款　　　D. 流动性贷款

5. 中国人民银行向商业银行发放的再贷款和再贴现，是（　　）。

　　A. 中国人民银行的资产，商业银行的负债

　　B. 中国人民银行的负债

　　C. 商业银行的资产

　　D. 中国人民银行的所有者权益

6. "同业存放款项"科目按其资金性质和余额方向应属于（　　）科目。
   A. 资产类　　　　　　　　　　　B. 负债类
   C. 资产负债共同类　　　　　　　D. 所有者权益类
7. "存放中央银行款项"科目按其资金性质和余额方向应属于（　　）科目。
   A. 资产类　　　　　　　　　　　B. 负债类
   C. 资产负债共同类　　　　　　　D. 所有者权益类
8. 根据金融企业吸收存款的增减变化，按照法定比例计算保留在中国人民银行的准备金是（　　）。
   A. 备付金　　B. 支付准备金　　C. 法定准备金　　D. 风险准备金
9. 金融企业吸收的财政存款，应（　　）缴存中国人民银行。
   A. 全额就地　　　　　　　　　　B. 按10%由分行汇总
   C. 按10%集中总行　　　　　　　D. 由总行全额
10. 参加票据交换的行处轧算的票据交换应收差额是（　　）。
    A. 提出提入的应收款票据大于提出提入应付款票据
    B. 提出应收款票据大于提出应付款票据
    C. 提出应付款票据大于提出应收款票据
    D. 提入应收款票据大于提入应付款票据
11. 金融企业同业拆入的资金可以用于（　　）。
    A. 发放贷款　　　　　　　　　　B. 购买固定资产
    C. 清算票据交换差额　　　　　　D. 归还中央银行贷款
12. 下列引起金融企业在中国人民银行的准备金存款账户余额减少的业务有（　　）。
    A. 归还再贷款　　　　　　　　　B. 货币回笼
    C. 调减财政存款　　　　　　　　D. 取得再贴现
13. 再贷款和再贴现的利息，商业银行在核算时使用的科目是（　　）。
    A. 利息支出　　　　　　　　　　B. 金融企业往来支出
    C. 金融企业往来收入　　　　　　D. 利息收入
14. 处于双设机构地区的商业银行跨系统之间的资金往来，汇出行使用（　　）科目核算。
    A. 联行往账　　　　　　　　　　B. 存放中央银行款项
    C. 同业存放款项　　　　　　　　D. 存放同业款项
15. 处于单设机构地区的商业银行跨系统之间的资金往来，汇出行使用（　　）科目核算。
    A. 清算资金往来　　　　　　　　B. 存放中央银行款项
    C. 存放同业款项　　　　　　　　D. 同业存放款项

二、多项选择题

1. 商业银行向中国人民银行缴存一般性存款的范围包括（　　）。
   A. 企业存款　　　　　　　　　　B. 储蓄存款

C. 机关团体存款　　　　　　　　D. 财政性存款

2. 再贴现票据到期，中国人民银行应向（　　）收取票款。
A. 申请再贴现的商业银行　　　　B. 出票人
C. 票据承兑人　　　　　　　　　D. 承兑银行

3. 票据交换中，应付票据金额小于应收票据金额时为（　　）。
A. 应收差额　　B. 应付差额　　C. 存欠差额　　D. 应借差额

4. 商业银行向中央银行借款的种类包括（　　）。
A. 年度性贷款　　B. 季节性贷款　　C. 同业拆借　　D. 贴现
E. 日拆性贷款

5. 下列属于金融企业以票据为基础进行的融资业务是（　　）。
A. 向客户办理抵押贷款
B. 向客户办理质押贷款
C. 将客户贴现的未到期商业汇票向中央银行办理再贴现
D. 以客户贴现的未到期商业汇票向同业办理转贴现

6. 下列能够引起商业银行负债增加的是（　　）。
A. 向持票人进行贴现　　　　　　B. 向中央银行进行的再贴现
C. 商业汇票的背书转让　　　　　D. 向其他商业银行的转贴现
E. 商业汇票的提示付款

7. 商业银行交换的下列票据，属于应收款的是（　　）。
A. 交换提出的借方票据　　　　　B. 交换提出的贷方票据
C. 交换提入的借方票据　　　　　D. 交换提入的贷方票据
E. 缴存存款准备金票据

三、判断题

1. 具体对某一行处来说，由于每天的联行业务是川流不息的，因此它就既是发报行，又是收报行，既要处理往账业务，又要处理来账业务。（　　）

2. "向中国人民银行借款"属于资产类科目，由中国人民银行向商业银行办理再贷款业务时使用。（　　）

3. 商业银行向中国人民银行归还再贷款利息时，使用"利息支出"科目，中国人民银行使用"利息收入"科目。（　　）

4. 再贴现票据到期，中国人民银行应直接向票据承兑人收取票款。（　　）

5. 办理同业拆借业务时，拆出行的会计分录为：（　　）
借：拆出资金　　　　　　××行户
　　贷：存放同业　　　　　××行户

6. 各商业银行相互拆借资金，应通过中国人民银行存款账户，不可以相互直接拆借资金。（　　）

7. 金融企业向中国人民银行借入再贷款和再贴现，会引起准备金存款账户的增加，金融企业对准备金存款账户记借方，中国人民银行对该金融企业准备金存款账户记贷方。   (   )

8. 各商业银行由于汇划款项未达等原因发生临时性资金短缺而向中国人民银行的借款，通过季节性贷款户核算。   (   )

9. 再贴现的期限从贴现之日起至汇票到期止。   (   )

四、会计实务

中国工商银行某市支行4月15日持银行承兑汇票一份向中国人民银行申请再贴现，汇票面额320000元，该汇票3月15日签发，4月5日贴现。6月15日到期时，中国人民银行向承兑银行收款，并按时收到划回款项，再贴现率假设为月3.6‰。

（1）办理再贴现时：

　　再贴现利息=

　　实付再贴现额=

　　中国人民银行会计分录：

　　中国工商银行会计分录：

（2）归还再贴现时：

　　中国人民银行会计分录：

　　中国工商银行会计分录：

第五章 商业银行外汇业务的核算

学习目的与要求

通过本章的学习，要求了解银行外汇业务核算的特点，熟悉外汇汇率和外汇分账制；熟练掌握外汇买卖、外汇存款、外汇贷款以及国际结算等业务的处理方法及核算手续；了解外汇资金往来业务的核算。

第一节 外汇业务概述

一、外汇的概念

外汇是指以外币表示的用于国际结算的支付手段和资产。根据我国《外汇管理条例》的规定，外汇包括：①外国货币，含纸币和铸币。②外币有价证券，如政府债券、公司债券、股票等。③外币支付凭证，如票据、银行存款凭证、邮政储蓄凭证等。④在国际货币基金组织的特别提款权。⑤其他外币资产。

根据我国对外结算制度的规定，作为国际支付手段的外汇可分为现汇和记账外汇两种。

(一) 现汇

现汇一般称自由兑换外汇或多边结算外汇。它是指在国际金融市场上可以自由买卖，在国际结算中能够偿付并可自由兑换成为其他国家货币的外汇。例如，美元、港元、英镑、欧元、日元等。不是所有国家的货币都是现汇，有一些国家的货币，如泰国的泰铢、古巴的比索、波兰的兹罗提以及我国的人民币等，因为政府实行严格的外汇管理，不能随意携带出境，也不能自由兑换成其他国家货币，属不可自由兑换货币。因此，这些国家的货币就不是现汇。但是，我国的人民币有一种是现汇，称为外汇人民币，它是将外贸出口所收的货款兑换成人民币存入，或是将现汇兑换成人民币存入。外汇人民币账户的资金可用于支付外贸进口货款或兑换成其他现汇后汇往国外。因此，这种外汇人民币在我国视同自由兑换外币或现汇。

(二)记账外汇

记账外汇一般称为协定外汇或双边外汇。它是根据两国政府有关贸易和清算协定所开立账户下的外汇。该账户的外币，不须经货币发行国家管理当局批准，也不能自由兑换成其他国家货币，它只能根据两国间的有关协定使用。这种外汇只限于两个协定国家之间支付贸易货款及其从属费用和双边同意的其他付款（如外交、文化、社会团体费用）等。两国政府在进行贸易结算时，相互只是在开立的账户中记载，经双方约定定期或超过一定额度再进行资金清算，所以称记账外汇。记账外汇仅限于两国政府级的贸易。例如，我国政府与泰国政府签订了一个支付协定，用于双方贸易或非贸易支付结算，并规定了双方计价结算的货币，这个货币，可以用我国的人民币或用泰国的泰铢，也可以用第三国货币或复合货币（如特别提款权）。但无论确定使用哪国货币，都必须同时确定它们之间的汇率。通过双方银行所确定的货币和汇率记录双方进出口贸易或非贸易的往来账。

二、外汇业务核算的特点

银行外汇业务核算的特点是由银行经营外汇业务的特点所决定的。银行经营外汇业务，其资金往来不仅涉及国内各银行机构，还要涉及国外各分支机构和外国银行；使用的货币既有本国货币又有外国货币；在办理国际结算中，除执行国家的有关规定外，还要遵循国际惯例。并且随着经济全球化的发展，我国银行外汇业务正在进一步向国际化、全球化方向发展。这就决定了银行外汇业务核算除具有一般银行业务核算的性质外，还必然具有其自身的特点。

(一)实行外汇分账制

外汇分账制又称原币记账法，是对外汇业务直接以各种原币记账的核算方法。其基本要求是：①对各种外币的收付凡有人民币牌价的，平时都按原币填制凭证，登记账簿，编制报表。②各种外币分别设置一套独立的、完整的会计账簿和会计报表体系，分账核算，以全面、系统地反映各种外币资金的收支和结存情况。③设置"货币兑换"科目，用以联系和平衡不同货币间的账务。④年终决算时，先按人民币和各种外币分别编制资产负债表，然后按决算汇率，将各种外币资产负债表的各科目发生额和余额折成人民币，与人民币资产负债表的相同科目对口合并，以全面反映银行一个会计年度资产负债状况。

(二)设置"货币兑换"专用科目

"货币兑换"科目是外汇分账制下的专用科目。银行在核算外汇业务的时候，直接用原币（外币）记账。当一种货币与另一种不同货币发生资金转换时，给核算带来一定的困难，且外币和人民币账户都不能各自平衡。因此，为了达到各自账务的平衡，根据复式记账原理设置了"货币兑换"科目。即凡涉及两种或两种以上货币相互兑换时，必须通过"货币兑换"这个特定科目作为桥梁，在人民币账和外币账上同时等值反映。这样，才能使外币资金活动和人民币资金活动占用情况有机地联系起来。货币兑换的主要

账务处理方法:

(1) 企业发生的外币交易涉及货币性项目和非货币性项目的,按相应外币金额同时记入货币性项目和本科目,同时,按当日即期汇率折算的记账本位币金额,记入非货币性项目和本科目(记账本位币)。

(2) 企业发生的外币交易仅涉及货币性项目的,按相应外币金额记入货币性项目,不需要通过本科目核算;如果涉及两种以上外币,按相同币种金额记入相应货币性项目和本科目。

(3) 期末,应将所有以外币表示的本科目余额按期末汇率折算为记账本位币金额,并与本科目(记账本位币)余额相比较,其差额转入"汇兑损益"科目:如为借方差额,借记"汇兑损益"科目,贷记本科目(记账本位币);如为贷方差额,借记本科目(记账本位币),贷记"汇兑损益"科目。"货币兑换"科目应当按照币种进行明细核算。"货币兑换"科目期末无余额。

(三) 运用或有资产、或有负债账户反映权责关系

或有资产、或有负债账户是一种反映权责关系的对应账户,当权责关系产生时,同时记增加;权责关系了结时,同时记减少。银行在办理国际结算业务过程中,当两个国家距离较远时,货物运送时间和资金清算时间就比较长,银行与代理行之间、与联行之间以及与客户之间虽然没有发生资金往来关系,但会发生大量的权责关系。为了能在账务上了解银行外汇资金在某一时点上的权责关系,银行外汇业务使用了很多或有资产、或有负债科目来进行反映。

(四) 联行、代理行账务往来关系复杂

为了方便办理外汇资金清算和调拨业务,我国各银行在境外不仅设立了许多分支机构(即境外联行),同时又与许多国家和地区的银行建立了代理行关系,进行外汇资金的汇划往来。在这些往来中,不同的层次要使用不同的科目、不同的核算方法;资金清算有贸易的,还有非贸易的;往来清算的货币,不同的国家要使用不同的货币,而汇率又处于不断的变化之中。所有这些都使得银行外汇资金的清算关系错综复杂,不同一般。

第二节 外汇买卖业务的核算

当一个国家与其他国家或地区之间进行政治、经济、文化等各方面交往时,就会产生国家间的债权债务关系,而清偿这些债权债务关系时,由于各个国家所使用的货币名称、单位、价值各不同,就需要将一种货币兑换成另一种货币。这种按一定汇率买入一种货币或者卖出另一种货币的业务,就称为外汇买卖。它具体包括以外币兑换本国货币、以本国货币兑换外币,以及以一种外币兑换另一种外币三种买卖方式。外汇买卖是银行主要的外汇业务之一。

一、外汇汇率

外汇汇率是指一个国家货币的比价,也就是两种货币兑换的比率。商业银行经营外汇买卖所用的外汇汇率主要有两种:现汇汇率和现钞汇率。

(一)现汇汇率

现汇汇率有单档汇率和双档汇率两种。单档汇率是指一种货币兑换成另一种货币只用一个汇率。银行在使用单档汇率进行外汇买卖时,因无汇差,须向客户逐笔计收一定的手续费,作为银行外汇买卖的业务收入。双档汇率是指一种货币兑换成另一种货币的汇率,一个是"买入汇率",即银行买进外汇时所使用的汇率,简称"汇买价";另一个是"卖出汇率",即银行卖出外汇时使用的汇率,简称"汇卖价"。双档汇率的标价方法有直接标价法和间接标价法两种。间接标价法是以一定单位的本币为标准,折算成若干单位的外币,如英国就是采用这种标价方法。直接标价法是以一定单位的外币为标准折算成若干单位的本币(世界上绝大多国家和地区都采用此标价法,我国也是如此),买价低,卖价高,买价与卖价相差的幅度,国际上规定一般在1‰~5‰,两者之间的差额就是银行买卖外汇的手续费。

(二)现钞汇率

现钞汇率是银行在柜台上买卖外币现钞的汇率。属于银行柜台上零售业务。当今世界上各国交往日益频繁,国际旅游业越来越兴旺,银行兑换各种现钞的业务也随着旅游业的发展不断增大。由于外币现钞在兑入国境内不能立即充当支付手段,亦不能在兑入国内流通,所以银行买入后,必须将所买入的现钞运至该现钞的发行国或运至某个国际金融市场出售后,转成现汇才能作为国际支付手段运用。因此银行需负担贮存、运输、保险等费用,利息都要从买入现钞汇率中扣除。因此,买入外币的现钞买入汇率(简称钞买价)要低于同货币的汇买价,按国际惯例低1%~3%,现钞卖出价与现汇卖出价相同(现行汇率表见表5-1)。

表5-1　　　　　　　　　　现行汇率

货币名称	现汇买入价	现钞买入价	现汇卖出价	现钞卖出价
英镑	946.11	916.9	953.71	953.71
港元	79.63	78.99	79.93	79.93
美元	618.06	613.11	620.54	620.54
瑞士法郎	662.97	642.50	668.29	668.29
新加坡元	498.40	483.01	502.41	502.41
日元	6.2048	6.0134	6.2484	6.2484
加拿大元	607.92	589.15	612.80	612.80
澳大利亚元	648.68	628.65	653.89	653.89
欧元	808.62	783.66	815.12	815.12
澳门元	77.38	74.78	77.67	80.16

二、货币兑换科目传票

货币兑换科目传票分为货币兑换借方传票、货币兑换贷方传票和货币兑换套汇传票三种。

当银行卖出外汇时填写货币兑换借方传票。货币兑换借方传票由两联套写传票构成：第一联为借方传票，作为借记外币的传票；第二联为贷方传票，作为贷记人民币的传票（见表5-2）。

表5-2　　　　　　　　　　货币兑换借方传票（外币）

（借）货币兑换	年　月　日	（对方科目）＿＿＿＿第　号
外汇金额	牌　价	人民币金额
摘　要		

会计：　　　　　　　　　复核：　　　　　　　　　记账：

货币兑换贷方传票（人民币）

（贷）货币兑换	年　月　日	（对方科目）＿＿＿＿第　号
外汇金额	牌　价	人民币金额
摘　要		

会计：　　　　　　　　　复核：　　　　　　　　　记账：

当银行买入外汇时填写货币兑换贷方传票。货币兑换贷方传票由两联套写传票构成：第一联为贷方传票，作为贷记外币的传票；第二联为借方传票，作为借记人民币的传票（见表5-3）。

表5-3　　　　　　　　　　货币兑换贷方传票（外币）

（贷）货币兑换	年　月　日	（对方科目）＿＿＿＿第　号
外汇金额	牌　价	人民币金额
摘　要		

会计：　　　　　　　　　复核：　　　　　　　　　记账：

货币兑换借方传票（人民币）

（借）货币兑换	年　月　日	（对方科目）＿＿＿＿第　号
外汇金额	牌　价	人民币金额
摘　要		

会计：　　　　　　　　　复核：　　　　　　　　　记账：

当发生套汇业务即银行买入一种外币与卖出另一种外币相结合时,填写货币兑换套汇传票。该传票为四联套写传票,其中两联分别用于登记不同外币的货币兑换科目账,另外两联用于登记相应的人民币。套汇传票的折合率栏应填明套汇时使用的两个价格,一般规定左上方填写买入价,右下方填写卖出价(见表5-4)。

表5-4 货币兑换套汇贷方传票(外币)

(贷)货币兑换　　　　　年　月　日　　(对方科目)　　　第　号　折合率

外币金额	折合人民币金额	外币金额	备 注

会计:　　　　　　　　复核:　　　　　　　　记账:

三、外汇买卖业务的核算

银行在办理外汇买卖业务时,须审核其是否符合国家外汇管理的规定。1997年1月14日,中华人民共和国国务院令第211号发布了《国务院关于修改〈中华人民共和国外汇管理条例〉的决定》,实现了人民币经常项目下可自由兑换,其规定如下:

(1)内地机构的经常项目外汇收入,按国务院关于结汇、售汇及付汇管理的规定卖给外汇指定银行,或者经批准在外汇指定银行开立外汇账户。

(2)经常项目用汇,可持有效凭证和商业单据向外汇指定银行购汇支付。

(3)属于个人所有的外汇,可以自行持有,也可以存入银行或者卖给外汇指定银行。

(4)个人因私用汇,在规定限额以内购汇,超过规定限额,应向外汇管理机关提出申请,外汇管理机关认为其申请属实的,可以购汇。

(5)驻华机构和来华人员,由港澳地区或国外汇入或者携带入境的外汇,可以自行保存,也可以存入银行或卖给外汇指定银行;驻华机构和来华人员的合法人民币收入,需要汇往港澳地区或国外,可持有关证明材料和凭证到外汇指定银行兑付。

资本项目外汇仍实行管理制度,即内地机构的资本项目外汇收入,应按照国家有关规定在外汇指定银行开立外汇账户;卖给外汇指定银行的,须经外汇管理机关批准;内地机构向港澳地区或国外投资,在向审批主管部门申请前,由外汇管理机关审查其外汇资金来源;经批准后,按有关规定办理相关资金的汇出手续;外汇指定银行的结算周转外汇实行比例幅度管理,具体幅度由中国人民银行根据实际情况核定。

(一)买入外汇

银行买入"外汇收兑牌价表"范围内的外汇,应根据兑入的外币金额,按该外汇或外钞买入价折算人民币金额,并编制货币兑换科目贷方传票一式两联,一联为该科目的外币金额传票,反映在贷方;一联为相应的人民币金额传票,反映在借方。其会计分录如下:

借:库存现金或其他科目　　　　外币
　　　贷:货币兑换　　　　　　　　外币
借:货币兑换　　　　　　　　人民币

贷：库存现金或其他科目　　　　人民币

（二）卖出外汇

　　银行卖出"外汇收兑牌价表"范围内的外汇，根据人民币金额按卖出外汇价折算外币金额，需编制货币兑换科目借方传票一式两联，一联为该科目的外币金额传票，反映在借方；一联为相应的人民币金额传票，反映在贷方。其会计分录如下：

　　借：库存现金或其他科目　　　人民币
　　　　贷：货币兑换　　　　　　　　人民币
　　借：货币兑换　　　　　　　　外币
　　　　贷：库存现金或其他科目　　　　外币

（三）套汇

　　套汇是利用两个或两个以上外汇市场某些货币在汇率上的差异进行的外汇买卖，常见于西方的外汇市场。我国的套汇是指因办理业务需要而发生的两种外币之间的兑换。由于在柜台业务上两种不同的外币之间没有直接的汇率，因此两种货币的套汇业务要通过人民币换算。即对买入的一种外币，按汇买价折算成人民币，然后将折成的人民币，按照另一种外币的汇卖价套出外汇金额。因此，套汇业务实际上是一笔外汇买入和另一笔外汇卖出业务连接在一起的业务活动。

　　例如，某外资企业以其美元存款，要求汇往英国伦敦，支付某公司200000英镑货款，银行受理该笔业务时，可视同买入一笔美元外汇和卖出一笔英镑外汇（假定当日美元汇买价618.06:100，英镑汇卖价953.71:100）。对于两种外币之间的套汇业务，银行需填制美元和英镑四联式的套汇货币兑换传票，分别记载美元和英镑的货币兑换科目账。其会计分录如下：

　　借：吸收存款——××活期存款　　USD280066.37
　　　　贷：货币兑换　　　　　　　　　　　　　USD280066.37
　　借：货币兑换　　　　　　　　¥1907420.00
　　　　贷：货币兑换　　　　　　　　　　　　　¥1907420.00
　　借：货币兑换　　　　　　　　GBP200000.00
　　　　贷：汇出汇款　　　　　　　　　　　　　GBP200000.00

（四）货币兑换科目分户账

　　货币兑换分户账按每一种外币分别立账（见表5-5），从表5.5中可以看到，它的账页采用买入、卖出、结余三栏式格式。在买入、卖出栏，同一笔业务涉及的外币金额、人民币金额和外汇牌价并列，结余栏设借或贷、外币、借或贷、人民币四小栏，是与货币兑换科目传票相配套的。

　　当买入外汇时，根据货币兑换传票将外币金额和当日牌价折合成人民币金额分别记入"买入"栏的有关栏内；当卖出外汇时，则根据货币兑换传票将外币金额和按当日牌价折合成的人民币金额分别记入"卖出"栏的有关栏内；然后结出外币及人民币的余额，分别记入"结余"栏。

表 5-5　　　　　　　　　货币兑换科目分户账

货币：

时间	摘要	买入			卖出			结余			
		外币（贷）金额	牌价	人民币（借）金额	外币（借）金额	牌价	人民币（贷）金额	借或贷	外币（金额）	借或贷	人民币（金额）

第三节　外汇存贷款业务的核算

外汇存、贷款业务是银行外汇业务的重要组成部分，开办外汇存款是筹集外汇资金，扩大外汇资金来源的重要渠道；而外汇贷款则是运用外汇资金的重要形式。二者对国民经济的发展起着不可低估的作用。

一、外汇存款的核算

（一）外汇存款的意义及种类

1. 外汇存款的意义

外汇存款是银行经营外汇的一项主要业务，它是单位和个人将其所有的外汇资金，包括国外汇入汇款、外币以及其他外币票据等存入银行，并于以后随时或约期支取的一种存款。

外汇存款是银行存款业务的重要组成部分。它是外汇信贷资金的主要来源，是银行适应市场经济需要扩大贷款规模的重要保证，是各单位间办理转账结算的前提。任何单位的转账支付，都必须在银行存款账户中拥有足够的余额才能实现。因此，从某种意义上来讲，没有存款就没有结算，没有存款就没有贷款，对银行来说，具有最重要意义的始终是存款。银行要发挥更多的金融杠杆作用，必须积极吸收外汇存款，扩大外汇信贷资金来源，支持国内经济建设的发展。

外汇是国际间经济活动的产物，是国际间债权债务清算的重要手段，也是国际经济和金融往来顺利进行的重要保证。因此，在市场经济体制下，正确有序地组织外汇存款业务，不仅有利于充实外汇信贷资金来源，而且也有利于扩大我国外贸进出口业务和加强我国与世界各国和地区的经济合作与交流，这对于国家经济建设、国民经济能够持续稳定发展有着十分重要的意义。

2. 外汇存款的种类

外汇存款分为甲、乙、丙三种。甲种存款主要对象是外国驻华机构和在中国境内侨资、外资、合资机构等；乙种存款主要对象是外国人、华侨、港澳同胞等；丙种存款主要对象是境内居民。甲、乙、丙三种外汇存款均分定期和活期两种。甲种活期外汇存款经银行同意可使用支票，亦可使用存折，一般是开立外汇账户。乙、丙两种活期外汇存款，只能使用存折，但可开立外汇账户，也可开立外钞账户。

（二）外汇活期存款的核算

1. 单位外汇活期存款的核算

单位外汇活期存款是指不受存款期限限制，可以随时办理存取的一种存款。单位外汇活期存款分支票户和存折户两种。支票户存款时凭缴款单存入，取款时凭支票支取；存折户凭存折存取款项。单位活期存款起存金额不低于人民币1000元的等值外币。

（1）外汇存款的存入。单位活期外汇存款一般开立的是现汇户，如存入现钞，应通过"货币兑换"科目进行钞买汇卖处理。

【例5-1】某外交机构开立美元外汇户，存入美元现钞5000元（当日美元钞买价613.11%，汇卖价618.06%），其会计分录如下：

借：库存现金　　　　　　　　　USD5000.00
　　贷：货币兑换　　　　　　　　　　　USD5000.00
借：货币兑换　　　　　　　　　¥30655.50
　　贷：货币兑换　　　　　　　　　　　¥30655.50
借：货币兑换　　　　　　　　　USD4959.96
　　贷：吸收存款——××活期存款　　　USD4959.96

存款单位存入现汇，即将国外汇入汇款存入，如存入同种货币，则可以直接存入。假定上述存款单位以国外汇入汇款30000美元存入，其会计分录如下：

借：汇入汇款　　　　　　　　　USD30000
　　贷：吸收存款——××活期存款　　　USD30000

如存入其他可自由兑换货币，则应通过套汇办理。

【例5-2】某合资企业开立港元外汇户，以国外汇入汇款10000英镑存入（当日英镑汇买价946.11%，港元汇卖价79.93%），其会计分录如下：

借：汇入汇款　　　　　　　　　GBP10000.00
　　贷：货币兑换　　　　　　　　　　　GBP10000.00
借：货币兑换　　　　　　　　　¥94611.00
　　贷：货币兑换　　　　　　　　　　　¥94611.00
借：货币兑换　　　　　　　　　HKD118367.32
　　贷：吸收存款——××活期存款　　　HKD118367.32

（2）外汇存款的支取。单位外汇活期存款可以支取人民币现金，也可以用原币折成其他可自由兑换货币汇往国内及世界各地，还可以酌情支取现钞。

【例5-3】某进口公司开立加拿大元活期存款户，其签发支票提取6000加拿大元，兑取人民币现金（当日加拿大元汇买价607.92%），其会计分录如下：

借：吸收存款——××活期存款　　CAD6000.00

  贷：货币兑换   CAD6000.00
 借：货币兑换   ¥36475.20
  贷：库存现金   ¥36475.20

  假定上述进口公司向多伦多汇款400000加拿大元，则可直接汇出，其会计分录如下：
 借：吸收存款——××活期存款   CAD400000.00
  贷：汇出汇款   CAD400000.00

  如果该公司要求向境外汇款70000美元（假设当日加拿大元汇买价607.92%，美元汇卖价620.54%），其会计分录如下：
 借：吸收存款——××活期存款   CAD71453.15
  贷：货币兑换   CAD71453.15
 借：货币兑换   ¥434378.00
  贷：货币兑换   ¥434378.00
 借：货币兑换   USD70000.00
  贷：汇出汇款   USD70000.00

  (3) 外汇存款的计息。单位外汇活期存款不论是支票户还是存折户均需计息，每季末月20日为结息日。其利息计算方法通常采用积数法，与人民币活期存款利息计算方法相同。对于计付的利息，以原币入账，加入余额生息。

  2. 个人外汇存款的核算

  个人外汇存款分现汇户和现钞户。凡从港澳地区或国外汇入、携入以及国内居民持有的可自由兑换的外汇均可存入。对不能立即付款的外币票据，经银行托收，收妥后方能存入。个人外汇存款可以支取外汇现钞或人民币现金，也可以汇往港澳地区或国外。

  (1) 开户。存款人填写"外币存款开户申请书"，写明户名、地址、存款种类、金额等，连同外汇或现钞一并交存银行。银行认真审核申请书、外币票据或清点外币现钞，同时按规定审查开户人的有关证件，如身份证、护照等，经核对无误后，即为其办理开户手续。

  如以外币现钞存入，其会计分录如下：
 借：库存现金   外币
  贷：吸收存款——活期储蓄存款   外币

  如果以国外汇入汇款存入，其会计分录如下：
 借：汇入汇款   外币
  贷：吸收存款——活期储蓄存款   外币

  客户如来行续存，其会计分录与开户时相同。

  (2) 支取。存款人从外币现钞户支取同币种现钞，可以直接支取，其会计分录如下：
 借：吸收存款——活期储蓄存款   外币
  贷：库存现金   外币

  由于银行无外币的辅币，如支取的外币中有辅币，则要将辅币兑换成人民币支付。

【例 5-4】 某客户来行支取 256.68 美元,银行没有美元辅币,因此要将 0.68 美元按当日钞买价 613.11%折成人民币 4.17 元支付给客户,其会计分录如下:

    借:吸收存款——活期储蓄存款　　　　USD256.68
        贷:库存现金　　　　　　　　　　　　　　　　USD256.00
           货币兑换　　　　　　　　　　　　　　　　USD0.68
    借:货币兑换　　　　　　　　　　　　¥4.17
        贷:库存现金　　　　　　　　　　　　　　　　¥4.17

如果存款人要求从现汇户或现钞户取款并兑换成人民币现金,应按当日牌价折算,其会计分录如下:

    借:吸收存款——活期储蓄存款　　　　外币
        贷:货币兑换　　　　　　　　　　　　　　　　外币
    借:货币兑换　　　　　　　　　　　　人民币
        贷:库存现金　　　　　　　　　　　　　　　　人民币

(3)计息。外币活期储蓄存款结息日为每年的 12 月 20 日,全年按实际天数计算,以结息日挂牌的活期储蓄存款利率计算利息,其方法与人民币活期储蓄存款计息方法相同。

(三)外汇定期存款的核算

1. 单位外汇定期存款的核算

(1)存入的处理。客户办理活期存款转定期时,须填制外汇支付凭证一式两联交经办行,经办行审核无误后,一联记账,一联作为客户回单。并填制外汇定期存单一式三联:第一联为定期存款存单,盖章后交给单位;第二联为卡片账,专夹保管;第三联为贷方凭证,以单位支付凭证代替借方凭证。其会计分录如下:

    借:吸收存款——××活期存款　　　　外币
        贷:吸收存款——单位定期存款　　　　　　外币

客户也可以将境外汇入的外汇汇款直接存定期存款。其会计分录如下:

    借:汇入汇款　　　　　　　　　　　　外币
        贷:吸收存款——单位定期存款　　　　　　外币

(2)到期支取的处理。单位定期存款到期,银行抽出专夹保管的卡片账,经核对无误,填制利息计算清单和特种转账凭证,将到期的利息和定期存款一并转入该单位的活期存款账户,其会计分录如下:

    借:吸收存款——单位定期存款　　　　外币
      利息支出　　　　　　　　　　　　外币
        贷:吸收存款——××活期存款　　　　　　外币

(3)单位外汇定期存款的利息计算与人民币定期储蓄存款的利息计算方法相同。

2. 个人外汇定期存款的核算

(1)开户。存款人申请开立外汇存款账户,其要求和核算手续与开立活期外汇存款账户相同,经银行审核后,开立定期存款存折或外汇定期存款存单一式三联。经复核后，将存折或第二联存单交存款人；第三联存单代替分户账，凭以登记"开销户登记簿"后专夹保管；第一联代转账贷方传票凭以记账。其会计分录如下：

如开立现钞户：
借：库存现金　　　　　　　　　　　　　外币
　　贷：吸收存款——定期储蓄存款　　　　　　外币

如开立现汇户：
借：汇入汇款　　　　　　　　　　　　　外币
　　贷：吸收存款——定期储蓄存款　　　　　　外币

（2）支取。存款人凭存单或存折支取到期外汇存款，经银行审核无误后，办理付款手续，其会计分录如下：

借：吸收存款——定期储蓄存款　　　　　外币
　　利息支出　　　　　　　　　　　　　外币
　　贷：库存现金或其他科目　　　　　　　　　外币

（3）计息。个人外汇定期存款的利息计算与人民币定期储蓄存款的利息计算方法相同。

二、外汇贷款业务的核算

（一）外汇贷款的意义和种类

1. 外汇贷款的意义

外汇贷款是指银行办理的以外币为计量单位的放款，是银行外汇资金的主要运用形式之一。外汇贷款在国家的方针、政策和贷款原则、贷款风险管理办法的指导下，根据国民经济建设的需要，把吸收的外汇存款和国外引进的外汇资金，以有偿的方式发放给需要用汇的企业，支持国家重点建设和企业引进国外先进技术设备或购买国内紧缺的原材料，或以办理买方信贷的方式支持机械、船舶和专有技术的进出口，以此促进技术改造、发展生产、扩大对外经济技术交流、提高产品质量、改善包装装潢和增加产品在国际市场上的竞争能力，扩大出口和增加外汇收入。因此，外汇贷款是加速经济增长的一个重要的资金注入渠道，对于加速企业资金周转、发展外向型经济、促进企业改善经营管理等都具有重要意义。

2. 外汇贷款的种类

外汇贷款按照不同的标准可以划分为不同的种类：

（1）按贷款的期限划分，可分为短期外汇贷款和中长期外汇贷款。短期外汇贷款是指期限在一年以内（含一年）的外汇贷款，主要包括打包放款、进出口押汇和票据融资。中长期外汇贷款是指期限在一年（不含一年）以上的外汇贷款。

（2）按贷款的性质和用途划分，可分为固定资产贷款和流动资金贷款。前者是对企业引进国外技术、设备或科技开发的外汇贷款；后者是对生产储备、营运、结算融资的贷款和临时贷款。

第五章 商业银行外汇业务的核算

(3) 按贷款的发放条件,可分为信用贷款、担保贷款和抵押贷款。信用贷款是指单凭借款人的信誉发放的贷款。担保贷款是指必须经担保人出具承担偿还贷款责任的担保书发放的贷款。抵押贷款是指银行要求借款人提供一定的抵押品作为物质保证发放的贷款。

(4) 按贷款的资金来源,可分为现汇贷款、"三贷"贷款和银团贷款(后两者又称转贷贷款)。现汇贷款可按利率不同分为浮动利率贷款、固定利率贷款、优惠利率贷款、贴息贷款、特优利率贷款、短期周转外汇贷款等;"三贷"贷款包括买方信贷、政府贷款和混合贷款;银团贷款是国际金融机构贷款的一种形式,亦称辛迪加贷款。

(二) 现汇贷款

1. 短期外汇贷款

短期外汇贷款是银行将外汇资金贷给有偿还能力并具备贷款条件的企业单位,用以进口国内短缺的原材料和先进技术设备,发展出口商品生产,并以外汇收入归还的一种贷款。

凡生产出口商品,有偿还外汇能力的企业,都可以申请短期外汇贷款。短期外汇贷款使用美元、英镑、港元、日元和欧元五种货币为记账单位。对外支付和偿还贷款需用其他外汇时,按套汇处理。

(1) 贷款的发放。短期外汇贷款的发放是与借款单位实际对外支付外汇同时进行。借款单位无论是通过信用证、进口代收和汇款方式办理结汇,均需填具短期外汇借款凭证,由银行核准后,予以发放。其会计分录如下:

借:贷款——短期外汇贷款　　　　　　　　　　外币
　　贷:港澳及国外联行往来或其他科目　　　　外币

如用不同于贷款货币对外付汇时,其会计分录如下:

借:贷款——短期外汇贷款　　　　　　　　　　外币
　　贷:货币兑换　　　　　　　　　　　　　　外币
借:货币兑换　　　　　　　　　　　　　　　　外币
　　贷:货币兑换　　　　　　　　　　　　　　外币
借:货币兑换　　　　　　　　　　　　　　　　外币
　　贷:港澳及国外联行往来或其他科目　　　　外币

(2) 贷款的利息计算。短期外汇贷款利率实行浮动利率,由总行按期调整公布。短期外汇贷款浮动利率的浮动期有 1 个月、3 个月、6 个月浮动三种。短期外汇贷款按季计息,即每季末月的 20 日计息一次,按浮动利率的变动时期分段计息。贷款期限按实际天数计算,有一天算一天,算头不算尾。银行每季向借款单位计收利息时,应填制"贷款结息凭证"一式二联,并通知借款单位,如借款单位不能立即支付利息,则直接转入贷款账户核算,相应增加贷款余额。其会计分录如下:

借:贷款——短期外汇贷款　　　　　　　　　　外币
　　贷:利息收入　　　　　　　　　　　　　　外币

如借款单位每季按时偿还贷款利息,其会计分录如下:

借：吸收存款——单位外汇活期存款　　　　　外币
　　贷：利息收入　　　　　　　　　　　　　　　　外币

(3) 贷款的偿还。短期外汇贷款必须按期偿还，也可提前全部或分批偿还。银行收回贷款时，须将最后一个结息期至还款日尚未计算的利息与本金一并收回。如借款单位以现汇偿还，其会计分录如下：

借：吸收存款——单位外汇活期存款　　　　　外币
　　贷：贷款——短期外汇贷款　　　　　　　　　外币
　　　　利息收入　　　　　　　　　　　　　　　外币

如借款单位用人民币购买外汇偿还，其会计分录如下：

借：吸收存款——进出口企业活期存款　　　　人民币
　　贷：货币兑换　　　　　　　　　　　　　　　人民币
借：货币兑换　　　　　　　　　　　　　　　　外币
　　贷：贷款——短期外汇贷款　　　　　　　　　外币
　　　　利息收入　　　　　　　　　　　　　　　外币

2. 出口押汇

出口押汇是指出口商于发运商品后，以提货单据作抵押，签发向进口商或其委托承兑银行为付款人的汇票，向银行融通资金的一项业务。

出口押汇是银行垫款先行买入一笔尚未收妥的外汇，银行担负一定的风险，因此，审核单证时一定要注意国外银行的资信，进行有选择的承做出口押汇。承做出口押汇时，从出口单位应收外汇金额（即票面金额）中扣收押汇利息后，对出口单位办理结汇。

押汇利息＝票面金额×估计收到票款所需日数×日利率

实际结汇金额＝票面金额－押汇利息

上述算式中，日利率参照国际市场有关利率拟定，估计收到票款所需日数参照过去议付日起至结汇日止所需天数。承做出口押汇时的会计分录如下：

借：出口押汇　　　　　　　　　　　　　　　　外币
　　贷：利息收入　　　　　　　　　　　　　　　外币
　　　　货币兑换　　　　　　　　　　　　　　　外币
借：货币兑换　　　　　　　　　　　　　　　　人民币
　　贷：吸收存款——进出口企业活期存款　　　人民币

当收到国外联行或代理行"已贷记"报单或"请借记"报单时，即转销出口押汇，其会计分录如下：

借：港澳及联行往来或其他科目　　　　　　　外币
　　贷：出口押汇　　　　　　　　　　　　　　　外币

3. 进口押汇

进口押汇是指进口商申请银行开发信用证，通知出口商所在地的联行或代理行按规定条件，购进出口商签发的，以进口商为付款人的跟单汇票，再由开证银行转向进口商收回汇票本息的一种业务。由于进口押汇是企业以物权作抵押向银行申请的短期周转资金的融通，因此，银行必须按信贷资产风险管理原则实施风险控制。

进口商申请进口押汇时，必须在提交"开证申请书"的同时提交"进口押汇申请书"，经开证行审核同意后，按规定先由进口商交存一定比例的保证金，然后再由开证行对外开证。其会计分录如下：

借：吸收存款——单位外汇活期存款　　　　外币
　　贷：存入保证金　　　　　　　　　　　　　　　　外币
借：应收开出信用证款项　　　　　　　　外币
　　贷：应付开出信用证款项　　　　　　　　　　　　外币

当开证行收到国外议付行寄来的信用证项下汇票、单据及报单，经核对单单一致、单证一致后，需做信用证项下进口押汇，即对外付款。其会计分录如下：

借：进口押汇　　　　　　　　　　　　　外币
　　存入保证金　　　　　　　　　　　　　外币
　　利息支出——保证金利息　　　　　　　外币
　　贷：港澳及国外联行往来　　　　　　　　　　　　外币

同时转销应收、应付开出信用证款项科目，其会计分录如下：

借：应付开出信用证款项　　　　　　　　外币
　　贷：应收开出信用证款项　　　　　　　　　　　　外币

当进口单位来行偿付押汇本息，赎取单据时，银行要计收自进口押汇日起至单位赎单还款日止的利息，即：

进口押汇利息＝押汇金额×押汇天数×日利率

如进口单位用现汇偿还，其会计分录如下：

借：吸收存款——单位外汇活期存款　　　　外币
　　贷：进口押汇　　　　　　　　　　　　　　　　　外币
　　　　利息收入　　　　　　　　　　　　　　　　　外币

如进口单位用人民币购买外汇偿还，其会计分录如下：

借：吸收存款——进出口企业活期存款　　　人民币
　　贷：货币兑换　　　　　　　　　　　　　　　　　人民币
借：货币兑换　　　　　　　　　　　　　外币
　　贷：进口押汇　　　　　　　　　　　　　　　　　外币
　　　　利息收入　　　　　　　　　　　　　　　　　外币

（三）买方信贷的核算

买方信贷是出口方银行直接向进口商或进口方银行提供的贷款，是出口国政府通过银行为了支持该国商品出口而提供的，以便进口企业利用这项贷款向提供贷款的国家购买技术设备以及支付有关劳务费用。

买方信贷项下向国外银行的借入款，由总行集中开户，使用"借入买方信贷款"科目核算。各地分行对使用贷款的企业发放买方信贷外汇贷款，由有关分行开户，使用"买方信贷外汇贷款"科目核算。买方信贷项下向国外借入款的本息，由总行负责偿还，各分行发放的买方信贷外汇贷款的本息，由分行负责按期收回。

1. 对外签订协议

买方信贷总协议，由总行统一对外签订后，通知分行和有关部门。在总协议下，每个项目具体信贷协议或贸易合同可由总行对外签订，亦可由总行授权分行对外谈判签订，不论总行或分行对外谈判签订，均由总行按协议商定的金额，用"买方信贷用款限额"表外科目进行控制。其记账如下：

（收入）买方信贷用款限额　　　　　　　　　　　　外币

使用贷款时，逐笔转销此表外科目。

2. 支付定金

根据买方信贷协议的规定，进口单位需要以现汇支付不低于贷款金额5%的定金。支付时，应按照不同情况分别进行处理。具体如下：

（1）进口单位以自有外汇支付，其会计分录如下：

借：吸收存款——单位外汇活期存款　　　　　外币
　　贷：港澳及国外联行往来或其他科目　　　　　　　　　外币

（2）进口单位用人民币购汇支付，其会计分录如下：

借：吸收存款——进出口企业活期存款　　　　人民币
　　贷：货币兑换　　　　　　　　　　　　　　　　　　人民币
借：货币兑换　　　　　　　　　　　　　　　外币
　　贷：港澳及国外联行往来或其他科目　　　　　　　　　外币

（3）进口单位申请短期外汇贷款支付，其会计分录如下：

借：贷款——短期外汇贷款　　　　　　　　　外币
　　贷：港澳及国外联行往来或其他科目　　　　　　　　　外币

3. 贷款的使用

（1）进口单位有现汇，用现汇办理付汇手续，由银行利用买方信贷资金并承担买方信贷项下利息。

如进口单位在总行营业部开户，其会计分录如下：

借：吸收存款——单位外汇活期存款　　　　　外币
　　贷：借入买方信贷款——国外银行户　　　　　　　　　外币
同时：（付出）买方信贷用款限额　　　　　　外币

如进口单位在分行开户，分行的会计分录如下：

借：吸收存款——单位外汇活期存款　　　　　外币
　　贷：资金清算往来、联行外汇往来　　　　　　　　　　外币

总行收到分行上划报单后，其会计分录如下：

借：资金清算往来、联行外汇往来　　　　　　外币
　　贷：借入买方信贷款——国外银行户　　　　　　　　　外币
同时：（付出）买方信贷用款限额　　　　　　外币

（2）进口单位无现汇，向银行取得买方信贷外汇贷款，到期由进口单位偿还贷款

本息。

如进口单位在总行营业部开户，其会计分录如下：
借：买方信贷外汇贷款——借款（即进口）单位户   外币
　　贷：借入买方信贷款——国外银行户   外币
同时：（付出）买方信贷用款限额   外币

如进口单位在分行开户，分行的会计分录如下：
借：买方信贷外汇贷款——借款（即进口）单位户   外币
　　贷：资金清算往来、联行外汇往来   外币

总行收到分行上划报单后，其会计分录如下：
借：资金清算往来、联行外汇往来   外币
　　贷：借入买方信贷款——国外银行户   外币
同时：（付出）买方信贷用款限额   外币

4. 贷款本息的偿还

向国外借入的买方信贷外汇贷款本息的偿还，由总行统一办理。总行对国外寄来的计息清单进行核对后，办理买方信贷款本息的偿还手续。其会计分录如下：

借：借入买方信贷款——国外银行户   外币
　　利息支出   外币
　　贷：存放国外同业或其他科目   外币

对国内借款单位，按照借款契约规定计算借款利息并按期收回贷款本息。如借款单位用人民币买汇偿还贷款本息时，其会计分录如下：

借：吸收存款——进出口企业活期存款   人民币
　　贷：货币兑换   人民币
借：货币兑换   外币
　　贷：买方信贷外汇贷款——借款单位户   外币
　　　　利息收入   外币

如借款单位不能按期归还贷款本息，应将贷款本息转入"短期外汇贷款"科目进行核算，并按短期外汇贷款利率计息。转入短期外汇贷款科目后，借款单位逾期未能偿还贷款本息的，应采取有效措施，督促借款单位还款。

（四）银团贷款的核算

银团贷款是一种由一家或几家银行牵头，多家国际商业银行作为贷款人，向某个企业或政府提供一笔金额较大的中期贷款，期限一般为 7~10 年，这是一种结构较为复杂的，并具有一定规模的商业贷款业务。这种融资方式的优点是使借款人在相对较快的时间内筹到金额较大、单位成本较低的资金，使贷款人在每笔业务中共享权益，分担风险。

参加银团贷款的银行，按其在银团中发挥的作用，可分为牵头行、副牵头行、代理行、参加行。

发放银团贷款必须遵守国家的如下有关规定：①银团贷款代理行负责银团贷款协议签订后的组织与实施工作。代理行必须对银团贷款的使用情况进行认真的检查和监督，

落实各项措施，核实经济效益和还款能力等有关情况，定期向成员行通报贷款使用情况，按时通知还本付息等有关事项，并接受各成员行的咨询与核查。②牵头行要协助代理行跟踪了解项目的进展，及时发现银团贷款项目可能出现的问题，并尽快以书面形式通报成员行，召开银团会议共同寻求解决办法。③银团贷款成员行要严格按照贷款协议的规定，及时足额划付贷款款项，按照贷款协议履行其职责和义务。④借款人必须按照银团贷款协议的有关规定，保证贷款用途，及时向代理行划转贷款本息，如实向银团贷款成员行提供有关情况。⑤银团贷款协议签订后，代理行必须将银团贷款协议的副本送所在地中国人民银行分支机构备案。

银团贷款费用包括管理费、代理行费、安排行费、法律费、杂费、承担费、利息等均按协议规定收取和支付。

为了单独反映银团贷款资金往来的收付情况，应设置"银团贷款资金往来"科目核算。该账户借方余额反映银行对借款单位的债权，贷方余额反映银行对参加银团贷款各存款行的负债。该科目按银团贷款协议规定的借款单位和参加银团贷款各存款行分设账户。凡银行办理银团贷款所得的利息、手续费、承担费等均用"手续费及佣金收入——银团贷款收益"账户核算，收到借款单位的利息及费用时记贷方，支付参加银团贷款各存款行利息和费用时记借方。

银团贷款的账务处理如下：

（1）牵头行或代理行收到各参加行拨来资金时，其会计分录如下：

借：存放国外同业或其他科目　　　　　　　　　　　外币
　　贷：银团贷款资金往来——××银行　　　　　　外币

（2）牵头行或代理行向借款单位收取各项费用，然后再按份额分配给各参加行，其会计分录如下：

借：吸收存款——单位外汇活期存款——借款单位户　外币
　　贷：手续费及佣金收入——银团贷款收益户　　　外币
借：手续费及佣金收入——银团贷款收益户　　　　　外币
　　贷：存放国外同业——××银行　　　　　　　　外币

（3）牵头行或代理行按贷款合约发放银团贷款时，其会计分录如下：

借：银团贷款资金往来——借款单位户　　　　　　　外币
　　贷：吸收存款——单位外汇活期存款——借款单位户　外币

（4）牵头行或代理行按贷款合约规定收回银团贷款后，将本金分拨退还给银团贷款参加行，其会计分录如下：

借：吸收存款——单位外汇活期存款——借款单位户　外币
　　贷：银团贷款资金往来——借款单位户　　　　　外币
借：银团贷款资金往来——××银行　　　　　　　　外币
　　贷：存放国外同业或其他科目　　　　　　　　　外币

牵头行或代理行按贷款合约规定收到贷款利息后，也应将利息按份额分配给各参加行。其账务处理与收取和分配费用时相同。

如贷款合约规定利息与本金分数次收回时,应注意按合约规定的每次偿还的本金和利息金额,分别按上述方式处理。

第四节 外汇资金往来的核算

一、全国联行外汇往来的核算

全国联行外汇往来是指国内行与行之间外汇资金的账务往来。凡是有全国联行行号的行处,办理国内外汇异地结算和银行内部外汇资金划拨,都属于全国联行外汇往来业务。因此,它是全国总、分、支行间进行外汇资金账务往来的重要工具。

(一)基本做法

全国联行外汇往来采取集中制核算形式,其主要内容是:

(1)集中审批。参加全国联行外汇往来的行处,由总行集中审批,联行行号、专用章、密押均由总行颁发使用,以利全国统一执行。

(2)账务划分为往账与来账两个系统,两个关系行直接往来。以总行名义开立账户,通过划款报单进行核算。

(3)总行集中对账销账。总行根据发报行、收报行寄送的全国联行外汇往来报告表和报单销账联集中对账,进行逐笔监督和管理,并由各管辖分行对所辖行处进行管理和监督。

(4)全国联行外汇往来账务,不分发报行和收报行均用"全国联行外汇往来"科目核算。

(5)对于集中清算资金的行处,不存在汇差资金清算问题,外汇资金集中总行统一管理。对于外汇资金不集中总行统一管理的行处按规定进行汇差资金清算。

(二)凭证的使用及报告表的编制

1. 全国联行外汇往来的基本凭证

全国联行外汇往来的基本凭证分别是:外汇邮划借方报单、外汇邮划贷方报单、外汇电划借方报单、外汇电划贷方报单、外汇电划借方补充报单、外汇电划贷方补充报单六种。每种报单名称均冠以外汇字样,以便与人民币联行往来报单区别(见表5-6)。

表 5-6 全国联行外汇往来报单种类及各联用途

类别		联次	各种报单的用途	填制行
邮划报单	外汇邮划借方报单	6联	第一联报单:收报行代"全国联行外汇往来"传票 第二联报单:收报行代"全国联行外汇往来"卡片账 第三联报单:收报行对账联,随外汇联行报告表寄总行	发报行
	外汇邮划贷方报单		第四联报单:发报行对账联,随外汇联行报告表寄总行 第五联报单:发报行代"全国联行外汇往来"卡片账 第六联报单:发报行代"全国联行外汇往来"传票	

续表

类别		联次	各种报单的用途	填制行
电划报单	外汇电划借方报单	3联	第一联报单：缺 第二联报单：缺 第三联报单：缺 第四联报单：发报行对账联，随外汇联行报告表寄总行 第五联报单：发报行代"全国联行外汇往来"卡片账 第六联报单：发报行代"全国联行外汇往来"传票	发报行
	外汇电划贷方报单			
电划补充报单	外汇电划借方补充报单	3联	第一联报单：收报行代"全国联行外汇往来"传票 第二联报单：收报行代"全国联行外汇往来"卡片账 第三联报单：收报行对账联，随外汇联行报告表寄总行 第四联报单：缺 第五联报单：缺 第六联报单：缺	收报行
	外汇电划贷方补充报单			

2. 全国联行外汇往来报告表的编制

全国联行外汇往来报告表是各联行行处接受总行监督管理的专门报表，也是总行对账销账的依据。各行应于营业终了后，根据本行填制的和他行寄来的报单对账联，按货币分借方、贷方，电划在前、邮划在后进行排列整理，合并编制"全国联行外汇往来报告表"（见表5-8）一式两份，一份连同报单对账联寄总行，一份留存。业务量较少的行处，可以每5日合并报送一次。

报告表的编制方法：报告表的发生额由业务发生行按各货币的发生情况，根据同方向记账的报单金额加计填列（见表5-7）。

表 5-7　　　　　　　　全国联行外汇往来报告表填制方法

借　　方	贷　　方
本行填制的邮划、电划借方报单第四联	本行填制的邮划、电划贷方报单第四联
他行寄来的邮划贷方报单第三联	他行寄来的邮划借方报单第三联
本行填制的电划贷方补充报单第三联	本行填制的电划借方补充报单第三联

报告表的余额应根据上日报告表余额，按"上日余额+(-)本日借贷方发生额=本日余额"计算填列。当日无发生额的货币，照抄上日报告表余额。报告表按年连续编号，新年度开始，自1日起重新编列本年度报告表。各货币余额只能单向反映，切勿借贷双方反映。

全国联行外汇往来报告表（见表5-8）是总行进行逐笔对账、销账的依据，任何疏忽都会给总行监督工作带来困难，故应按内部控制原理认真复核后才能寄发。复核的主要内容包括报告表上的借、贷方笔数和发生额，是否与所附对账联的笔数和金额相符；余额结计是否正确，是否与该货币"全国联行外汇往来"科目总账余额完全相符；报告表填制日期、顺序号是否与上期相衔接，经复核无误、复核员盖章后寄发。

第五章 商业银行外汇业务的核算

表 5-8　　　　　　　　　　　全国联行外汇往来报告表
第　号　　　　　　　　填制日期　　　　　　年　月　日　　　　　　填制行公章

货币名称	货币符号	借方发生额		贷方发生额		余额	
		笔数	金额	笔数	金额	借方	贷方
人民币	¥						
美元	USD						
英镑	GBP						
港元	HKD						
欧元	EUR						
日元	JPY						
瑞士法郎	CHF						
澳大利亚元	AUD						
加拿大元	CAD						
新加坡元	SGD						

全国联行外汇往来的日常核算以及年度终了的核算，与人民币联行往来的核算基本相同，这里不再赘述。

二、港澳及国外联行往来

港澳及国外联行往来是指我国境内总、分、支行与港澳地区以及国外分支机构之间，因资金划拨、国际结算而发生的资金账务往来。也称境外联行往来。为了适应我国对外经济交往和国际贸易不断增长的要求，经营外汇的银行有必要在港澳地区及国外开立分支机构，如中国银行除在香港、澳门设立分行外，还在纽约、伦敦、悉尼、法兰克福、东京和新加坡等设有分行。这些在港澳地区及国外的分支机构，为我国经济组织参与国际经济竞争与合作提供了优质服务，为我国及时、安全地收付外汇资金起到了重要作用。

（一）基本做法

港澳及国外联行往来采用的核算形式是分散制，即联行之间建立账务往来是互以对方行名义开立账户。两个关系行，一个为申请开户行简称开户行，另一个为接受开户行简称账户行。国内联行与港澳及国外联行开立境外联行所在地货币（一定是可自由兑换货币）账户，如在香港开港元账户、在伦敦开英镑账户、在纽约开美元账户等，或者开立其他可自由兑换货币，如在香港开立美元账户、在新加坡开立英镑账户等，都以国内联行为申请开户行，国外联行为接受开户行。国内联行与港澳及国外联行如以外汇人民币开户，则相反，国内联行为接受开户行，国外联行为申请开户行。

账户的开立应统一由总行与港澳及国外联行以正式公函或加押电报商议和确认账户条件，并办理开户手续和通知使用账户。未经总行批准，国内分支行一律不得以任何名义在境外联行开立任何种类的账户；港澳及国外联行也不得直接受理国内分支行开立任何种类的账户。

(二) 科目与凭证

（1）科目。境外联行往来使用"港澳及国外联行往来"科目核算，该科目为资产负债共同性质的科目。在该科目下分账户核算，如为申请开户行时，该账户为资产账户，其账户余额在借方；如为接受开户行时，该账户为负债账户，其余额在贷方。

（2）凭证。港澳及国外联行往来的基本凭证称为报单，根据业务性质不同，分为借记报单和贷记报单两种；根据传递方式的不同分为邮划和电划两种。两个关系行均可填发报单，申请开户行填发报单时，应在报单上注明"请借记"或"请贷记"字样；接受开户行填发报单时，应在报单上注明"已借记"或"已贷记"字样。

邮划报单一式两联，一联经有权签字人员签章后寄对方行，由对方行作记账传票；另一联由签发行作记账传票。电划报单也是一式两联，凭第一联向对方行拍发加押电报后，在报单上加盖"已电报通知"的戳记作为电报证实书寄对方行，第二联报单作记账传票。

(三) 日常核算

1. 申请开户行的处理

申请开户行根据付汇业务填发"请借记"报单，一联寄对方行，另一联作贷方传票，记入"港澳及国外联行往来"科目该分户账的贷方；根据收汇业务填发"请贷记"报单，一联寄对方行，另一联作借方传票，记入"港澳及国外联行往来"科目该分户账的借方。申请开户行如收到接受开户行寄来的"已借记"报单，即作为贷方传票，记入"港澳及国外联行往来"科目该分户账的贷方；如收到接受开户行寄来的"已贷记"报单，即作为借方传票，记入"港澳及国外联行往来"科目该分户账的借方。

2. 接受开户行的处理

接受开户行根据付汇业务填发"已贷记"报单，一联寄对方行，另一联作贷方传票，记入"港澳及国外联行往来"科目该分户账的贷方；根据收汇业务填发"已借记"报单，一联寄对方行，另一联作借方传票，记入"港澳及国外联行往来"科目该分户账的借方。接受开户行如收到申请开户行寄来的"请借记"报单，即作为借方传票，记入"港澳及国外联行往来"科目该分户账的借方；如收到申请开户行寄来的"请贷记"报单，即作为贷方传票，记入"港澳及国外联行往来"科目该分户账的贷方。

(四) 账务核对

港澳及国外联行往来的对账工作由两个关系行自行处理。

1. 对账

对账是接受开户行按月发对账单给申请开户行，由申请开户行根据对账单记载情况与其对应的账页相互核对，以接受开户行记账日期为准，逐笔进行对账。即接受开户行对账单的贷方发生额与申请开户行相应账户的借方发生额核对；接受开户行对账单的借方发生额与申请开户行相应账户的贷方发生额核对。如对方已记账，应将记账金额、接受开户行报单日期、有关摘要内容核对无误后，在接受开户行的对账单上相应金额后注明申请开户行记账日期；在申请开户行的账页上相应金额后注明接受开户行记账日期，

第五章 商业银行外汇业务的核算

有起息日的要注明起息日。对报单日期和有关摘要栏相符，而金额不一致的，以及金额相同，而有关摘要和报单日期不一致的各笔均不能对销，必须查实后，再确定应否对销。

2. 编制对账平衡表

申请开户行根据接受开户行的对账单逐笔核对账务后，即使双方记账都没有错误，但双方的余额也往往是不一致的。这种不一致是由于存在未达账造成的。所谓未达账是指由于双方取得的凭证时间不同，导致记账时间的不一致，发生业务的一方已取得凭证并登记入账，而另一方由于尚未取得凭证以致未能记账。未达账项的发生有四种情况：①账户行已收，开户行未收。②账户行已付，开户行未付。③开户行已收，账户行未收。④开户行已付，账户行未付。上述任何一项未达账的存在，都会使双方余额不符。因此，对账后，发现有未达账，必须编制"对账平衡表"（见表 5-9）对未达账项进行调整，以确认双方记账的准确性。

表 5-9　　　　　　　　　　对账单记账总笔数
对账平衡表
货币：　　　　　　　　　　户名：　　　　　　　　　　年　月

摘　要	借方	贷方	摘　要	借方	贷方
①你行对账单上余额			④我行账上余额		
②我行已记账你行尚未转账各笔			⑤你行已记账我行尚未转账各笔		
③你行下月转账数			⑥我行下月转账数		
本户实际存欠			本户实际存欠		

对账平衡表的填列方法：对账平衡表左边：①"你行对账单上余额"，按账户行对账单月底贷方余额，同方向填列。②"我行已记账你行尚未转账各笔"，按开户行已记账，账户行尚未记账各笔未达账，借贷方发生额反方向填列，要求按账户记账日期先后逐笔填列。③"你行下月转账数"，按开户行当月已记账，而账户行在下月记账的总数填列。对账平衡表的右边：④"我行账上余额"，按开户行账上借方余额，同方向填列。⑤"你行已记账我行尚未记账各笔"，按账户行已记账，而开户行尚未记账各笔未达账，借贷方发生额反方向填列，要求按对账单上记账日期先后逐笔填列。⑥"我行下月转账数"，按账户行当月已记账，而开户行在下月记账总数填列。然后将平衡表左右两边数字分别加总轧平验对。对账平衡表上左右两边的"本户实际存欠数"应是金额相等，方向相反。如双方实际存欠数不相符，则说明账务核对过程中尚有错、漏，必须查明轧平。

3. 填制对账回单

对账回单是开户行核对账目后填制寄给账户行的。开户行核对账目后，按每个账户,分货币填制对账回单,以确认账户余额。无未达账的账户填一式两联,一联经本行有权签字人签字后寄账户行,另一联留底。有未达账的账户,填一式三联,并逐笔列明账户未达账目,第一联经本行有权人签字后,连同第二联一并寄账户行,第三联留底。账户行收到开户行对账回单后,对所列各笔未达账应查实,在对账回单第二联上批注并附有关资料的影印件,寄还开户行。

三、国外代理行往来

(一)存放国外同业

存放国外同业是指我国银行存放在外国代理行的外汇资金。

1. 账户的管理

银行为了贯彻执行国家对外汇资金的统一管理、统一经营、统一调度的方针,对国内各行在国外代理行开立"存放国外同业"账户,必须严格管理。管理的原则如下:

(1)开立国外同业存款账户,必须根据业务需要,从便利国际收付、有利于加速资金周转及灵活调拨、保障资金安全和效益的原则出发,慎重开立账户。

(2)国内各分行如具备开户条件,要求对外开立账户时,必须报经总行审批。由总行统一对外商定账户条件,签订账户协议。未经总行批准,各分行不得与国外代理行开立任何外汇账户。

(3)国内各分行经总行批准在国外代理行开立的分账户、专户的头寸调拨权均属总行,国内任何分行无权调拨头寸。

2. 核算形式

目前存放国外同业的核算形式有总行集中记账和分行开立分户记账两种。

(1)总行集中记账。总行集中记账是指总行在国外代理行开立现汇账户,供国内各分、支行共同使用。国内各分支行在业务上可以和国外代理行直接往来,但在账务上不得设置"存放国外同业"账户核算,一切账务由总行记账和销账。在与国外代理行汇划资金时,可以由总行逐笔下划,也可以由各分支行逐笔上划。

(2)分行开立分户记账。分行开立分户记账是指业务量较大的分行,报经总行同意,可以在国外代理行开立与总行往来账户头寸挂钩的分账户。所谓头寸挂钩是总行考虑外汇资金不宜分散,头寸须相对集中,因此,一般总行与账户行均有类似协议,按规定的时间,或小数或大数,将各分账户上的余额拨转到总行的往来账户,以期集中外汇头寸,统一管理和运用外汇资金。

开立分账户的分行,可以使用"存放国外同业"账户核算。一切代收代付业务都可以直接通过该分账户记账,不必逐笔上划总行或由总行下划资金,但存欠头寸仍由总行集中管理和调拨。

存放国外同业采用的核算体制是分散制,其处理手续与港澳及国外联行往来的核算形式相同。

（二）国外同业存款

国外同业存款是指境外代理行在我国银行存入的外汇存款。凡与我国银行已建立代理行关系的境外银行，经审核认定其资金信誉好，并接受我国银行制定的有关开户条件，均可接受其开户申请。国外同业存款分普通户和专户两种。

1. 普通户

境外代理行申请在我国银行总行开立的外汇人民币和其他可自由兑换货币的往来账户，称为普通户。普通户统一由总行受理境外银行申请，国内分行不得受理开户事宜。

普通户是境外银行在我总行开立的一般往来户，一切贸易和非贸易（信用卡业务除外）往来资金的结算均通过普通户收付。普通户的核算形式是统一由总行集中记账，国内各分行使用该账户时，必须通过国内联行外汇往来，由业务发生行上划总行记账；或由总行记账后下划业务发生行办理资金结算。

2. 专户

所谓专户是指专门用于核算某项业务而设置的账户。如境外银行或公司发行信用卡，委托我外汇银行在国内各行处代兑其发行的信用卡，境外发行信用卡的银行为委托行，我方银行代兑信用卡为代办行。为了使这项业务顺利开展，我方银行办理代兑时不垫付款项，委托行需在我方有关银行开立信用卡备用金户，这个账户就称为专户。此类账户存款只限于兑付信用卡时使用，不能移作其他贸易和非贸易款项结算时支用，以保证专款专用。专户原则上不准透支，一旦出现透支时应按双方约定的协议规定办理清偿。

代办国外信用卡业务的各分行，应根据业务需要，均可直接与委托行协商，经总行批准后开立。信用卡备用金专户亦在"国外同业存款"科目项下按委托行立户，分行辖属各分支机构代兑该种信用卡后统一由分行在该专户中进行结算。专户的特点是一切账务均由分行（账户行）与委托行（开户行）直接办理，无须再通过总行清算。

国外同业存款也采用分散制核算，其处理手续与港澳及国外联行往来的核算形式相同。

第五节　国际结算业务的核算

一、国际结算业务核算的意义和种类

国际结算是指不同国家（地区）之间，通过银行办理货币收支，以结清贸易与非贸易引起的债权债务的行为，是银行外汇业务的重要组成部分。

银行办理国际结算有以下意义：①满足快速增长的国际贸易在金融服务方面的需要，为国际贸易提供迅速、安全的结算服务。②适应资金活动日益国际化的需要，为推动金融市场国际化服务。③国际结算业务的盈利一般高于国内业务盈利，所以，银行从

事国际结算业务可以得到较丰厚的利润。

银行经营国际结算业务的种类与国内结算基本一样，主要是汇票、本票、支票，但结算方式略有不同，概括起来，主要有以下三种方式，即信用证、托收和汇款。信用证是银行向出口商开立的，出口商按照信用证的条款履行了自己的义务后，由开证银行保证支付信用证上规定的款项的一种书面保证文件，信用证结算是国际结算中一种主要的方式。汇款结算是付款人将款项交存银行，委托银行代其将款项支付给收款人的一种结算方式。汇款结算又分为电汇、信汇、票汇三种。托收结算是债权人为向国外债务人收取款项而向其开出汇票，并委托银行代收的一种结算方式。托收结算又分为光票托收和跟单托收，前者凭不附带货运单据的汇票托收；后者指委托人将附有货运单据的汇票送交代收银行，请其代收款项的一种托收方式。

二、国际贸易结算业务的核算

我国对外贸易进出口业务，采用记账结算和现汇结算两种方式。记账结算是按两国政府签订的支付协定的有关规定，双方贸易往来采取相互记账方式进行货款结算。现汇结算是以两国贸易部门签订的贸易合同为依据，双方贸易往来用现汇逐笔清算，现汇结算在资金运用上具有一定的优越性，即这种结算方式取得的外汇，可以自由转移、调拨、兑换和使用。所以，目前进出口贸易业务的结算以现汇结算为主。

（一）信用证结算方式

信用证是由开证银行根据申请人（进口商）的要求和指示，向受益人（出口商）开立的具有一定金额，并在一定期限内凭规定的符合要求的单据付款或作付款承诺的书面保证文件。信用证结算是进出口商在贸易合同基础上，以信用证项下单据为依据办理进出口以后，清算双方债权债务的一种结算方式。信用证结算的基本特点主要有：第一，信用证是一种银行信用，是开证行以其信用作出有条件保证付款的承诺，一旦交易完成，只要单据符合信用证条件，开证行就必须对受益人承担第一性的付款责任；第二，信用证是银行一项独立文件，虽然开证时可能以贸易合同为依据，但信用证一旦开立，就不受贸易合同的约束，对贸易合同也不负任何责任；第三，银行办理信用证业务，仅对信用证负责，只认单据不认商品，只要单据符合信用证条款规定，开证行就必须履行付款责任。所以，跟单信用证结算中，处理的是单据，而不是货物。

1. 信用证项下出口业务的处理

信用证项下的出口业务，是出口商根据国外进口商通过国外银行开立的信用证，按照条款规定，将出口单据送交开户银行，由银行办理审单议付，并向国外银行收取外汇后，向出口商办理结汇的一种结算业务。

（1）信用证的受证与通知。对国外银行开来的信用证能否受理，取决于来证行的资信，以及信用证内容和能否安全收汇等。经审证并核对印鉴认为可以受理后，当即编列信用证通知流水号，并加盖通知章，将信用证通知有关出口商，然后根据信用证留底联，编制国外开来保证凭信记录卡，共四联：第一联系国外来证记录卡；第二联、第三联分别代"国外开来保证凭信"表外科目收、付传票;第四联代"国外开来保证凭信"表外科目卡片账,按国家、地区登记。记账如下:

(收入) 国外开来保证凭信　　　　　　外币

如接到国外开证行通知修改信用证金额或信用证受益人申请将信用证金额的部分或全部转往其他行时,除按规定办理信用证的修改通知或转证手续外,其增减的金额应通过"国外开来保证凭信"表外科目核算。如增加信用证金额时与受证相同,记账如下:

(收入) 国外开来保证凭信　　　　　　外币

如减少或转出信用证金额时,采用同方向冲减办法用红字记入收入栏,以冲减原收方发生额。记账如下:

(收入) 国外开来保证凭信　　　　　　外币(红字)

由于国外开来的信用证,一般都是不可撤销的信用证,所以国外开证行要求撤销尚未逾期的信用证,必须征得受益人同意后,才能办理退证手续。只有当信用证逾期而又未办理展期手续时,可自动注销。退证和注销信用证时,亦用红字记入收入栏,以冲销原信用证金额。

"国外开来保证凭信"表外科目余额,反映一定时期出口业务情况,是匡计待收外汇资金的重要依据,对大额来证到期日和出运日期,需经常检查,联系有关出口商处理货物出口事宜。对已逾期的信用证要及时进行核销,使"国外开来保证凭信"表外科目能正确反映出口业务预计收汇的情况。

按照国际惯例,国外开来信用证是凭借其银行信用,一般不预收押金,但在特定情况下,可要求国外银行开出信用证时,预先汇入信用证项下全部或部分押金,俟受益人向国内议付行交单议付时,将预收的押金直接扣抵出口款项,如不足,再向国外开证行索偿其差额。国内议付行收到押金时,其会计分录如下:

借:存放国外同业或其他科目　　　　外币
　　贷:存入保证金　　　　　　　　　　　　外币

国内出口商受证后,在备货出运时如遇资金不足,可持信用证正本按规定手续向国内议付行申请打包放款。打包放款是一种融资性的出口前期短期贷款,是用以缓解受益人在备货出运时资金不足的临时困难。因此,放款金额须视受益人在备货中的实际需要以及受益人的资信等情况综合核定,一般只能按来证金额的30%以内发放等值本币(人民币)贷款。发放贷款时,其会计分录如下:

借:打包放款　　　　　　　　　　人民币
　　贷:吸收存款——××活期存款　　　　人民币

(2) 审单议付。国内出口商根据信用证条款将货物出运,并备妥单据交银行审单议付时,银行应按信用证条款认真逐项审核,做到单证一致、单单一致,以保障及时安全收汇。银行审核无误后,应在信用证上批注议付日期,并计算向国外开证行收取的手续费,如受益人申请办理出口押汇,还应编列出口押汇编号,然后填写套写格式的"出口议付寄单通知书",将通知书有关各联连同全套单据寄送国外开证行,索偿货款及银行费用,通知书其余各联按地区、币别,分即期、远期,或按出口押汇编号顺序排列,归档备查。

议付行向国外开证行寄出代表物权的货运单据后,议付行和开证行之间便构成债权债务关系,因此,在核销表外科目的同时,应通过有关表内科目进行核算。其会计分录如下:

  (付出)国外开来保证凭信   外币
  借:应收即期(或远期)信用证出口款项   外币
    贷:代收即期(或远期)信用证出口款项   外币

"应收即期(或远期)信用证出口款项"与"代收即期(或远期)信用证出口款项"两科目互为对应科目,前者属资产类科目,反映议付行对国外开证行所拥有的权益;后者属负债类科目,反映议付行对国内出口商所负的责任。

(3) 出口结汇。出口结汇是议付行在收妥出口货款外汇的同时,对出口商办理人民币结汇。也即议付行按当日汇买价买入外汇,再折成相应的人民币支付给出口商,以结清代为收妥的出口外汇。转账时须凭国外联行或代理行的已贷记报单、电报或请借记授权书办理。其会计分录如下:

  借:存放国外同业或其他科目   外币
    贷:手续费及佣金收入——国外银行费用收入 外币
      货币兑换   外币
  借:货币兑换   人民币
    贷:吸收存款——××活期存款   人民币
  借:代收即期(或远期)信用证出口款项   外币
    贷:应收即期(或远期)信用证出口款项   外币

【例 5-5】假定某分行收到美国某代理行(设该行在总行开有"国外同业存款"美元账户)开来不可撤销即期信用证 300000.00 美元,其付款方式为"单到国外授权借记",购买纺织品进出口公司地毯。该出口公司在备货出运前,由于资金不足,于 4 月 5 日持信用证正本按规定手续向该分行取得"打包放款"人民币 500000 元,利率为 5.73%。该公司备货出运后,交来跟单汇票 300000.00 美元,该分行经审单相符,并加计通知议付费 250.00 美元一并寄索汇。开证行收到信用证项下单据,经审核单证相符,即授权总行借记该行账户。总行收到授权书后,当即通过"联行外汇往来"下划议付行。议付行于 5 月 10 日对该出口公司结汇(设结汇日美元汇买价 777.26%)。

议付行和总行会计分录如下:

(1) 议付行:

① 来证通知时:

  (收入)国外开来保证凭信   USD300000.00

② 办理打包放款时:

  借:打包放款   ¥500000.00
    贷:吸收存款——进出口企业活期存款   ¥500000.00

③ 审单议付,寄单索汇时:

（付出）国外开来保证凭信　　　　　　USD300000.00
借：应收即期信用证出口款项　　　　　USD300250.00
　　贷：代收即期信用证出口款项　　　　　　　　　USD300250.00
（2）总行收到国外开证行授权借记通知书下划分行时：
借：国外同业存款　　　　　　　　　　USD300250.00
　　贷：资金清算往来——联行外汇往来　　　　　　USD300250.00

议付行收到总行下划报单，对出口公司办理结汇时，首先要计算打包放款利息，然后从结汇款项中收回打包放款本息。其处理手续如下：

打包放款计息天数从 4 月 5 日至 5 月 10 日，共计 35 天（按实际天数计算）。
打包放款利息 = 500000×35×5.73%÷360 = 2785.42（元）

借：资金清算往来——联行外汇往来　　USD300250.00
　　贷：手续费及佣金收入　　　　　　　　　　　　USD250.00
　　　　货币兑换　　　　　　　　　　　　　　　　USD300000.00
借：货币兑换　　　　　　　　　　　　￥2331780.00
　　贷：打包放款　　　　　　　　　　　　　　　　￥500000.00
　　　　利息收入　　　　　　　　　　　　　　　　￥2785.42
　　　　吸收存款——进出口企业活期存款　　　　　￥1828994.58
借：代收即期信用证出口款项　　　　　USD300250.00
　　贷：应收即期信用证出口款项　　　　　　　　　USD300250.00

2. 信用证项下进口业务的处理

信用证项下进口业务，是银行同意国内进口商的要求，向国外出口商开立信用证，凭国外银行寄来信用证项下规定的单据，审核后，对国外付款并向国内进口商办理结汇的一种结算方式。

（1）信用证的开立。国内进口商对外签订进口合同后，应在合同规定的时间内，根据合同中有关条款填制开证申请书，向银行申请开立信用证。开证申请书构成进口商与开证银行之间的契约关系，它是银行开立信用证的依据。银行收到开证申请书，经审核后，即根据开证申请书内容开立信用证，并由对外有权签字人员双签后寄发。然后凭信用证留底联编制传票进行转账，其会计分录如下：

借：应付开出信用证款项　　　　　　　外币
　　贷：应收开出信用证款项　　　　　　　　　　　外币

"应收开出信用证款项"科目，属资产类科目，反映开证行对国内进口商拥有的权益；"应付开出信用证款项"属负债类科目，反映开证行对国外议付行所负的责任。

转账后，应办理信用证卡片账的立卡、销卡及整卡手续，按进口单位分货币设立登记簿加以控制和管理。同时应向开证申请人按开证金额收取等值人民币开证费（一般按 1.5‰计收）。其会计分录如下：

借：吸收存款——××活期存款　　　　人民币
　　贷：手续费及佣金收入　　　　　　　　　　　　人民币

按照国际惯例，银行在开出信用证时，除凭保函免交保证金的进口单位外，一般须向开证申请人收取一定数额的进口保证金，收取保证金的比例视开证申请人的资信情况而定。开证申请人以原币交存保证金，其会计分录如下：

借：吸收存款——单位外汇活期存款　　　　　外币
　　贷：存入保证金　　　　　　　　　　　　　　　　　外币

开证申请人用人民币交存保证金，为了避免汇率浮动的风险，以开证日汇率结汇交存保证金，其会计分录如下：

借：吸收存款——××活期存款　　　　　　人民币
　　贷：货币兑换　　　　　　　　　　　　　　　　　人民币
借：货币兑换　　　　　　　　　　　　　　外币
　　贷：存入保证金　　　　　　　　　　　　　　　　　外币

（2）信用证的修改和注销。银行开出信用证后，进口商有时因种种原因，或应受益人的请求，需要对原开信用证条款加以适当修改，可向开证银行提出书面申请，经银行审核后方能办理。如系增减信用证额度，须经有关部门批准后办理，增额时的会计分录同开证；减额时的会计分录如下：

借：应付开出信用证款项　　　　　　　　　外币
　　贷：应收开出信用证款项　　　　　　　　　　　　　外币

同时将修改或增减金额情况在开出信用证款项卡片账上逐项记载。

开出信用证逾期时，注销逾期未付金额，应经进口商确认后转销，会计分录与减额时相同。

（3）进口单据的审核和付款。进口单据是否与信用证规定的条款一致，是银行对外履行付款责任的主要依据。当国内开证行接到国外议付行寄来的单据，经审核，只要单证一致、单单一致，就应该按约定的支付方式，对外履行付款责任。信用证付款方式主要分为即期信用证项下单到国内审单付款，即期信用证项下国外审单主动借记，远期信用证项下承兑和付款三种。

①即期信用证项下单到国内审单付款。单到国内，经进口单位审查相符确认付款，开证行按信用证条款规定，以信汇或电汇对国外付款时，须填应收、应付开出信用证款项科目传票，以及付款报单办理转账。如进口单位已经预交外汇保证金，则将保证金本息扣抵进口货款外，剩余款项用人民币买汇付款，其会计分录如下：

借：吸收存款——××活期存款　　　　　　人民币
　　贷：货币兑换　　　　　　　　　　　　　　　　　人民币
借：货币兑换　　　　　　　　　　　　　　外币
　　存入保证金　　　　　　　　　　　　　　外币
　　利息支出　　　　　　　　　　　　　　　外币
　　贷：港澳及国外联行往来或其他科目　　　　　　　外币
借：应付开出信用证款项　　　　　　　　　外币
　　贷：应收开出信用证款项　　　　　　　　　　　　　外币

②即期信用证项下国外审单主动借记。采用国外审单主动借记我账户这种支付方式，是受益人将其出口单据交由议付行审单后，主动借记我银行在该行所开立的账户，并将单据连同借记报单一并寄开证行。开证行收到国外寄来已借记报单及单据，审核无误后，即可凭以向进口商办理结汇，但须加计国外议付行借记我行账户之日起到向国内进口商收取货款日之间的外币垫款利息。其结汇分录除与上述单到国内审单付款分录相同外，对计收的外币垫款利息，如进口商用外汇存款支付，其会计分录如下：

借：吸收存款——单位外汇存款　　　　　　　　外币
　　贷：利息收入——外币垫款利息收入　　　　　　　　外币

如进口商用人民币买汇支付，其会计分录如下：

借：吸收存款——××活期存款　　　　　　　　人民币
　　贷：货币兑换　　　　　　　　　　　　　　　　　人民币
借：货币兑换　　　　　　　　　　　　　外币
　　贷：利息收入——外币垫款利息收入　　　　　　　　外币

③远期信用证项下承兑和付款。远期信用证是进口商为了获得远期付款的条件，对国外出口商提供银行担保，保证国外出口商提交远期跟单汇票时，国内开证行在审单与信用证相符后承兑，并承担所开立的信用证到期付款的责任。

银行在办理远期汇票承兑手续时有两种通知方式：一种是将已承兑的汇票寄给国外议付行，对方应在汇票到期日前一个邮程寄还承兑行，以便在汇票到期日凭以付款。另一种是经双方约定，承兑时不寄汇票，承兑行另行编制"承兑通知书"寄发国外，确认远期汇票已经承兑并到期付款。

已承兑的远期信用证项下单据应通过"应收承兑汇票款"和"承兑汇票"科目核算，并转销应收、应付开出信用证款项科目，其会计分录如下：

借：应付开出信用证款项　　　　　　　　外币
　　贷：应收开出信用证款项　　　　　　　　　　外币
借：应收承兑汇票款　　　　　　　　外币
　　贷：承兑汇票　　　　　　　　　　　　外币

远期承兑汇票到期付款。在远期汇票承兑到期日，应即办理对国外付款和对进口商结汇的手续。其会计分录与上述即期信用证付汇相同，所不同的是应转销"应收承兑汇票款"和"承兑汇票"两科目。

【例5-6】假定总行营业部应某进口商的申请，于7月12日向香港汇丰银行（该行在总行开有"国外同业存款"港元账户）开出不可撤销即期信用证800000.00港元，预收50%的外币保证金，保证金利率2.25%，并按开证金额的1.5‰计收等值人民币开证费。货款的支付方式为：单到国内审单付款。总行营业部收到汇丰银行寄来进口单据，货款连同通知议付费共计801560.00港元一并向进口商索汇。总行营业部经审单相符，于8月21日对外付汇同时对进口商办理结汇，除将保证金本息扣抵货款外，剩余款项用人民币买汇支付（设结汇日港元汇卖价100.05%）。

(1) 收取保证金：
借：吸收存款——单位外汇活期存款　　HKD400000.00
　　贷：存入保证金　　　　　　　　　　　　　　　　HKD400000.00

(2) 收取开证费：
开证费 = 800000 × 1.5‰ × 1.0005 = 1200.60（元）
借：吸收存款——进出口企业活期存款　　¥1200.60
　　贷：手续费及佣金收入　　　　　　　　　　　　　　¥1200.60

(3) 对外开证：
借：应收开出信用证款项　　　　　　HKD800000.00
　　贷：应付开出信用证款项　　　　　　　　　　　　HKD800000.00

(4) 付汇并结汇：
保证金天数从7月12日至8月21日，共计40天。
保证金利息 = 400000 × 40 × 2.25% ÷ 360 = 1000（港元）
借：吸收存款——进出口企业活期存款　　¥400760.28
　　贷：货币兑换　　　　　　　　　　　　　　　　　¥400760.28
借：货币兑换　　　　　　　　　　　HKD400560.00
　　存入保证金　　　　　　　　　　HKD400000.00
　　利息支出　　　　　　　　　　　HKD1000.00
　　贷：国外同业存款　　　　　　　　　　　　　　　HKD801560.00
借：应付开出信用证款项　　　　　　HKD800000.00
　　贷：应收开出信用证款项　　　　　　　　　　　　HKD800000.00

（二）托收及代收结算方式

托收是债权人签发汇票，委托银行向国外的债务人代为收取款项的一种结算方式，分光票托收和跟单托收两种。光票托收是指债权人签发不附带任何货运单据的汇票，委托银行收款的托收方式。这种方式主要用于非贸易结算，在贸易结算方面一般用于收取货款尾数、代垫费、佣金、样品费及其他贸易从属费用。跟单托收是出口商根据贸易合同规定发货后，签发以进口商为付款人的汇票，连同货运单据一并交当地银行，由当地银行委托国外银行代向进口商收取货款的一种结算方式。由于跟单托收没有信用证作保证，通常又称无证托收，是无证出口结算的一种主要方式。

托收方式属于商业信用，代收银行接受托收银行的委托，只按照"托收委托书"载明的条件向进口商办理交单和收款事宜，不承担保证付款责任，进口商能否按照规定付款、赎单，全靠其本身的信用。因此，用托收方式办理国际贸易结算，进出口双方都要冒很大的风险，其中出口方风险尤甚。但是与信用证结算方式相比，它具有手续简便，结算金额不受限制，而且费用支出较少等优点，因此在贸易结算中，若进出口双方信用比较了解，进口商为了节约银行开证费用和避免预交保证金，要求出口商接受托收方式。从发展趋势看，由于通过网络传递信息，进出口双方情况沟通便捷，加之出口保险业务的兴起，跨国公司单一地依赖于银行信用减少，而贸易项下的票据又可以进入票据市场流通及贴现,解决了进出口双方的资金问题,因此,托收方式在国际贸易结算中越来越被普遍地采用。

1. 出口托收

出口托收是出口商根据贸易合同的规定,在货物发运后委托银行向国外进口商收取货款的一种结算方式。银行受理国内出口商委托后,其处理手续分为交单、寄单和收妥结汇两个阶段核算。

(1) 交单、寄单。出口商备妥单据,填制"出口托收申请书"连同出口单据一并送交银行办理托收。银行审单后,根据"出口托收申请书"的内容打印"出口托收委托书",编列出口托收号码,经复核无误后随附全套单据寄代收银行委托收款。

托收银行发出委托书及有关跟单汇票后,代表"物权"的单据已寄出,但货款尚未收妥,托收银行对出口单位(委托人)承担代收货款的责任,同时,对代收银行拥有收取货款的权利。因此,应通过有关或有资产、或有负债账户进行记录,以明确权责关系,其会计分录如下:

借:应收出口托收款项　　　　　　　　　　外币
　　贷:代收出口托收款项　　　　　　　　　　外币

另外还应向出口商收取托收手续费,其会计分录如下:

借:吸收存款——××活期存款　　　　　　人民币
　　贷:手续费及佣金收入　　　　　　　　　人民币

(2) 收妥结汇。出口托收一律实行收妥结汇方式。根据代收行的代收报单或授权借记书办理结汇。其会计分录如下:

借:存放国外同业或其他科目　　　　　　　外币
　　贷:货币兑换　　　　　　　　　　　　　　外币
借:货币兑换　　　　　　　　　　　　　　人民币
　　贷:手续费及佣金收入　　　　　　　　　人民币
　　　　吸收存款——××活期存款　　　　　人民币

【例5-7】假定广州分行3月12日收到土畜产进出口公司交来托收申请书及有关单证一份,金额为58600欧元,向法国一家公司收取货款,付款条件为"付款交单,进口代收费用由出口商承担"。分行审核后随即填制托收委托书连同有关单证一并寄法国巴黎银行委托代收款项。巴黎银行收妥款项,扣减进口代收费用86.25欧元后,将净额贷记广州分行在该行的存款分账户。广州分行于4月5日收到已贷记报单,按托收金额的2.5‰计收托收手续费后,对土畜产进出口公司办理结汇(设结汇日欧元汇买价为1004.94‰)。其会计分录如下:

(1) 3月12日:

借:应收出口托收款项　　　　　　　EUR58600.00
　　贷:代收出口托收款项　　　　　　　　EUR58600.00

(2) 4月5日:

借:存放国外同业　　　　　　　　　EUR58513.75

    贷：货币兑换   EUR58513.75
  借：货币兑换   ¥588028.08
    贷：手续费及佣金收入   ¥1472.24
      吸收存款——进出口企业活期存款   ¥586555.84
  借：代收出口托收款项   EUR58600.00
    贷：应收出口托收款项   EUR58600.00

2. 进口代收

  进口代收是指国外出口商根据贸易合同规定，不经银行开立信用证，于货物装运出口后，通过国外托收银行寄来单据，委托国内银行代向进口公司收款的一种结算方式。

  进口代收一般都附有单据。通常分为付款交单和承兑交单两种方式。付款交单，就是代收银行必须在进口商付清票款后，才能将货运单据交给进口商。承兑交单，就是在进口商承兑汇票后，代收银行即可将货运单据交给进口商。承兑交单一般只适用远期汇票托收。

  （1）收到进口代收单据。银行收到国外寄来的进口代收单据后，须按委托书上单据类别与份数认真清点、审核和编制顺序号，缮打进口代收单据通知书，通知进口公司。同时通过或有资产、或有负债账户反映代收行与进口商以及托收行之间的权责关系。其会计分录如下：

  借：应收进口代收款项   外币
    贷：进口代收款项   外币

  （2）确认付款及对外划款。经进口公司审核进口单据同意确认付款后，由其填妥贸易进口付汇核销单及提交有关的报关单供银行审查，代收行审查无误当即办理对外划款手续。其会计分录如下：

  借：吸收存款——××活期存款   人民币
    贷：货币兑换   人民币
  借：货币兑换外币   外币
    贷：手续费及佣金收入   外币
      存放国外同业或其他科目   外币
  借：进口代收款项   外币
    贷：应收进口代收款项   外币

  进口商付款后，即可拿到正本单据，凭以提货。

  【例 5-8】 假定上海分行 6 月 12 日收到香港分行寄来进口代收单据一份，金额 800000 港元，支付方式为交单付款，委托向上海机电设备进出口公司收取货款，上海分行接到单据审核后即通知机电公司，该公司于 6 月 15 日确认付款，银行当即办理售汇手续，从货款中扣收代收手续费 800 港元后，将净额划给委托行（设售汇日港元汇卖价 100.05%）。其会计分录如下：

  （1）6 月 12 日：

  借：应收进口代收款项   HKD800000.00

　　　　贷：进口代收款项　　　　　　　　　　　HKD800000.00
（2）6月15日：
　　借：吸收存款——进出口企业活期存款　　　¥800400.00
　　　　贷：货币兑换　　　　　　　　　　　　　¥800400.00
　　借：货币兑换　　　　　　　　　　　　　　HKD800000.00
　　　　贷：手续费及佣金收入　　　　　　　　　HKD800.00
　　　　　　港澳及国外联行往来　　　　　　　HKD799200.00
　　借：进口代收款项　　　　　　　　　　　　HKD800000.00
　　　　贷：应收进口代收款项　　　　　　　　HKD800000.00

（三）汇款结算方式

汇款结算是进出口双方通过银行以汇款来结算货款的一种结算方式。根据货款汇付和货物运送时间的先后不同，先付款后交货称为预付货款，先交货后付款称为货到付款。

预付货款是指进口商预先将货款在出口商发运货物前，将款项汇交出口商，出口商收到货款后，按合约规定立即或在一定时间内备货出运的一种结算方式。预付货款有利于出口商，不利于进口商。因为预付货款不但积压进口商资金，而且担负出口商不交货的风险。因此，进口商为了保障权益，就规定了解付汇款的条件，如收款人取款时须提供书面保证，保证在一定期间内将货运单据交银行，转寄汇款人等。

货到付款是出口商先发货，进口商收到货物后，按规定的价格、期限将货款通过银行汇付出口商的一种结算方式。这种结算方式在国际贸易上有售定和寄售两种。售定是买卖双方成交条件已商妥，合同已签订，进口商收到货物后，将货款汇给出口商。寄售是出口商将货物运至国外，委托国外特约商人在当地市场代为销售，货物出售后，被委托人将货款扣除佣金后汇交出口商。货到付款，不但积压了出口商的资金，而且负有进口商收货后不按期付款的风险。因此，在国际贸易上除非特殊需要，一般很少采用这种结算方式。

三、国际非贸易结算业务的核算

国际非贸易结算涉及面广，业务范围大，其主要项目包括国际汇兑、买入外币票据、外币票据托收等业务。

（一）国际汇兑

国际汇兑结算是银行通过国外联行或同业相互间款项的划拨，以结算不同国家间债权债务或款项接受的一种业务，是外汇业务中的一项主要业务。

国际汇兑一般分为"顺汇"和"逆汇"。顺汇是银行受付款人或债务人的委托，汇款给收款人或债权人的汇款方式。逆汇是银行应债权人的申请，将其对债务人所签发的汇票交银行，向债务人索回款项的汇款方式。这里所述汇款均指顺汇。顺汇方式主要有电汇、信汇、票汇、旅行信用证和旅行支票等。

1. 汇出国外汇款的处理

(1) 电汇、信汇、票汇的处理。电汇是银行用电传委托付款地的银行解付的汇款。信汇是银行邮寄委托付款地的银行解付的汇款。票汇是汇款人向银行购买该行开出、付款地的银行付款，持票人凭以向付款地指定的银行取款的汇票。

①汇款的申请。汇款单位或个人要求汇出国外汇款时，必须符合国家管汇规定，填具汇款申请书一式两联，一联银行作传票附件，一联加盖业务公章退汇款人作为汇款回单。

②填制汇款凭证。银行根据汇款单位或个人的不同要求，分别填制不同的汇款凭证。如系电汇，则套写"电汇证实书"，经加编密押后凭以电传，"电汇证实书"另寄国外付款行。如系信汇，则填制"信汇委托书"，经有权人签章后，邮寄国外付款行。如系票汇，则应填制汇票，经签章后交汇款人，另将"汇票通知书"寄付款行。

③汇出汇款。银行接受汇款人的申请，按汇款人的要求套写汇款凭证后，办理有关手续，进行转账。如以人民币买汇汇出时，其会计分录如下：

借：吸收存款——××活期存款　　　　人民币
　　贷：手续费及佣金收入　　　　　　　人民币
　　　　货币兑换　　　　　　　　　　　人民币
借：货币兑换　　　　　　　　　　　　外币
　　贷：汇出汇款　　　　　　　　　　　外币

如以原币存款汇出时，其会计分录如下：

借：吸收存款——××活期存款　　　　外币
　　贷：汇出汇款　　　　　　　　　　　外币

如以外币现钞办理汇款时，须按钞买、汇卖牌价折算成外汇汇出。

④结清汇款。汇出行接到国外联行或代理行借记报单时，办理有关销账手续进行转账。其会计分录如下：

借：汇出汇款　　　　　　　　　　　　外币
　　贷：存放国外同业或其他科目　　　　外币

(2) 旅行信用证的处理。旅行信用证是银行为了便利旅行者，为避免携带现钞的不便和风险，以本国货币交与银行兑换成外汇，委托银行开出旅行信用证，旅行者到外国各地，可凭旅行信用证向指定的银行，在限定金额内填具收据交银行提取现款的一种业务。

汇款人申请开出旅行信用证时，应填具申请书，填明支款地点及金额等项，据以计算汇费和填制旅行信用证。为了便于国外付款行验付，汇款人通常应在"印鉴证明书"上预留印章样本，经开证行有权签字人员在"印鉴证明书"上签字后，与旅行信用证正本一并交汇款人收执。如对国外付款行已约定或信用证上已注明可以凭护照付款的，可以不填"印鉴证明书"。如以原币申请办理旅行信用证时，其会计分录如下：

借：吸收存款——××活期存款　　　　外币
　　贷：手续费及佣金收入　　　　　　　外币

第五章 商业银行外汇业务的核算

  汇出汇款   外币

接到国外联行或代理行支付旅行信用证款项的报单时，其会计分录如下：

  借：汇出汇款   外币
    贷：存放国外同业或其他科目   外币

  （3）代售旅行支票的处理。旅行支票是银行为了便利旅行者发售的一种定额的不指定国外付款地点、付款银行付款的一种银行票据。旅行支票实质上是一种票汇汇款，因此，国外银行委托我国银行代为出售的旅行支票，也是一种汇款业务。

  国外银行委托我国银行代为出售旅行支票，在收到空白旅行支票时，以"代保管的有价值品"表外科目核算。其记账如下：

  （收入）代保管的有价值品   外币

售出旅行支票使用"汇出汇款"科目核算，同时核销"代保管的有价值品"表外科目。其会计分录如下：

  借：吸收存款——××活期存款   外币
    贷：手续费及佣金收入   外币
      汇出汇款   外币

  （付出）代保管的有价值品   外币

同时将头寸贷记委托行账户，其会计分录如下：

  借：汇出汇款   外币
    贷：存放国外同业或其他科目   外币

2. 国外汇入汇款的处理

  国外汇入汇款是指港澳和国外联行及代理行委托解付的汇入款。国外汇入汇款分为贸易项下汇款和非贸易项下汇款。

  国外汇入汇款，原则上一般应以汇款头寸收妥后解付。如代理合约规定，汇入行在接到汇出行委解通知时，不论是否已收到汇出行汇来的头寸，经批准可先垫款解付。

  （1）电汇、信汇的处理。接到汇出行的汇款电传或信汇支付委托书正本时，应核对密押或验对印鉴，无误后填制汇款通知书，通知收款单位或收款人领取汇款。如汇款头寸已收到或根据协定、代理合约规定即可借记汇款行账户时，其会计分录如下：

  借：存放国外同业或其他科目   外币
    贷：汇入汇款   外币

如汇款头寸尚未收到，但需要提前解付时，其会计分录如下：

  借：其他应收款   外币
    贷：汇入汇款   外币

待收到汇款头寸时，其会计分录如下：

  借：存放国外同业或其他科目   外币
    贷：其他应收款   外币

汇款解付时，如收款人要求存外币存款时，其会计分录如下：

  借：汇入汇款   外币

　　　　贷：吸收存款——××活期（定期）存款　　　　外币

　　（2）票汇的处理。汇入行收到票汇通知书，经核对印鉴及各项内容无误后，凭以转入"汇入汇款"科目，待持票人前来兑取。其会计分录如下：

　　　　借：存放国外同业或其他科目　　　　外币
　　　　　　贷：汇入汇款　　　　外币

　　当持票人持已背书的汇票来行取款时，经核对出票印鉴、签发有效期、付款金额及收款人背书等各项内容无误，并与票汇通知书核对相符后，办理结汇。其会计分录如下：

　　　　借：汇入汇款　　　　外币
　　　　　　贷：现金或其他科目　　　　外币

　　（3）转汇的处理。凡收到国外的汇入汇款，收款单位或收款人不在本地，应办理转汇，委托收款人所在地银行解付。如转汇外汇分账行，其会计分录如下：

　　　　借：存放国外同业或其他科目　　　　外币
　　　　　　贷：资金清算往来——联行外汇往来　　　　外币

　　如转汇非外汇分账行，其会计分录如下：

　　　　借：存放国外同业或其他科目　　　　外币
　　　　　　贷：货币兑换　　　　外币
　　　　借：货币兑换　　　　人民币
　　　　　　贷：清算资金往来——同城票据清算　　　　人民币

（二）买入外币票据

　　买入外币票据也称买汇，是银行买入客户的由其他银行付款的票据，同时扣收利息并保留追索权的一种业务。为了加强外汇管理，增加国家外汇收入，并便利外币票据持有者的资金融通，促进国际交往，对符合下列三个条件的外币票据均可按买入票据处理：①与我国国内银行建有往来关系的国外银行签发的外汇票据。②签发的外汇票据属我国定有外汇牌价的，票款可转入经办行账户。③经办行具有鉴别票据真伪的能力和核对印鉴的能力。

　　外币票据种类繁多，常见有旅行支票、银行本票、国际限额汇票、养老金汇票、邮政汇票等。银行买入外币票据时，经审核无误后填制一式四联的"外汇兑换水单"，第一联作为兑换证明交给顾客，第二联和第三联分别作货币兑换贷方传票和借方传票，第四联作为银行买入外汇统计卡。

　　兑换水单按规定内容填写并在摘要栏内注明票据内容以及申请人的姓名、地址和有关证件名称及号码。除旅行支票、旅行信用证外，买入其他外币票据都须在水单上加盖"票据如发生退票，本行具有追索权"戳记，然后将第一联交顾客收执。其会计分录如下：

　　　　借：买入外币票据　　　　外币
　　　　　　贷：利息收入　　　　外币
　　　　　　　　货币兑换　　　　外币
　　　　借：货币兑换　　　　人民币

第五章 商业银行外汇业务的核算

　　贷：库存现金或其他科目　　　　　　　　人民币

　　买入的外币票据要尽快寄往国外收款，办理托收时，填制一式四联的托收委托书，第一联正本随买入的外币票据寄国外代收行，第二联和第三联分别作买入外币票据科目借方传票和贷方传票，第四联留底。票据收妥后要进行销账，其会计分录如下：

　　借：存放国外同业或其他科目　　　　　　外币
　　　贷：买入外币票据　　　　　　　　　　外币

（三）外币票据托收

　　根据规定，凡不能以买入外币票据处理的各种外币票据；未列入外汇收兑牌价表内的各种外钞或已列入外汇收兑牌价表内，但无法鉴别其真伪或残损破旧的外钞；代收港澳或国外的存款或有价证券本息等均按托收处理。

　　客户申请托收外币现钞或外币票据时，应填具"托收款项申请书"一式两联，写明有关内容如委托人姓名、地址，并预留印鉴以收妥取款。第一联由银行留存，第二联银行盖章后退委托人作为托收依据，以备收妥时凭以取款。同时，应按规定收取托收手续费，其会计分录如下：

　　借：库存现金　　　　　　　　　　　　　人民币
　　　贷：手续费及佣金收入　　　　　　　　人民币

　　银行受理业务后应填制"票据托收委托书"，连同外钞或外币票据寄代收行。发出托收时其会计分录如下：

　　借：应收非贸易托收款项　　　　　　　　外币
　　　贷：代收非贸易托收款项　　　　　　　外币

　　对于无牌价的外钞、外币票据、外币有价证券以及其他外汇托收均以登记簿登记。银行收妥托收款项后，经审核无误，即通知委托人携带托收收据来行取款，其会计分录如下：

　　借：存放国外同业或其他科目　　　　　　外币
　　　贷：其他应付款　　　　　　　　　　　外币
　　借：代收非贸易托收款项　　　　　　　　外币
　　　贷：应收非贸易托收款项　　　　　　　外币

　　委托人持托收收据来行取款时，抽出有关凭证并批注付款日期后办理付款手续，其会计分录如下：

　　借：其他应付款　　　　　　　　　　　　外币
　　　贷：现金或其他科目　　　　　　　　　外币

本章小结

　　本章主要介绍银行外汇业务的基本理论知识、相关规章制度以及账务处理程序。学习重点主要有外汇买卖、外汇存贷款、外汇结算；学习难点分别是套汇业务的核算，外汇贷款利息的核算，外汇资金清算以及信用证项下进出口业务的核算等。

练习题

一、名词解释
外汇　　现汇　　外汇买卖　　套汇　　出口押汇　　进口押汇

二、填空题
1. 外汇买卖业务分为（　　）和（　　）。
2. 外汇统账制又称（　　），外汇分账制又称（　　）。
3. 外汇汇率有（　　）标价法和（　　）标价法两种。
4. 接受开户行又称（　　），其填发的报单应注明（　　）或（　　）。

三、单项选择题
1. 境内居民可在银行开立（　　）外汇存款账户。
   A. 甲种　　B. 乙种　　C. 丙种　　D. 丁种
2. 境外联行往来采用的核算形式是（　　）。
   A. 集中制　　B. 分散制　　C. 并账制　　D. 并表制
3. 信用证的开证人是（　　）。
   A. 出口商　　B. 进口商　　C. 出口商开户行　　D. 进口商开户行
4. 属于银行现汇贷款的是（　　）。
   A. 浮动利率贷款　　B. 买方信贷　　C. 政府贷款　　D. 银团贷款

四、会计实务
1. 武汉分行收到伦敦分行贷方报单10000英镑，审核无误当即将报单款项转入国内某出口单位英镑账户。请作出武汉分行的会计分录。
2. 总行营业部收到美国花旗银行（该行在总行开有美元账户）借方报单20000美元，审核后确认，该款项付款人为在本行开户的某外资企业，当即从该企业美元账户转出款项。请作出总行的会计分录。
3. 某外国游客持30000港元现钞，要求汇往香港，银行扣收2‰的人民币汇费，将款项汇出。请作出该行汇款的会计分录。
4. 某客户持4000欧元现钞，要求兑换澳大利亚元现钞，银行无澳大利亚元辅币。请作出该行兑换澳大利亚元辅币的会计分录。

第六章 证券公司业务的核算

学习目的与要求

了解证券公司的主要业务内容。了解证券交易清算、登记和托管过程。掌握代理买卖证券、代理兑付证券等证券经纪业务的会计核算。掌握自营证券业务的种类和会计核算。掌握证券承销业务的承销方式和会计核算。了解证券公司其他证券业务的内容。

第一节 证券公司概述

证券公司是指依照《中华人民共和国公司法》的规定,经国务院证券监督管理机构审查批准设立的从事证券经营业务的有限责任公司或者股份有限公司。证券公司不仅是证券市场上最重要的中介机构,也是证券市场的主要参与者。

一、证券公司的业务内容

《中华人民共和国证券法》规定,国家对证券公司实行分类管理,分为综合类证券公司和经纪类证券公司。综合类证券公司的证券业务主要为证券经纪业务、证券自营业务、证券承销业务和经国务院证券监督管理机构核定的其他证券业务四种。经纪类证券公司只允许专门从事证券经纪业务。

(一) 证券经纪业务

证券经纪业务又称代理买卖证券业务,是指证券公司接受投资者(客户)的委托代投资者买卖有价证券的行为,是证券公司最基本的一项业务。在证券经纪业务中,证券公司不垫付资金,不赚取差价,只收取一定的佣金作为业务收入。

证券公司从事代理买卖证券业务,是随着集中交易制度实行而产生和发展起来的。由于我国证券交易所实行会员制,只有成为证券交易所会员才能取得交易席位,即进行证券交易的操作资格,一般投资者不能直接进入场内进行交易,只能通过拥有席位的证券公司作为中介来完成交易。目前国内证券公司从事经纪业务主要通过开立证券营业部,"等客户"上门开户,在美国等证券发达市场,证券公司并无大面积的豪华营业部,

代之以大量的证券经纪人，方便快捷地为客户提供贴身服务，从而形成目标市场的不断细化，证券公司间各有特色。

（二）证券自营业务

证券自营业务是指证券公司以自己的名义和合法资金进行证券买卖的业务，自行决定证券买卖的时机、价格、数量等，由此而产生的收益和损失也由证券公司承担。证券公司从事证券自营业务，应建立完备的自营业务管理制度、投资决策机制、操作流程和风险监控体系，在风险可测、可控、可承受的前提下从事自营业务。证券自营业务管理的重点主要有：

（1）真实、合法的资金和账户。证券公司从事自营业务必须以自己的名义进行，不得假借他人名义或者以个人名义进行。证券公司的自营业务必须使用自有资金和依法筹集的资金，不得通过保本保底的委托理财、发行柜台债券等非法方式融资，不得以他人名义开立多个账户。证券公司不得将其自营账户转借给他人使用。

（2）业务隔离。证券公司必须将证券自营业务与证券经纪业务、资产管理业务、承销业务及其他业务分开操作，建立防火墙制度，确保自营业务与其他业务人员、信息、账户、资金、会计核算方面严格分离。

（3）明确授权。建立健全相对集中、权责统一的投资决策与授权机制。自营业务决策机构应当按照董事会、投资决策机构、自营业务部门三级体制设立。证券公司要建立健全自营业务授权制度，明确授权权限、时效和责任，建立层次分明、职责明确的业务管理体系，制定标准的业务操作流程，明确自营业务相关部门、相关岗位的职责，保证授权制度的有效执行。自营业务的管理和操作由证券公司自营业务部门专职负责，非自营业务部门和分支机构不得以任何形式开展自营业务。自营业务的投资决策、投资操作、风险监控的机构和职能应当相互独立。自营业务的账户管理、资金清算、会计核算等后台职能应当由独立的部门或岗位负责，形成有效的前、中、后台相互制衡的监督机制。

（4）风险监控。证券公司要根据公司经营管理特点和业务运作状况，建立完备的自营业务管理制度、投资决策机制、操作流程和风险监控体系，在风险可测、可控、可承受的前提下从事自营业务。证券公司应当建立自营业务的逐日盯市制度，健全自营业务风险敞口和公司整体损益情况的联动分析与监控机制，完善风险监控量化指标体系，定期对自营业务投资组合的市值变化，及对公司以净资本为核心的风险监控指标的潜在影响进行敏感性分析和压力测试。根据监管机构的规定，证券公司证券自营账户上持有的权益类证券按成本价计算的总金额不得超过其净资产的80%。

（5）报告制度。证券公司应当按照监管部门和证券交易所的要求，报送自营业务信息。报告的内容包括自营业务账户、席位情况，涉及自营业务规模、风险限额、资产配置、业务授权等方面的重大决策，自营风险监控报告等事项。

（三）证券承销业务

证券承销业务，也称证券代理发行业务，是指证券公司接受发行人的委托，借助自己在证券市场上的信誉和营业网点，根据与发行人确定的发售方式，在规定的发行有效期限内代理发行人发行证券的活动。

《证券法》规定,"发行人向不特定对象发行的证券,法律、行政法规规定应当由证券公司承销的,发行人应当与证券公司签订承销协议",委托证券公司承销。通过证券经营机构的承销,社会资金能够得到很好的调剂。承销分为代销和包销,代销和包销最大的不同之处在于:前者仅为一般的委托代理关系,在法定或约定的期限内不能完成证券发售任务时,余额退还发行公司,证券公司不承担发行风险。后者是指全额包销,证券公司在相关的时间范围内不能全部售出发行证券的,自己买下全部份额,这种承销方式证券公司风险大,收费也较高。证券公司可以根据发行人所发行的证券种类、市场需求状况、具体发行要求以及自身的经营条件和经营能力选择。国内目前股票承销主要采用的是余额包销方式,它是指证券公司承诺在证券发行期结束时,将未售出的证券全部自行购入的包销。其实质是先代理发行,后全额包销,是代销和全额包销的结合。

为了防止证券公司超出风险承受能力承销证券,《证券法》还规定了承销团的承销方式,即向不特定对象发行的证券总值超过人民币 5000 万元的,应当由承销团承销。承销团应当由主承销和参与承销的其他证券公司组成。

证券公司承销证券,负有对发行人进行尽职调查的义务,对公开发行募集文件的真实性、准确性、完整性进行核查,并根据市场情况与发行人协商确定发行价格。证券公司承销证券,应当与发行人签订承销协议。承销协议应当载明下列事项:当事人的名称、住所及法定代表人姓名;代销、包销证券的种类、数量、金额及发行价格;代销、包销的期限及起止日期;代销、包销的付款方式及日期;代销、包销的费用和结算办法;违约责任;中国证监会规定的其他事项。证券的代销、包销期限最长不得超过 90 日。

(四) 其他证券业务

其他证券业务是指证券公司经批准在国家许可的范围内进行的除经纪、自营和承销业务以外的与证券业务有关的业务。公司的其他证券业务,应当按照国家规定的经营范围以及会计制度的规定分类单独进行核算。我国证券公司目前已开展的其他证券业务主要有以下几种:

1. 买入返售证券业务

买入返售证券业务是指证券公司与其他企业以合同或协议的方式,按一定价格买入证券,到期日再按合同规定的价格将该批证券返售给其他企业,以获取买入价与卖出价的差价收入。

2. 卖出回购证券业务

卖出回购证券业务是指证券公司与其他企业以合同或协议的方式,按一定价格卖出证券,到期日再按合同规定的价格买回该批证券,以获得一定时期内资金的使用权。

3. 受托资产管理业务

受托资产管理业务是指证券公司作为受托投资管理人(以下简称受托人),依据有关法律、法规和投资委托人(以下简称委托人)的投资意愿,与委托人签订资产管理合同,把委托人委托的资产在证券市场上从事股票、债券等金融工具的组合投资,以实现委托资产收益最优化的行为。证券公司从事受托资产管理业务,应当取得中国证监会批

准的受托资产管理业务资格。

4. 投资咨询业务

综合类证券公司还可以为客户提供有关资产管理、负债管理、风险管理、流动性管理、投资组合设计、估价等多种咨询服务。一般情况下，咨询服务是包含在证券承销、经纪和基金管理业务中的。

5. 并购业务

证券公司可以作为公司和企业的并购顾问，辅助客户物色目标公司，设计并购方案，代表客户接洽目标公司。证券公司也可以帮助目标公司设计防卫措施，抵御敌意收购。

6. 基金管理业务

证券公司可以作为基金的发起人发起和设立基金，可以作为基金管理者管理自己发行的基金，也可以作为基金的承销人，帮助其他基金发行人向投资者发售基金受益凭证，还可以接受基金发起人的委托，作为基金的管理人，协助管理基金，并据此获得一定的佣金收入。

在以上证券公司的业务范围里，证券经纪业务、证券自营业务、证券承销业务为主营业务，本章重点介绍这三类业务的会计核算方法。

二、证券公司与其他证券机构的关系

（一）中国证监会

中国证券监督管理委员会（简称证监会）是国务院直属机构，是全国证券期货市场的主管部门，按照国务院授权履行行政管理职能，依照法律、法规对全国证券、期货业进行集中统一监管，维护证券市场秩序，保障其合法运行。证券公司的经营活动需要接受中国证监会的监督和管理。

（二）证券交易所

证券交易所是依法设立的，为证券的集中和有组织的交易提供场所、设施，履行国家有关法律、法规、规章、政策规定的职责，组织和监督证券交易，实行自律性管理的法人。证券交易所作为证券市场的核心，在其中扮演着多重角色。其本身并不持有证券，也不从事证券买卖业务，不决定证券的价格，它只是为证券交易提供场所和各项服务，为证券买卖双方成交创造条件，证券交易所还履行着对证券交易的监管职能。我国目前有两家证券交易所：上海证券交易所和深圳证券交易所。

证券交易所分为公司制和会员制两种，我国证券交易所实行的是会员制。不论是公司制的交易所还是会员制的交易所，其参加者都是证券经纪人和自营商。交易所规定只有会员才能进入大厅进行股票交易。因此，非会员投资者若想在交易所买卖股票，就必须通过经纪人。证券公司是证券交易所的主要会员。

证券公司参与证券交易所的证券交易必须首先购买交易席位。拥有交易席位，就拥有了在交易大厅内进行证券交易的资格。随着科学技术的不断发展，交易方式由手工竞价模式发展为电脑自动撮合，交易席位的形式也发生了很大变化，已逐渐演变为与交易所撮合主机联网的电脑报盘终端。证券交易所的会员要取得席位，必须向证券交易所缴足席位费，席位费的数目由证券交易所决定。会员一旦拥有席位，就不允许退。但是，在一定条件下，席位可以转让。一般规定，会员在至少保留一个席位的前提下允许转让席位。

（三）证券登记结算机构

1. 证券登记结算机构的主要工作内容

证券登记结算机构是为证券交易提供登记、存管和结算服务，不以营利为目的的法人。它同时为买卖双方的交易提供服务，而且这种服务是连续的，贯穿于交易的整个过程。同时还具有自律管理职能，可以依法制定与证券登记结算业务有关的基本业务规则。根据证券主管部门的授权，还可以履行部分监管职能。

在证券交易中，当买卖双方成交之后，买方需交付一定款项以获得相应证券，卖方需交付一定证券以获得相应款项，这一过程称为交割。由于投资者都需要通过证券公司的代理进行股票的买卖，因此为了准确完成交割，必须要在成交之后、交割之前对每一个证券公司应收应付的证券和价款进行核定计算，将成交各方面的买卖数额分别相互抵消，最后只支付净差额，这个过程即为清算。任何证券交易，只有经过清算，才具有了实质的意义，正确的清算是下一轮次交易的基础。清算系统的先进程度不仅是证券交易市场发达程度的重要标志，而且在很大程度上决定了整个证券交易市场的运作状况和发展潜力。

证券登记是指通过一定的记录形式确定当事人对证券的所有权及相关效益的产生、变更、消失的法律行为。在交易市场达成买卖并经清算之后，证券所有权发生转移是需要由登记机构来改变记录，办理有关证券的转移。为方便证券交易，简化交割手续，投资者将持有的有价证券经过一定的手续确认后委托证券商或证券登记机构集中保管。

由于证券的清算、登记与托管存在着有机的联系，为提高市场运作效率，在现代证券市场中，已基本形成证券清算、登记与托管机构三位一体的模式，清算公司通常集证券的清算、登记、托管等诸功能于一身，形成一个综合运作的体系。

我国主要的证券清算、登记与托管机构为上海证券中央登记结算公司和深圳证券登记有限公司，它们分别与上海证券交易所和深圳证券交易所的交易业务相对应。

2. 上海证券中央登记结算公司的工作内容

上海证券中央登记结算公司负责办理上海证券交易所证券成交后的清算交割与登记托管业务。公司采用"集中清算与集中登记"模式，目前已建立了一套磁卡清算、二级清算、三级清算相结合的清算体系。磁卡清算是利用中国工商银行磁卡账户持有者在计算机内设立资金账户，通过银行计算机中心对每日成交数据进行处理后，在各资金账户之间进行自动转账、清算。二级清算先由证券中央登记结算公司与证券商通过结算银行办理净额交割（一级清算），再由证券商与客户进行二级清算，这种方式适用于上海本地证券公司的清算。三级清算是为了减少中央登记结算公司与异地证券商之间的资金汇兑往来，增加资金结算安全性而建立的一种比较严密的清算体系。它在建立异地证券登记结算中心的基础上，利用中央银行电子联网系统，由证券中央登记结算公司与异地中心进行一级清算，异地中心与证券商进行二级清算，证券商与客户进行三级清算。证券公司为证券交易的资金清算与交收应存入指定清算代理机构一定的款项（结算备付金）。

上海证券中央登记结算公司在证券成交后，通过借记买入方资金账户、贷记其证券托管账户，或借记卖出方证券托管账户而贷记其资金账户实行清算，办理证券的过户登记手续。

作为集结算、登记与托管等多种服务功能于一体的机构，上海证券中央登记结算公司除了办理清算和上述交易过户登记手续外，业务范围还包括开户、证券所有权登记、证券托管、非交易过户、分红派息、挂失、股份管理与股东资料查询等。在证券托管方面，经登记确认后，上海证券中央登记结算公司对投资者的证券实行直接托管，同时管理几百万个证券账户，管理上只有一个层次，在不同的证券营业部中可以实行"通买通卖"。

3. 深圳证券登记结算公司的工作内容

深圳证券登记结算公司的做法与上海证券中央登记结算公司基本相同，但在具体的清算、登记和托管的操作上仍然与上海证券中央登记结算公司存在着一定差异。

（1）在资金清算方面，上海证券中央登记结算公司对本地和异地分别进行二级清算和三级清算，其中对异地的三级清算是由证券中央登记结算公司、异地结算中心、异地证券商以及异地投资者四方通过银行系统共同完成的；而深圳证券登记公司不管是对本地还是对异地的资金清算，均直接在深圳证券登记公司、本地或异地证券商以及投资者之间进行，不涉及异地登记结算中心。

（2）在证券清算方面，上海证券中央登记结算公司管理投资者的证券账户，而深圳证券登记公司则同时管理证券商证券总账及证券商属下投资者的明细账。

（3）深市保留了托管券商制，仍然由券商而不是由深圳证券登记结算公司对投资者的证券进行托管，投资者只能在其托管商处买入卖出股票。在清算、登记与托管方面，上海证券中央登记结算公司和深圳证券登记结算公司各有长处。沪市的异地三级清算体系减少中央登记结算公司与各券商之间资金汇划的次数，有利于提高资金往来的安全性。对此，深市也开始搞资金的就地清算试点工作，以适当分散资金交收中的风险。深市的托管商制度在证券托管安全性上有明显的优势，为此，沪市也开始推广指定交易，以弥补证券中央托管通买通卖下存在的盗卖风险。

对于全国性两大场外证券交易机构，NET系统的清算交割依附于中国人民银行的全国电子联网系统进行。全国证券交易自动报价（STAQ）系统设有结算中心，会员通过系统按标准程序调运证券降低了异地间证券运送的数量和频率，保证了交割结算环节的高效可靠。除上述全国性的清算机构体系外，在各地现在还有50余家地方性证券登记公司，其中的大多数公司与沪深两大清算系统联网，提供登记、托管、清算、交割等服务，成为完善证券交易中介服务，规范、平稳市场运作不可缺少的部分。

第二节 证券经纪业务的核算

证券经纪业务是指证券公司通过其设立的证券营业部接受客户委托，按照客户的要求，代理客户买卖证券的业务，包括代理买卖证券、代理兑付证券和代理保管证券。代理买卖证券是指证券公司接受客户委托，代理客户进行证券交易并收取手续费和佣金，分为代理买入证券和代理卖出证券。代理兑付证券是指证券公司接受客户（国家或企业等债券发行单位）的委托兑付到期的国债、企业债券及金融债券等，并向发行单位收取手续费。代理保管证券是指证券公司接受客户委托，代客户保管证券并收取手续费或免费代为保管。

在代理业务中，代理买卖证券业务、代理兑付证券业务纳入账内核算，而代理保管证券业务，是证券公司为方便客户开展的一项服务性项目，而且代理保管的有价证券也不属于证券公司的财产，因此，证券公司在收到代保管的证券时，不将其纳入表内核算，而只在专设的备查簿中设置"代保管证券"这一表外科目进行记录。代理保管证券收取的手续费，在提供保管服务完成时确认为手续费及佣金收入。

一、会计科目的设置

证券经纪业务主要设置以下会计科目：

（1）"代理买卖证券款"科目。该科目为负债类科目，用来核算证券公司接受客户委托，代理客户买卖股票、债券和基金等有价证券，而由客户交存的款项。公司代理客户认购新股的款项、代理客户领取的现金股利和债券利息、代理客户向证券交易所支付的配股款等，也在该科目核算。该科目贷方登记收到客户交来的代理买卖证券及代理认购新股的款项等；借方登记证券公司代理客户买卖证券、代理客户认购新股、代理客户办理配股业务而减少的款项，以及因客户提取存款而减少的款项。期末贷方余额表示证券公司接受客户存放的代理买卖证券资金。该科目应当按照客户类别等进行明细核算。

（2）"代理兑付证券"科目。该科目为资产类科目，用来核算证券公司接受委托代理兑付到期的证券。该科目借方登记已兑付的各类到期证券以及因委托单位未拨付或拨付不足证券兑付资金、客户兑付时垫付的资金；贷方登记国家或企业拨付的委托兑付证券资金，以及向委托单位交付已兑付的证券并收回垫付的资金。期末借方余额表示证券公司已兑付但尚未收到委托单位兑付资金的证券金额。该科目应当按照委托单位和证券种类进行明细核算。

（3）"代理兑付证券款"科目。该科目为负债类科目，用来核算证券公司接受委托代理兑付证券而收到的兑付资金。该科目贷方登记收到委托单位的兑付资金，借方登记代理兑付的资金。期末贷方余额表示证券公司已收到但尚未兑付的代理兑付证券款项。

该科目应当按照委托单位和证券种类进行明细核算。

（4）"结算备付金"科目。该科目为资产类科目，用于核算公司为证券交易的资金清算与交收而存入指定清算代理机构的款项。本科目应设置"公司"和"客户"两个明细科目。"公司"明细科目核算公司为进行自营证券交易等业务的资金清算与交收而存入指定清算代理机构的款项。"客户"明细科目核算公司代理客户进行证券交易等业务的资金清算与交收而为客户存入指定清算代理机构的款项。

二、代理买卖证券的核算

代理买卖证券业务是指证券公司接受客户委托，代理客户进行证券买卖的业务。公司代理客户买卖证券收到客户的款项，必须全额存入指定的商业银行，并在"银行存款"科目中单设明细科目进行核算，不能与本公司的存款混淆。公司在收到代理客户买卖证券款项的同时应当确认为一项负债，与客户进行相关的核算。公司代理客户买卖证券所收取的手续费，应当在与客户办理买卖证券款项清算时确认为手续费及佣金收入。

（一）代理认购新股的核算

1. 收取认购款

证券公司收到客户委托认购新股的款项，根据开户银行的收账通知办理核算，其会计分录为：

借：银行存款——客户
　　贷：代理买卖证券款——××类客户

2. 划转认购资金

新股认购开始，证券公司应将款项划转清算代理机构，其会计分录为：

借：结算备付金——客户
　　贷：银行存款——客户

3. 清算资金

（1）客户向证券公司办理申购手续时，公司与证券交易所清算资金，其会计分录为：

借：代理买卖证券款
　　贷：结算备付金——客户

（2）证券交易所完成中签认定工作，将未中签资金退给公司代理的客户，其会计分录为：

借：结算备付金——客户
　　贷：代理买卖证券款

（3）证券公司将未中签的款项划回，其会计分录为：

借：银行存款——客户
　　贷：结算备付金——客户

（4）证券公司将未中签的款项退给客户，其会计分录为：

借：代理买卖证券款

贷：银行存款——客户

【例6-1】国泰证券公司2011年5月20日的新股申购成交汇总如表6-1所示。

表6-1　　　　　　　　　　　新股申购成交汇总表

单位：元

类　别	成交笔数	成交数量	成交金额
新股申购	604	51916000	219085520

5月22日新股申购资金解冻，在扣除已中签股票的资金后，将其他申购资金划回。当日的资金清算汇总如表6-2所示。

表6-2　　　　　　　　　　　资金清算汇总表

单位：元

类　别	成交笔数	成交数量	成交金额
新股申购	51916	51916000	219085520
新股中签	607	607000	2561540

根据以上资料，国泰证券公司应做以下会计处理：

（1）5月20日的新股申购时，会计分录为：

借：代理买卖证券款　　　　　　　　　　219085520
　　贷：结算备付金——客户　　　　　　　　　　　　219085520

（2）5月22日新股申购资金解冻资金划回时，会计分录为：

借：结算备付金——客户　　　　　　　　219085520
　　贷：代理买卖证券款　　　　　　　　　　　　　　219085520

同时根据新股申购中签金额，做会计分录：

借：代理买卖证券款　　　　　　　　　　2561540
　　贷：结算备付金——客户　　　　　　　　　　　　2561540

（二）代理买卖证券的核算

1. 客户存入款项

客户存入款项，以及向证券交易所为客户开立买卖证券资金清算专户，其会计分录均与新股认购相同。

2. 证券公司接受客户委托买卖证券

证券公司接受客户委托，通过证券交易所代理买卖证券与客户清算时，分两种情况进行账务处理。

（1）如果买入证券成交总额大于卖出证券成交总额，按清算日买卖证券成交价的差额，加代扣代缴的印花税费和应向客户收取的佣金等手续费，借记"代理买卖证券款"科目，按公司应负担的交易费用，借记"手续费及佣金支出——代理买卖证券手续费支出"科目，按买卖证券成交价的差额，加代扣代缴的印花税和公司应负担的交易费用，贷记"结算备付金"科目，按应向客户收取的佣金等手续费，贷记"手续费及佣金收

入——代理买卖证券手续费收入"科目。其会计分录为:

借：代理买卖证券款
　　手续费及佣金支出——代理买卖证券手续费支出
　　贷：结算备付金——客户
　　　　手续费及佣金收入——代理买卖证券手续费收入

【例6-2】 假设国泰证券公司2010年5月22日的成交清算业务汇总如表6-3所示。

表6-3　　　　　　　　　　　　成交业务汇总表

单位：元

类　别	买入汇总	卖出汇总	合　计
成交笔数（笔）	112	74	186
成交数量（股）	417141	2042.38	621379
成交金额	4155076.03	1617537.32	5772613.35
标准佣金	14182.39	5570.07	19752.46
印花税	15310	5985.63	21295.66
交易费（证券公司支付）			1008.26

证券公司根据交易所传来的证券交易一级清算表、营业部出具的证券交易二级清算表、清算银行出具的资金清算单等凭证进行账务处理，其会计分录为：

借：代理买卖　　　　　　　　　　　　　2578586.83
　　（4155076.03－1617537.32＋19752.46＋21295.66）
　　手续费及佣金支出——代理买卖证券手续费支出　　1008.26
　　贷：结算备付金——客户　　　　　　　　　　2559842.63
　　　　（4155076.03－1617537.32＋21295.66＋1008.26）
　　　　手续费及佣金收入——代理买卖证券手续费收入　19752.46
借：结算备付金——自有　　　　　　　　　　18744.20
　　　　　（19752.46－1008.26）
　　贷：结算备付金——客户　　　　　　　　　　18744.20

（2）如果卖出证券成交总额大于买入证券成交总额，按清算日买卖证券成交价的差额，减代扣代缴的印花税费和公司应负担的交易费用，借记"代理买卖证券款"科目，按公司应负担的交易费用，借记"手续费及佣金支出——代理买卖证券手续费支出"科目，按买卖证券成交价的差额，减代扣代缴的印花税费和应向客户收取的佣金等手续费，贷记"代买卖证券款"科目，按应向客户收取的佣金等手续费，贷记"手续费及佣金收入——代理买卖证券手续费收入"科目。其会计分录为：

借：结算备付金——客户
　　手续费及佣金支出——代理买卖证券手续费支出
　　贷：代理买卖证券款
　　　　手续费及佣金收入——代理买卖证券手续费收入

【例6-3】假设国泰证券公司2010年6月22日的成交清算业务汇总如表6-4所示。

表6-4　　　　　　　　　　　　成交清算业务汇总表

单位：元

类别	买入汇总	卖出汇总	合计
成交笔数（笔）	67	92	159
成交数量（股）	269851	181938	451789
成交金额	1138208.53	4943684.20	6081892.73
标准佣金	3325.54	9557.82	12883.36
印花税	3513.53	7092.97	10606.50
交易费（证券公司支付）			505.25

证券公司根据交易所传来的证券交易一级清算表、营业部出具的证券交易二级清算表、清算银行出具的资金清算单等凭证进行账务处理，其会计分录为：

借：结算备付金——客户　　　　　　　　　　3794363.92
　　　（4943684.20 – 1138208.53 – 10606.50 – 505.25）
　　手续费及佣金支出——代理买卖证券手续费支出　505.25
　贷：代理买卖证券款　　　　　　　　　　　　3781985.81
　　　（4943684.20 – 1138208.53 – 10606.50 – 12883.36）
　　手续费及佣金收入——代理买卖证券手续费收入　12883.36
借：结算备付金——自有　　　　　　　　　　12378.11
　　　（12883.36 – 505.25）
　贷：结算备付金——客户　　　　　　　　　　12378.11

（三）代理配股与分红派息的核算

1. 代理配股的核算

投资者认购配股应全额预存配股资金，证券公司在投资者认购配股（即卖出配股权证）的当天与投资者进行配股资金的清算。证券公司向证券交易所缴纳配股款有两种方式：一种是当日向证券交易所缴配股款；另一种是定期向证券交易所解缴配股款。代理配股的账务处理根据缴款方式的不同而有所不同。

（1）采用当日向证券交易所解缴配股款的，在客户提出配股要求时，其会计分录为：
借：代理买卖证券款
　贷：结算备付金——客户

（2）采用定期向证券交易所解缴配股款的，在客户提出配股要求时，其会计分录为：
借：代理买卖证券款
　贷：其他应付款——应付客户配股款

与证券交易所清算配股款时，按配股金额，做会计分录：
借：其他应付款——应付客户配股款
　贷：结算备付金——客户

 金融企业会计

【例 6-4】国泰证券公司 2011 年 12 月 8 日客户的配股汇总如表 6-5 所示。

表 6-5 配股汇总表

单位：元

证券代码	配股价格	配股数量（股）	配股金额
8712	4.10	161700	662970
8713	5.60	26800	150080
合计		188500	813050

根据配股汇总表，国泰证券公司作如下会计处理：
(1) 当天缴款，并采取当天与证券交易所清算时，其会计分录为：
借：代理买卖证券款　　　　　　　　　813050
　　贷：结算备付金——客户　　　　　　　　　813050
(2) 当天缴款，并采取缴款期结束后集中与证券交易所清算时，其会计分录为：
借：代理买卖证券款　　　　　　　　　813050
　　贷：应付款项——应付交易所配股款　　　　813050
借：应付款项——应付交易所配股款　　813050
　　贷：结算备付金——客户　　　　　　　　　813050

2. 分红派息的核算

分红派息主要是上市公司向其股东派发红利和股息的过程，也是股东实现权益的过程。分红派息的形式主要有现金股利和股票股利两种。上市公司分红派息须在每年决算并经审计之后，由董事会根据公司盈利水平和股息政策确定分红派息方案，提交股东大会审议。随后，董事会根据审议结果向社会公告分红派息方案，并规定股权登记日。上海、深圳证券交易所上市证券的分红派息，主要是通过登记结算公司的交易清算系统进行的。

(1) 代理客户领取现金股利时，会计分录为：
借：结算备付金——客户
　　贷：代理买卖证券款
(2) 按规定向客户统一付息时，会计分录为：
借：利息支出或应付利息
　　贷：代理买卖证券款

【例 6-5】根据上海证券交易所发送的派送现金股利资料，国泰证券公司 2012 年 3 月 10 日收到客户的现金股利明细如表 6-6 所示。

表 6-6 现金股利明细表

单位：元

成交日期	客户姓名	资金账号	业务名称	证券名称	成交价格	发生金额
20120310	刘红	2405	上海股息	美尔雅	0.08	160
20120310	张惠	16903	上海股息	美尔雅	0.08	80

根据现金股利发放明细表,将美尔雅公司的现金股利(每股0.08元)划到相关投资者的资金账户上,会计分录为:

借:结算备付金——客户　　　　　　　　　　　　　　240
　　贷:应付款项——应付客户分红派息款　　　　　　　240
借:应付款项——应付客户分红派息款　　　　　　　　240
　　贷:代理买卖证券款　　　　　　　　　　　　　　240

上市公司的红股派送和公积金转增股本,均不影响客户和公司资金账户的变动,而只是托管的证券数量发生改变,因而不需要做会计处理。

三、代理兑付证券的核算

代理兑付证券是证券公司接受国家或企业等证券发行单位的委托,兑付到期证券,兑付束后,将已兑付证券集中交给发行单位,同时向发行单位收取手续费的业务。

(一) 代理兑付无记名证券的核算

1. 收到兑付资金

证券公司收到委托单位拨来兑付证券款时,其会计分录为:

借:银行存款
　　贷:代理兑付证券款

2. 兑付证券

兑付无记名证券,收到客户交来的实物券时,按兑付金额(证券本息)支付资金并进行账务处理,其会计分录为:

借:代理兑付证券(本金与利息)
　　贷:库存现金(或银行存款)

清算款项兑付期结束,应将已兑付的证券集中交给发行单位,按代理兑付的证券本息与委托单位核算,其会计分录为:

借:代理兑付证券款
　　贷:代理兑付证券

(二) 代理兑付记名证券的核算

1. 收到兑付资金

企业兑付记名证券,收到委托单位的兑付资金,其会计分录为:

借:银行存款
　　贷:代理兑付证券款

2. 收到客户交来的证券

兑付证券本息时,按兑付金额做会计分录:

借:代理兑付证券款
　　贷:银行存款

证券公司代理兑付证券时,若委托单位尚未拨付兑付资金而由公司垫付的,在收到

客户交来的证券时，应按兑付金额，做会计分录：
借：代理兑付证券
　　贷：银行存款（或其他科目）
向委托单位交回已兑付的证券并收回垫付的资金时，做会计分录：
借：银行存款（或其他科目）
　　贷：代理兑付证券

（三）手续费及佣金收入的核算

1. 向委托单位单独收取代理兑付证券手续费的

按应收或已收取的手续费金额，做会计分录：
借：应收手续费及佣金（或银行存款、结算备付金等科目）
　　贷：手续费及佣金收入

2. 手续费与兑付款一并汇入的

在收到款项时，应按实际收到的金额，借记"银行存款"、"结算备付金"等科目，按应兑付的金额，贷记"代理兑付证券款"科目，按事先取得的手续费，贷记"其他应付款——预收代理兑付证券手续费"科目；待兑付证券业务完成后，确认手续费及佣金收入，借记"其他应付款——预收代理兑付证券手续费"科目，贷记"手续费及佣金收入"科目。其会计分录为：

（1）收到手续费与兑付款时：
借：银行存款或清算备付金等（实际收到的金额）
　　贷：代理兑付证券款（应兑付的金额）
　　　　其他应付款——预收代理兑付证券手续费（手续费金额）

（2）兑付证券业务完成后，确认手续费及佣金收入时：
借：其他应付款——预收代理兑付证券手续费
　　贷：手续费及佣金收入

【例6-6】华光证券公司代理红星公司兑付到期的无记名证券（实物券），4月1日收到红星公司的兑付资金500万元，其中手续费2万元，至月底共兑付证券498万元。

（1）收到红星公司兑付资金时：
借：银行存款　　　　　　　　　　　　　　5000000
　　贷：代理兑付证券款——红星公司　　　　　　4980000
　　　　其他应付款——预收代理兑付证券手续费　　20000

（2）兑付证券时：
借：代理兑付证券——红星公司　　　　　　4980000
　　贷：银行存款　　　　　　　　　　　　　　4980000

（3）兑付期结束，向红星公司交回已兑付证券（实物券）时：
借：代理兑付证券款——红星公司　　　　　4980000
　　贷：代理兑付证券——红星公司　　　　　　4980000

同时，确认手续费及佣金收入，会计分录为：

借：其他应付款——预收代理兑付手续费　　　　　　　20000
　　贷：手续费及佣金收入——代理兑付证券手续费　　　　　　20000

【例6-7】华光证券公司接受红星公司委托，代理兑付到期的记名债券2000万元，兑付资金由公司垫付，手续费在兑付业务完毕后收取。

(1) 兑付证券时，会计分录为：
借：代理兑付证券——红星公司　　　　　　　　　　20000000
　　贷：银行存款　　　　　　　　　　　　　　　　　　20000000

(2) 兑付期结束后，华光证券公司收回垫付的资金2000万元，同时收取手续费3万元。会计分录为：
借：银行存款　　　　　　　　　　　　　　　　　　20030000
　　贷：代理兑付证券款——红星公司　　　　　　　　　20000000
　　　　手续费及佣金收入——代理兑付证券手续费收入　　　30000

第三节　证券自营业务的核算

一、证券自营业务的分类

证券自营业务是证券公司使用自有资金或者合法筹集的资金以自己的名义买卖证券获取利润的证券业务。从国际上看，证券公司的自营业务按交易场所分为场外（如柜台）自营买卖和场内（交易所）自营买卖。场外自营买卖是指证券公司通过柜台交易等方式，与客户直接洽谈成交的证券交易。场内自营买卖是证券公司自己通过集中交易场所（证券交易所）买卖证券的行为。我国的证券自营业务，一般是指场内自营买卖业务。买卖的证券产品包括在证券交易所挂牌交易的A股、基金、认股权证、国债、企业债券等。证券自营业务具体又包括买入证券业务和卖出证券业务。

证券公司买入证券后，要根据《企业会计准则》的规定，对取得的证券根据持有意图进行分类。一般来说，证券公司的买入证券可以被划分为以公允价值计量且其变动计入当期损益的金融资产和可供出售金融资产。

（一）以公允价值计量且其变动计入当期损益的金融资产

以公允价值计量且其变动计入当期损益的金融资产包括交易性金融资产和指定为以公允价值计量且其变动计入当期损益的金融资产。

1. 交易性金融资产

金融资产满足下列条件之一的，应当划分为交易性金融资产：①取得该金融资产的目的，主要是为了近期内出售或回购。②属于进行集中管理的可辨认金融工具组合的一部分，且有客观证据表明企业近期采用短期获利方式对该组合进行管理。③属于衍生工具。但是，被指定且为有效套期工具的衍生工具、属于财务担保合同的衍生工具、与在活跃市场中没有报价且其公允价值不能可靠计量的权益工具投资挂钩并须通过交付该权益工具计算的衍生工具除外。

2. 指定为以公允价值计量且其变动计入当期损益的金融资产

符合下列条件之一即可：①该指定可以消除或明显减少由于该金融资产的计量基础不同所导致的相关利得或损失在确认或计量方面不一致的情况。②企业风险管理或投资策略的正式书面文件已载明，该金融资产组合或该金融资产和金融负债组合，以公允价值为基础进行管理、评价并向有关管理人员报告。

（二）可供出售金融资产

可供出售金融资产通常是指公允价值能够可靠计量的金融资产企业可以直接将其指定为可供出售金融资产。如企业购入的在活跃市场上有报价的股票、债券和基金等，没有划分为以公允价值计量且其变动计入当期损益的金融资产或持有至到期投资等金融资产可归为此类。

二、会计科目的设置

证券公司进行自营证券买进和卖出业务，应设置"交易性金融资产"、"可供出售金融资产"、"资产减值损失"等科目进行核算。

（1）"交易性金融资产"科目。该科目为资产类科目，核算证券公司为交易目的持有的债券投资、股票投资、基金投资、权证投资等交易性金融资产的公允价值。证券公司持有的直接指定为以公允价值计量且其变动计入当期损益的金融资产，也在该科目核算。该科目借方登记取得交易性金融资产的成本和公允价值的有利变动；贷方登记出售交易性金融资产时结转的成本以及公允价值的不利变动；期末借方余额反映证券公司持有的交易性金融资产的公允价值。该科目应当按照交易性金融资产的类别和品种，分"成本"、"公允价值变动"项目进行明细核算。

（2）"可供出售金融资产"科目。该科目为资产类科目，核算证券公司持有的可供出售金融资产的公允价值，包括划分为可供出售的股票投资、债券投资等金融资产。该科目借方登记取得的可供出售金融资产的成本和公允价值的有利变动；贷方登记出售可供出售金融资产时结转的成本和公允价值的不利变动；期末借方余额反映证券公司持有的可供出售金融资产的公允价值。该科目应当按照可供出售金融资产类别或品种，分"成本"、"利息调整"、"应计利息"、"公允价值变动"等项目进行明细核算。

（3）"资产减值损失"科目。该科目为损益类科目，核算证券公司根据资产减值等准则计提各项资产减值准备所形成的损失。证券公司根据资产减值等准则确定资产发生减值的，按应减记的金额，借记"资产减值损失"科目，贷记相关资产的备抵账户或相关资产的减值准备明细账户；当相关资产的价值又得以恢复后，应在原已计提的减值准备金额内，按恢复增加的金额，做相反的会计分录；期末，应将"资产减值损失"科目余额转入"本年利润"科目，转后"资产减值损失"科目无余额。"资产减值损失"科目应当按照资产减值损失的项目进行明细核算。

三、自营买入证券的核算

由于交易性金融资产和可供出售金融资产在会计处理上有所不同,以下分别介绍。

(一)买入时划分为交易性金融资产的核算

(1)进行自营证券的买卖,需要通过清算代理机构进行清算

公司将自有资金存入清算代理机构时,按实际存入金额入账,其会计分录为:

借:结算备付金——自有

    贷:银行存款——自有

从清算代理机构收回资金时,做相反的会计分录。

(2)证券公司取得交易性金融资产,在初始确认时,按照公允价值入账,发生的相关交易费用,直接计入当期损益。支付的价款中如果有已宣告但尚未发放的现金股利或已到付息期但尚未领取的利息时,作为应收股利或应收利息反映。按照实际支付的金额,减少清算备付金的余额。其会计分录为:

借:交易性金融资产——成本

    投资收益(交易费用)

    应收股利或应收利息(已宣告但尚未发放的现金股利或已到付息期但尚未领取的利息)

    贷:结算备付金——自有

(3)收到属于取得交易性金融资产支付价款中包含的已宣告发放的现金股利或债券利息时,会计分录为:

借:结算备付金——自有

    贷:应收股利或应收利息

(4)交易性金融资产持有期间被投资单位宣告发放的现金股利或在资产负债表日按分期付息、一次还本债券投资的票面利率计算的利息,确认为投资收益。其会计分录为:

借:应收股利或应收利息

    贷:投资收益

(5)实际收到现金股利或应收利息时,做会计分录:

借:银行存款——自有

    贷:应收股利(应收利息)

(6)资产负债表日,交易性金融资产公允价值变动形成的利得或损失,应当计入当期损益。其会计分录为:

交易性金融资产的公允价值高于其账面余额的,按其差额:

借:交易性金融资产——公允价值变动

    贷:公允价值变动损益

公允价值低于其账面余额的差额,做相反的会计分录。

(二) 买入时划分为可供出售金融资产的核算

（1）证券公司取得可供出售金融资产的初始计量。证券公司取得可供出售金融资产时，按可供出售金融资产的公允价值与交易费用之和作为初始入账金额，支付的价款中包含的已宣告但尚未发放的现金股利，应单独确认为应收项目。按照实际支付的金额，减少结算备付金的金额，其会计分录为：

借：可供出售金融资产——成本
　　应收股利
　　贷：结算备付金——自有

对于可供出售金融资产为债券投资的，由于债券票面利率和实际利率的差异，导致债券的公允价值与面值不相等。因此，在会计处理上，一方面在"可供出售金融资产——成本"账户中反映债券的面值，另一方面应用"可供出售金融资产——利息调整"账户将面值调整为公允价值。对支付的价款中包含的已到付息期但尚未领取的债券利息，应确认为应收利息，按照实际支付的金额，减少结算备付金的金额。在初始确认时，其会计分录为：

借：可供出售金融资产——成本
　　应收利息
　　借或贷：可供出售金融资产——利息调整
　　贷：结算备付金——自有

（2）证券公司收到属于取得可供出售金融资产支付价款中包含的已宣告发放的现金股利或债券利息时，做会计分录：

借：结算备付金——自有
　　贷：应收股利或应收利息

（3）证券公司取得的可供出售权益工具，在持有期间被投资单位宣告发放的现金股利时，证券公司按应享有的份额，做会计分录：

借：应收股利
　　贷：投资收益

（4）证券公司取得的可供出售债券投资，在持有期间计提的利息，应当确认为投资收益。证券公司应当按照摊余成本和实际利率计算确定投资收益。

资产负债表日，可供出售债券为分期付息、一次还本债券投资的，应按票面利率计算确定的应收未收利息，借记"应收利息"科目，按可供出售债券的摊余成本和实际利率计算确定的利息收入，贷记"投资收益"科目，按其差额，借记或贷记"可供出售金融资产——利息调整"科目，其会计分录为：

借：应收利息
　　借或贷：可供出售金融资产——利息调整
　　贷：投资收益

可供出售债券为一次还本付息债券投资的，应于资产负债表日按票面利率计算确定的应收未收利息，借记"可供出售金融资产——应计利息"科目，按可供出售债券的摊余成本和实际利率计算确定的利息收入,贷记"投资收益"科目,按其差额,借记或贷记"可供出售金融资产——利息调整"科目。其会计分录为:

借:可供出售金融资产——应计利息
　　借或贷:可供出售金融资产——利息调整
贷:投资收益

对已确定发生减值损失的可供出售债券投资,在资产负债表日,应按减值可供出售债券投资的摊余成本和实际利率计算确定的利息收入,借记"可供出售金融资产减值准备"科目,贷记"投资收益"科目。同时,将按合同本金和合同利率计算确定的应收利息金额进行表外登记。其会计分录为:

借:可供出售金融资产减值准备
　　贷:投资收益
　　收入:应收未收利息——××户

(5)实际收到现金股利或应收利息时,做会计分录:

借:银行存款
　　贷:应收股利(应收利息)

(6)资产负债表日,可供出售金融资产应当以公允价值计量,且公允价值变动计入资本公积(其他资本公积)。

资产负债表日,可供出售金融资产的公允价值高于其账面余额的,按其差额,做会计分录:

借:可供出售金融资产——公允价值变动
　　贷:资本公积——其他资本公积

公允价值低于其账面余额的,按其差额做相反的会计分录。

四、自营证券卖出的核算

(一)出售交易性金融资产的核算

处置交易性金融资产时,其公允价值与账面余额之间的差额应确认为投资收益,并将原计入该交易性金融资产的公允价值变动转出,计入投资损益。其会计分录为:

借:结算备付金——自有
借或贷:投资收益
　　贷:交易性金融资产

同时,
借或贷:公允价值变动损益
　　贷或借:投资收益

(二)出售可供出售金融资产的核算

处置可供出售金融资产时,应将取得的价款与金融资产账面价值之间的差额,计入投资损益;同时,将原直接计入所有者权益的公允价值变动累计额对应处置部分的金额转出，计入投资损益。其会计分录为：

借：结算备付金——自有
借或贷：投资收益
　　贷：可供出售金融资产
同时，
借或贷：资本公积——其他资本公积
　　贷或借：投资收益

五、自营证券卖出成本的核算

出售自营证券需要转出证券的账面余额，并且把记入"公允价值变动损益"和"资本公积（其他资本公积）"明细科目的金额转入投资收益。如果一笔证券买进后，又整笔卖出，证券卖出成本的结转是比较容易的。但证券公司经营的自营证券种类很多，卖出与买进频繁且数量不可能相对应，因此卖出证券的实际成本，需要采用先进先出法、加权平均法、移动平均法等方法计算确定。方法一经确定，不得随意变更，如需变更，应在会计报表附注中说明变更的内容和理由、变更的影响数等。

先进先出法，即售出证券按照最先买入的证券成本核算售出证券的成本。每次购入证券时，按时间的先后顺序，逐笔登记其数量、单价和金额；每次售出证券时，按先购入证券的单价计算售出证券的实际成本。若先购入的数量不够本次发出，则依次从前往后确定售出证券的单价。

加权平均法又称全月一次加权平均法，即售出证券按照现有证券的加权平均成本核算。每次购入证券时，按时间的先后顺序，逐笔登记其数量、单价和金额；售出证券时只登记数量，售出证券总成本＝期初结存金额＋本期买入金额－期末结存金额。

移动平均法又称移动加权平均法，是本次买入证券的成本加原有库存的证券成本，乘以本次买入证券数量加原有存货数量之和，计算加权单价，本次售出证券成本＝本次售出数量×加权单价。

【例6-8】某证券公司的自营证券中，A股票被作为交易性金融资产进行核算和管理，年初存的数量60万股，成本户6500000元，公允价值变动户20000元，本月6日购进20万股，支付实际价款2200000元，15日购进20万股，支付价款2300000元，本月28日售出70万股，获取价款8300000元。出售证券时，自营证券成本按先进先出法结转，会计分录如下：

借：结算备付金——自有　　　　　　8300000
　　贷：交易性金融资产——成本　　　　7600000　（6500000＋2200000×10÷20）
　　　　交易性金融资产——公允价值变动　20000
　　　　投资收益　　　　　　　　　　　680000
借：公允价值变动损益　　　　　　　20000
　　贷：投资收益　　　　　　　　　　　20000

【例 6-9】如在【例 6-8】中，本月 28 日售出证券 100 万股，获取价款 12000000 元，其他资料不变，做会计分录：

借：结算备付金——自有　　　　　　　　　12000000
　　贷：交易性金融资产——成本　　　　　　　　　　11000000
　　　　　　　　　　　　　　　　　(6500000＋2200000＋2300000)
　　　　交易性金融资产——公允价值变动　　　　　　20000
　　　　投资收益　　　　　　　　　　　　　　　　980000
借：公允价值变动损益　　　　　　　　　　　20000
　　贷：投资收益　　　　　　　　　　　　　　　　20000

六、自营证券减值准备的核算

按照规定，企业应当在资产负债表日对以公允价值计量且其变动计入当期损益的金融资产以外的金融资产的账面价值进行检查，有客观证据表明该金融资产发生减值的，应当确认减值损失。可供出售金融资产发生减值的，在确认减值损失时，应当将原直接计入所有者权益的公允价值下降形成的累计损失一并转出，计入减值损失。确定可供出售金融资产发生减值的，按应减记的金额，借记"资产减值损失"科目，按应从所有者权益中转出原计入资本公积的累计损失金额，贷记"资本公积——其他资本公积"科目，按其差额，贷记"可供出售金融资产——公允价值变动"科目。对于已确认减值损失的可供出售金融资产，在随后会计期间内公允价值已上升且客观上与确认原减值损失事项有关的，原确认的减值损失应当予以转回，计入当期损益。但是该转回后的账面价值不应当超过假定不计提减值准备情况下该金融资产在转回日的摊余成本。其会计分录为：

借：可供出售金融资产——公允价值变动
　　贷：资产减值损失

但可供出售金融资产为股票等权益工具投资的（不含在活跃市场上没有报价、公允价值不能可靠计量的权益工具投资），会计分录为：

借：可供出售金融资产（公允价值变动）
　　贷：资本公积——其他资本公积

第四节　证券承销业务的核算

证券承销业务是指证券公司在一级市场接受发行单位的委托，代为办理发售各类证券的业务。如代国家发售国库券、国家重点建设债券，代企业发行集资债券和股票、基金等。证券承销业务根据与发行人确定的发售方式不同，具体又分为：全额承购包销方式的承销业务、余额承购包销方式的承销业务和代销方式的承销业务。

一、会计科目的设置

证券承销业务除设置"交易性金融资产"、"可供出售金融资产"科目以外，还需要设置"代理承销证券款"科目进行核算。

"代理承销证券款"为负债类科目，用来核算证券公司接受委托，采用余额承购包销方式或代销方式承销证券所形成的、应付证券发行人的承销资金。该科目贷方登记证券公司受托代理发行证券时的认购款项；借方登记证券公司向委托方（发行人）支付代发行的证券款项；期末贷方余额反映证券公司承销证券应付未付给委托单位的款项余额。该科目应当按照委托单位和证券种类进行明细核算。

证券公司接受委托采用全额承购包销方式承销的证券，以及采用余额承购包销方式承销的证券、承购的证券，应在收到证券时，将其进行分类。如划分为以公允价值计量且其变动计入当期损益的金融资产，应在"交易性金融资产"科目核算；如划分为可供出售金融资产，应在"可供出售金融资产"科目核算。

二、全额承购包销方式承销证券的核算

全额承购包销是指证券公司与证券发行单位签订合同或协议，由证券公司按合同或协议确定的价格将证券从发行单位购进，并即向发行单位支付全部款项，然后按一定价格在证券一级市场发售的一种代理发行方式。这种发行方式可确保发行单位及时获得所需的资金，对证券公司来说，却要承担全部发行风险。证券公司向发行单位承购证券的价格可能低于或等于或高于证券面值，由双方在协议中确定，但发售价格由证券公司确定，发行单位原则上不干预，证券公司主要是从中赚取证券买卖的差价。证券公司以全额承购包销方式进行承销业务的，应在按承购价格购入待发售的证券时，确认为一项金融资产；公司将证券转售给投资者时，按发行价格进行核算，按已发行证券的承购价格转代发行证券的成本并确认投资收益。发行期结束后，如有未售出的证券，应按自营证券进行核算与管理。

1. 认购证券

证券公司根据协议认购全部证券，按承购价向委托发行单位支付全部证券款项。其会计分录为：

借：交易性金融资产（可供出售金融资产）
　　贷：银行存款

2. 发售证券

证券公司将证券向市场发售或转售给投资者，按发行价办理核算。同时按照承购价转售出证券的实际成本，差额确认为投资收益。其会计分录为：

借：银行存款

贷：交易性金融资产（可供出售金融资产）
　　　投资收益
　3. 未售证券转自营证券
　发行期结束，未售出的证券按自营证券进行管理，按照自营证券有关规定进行会计核算。

三、余额承购包销方式承销证券的核算

余额承购包销是指发行人委托承销机构在约定期限内发行证券，到销售截止日期，未售出的余额由承销商按协议价格认购。证券公司以余额承购包销方式进行承销业务的，收到代发行单位发售的证券时，在备查簿中记录承销证券的情况。备查簿中登记代销证券的发行单位、承销价格、承销数量、承销期限等有关项目。证券承销期内，按承销价格销售证券。承销期结束后，与发行单位结算承销证券款项和手续费，如果有未发售完的证券，按规定由企业认购。代发行证券收取的手续费，应于发行期结束后，与发行单位结算发行价款时确认。

（一）承销无记名证券的核算

（1）收到委托发行的证券。证券公司收到委托单位委托发行的证券时，应作为重要凭证保管，并在备查簿中记录承销证券的情况。

（2）承销期内发售证券。在约定的期限内售出证券时，应按承销价格记账，其会计分录为：

借：银行存款（或库存现金）
　　贷：代理承销证券款

（3）承销期末认购未售证券。承销期末，如有未售出的证券，采用余额承购包销方式承销证券的，按合同规定由证券公司认购，应按承销价格，借记"交易性金融资产"、"可供出售金融资产"等科目，贷记"代理承销证券款"科目。其会计分录为：

借：交易性金融资产（可供出售金融资产）
　　贷：代理承销证券款

（4）承销期末划转销售款项。承销期末，将募集资金付给委托单位并收取手续费，应按承销价格，借记"代理承销证券款"科目，按实际支付给委托单位的金额，贷记"银行存款"科目，按应收取的手续费，贷记"手续费及佣金收入"科目；同时，冲销备查簿中登记的承销证券。其会计分录为：

借：代理承销证券款
　　贷：银行存款
　　　　手续费及佣金收入——代理承销证券手续费收入

（二）承销记名证券的核算

（1）上网发行证券。证券公司通过证券交易所上网发行的，在证券上网发行日，根据承销合同确认的证券发行总额，按承销价格，在备查簿中记录承销证券的情况。

(2)交割清算与证券交易所交割清算,按实际收到的金额,借记"清算备付金"等科目,贷记"代理承销证券款"科目。

(3)承销期末划转销售款项。承销期结束,将承销证券款项交付委托单位并收取承销手续费,按承销价款,借记"代理承销证券款"科目,按应收取的承销手续费,贷记"手续费及佣金收入"科目,按实际支付给委托单位的金额,贷记"银行存款"等科目。

(4)承销期结束,认购未售证券承销期结束,如有未售出的证券,采用余额承购包销方式承销证券的,按合同规定由企业认购,应按承销价款,借记"交易性金融资产"、"可供出售金融资产"等科目,贷记"代理承销证券款"科目。

【例6-10】某证券公司与客户签订合同,采用余额包销方式代客户发行股票。客户交来股票5000万股,每股1元,代发行手续费为0.2%。发行期结束时尚有100万元未售出,预计4个月内可以上市交易,公司将其转为自营证券处理。

(1)发行期结束,与证券交易所交割清算时,会计分录为:

借:结算备付金　　　　　　　　　　　　　　　49000000
　　贷:代理承销证券款　　　　　　　　　　　　　　　49000000

(2)发行期结束时,公司将未售出的100万元转为公司自营证券,会计分录为:

借:交易性金融资产　　　　　　　　　　　　　1000000
　　贷:代理承销证券款　　　　　　　　　　　　　　　1000000

(3)将代发行证券款划交客户,并从中扣收手续费10万元,会计分录为:

借:代理承销证券款　　　　　　　　　　　　　50000000
　　贷:银行存款　　　　　　　　　　　　　　　　　49900000
　　　　手续费及佣金收入　　　　　　　　　　　　　　100000

四、代销方式承销证券的核算

代销方式承销证券是指证券公司接受发行单位委托,按照规定的条件,在约定的期限内,代为向投资者销售证券,发行期末,债券未按原定发行额售出部分退回发行单位,代销证券的证券公司向委托人收取手续费,不承担任何发行风险。在代销过程中,承销机构与发行人之间是代理委托关系,承销机构不承担销售风险,因此代销佣金很低,代销发行比较适合于那些信誉好、知名度高的大中型企业。它们的证券容易被社会公众所接受,用代销方式可以降低发行成本。

证券公司以代销方式进行承销业务的,收到代发行单位发售的证券时,应在备查簿中记录承销证券的情况。备查簿中登记代销证券的发行单位、承销价格、承销数量、承销期限等有关项目。证券承销期内,按承销价格销售证券。承销期结束后,与发行单位计算承销证券款项和手续费,如果有未发售完的证券,应退还给发行单位。代发行证券收取的手续费,应于发行期结束后,与发行单位结算发行价款时确认为手续费及佣金收入。

证券公司采用代销方式承销证券,收到代销证券、承销期内发售证券、承销期结束划转销售款项及收取手续费的账务处理与采用余额包销方式承销证券相同,只是在承销期结束后,如有未售出的证券,在采用代销方式承销证券时,应将未售出的证券退还给委托单位,并冲销备查簿中登记的承销证券。

【例6-11】国泰证券公司与航海公司确定股票代销协议,代销航海公司股票8000万股。代销协议规定,航海公司股票的发行价格为每股4.18元,发行期20天,发行手续费按实际发行股票总额的0.1%收取。发行期结束后,未售出的股票退回航海公司。

(1)收到代发行单位发售的证券时,在备查簿中登记代销证券的发行单位、承销价格、承销数量、承销期限等有关项目。

(2)承销期内,实际售出航海公司股票的70%,会计分录为:

实际售出航海公司股票款=8000×70%×4.18=23408(万元)

借:银行存款　　　　　　　　　　234080000
　　贷:代理承销证券款　　　　　　　　　　234080000

(3)向航海公司支付股票发行款,同时从发行款中扣收手续费。会计分录为:

借:代理承销证券款　　　　　　　　234080000
　　贷:银行存款　　　　　　　　　　　　　233845920
　　　　手续费及佣金收入　　　　　　　　　　234080

(4)将未售出的证券退还给航海公司,并冲销备查簿中登记的承销证券。

【例6-12】航海公司股票若采取网上发行方式,其会计处理与【例6-11】有所不同。

(1)收到代发行单位发售的证券时,在备查簿中登记代销证券的发行单位、承销价格、承销数量、承销期限等有关项目。

(2)承销期内,实际售出航海公司股票的70%,应向证券交易所缴纳上网费为819280元。国泰证券公司与证券交易所办理交割清算时,会计分录为:

借:结算备付金　　　　　　　　　　233260720（234080000-819280）
　　应收款项　　　　　　　　　　　　819280
　　贷:代理承销证券款　　　　　　　　　　234080000

(3)向航海公司支付股票发行款,同时从发行款中扣收手续费和上网费。会计分录为:

借:代理承销证券款　　　　　　　　234080000
　　贷:手续费及佣金收入　　　　　　　　　　234080
　　　　应收款项　　　　　　　　　　　　　819280
　　　　银行存款　　　　　　　　　　　　　233026640

(4)将未售出的证券退还给航海公司,并冲销备查簿中登记的承销证券。

第五节　其他证券业务的核算

其他证券业务是指证券公司经批准在国家许可的范围内进行的除经纪、自营和承销业务以外的其他与证券有关的业务。如买入返售证券业务、卖出回购证券业务、受托资产管理业务等与证券业务有关的业务。

一、会计科目的设置

证券公司从事买入返售证券、卖出回购证券、受托资产管理等其他证券业务，应设置"买入返售金融资产"、"卖出回购金融资产款"、"代理业务资产"、"代理业务负债"等科目进行核算。

（1）"买入返售金融资产"科目。该科目为资产类科目，核算证券公司按返售协议约定先买入再按固定价格返售给卖出方的证券等金融资产所融出的资金。该科目借方登记证券公司按规定买入返售证券实际支付的款项；贷方登记证券返售时转出的账面余额；期末借方余额反映证券公司已经买入尚未到期返售证券的摊余成本。本科目应当按照买入返售金融资产的类别和融资方进行明细核算。

（2）"卖出回购金融资产款"科目。该科目为负债类科目，核算证券公司按回购协议先卖出再按固定价格买入的证券等金融资产所融入的资金。该科目贷方登记证券公司按规定卖出证券实际收到的款项；借方登记证券回购时转出的账面余额；期末贷方余额反映证券公司尚未到期的卖出回购证券款。该科目应当按照卖出回购金融资产的类别和融资方进行明细核算。

（3）"代理业务资产"科目。该科目为资产类科目，核算证券公司不承担风险的代理业务形成的资产，如受托理财业务进行的证券投资和受托贷款等。证券公司的代理买卖证券、代理承销证券、代理兑付证券不在该科目核算。该科目借方登记用代理业务资金购买证券的实际成本、卖出证券发生的亏损以及结转的投资收益；贷方登记已售证券的成本、卖出证券形成的收益以及结转的投资损失；期末借方余额反映证券公司代理业务资产的价值。该科目可按委托单位、资产管理类别（如定向、集合和专项资产管理业务）、贷款对象，分"成本"、"已实现未算损益"等项目进行明细核算。

（4）"代理业务负债"科目。该科目为负债类科目，核算证券公司不承担风险的代理业务收到的款项，如受托投资资金、受托贷款资金等。证券公司的代理买卖证券款、代理承销证券款、代理兑付证券款，不在该科目核算。该科目贷方登记收到的代理业务款项和属于委托单位的投资收益；借方登记受托投资过程中应由委托单位负担的损失和按规定划转、核销或退还委托单位的代理业务资金；期末贷方余额反映证券公司收到的代理业务资金。该科目可按委托单位、资产管理类别（如定向、集合和专项资产管理业务）等进行明细核算。

二、买入返售证券的核算

买入返售证券业务，是指证券公司与其他企业以合同或协议的方式，按一定价格买入证券，到期日再按合同规定的价格将该批证券返售给对方，以获取买入价与卖出价的差价收入。公司应于买入某种证券时，按实际发生的成本确认为一项资产；证券到期返售时，按返售价格与账面价值的差额，确认为当期收入。

1. 买入返售证券

证券公司根据返售协议购入返售证券时，应按实际支付的款项和交易费用之和确定买入返售证券的初始确认金额。其会计分录为：

借：买入返售金融资产
　　贷：银行存款（结算备付金）

2. 期末计息或分红

资产负债表日，计提买入返售证券利息收入时，应按计算确定的买入返售证券的利息收入，做会计分录：

借：应收利息
　　贷：利息收入

收到支付的买入返售证券的利息时，其会计分录为：

借：银行存款（结算备付金）
　　贷：应收利息

返售证券宣布发放现金股利，按照返售证券的持有量计算返售证券应收的现金股利，做会计分录：

借：应收股利
　　贷：投资收益

收到支付的买入返售证券的现金股利时，做会计分录：

借：银行存款（结算备付金）
　　贷：应收股利

3. 返售证券

按照协议，返售到期日按合同规定的价格将该批证券返售给对方，其会计分录为：

借：银行存款（结算备付金）（实际收到的金额）
　　贷：买入返售金融资产（账面余额）
　　　　利息收入（投资收益）（借、贷方差额）

【例6-13】某证券公司与客户签订协议，从深圳证券交易所买入2009年国债100万元，合同买入价为每百元105元，合同返售价为每百元109元，期限3个月。

（1）买入国债时，会计分录为：

借：买入返售金融资产　　　　　　　　　　　　1050000
　　贷：结算备付金　　　　　　　　　　　　　　　　1050000

（2）3个月后按合同返售时，会计分录为：

借：结算备付金　　　　　　　　　　　　　　　1090000
　　贷：买入返售金融资产　　　　　　　　　　　　　1050000
　　　　利息收入　　　　　　　　　　　　　　　　　　40000

三、卖出回购证券的核算

卖出回购证券业务，是指证券公司与其他企业以合同或协议的方式，按一定价格卖出证券，到期日再按合同规定的价格买回该批证券，以获得一定时期内资金的使用权。公司应于卖出证券时，按实际收到的款项确认为一项负债；证券到期购回时，按实际支付的款项与卖出证券时实际收到的款项的差额，确认为当期费用。

（1）卖出回购证券。证券公司根据回购协议卖出回购证券时，应按实际收到的金额入账，其会计分录为：

借：银行存款（结算备付金）
　　贷：卖出回购金融资产款

（2）期末计息。资产负债表日，计提卖出回购证券利息费用时，应按计算确定的卖出回购证券的利息费用，做会计分录：

借：利息支出
　　贷：应付利息

（3）回购证券。按照协议，回购到期日按合同规定的价格将该批证券从对方回购，其会计分录为：

借：卖出回购金融资产款（账面余额）
　　应付利息（账面余额）
　　利息支出（借、贷方差额）
　　贷：银行存款（结算备付金）（实际支付的金额）

【例6-14】某证券公司与客户签订协议，通过深圳证券交易所卖给客户2010年国债200万元，合同卖出价为每百元103元，合同回购价为每百元106元，期限为5个月。

（1）卖出国债时，会计分录为：

借：结算备付金　　　　　　　　　　　　1030000
　　贷：卖出回购金融资产款　　　　　　　　　　1030000

（2）5个月后按合同回购证券时，会计分录为：

借：卖出回购金融资产款　　　　　　　　1030000
　　利息支出　　　　　　　　　　　　　　30000
　　贷：结算备付金　　　　　　　　　　　　　　1060000

四、受托资产管理的核算

受托资产管理业务，是指证券公司接受委托负责经营管理受托资产的业务。公司受托经营管理资产，应按实际受托资产的款项，同时确认为一项资产和一项负债；合同到期，与委托单位结算收益或损失时，按合同规定比例计算的应由证券公司享有的收益或承担的损失，确认为当期的收益或损失。

公司收到代理业务款项时,其会计分录为:
借:银行存款(结算备付金等)
　　贷:代理业务负债
公司用代理业务资金购买证券等时,其会计分录为:
借:代理业务资产——成本
　　贷:结算备付金——客户

将购买的证券卖出时,应按实际收到的金额,借记"结算备付金——客户"等科目,按卖出证券应转的成本,贷记"代理业务资产——成本"科目,按其差额,借记或贷记"代理业务资产——已实现未结算损益"科目。

定期或在委托合同到期与委托客户进行结算时,按合同约定比例计算其代理业务资产收益中属于委托客户的收益和属于证券公司的收益,并结转已实现未结算的损益。其会计分录为:
借:代理业务资产——已实现未结算损益
　　贷:代理业务负债(委托客户的收益)
　　　　手续费及佣金收入(本公司的收益)

代理业务资产发生亏损时,按合同约定比例计算其代理业务资产损失中属于委托客户的损失和属于证券公司的损失,并结转已实现未结算的损益。其会计分录为:
借:代理业务负债
　　手续费及佣金支出
　　贷:代理业务资产——已实现未结算损益

按规定划转、核销或退还代理业务资金时,其会计分录为:
借:代理业务负债
　　贷:银行存款(或其他科目)

五、交易席位费、交易保证金的核算

(一) 交易席位费的核算

证券公司参与证券交易所的证券交易必须首先购买交易席位。证券交易所的会员要取得席位,必须向证券交易所缴足席位费,席位费的数目由证券交易所决定。交易席位费主要是弥补证券交易所为会员提供席位进行交易而花费的成本,包括建造交易大厅,安装各种交易设施及配备相应的管理人员等。会员一旦拥有席位,不允许退。但是,在一定条件下,席位可以转让。一般规定,会员在至少保留一个席位的前提下允许转让席位。

交易席位费分席位费和年费两种。席位费指公司为取得席位而一次缴纳的费用,年费指使用席位而每年缴纳的费用。按照会计制度的规定,一次缴纳的交易席位费应从公司开始经营或受让的当月起,按 10 年的期限平均摊销。

交易席位费的核算设置了"交易席位费"科目,该科目核算公司向证券交易所支付

的交易席位费。本科目应按交易席位号设置明细账。本科目期末借方余额,反映公司支付的交易席位费的摊余价值。交易席位费不多的企业,也可不单设本科目核算,而将其并在"无形资产"科目核算。

公司支付的交易席位费,做会计分录:
借:交易席位费
　　贷:银行存款

交易席位费摊销时,做会计分录:
借:业务及管理费
　　贷:交易席位费

公司转让交易席位,按转让收入,做会计分录:
借:银行存款
　　贷:其他业务收入

结转交易席位费的摊余价值,做会计分录:
借:其他业务支出
　　贷:交易席位费

证券公司每年向证券交易所缴纳的年费,应在缴纳时直接计入当期业务及管理费。

(二) 交易保证金的核算

证券公司除需在证券交易所指定的银行交存足额的结算备付金外,还必须向证券交易所交存足额的交易保证金。交易保证金由证券交易所专户存储,当证券公司不能如期履行交割义务时,由证券交易所动用交易保证金先为垫付。交易保证金除法院强制执行外,证券公司不得动用。证券公司如因转让交易席位,在结清一切账目后,证券交易所退还其交存的交易保证金。

交易保证金的核算设置了"存出保证金"科目,该科目为资产类科目,核算公司向证券交易所交存的交易保证金。公司交存的交易保证金,借记本科目,贷记"银行存款"等科目;收回交易保证金做相反会计分录。本科目应按收取交易保证金的单位(如上海证券交易所、深圳证券交易所)设置明细账。本科目期末借方余额,反映公司交存的交易保证金。

本章小结

证券公司的主要业务包括证券经纪业务、证券自营业务、证券承销业务和国务院证券监督管理机构核定的其他证券业务四种。证券经纪业务按其种类可分为代理买卖证券业务、代理兑付证券业务和代理保管证券业务。在代理业务中,代理买卖证券业务、代理兑付证券业务纳入账内核算,而代理保管证券业务,不纳入表内核算,只在专设的备查簿中设置"代保管证券"这一表外科目记录代保管证券的情况。证券自营业务包括买入证券业务和卖出证券业务。自营买入证券在初始确认时划分为交易性金融资产和可供出售金融资产,在证券持有和卖出时进行相应的会计处理。期末,对可供出售金融资产计提减值准备。证券承销业务按与发行人确定的发售方式不同,具体又包括全额承购包销方式的承销业务、余额承购包销方式的承销业务和代销方式的承销业务。其他证券业务是指证券公司经批准在国家许可的范围内进行的除经纪、自营和承销业务以外的与证券有关的业务，如买入返售业务、卖出回购业务、受托资产管理业务等与证券业务有关的业务。

思考题

1. 证券公司的主要业务有哪些？
2. 什么是证券经纪业务？主要包括哪些核算内容？
3. 什么是证券自营业务？如何进行分类核算？
4. 什么是证券承销业务？证券承销方式有哪几种？
5. 证券承销业务中余额包销方式与代销方式在核算方法上有何区别？
6. 买入返售业务与卖出回购业务的核算有何区别？

练习题

1. 长江证券公司代理客户认购新股，收到客户认购款项 300000 元，为客户办理申购手续。证券交易所完成中签认定工作，将未中签资金 298000 元退给客户。中签交付的认股款项为 3000 元，手续费率为 0.3%，由发行公司支付并已收到。

2. 长江证券公司 2010 年 3 月 6 日的代理客户买卖证券成交清算业务汇总表如下：

单位：元

类别	买入汇总	卖出汇总	合计
成交笔数（笔）	126	82	208
成交数量（股）	164580	101126	265706
成交金额	2403608.71	1313805.85	3717414.56
标准佣金	8425.38	4605.21	13030.59
印花税	9614.45	5255.18	14869.63
交易费（证券公司支付）			976.31

要求：

根据以上资料编制长江证券公司的会计分录。

3. 2010 年 6 月 1 日，长江证券公司购入一批债券，作为交易性金融资产进行核算和管理，实际支付价款 31000 元，另支付相关交易费用 530 元，均以银行存款支付。6 月 31 日，该批债券的公允价值余额为 31500 元。7 月 20 日，出售持有的该项交易性金融资产，收到价款 32000 元。

4. 长江证券公司采用代销方式代理发行某公司债券 600 万元，按面值发行。6 月 8 日调入现券，6 月 10 日开始发行，发行期 3 个月，发行期满，尚剩余 30 万元未发行。按 0.3% 计收取手续费（单独计算）。

5. 长江证券公司 3 月 5 日与某钢厂签订协议，以每份 1005 元的价格买入该企业拥有的2010年发行的国债1000份,国债每份面值1000元。回购合同约定120天后以每份协议价1009元的价格购回。

6.某证券公司与客户签订合同,采用余额包销方式代客户发行股票。客户交来股票6000万股,每股1元,代发行手续费为0.3%。发行期结束时尚有800万元未售出,预计5个月内可以上市交易,公司将其转为自营证券处理。

第七章　保险公司业务的核算

学习目的与要求

通过本章学习，掌握保险业务会计核算的特点，区分财产保险业务、人身保险业务、再保险业务的会计核算方法，并能在会计实务中灵活运用这些知识解决实际问题。

保险业务是金融业务的重要组成部分，目前由保险公司专门经营。但随着社会的发展，金融体制改革的深入和金融监管的不断完善，金融业混业经营已是大势所趋。在我国，保险业是国民经济活动中必不可少的环节，是我国经济补偿制度的重要组成部分。通过保险业务的核算，能够正确反映保险公司经营活动情况，对于合理分配和使用社会保险基金，使其保值、增值，充分发挥保险业的职能，促进社会稳定和国民经济的协调发展具有重要的现实意义。

第一节　保险业务概述

一、保险公司业务概述

（一）保险及保险公司的概念

保险是投保人依据合同约定，向保险人支付保险费，保险人对合同约定的可能发生的事故因其发生所造成的财产损失承担赔偿保险金责任，或者当被保险人死亡、伤残、疾病或者达到合同约定的年龄、期限时承担给付保险金责任的商业保险行为。从经济角度来说，保险是分摊意外事故损失的一种安排。投保人参加保险，是为了将其不确定的大额损失变成确定的小额支出，即保险费。同时，保险公司可以集中大量同类风险，借助大数法则来正确预见损失发生额，并依据保险标的损失频率制定保险费率。通过向所有被保险人收取保险费建立保险基金，用于补偿少数被保险人遭受的意外事故损失。

保险公司，是经保险监督管理机构批准设立，并依法登记注册的经营保险业务的企业。

(二) 保险公司业务的分类

1. 按保险保障范围的不同分为财产保险和人身保险

财产保险是以投保人的财产及其有关利益、责任为保险标的的保险，它是与人身保险相对应的概念。财产保险多属短期保险，保险期限通常为1年或1年之内，包括财产损失保险、责任保险、信用保险等。

（1）财产损失保险。它是以有形的物质财产为保险标的，对因自然灾害或意外事故所造成的财产损失给予经济补偿的一种保险，又称普通财产保险，包括火灾险、货物运输险、工程保险等。

（2）责任保险。它是以被保险人可能的民事损害赔偿责任为保险标的的保险。

（3）信用保险。它是以信用风险为保险标的的保险。常见的险种有：一般商业信用保险和进出口信用保险。

人身保险是以人的寿命、身体或劳动能力为保险标的的保险。保险人通过与投保人签订保险合同，向投保人收取一定保费后，在被保险人因疾病或遭遇意外事故致伤或死亡或达到合同约定的年龄、期限时承担给付保险金责任的保险行为。主要包括人寿保险、健康保险和人身意外伤害保险。

2. 按业务承保方式分为原保险和再保险

原保险又称直接保险，是指保险人直接承保，向投保人收取保费并与其签订保险合同，构成保险人权利与义务的保险。即投保人将风险转嫁给保险人。原保险业务分为寿险业务和非寿险业务，根据我国《保险法》规定，同一保险人不得兼营财产保险和人寿保险业务；但是经营财产保险业务的公司经保险监督管理机构核定，可以经营短期健康和意外伤害保险业务。

再保险也称分保，是指保险公司在直接承保合同的基础上，通过签订分保合同，将其承保的风险部分或全部转移给其他保险人的行为。可见，再保险是对保险人的保险。

二、保险公司会计概述

(一) 保险公司会计核算的特点

保险公司作为我国金融企业的重要组成部分，其出售的是对投保人未来可能发生的损失予以赔偿或给付的承诺。保险公司业务的会计核算既有别于一般的工商企业，与商业银行等其他金融企业相比，也存在很大的区别。归纳起来，保险公司业务会计核算的特点主要表现在以下几个方面：

1. 各险种类别独立建账，独立核算盈亏

保险公司所经营的各项业务，在会计核算中，按险种类别划分，各险种类别之间在业务经营期限、币种、赔付方式、收费方式上都存在很大的差别，因此，应分账核算。

2. 会计计量需要运用保险精算技术

保险公司的业务表现为根据保险单（保险合同）向投保人收取保险费，并在合同有效期内承担相应的保险责任。为了保证向保险受益人提供赔偿或给付的义务，在向其支付赔偿或给付以前，保险公司应建立责任准备金。保险公司责任准备金的计算十分复杂，需要运用保险精算技术才能确定。

3. 资产构成以金融资产为主

保险公司的流动资产中，实物形态的资产所占的比例很小，其收取的保费所形成的保险基金，主要以银行存款、债券等形式进行投资，因此，金融资产所占的比重很大。而且根据有关规定，保险公司一经成立，必须将其注册资本总额的20%作为法定保证金存入保险监督管理部门指定的银行，除公司清算时用于清偿债务外不得动用。这一规定也使得保险公司资产的构成具有特殊性。

4. 各种准备金是保险公司特有的负债

由于保险公司的经营风险很大，为了防范风险和保障投保人的权益，必须按《企业会计准则》的规定，计提各种准备金。因此，保险公司的负债，除了一般的结算性、金融性负债外，还包括其为履行未来赔付责任而从所收取的保费中提取的各种准备金所形成的负债。如为尚未终止的非寿险保险责任提取的未到期责任准备金；为非寿险保险事故已发生尚未结案的赔案提取的未决赔款准备金，为尚未终止的人寿保险责任提取的寿险责任准备金；为尚未终止的长期健康保险责任提取的长期健康险责任准备金等。

（二）保险公司业务会计核算应设置的特殊会计科目

根据2006年发布的《企业会计准则应用指南》的规定，保险公司应设置的特殊会计科目，见第一章第三节。

第二节 财产保险业务的核算

财产保险业务的核算主要包括以下三项内容：保费收入、赔付支出和财产准备金等。

一、财产保险保费收入的核算

保费收入是保险公司销售保险产品取得的收入，是保险公司主要的收入项目。保险公司依靠其收取的保费建立有关保险责任准备金，从而实现对被保险人因事故所损失的经济补偿。保费收入的大小，反映了保险公司承保能力的大小和保障责任的大小。

（一）保费的构成与计算

保费是投保人购买保险服务产品的价格，也是保险经营的物质基础。投保人交与的保费通常由纯保费和附加保费两部分构成。其中，纯保费是保险人用来建立保险基金，将来用于未来赔付的那部分保费，也称净保费；附加保费主要用于保险人的各项业务开支和预期利润，包括职工工资、业务费、企业管理费、代理手续费、税金、利润等。

一般情况下，保费的计算需要考虑三个因素，即保险金额、保险费率和保险期限。其计算公式是：

保费＝保险金额×保险费率×保险期限

如果是第三者责任险，还要考虑第三者固定保险费，其计算公式是：

保费＝保险金额×保险费率×保险期限＋第三者固定保险费

由上可知，保费数额的多少与保险金额和保险费率的高低成正比。保费计算的关键在于确定合理的保险费率。

保险费率的确定包括纯费率的确定和附加费率的确定两项内容。纯费率的确定：纯费率应当等于损失概率，因此，纯费率的确定，可以从损失概率入手。损失概率是反映未来保额损失的可能性，我们可以利用过去的资料来推断这种可能性的大小，即损失概率。

1. 纯费率的确定

在实务中，通常选择一组适当的历年保额损失率，计算其算术平均值，得出平均保额损失率，用以近似代替损失概率，进而确定纯费率。主要有以下三种方法：

（1）保额损失率。是指同类业务一定期间保险赔款金额与保险金额之比。它是由该类保险标的平均出险次数、毁损率、毁损程度和受损标的平均保额与所有保险标的平均保额之比四个因素决定的。关于保额损失率，需要指出两点：①保额损失率不是保险标的损失额与保额之比，而是赔款额与保额之比。在保险实务中，金融企业并不是对所有保险标的损失都予以赔偿。事实上，由于各种赔偿方式和保险责任的具体规定，从事保险业务的金融企业实际赔偿的损失即赔偿金额与标的实际损失金额总是有差异的，而二者之中赔偿金额更符合从事保险业务的金融企业的赔偿责任。②数据必须源于从事保险业务的金融企业的经验。为求未来的损失概率，我们需要借助过去的经验，即过去的保额损失率。但要注意，这必须是源于从事保险业务的金融企业的经验数据，而不是出自社会的财产损失统计资料。事实上，保险财产的损失率一般要高于社会平均财产损失率。所以计算保费时只有使用从事保险业务的金融企业的经验数据，才是公平合理的，才能保证从事保险业务的金融企业的财务稳定性。

（2）历年保额损失率的选择。为使平均保额损失率能较精确地替代损失概率，必须选择适当的历年保额损失率。因为对于过去真实情况的反映越是准确，它与未来损失概率就越接近。所谓"适当"是指：①必须有足够的年数。一般地说，至少需要有保险事故发生比较正常的连续 5 年保额损失率。②每年的保额损失率必须基于大量的统计资料。③这一组保额损失率必须是稳定的。

（3）附加均方差，确定纯费率。根据一组适当的保额损失率，我们能够得到纯费率的近似值——平均保额损失率，但还不能直接把它定为纯费率。事实上，平均保额损失率既然是以往各年份保额损失率的算术平均值，那就必然有些年份的保额损失率比它高，而有些年份的保额损失率比它低。倘若我们直接以平均保额损失率为纯费率，则一般说来每两年就会有一年的赔偿金额超过当年的纯保费。为了减少不利年份（即赔偿金额超过纯保费的年份）的出现，通常采用在平均保额损失率上附加这组年保额损失率的一次、二次或若干次均方差的方法来确定纯费率。附加均方差次数越多，赔偿金额超过纯保费的可能性就越小，这对金融企业来说，得到的保障就越多，但对于投保人来说，负担也就越重。

2. 附加费率的确定

一般按单位保额所需的附加费用来确定。在实务中通常按保险费的一定比例提取附加保费，公式如下：

附加费率＝保险费×按保险费提取附加保费的比例÷保险金额

附加费率也可按纯费率的一定比例确定，公式如下：

附加费率＝纯费率×X%

此外，由于保险险种不同，收取保费的方式不同，所以保费的计算方法也是不完全相同的。财产保险业务收取保费的方式主要有两种：一种是按保险合同规定直接向投保人收取保费；另一种是以保户储金利息作为保费。在按保险合同规定直接向投保人收取保费的情况下，保费根据以上公式计算；在以保户储金利息作为保费的情况下，保费是保户储金存入银行或者进行投资产生的利息或取得的投资收益，投保人交纳的款项作为负债核算。

（二）保费收入的确认与计量

1. 保费收入的确认

根据《企业会计准则第25号——原保险合同》的规定，保费收入应同时满足下列条件才能予以确认：①原保险合同成立并承担相应保险责任。②与原保险合同相关的经济利益能够流入。③与原保险合同相关的收入能够可靠地计量。

从事保险业务的金融企业接受投保人投保，首先要根据适用的保费标准和投保人的保险金额，计算投保人应缴纳的保费，经双方同意并签订保险合同后，如果保费收入确认的三个条件均得到满足，从事保险业务的金融企业应确认保费收入。由于财产保险合同一般是签单生效，即保险合同一经签订，保险合同成立，从事保险业务的金融企业开始承担保险责任；并且由于财产保险合同期限一般较短，通常短于一年，保费金额可以确定，收取保费的可能性也通常大于不能收取保费的可能性，因此，在实际工作中，财产保险合同一般是于签单时确认保费收入。但是，财产保险合同也存在签单日与承担保险责任日不一致的情况，如货物运输保险合同，签订保险合同是一个日期，承担保险责任又是另一个日期，在此情况下，签单收取的保费应作预收款处理，待承担保险责任时再转作保费收入。

此外，由于财产保险合同存在不可预见的损失风险，如国家政治、政策风险，地震、洪水等巨灾风险，因此，有时存在收到金额的可能性小于不能收到金额的可能性的情况，这种情况一旦出现，从事保险业务的金融企业不能确认保费收入，而应于实际收到保费时确认。例如，某从事保险业务的金融企业为某单位宾馆建设承保，该宾馆建设期为三年，该金融企业采取分期收款的方式收取保费，收款期也是三年。第一年，该金融企业如期收到保费，按规定可以确认保费收入；第二年，该金融企业获悉国家将下令停止楼堂馆所的建设，该宾馆列入停建范围的可能性很大，在此情况下，该金融企业在收到保费前不应确认保费收入。

2. 保费收入的计量

不同种类的原保险合同性质不同,其保费收入的计量方法也不相同。根据《企业会计准则第25号——原保险合同》的规定,非寿险原保险合同的保费收入金额,应当根据原保险合同约定的保费总额确定。

(三) 保费收入核算应设置的会计科目

为了反映和监督财产保险业务保费收入的增减变动情况,主要应设置"保费收入"、"应收保费"、"坏账准备"、"预收保费"和"保户储金"等科目进行核算。

(1) "保费收入"科目。该科目为收入损益类科目,核算保险公司承保业务确认的保费收入。其贷方登记保险公司确认的保费收入及分保费收入调整增加的金额,借方登记发生的退保费、续保时的折扣、无赔款优待及分保费收入调整减少的金额。期末,应将该科目余额转入"本年利润"科目,结转后该科目无余额。该科目可按保险合同和险种进行明细核算。

(2) "应收保费"科目。该科目为资产类科目,核算保险公司按照原保险合同约定应向投保人收取的保费。其借方登记保险公司发生的应收保费及已确认为坏账并转销的应收保费又收回的金额,贷方登记收回的应收保费及确认为坏账而冲销的应收保费,期末借方余额,反映保险公司尚未收回的保费。该科目可按投保人进行明细核算。

(3) "坏账准备"科目。该科目为应收款项的备抵科目,核算保险公司按规定提取的应收款项的坏账准备。实际发生坏账时,借记本科目直接冲减已计提坏账准备,同时转销相应的应收保费。

(4) "预收保费"科目。该科目为负债类科目,核算保险公司收到的未满足保费收入确认条件的保费。其贷方登记预收的保费,借方登记保费收入实现时结转保费收入的金额,期末贷方余额,反映保险公司向投保人预收的保费。该科目可按投保人进行明细核算。

(5) "保户储金"科目。该科目为负债类科目,核算保险公司收到投保人以储金本金增值作为保费收入的储金。保险公司收到投保人投资型保险业务的投资款,可将该科目改为"保户投资款"科目。保险公司应向投保人支付的储金或投资款增值,也在该科目核算。"保户储金"科目贷方登记收到投保人交纳的储金,借方登记向投保人支付的储金,期末贷方余额,反映保险公司应付未付投保人储金。该科目可按投保人进行明细核算。

(四) 保费收入的账务处理

保费是会计部门以业务部门出具的"保费日报表"或"保费收据"作为原始凭证,编制记账凭证后入账的。各种保险收取保费方式主要有保户按规定的保险费直接以现金或银行存款交给保险公司和以保户储金的收益作为保费两种形式,因此,收取保费的核算也有两种情况。保费收入的账务处理包括取得和期末结转两个环节。

取得时,会计分录为:

借:库存现金、银行存款、预收保费、应收保费、应收利息等
　　贷:保费收入

期末结转时，会计分录为：
借：保费收入
　　贷：本年利润

1. 直接缴纳保费的核算

（1）签发保单时保费一次付清的核算。

【例7-1】中国太平洋财产保险公司与维普公司签订一份财产保险合同，承保金额2亿元，保险期限为1年，保险费率为1‰，维普公司一次性付清保费。保险公司编制的会计分录为：

借：银行存款　　　　　　　　　　　　　2000000
　　贷：保费收入　　　　　　　　　　　　　　　　2000000

（2）预收保费的核算。如果发生保险客户提前缴费或缴纳保费在前、承担保险责任在后的业务，则应作为预收保费入账，到期再转入保费收入。

【例7-2】2013年1月5日，中国人民财产保险公司收到顺丰快递公司交来的货运险保费50000元，该业务于2月5日起承担保险责任。保险公司编制会计分录为：

1月5日，预收保费时，会计分录为：

借：银行存款　　　　　　　　　　　　　50000
　　贷：预收保费——顺丰快递公司　　　　　　　50000

2月5日，保费收入实现时，会计分录为：

借：预收保费——顺丰快递公司　　　　　50000
　　贷：保费收入——货运险　　　　　　　　　　50000

（3）分期缴费的核算。由于保险一经签单，全部保费均确认为保费收入，因此，在分期缴纳保费的情况下，未收款部分计入"应收保费"科目。"应收保费"应按规定计提坏账准备。

【例7-3】新世纪百货公司与中国平安财产保险公司签订一份财产综合险保单，约定保费200000元，分期付款。保险公司首期已收到50000元，其余保费分5期，每期收取30000元。

（1）保险公司首期收款并发生应收保费时，会计分录为：

借：银行存款　　　　　　　　　　　　　50000
　　应收保费——新世纪百货公司　　　　150000
　　贷：保费收入　　　　　　　　　　　　　　　200000

（2）以后各期收到应收保费时，会计分录为：

借：银行存款　　　　　　　　　　　　　30000
　　贷：应收保费——新世纪百货公司　　　　　　30000

（3）最后一期保费未收到已有三年以上，经确认为坏账，会计分录为：

借：坏账准备　　　　　　　　　　　　　30000
　　贷：应收保费——新世纪百货公司　　　　　　30000

（4）上述已转销的应收保费以后又收到时，会计分录为：

借：应收保费——新世纪百货公司　　　　　　　　30000
　　　贷：坏账准备　　　　　　　　　　　　　　　　　　　　30000
同时做会计分录：
借：银行存款　　　　　　　　　　　　　　　　　30000
　　　贷：应收保费——新世纪百货公司　　　　　　　　　　　30000

2. 以保户储金收益转作保费的核算

这种保费收取方式主要适用于财产保险业务中的两全保险，如家财两全险，即以家庭财产作为保险标的，当财产发生保险责任范围内的损失时，保险公司要给予赔款；若保险期满保险财产没有发生损失，则可以领取全部保险金。

两全保险将所收取的保费作为储金，并将储金作为定期存款存入银行或用于购买债券，将其所滋生的利息或投资收益作为保费收入。

【例7-4】 中华联合财产保险公司会计部门收到业务部门交来的3年期家财两全险保户储金、储金收据及银行储金专户收款凭证4000000元，预定年利率为3.6%，不计复利，3年后一次还本付息。保险公司编制会计分录为：

年利息收入 = 4000000 × 3.6% = 144000（元）

（1）收到保户储金，存入银行专户时，做会计分录：

借：银行存款——储金专户　　　　　　　　　　4000000
　　　贷：保户储金——家财两全险　　　　　　　　　　　　4000000

（2）每年计算利息转作保费收入时，做会计分录：

借：应收利息　　　　　　　　　　　　　　　　　144000
　　　贷：保费收入——家财两全险　　　　　　　　　　　　　144000

（3）第三年保单到期，3年期专户存储的定期存单转为活期存款，并将银行存款归还保户储金时，做会计分录：

借：银行存款——活期户　　　　　　　　　　　4432000
　　　贷：银行存款——储金专户　　　　　　　　　　　　4000000
　　　　　应收利息　　　　　　　　　　　　　　　　　　288000
　　　　　保费收入——家财两全险　　　　　　　　　　　144000

同时，做会计分录：

借：保户储金——家财两全险　　　　　　　　　4000000
　　　贷：银行存款——活期户　　　　　　　　　　　　　4000000

3. 中途加保或退保的核算

保单签发后到满期前，由于所保标的价值发生变化，所保财产转移、财产重新估价等原因都会发生投保人中途要求加保或退保等情况，如果投保人中途要求加保或退保，应由投保人提出书面申请，业务部门审查同意后，签发批单，并将批单及投保人的有关单据交财会部门，财会部门审查无误后，编制记账凭证。

中途加保的保费收入核算，与投保时的保费收入的核算相同。中途退保或部分退保，按已保期限与剩余期限的比例计算退保费，退保费直接冲减原来的保费收入。退保

第七章　保险公司业务的核算

时尚未结清的应收保费，应从所退保费中直接扣除。两全保险的投保人要求中途退保，按保险费率计算应收保费（保险费以年计算，不满一年的按一年收取），扣除已转作保费收入的应收利息，差额作为保费收入。保户储金扣除保费收入和应收利息后，即为应退还的储金。

【例 7-5】中国大地财产保险公司承保华龙公司财产综合险，因资产重估增值而引起保险金额上升，按保费率计算应追加保费 20000 元。保险公司的会计分录为：

借：银行存款　　　　　　　　　　　　　　　　20000
　　贷：保费收入——财产综合险　　　　　　　　　　　20000

【例 7-6】中国大地财产保险公司承保华龙公司财产综合险，由于华龙公司厂址迁移至外地，申请退保，根据业务部门转来的批单，应退保费 10000 元，但华龙公司还尚有 3000 元保费未交。保险公司的会计分录为：

借：保费收入——财产综合险　　　　　　　　　　10000
　　贷：应收保费——财产综合险　　　　　　　　　　　3000
　　　　银行存款　　　　　　　　　　　　　　　　　7000

【例 7-7】王明要求退还投保的家庭财产两全保险保户储金，投保时交储金 20000 元，保险期限为 3 年，现已投保 2 年零 2 个月。经业务部门审核，保险公司同意退保，收到交回的保险单及储金收据，签发批单，按保费率计算每年保费为 500 元，前两年已计入应计利息 1000 元，余款退还现金。该保险公司的会计分录为：

借：保户储金——家财两全险　　　　　　　　　　20000
　　贷：保费收入——家财两全险　　　　　　　　　　　500
　　　　应收利息　　　　　　　　　　　　　　　　1000
　　　　库存现金　　　　　　　　　　　　　　　　18500

二、财产保险赔付支出的核算

财产保险理赔是指保险标的发生了保险责任范围内的灾害事故后，保险人根据保险合同的规定向被保险人支付的损失补偿金。

（一）保险赔款额的计算

财产保险赔款额的计算有三种方式：

1. 第一损失赔偿方式

第一损失赔偿方式是指在财产保险中保险金额限度以内的损失作为第一损失，超过保险金额的损失作为第二损失。保险人对第一损失负责足额赔偿，而第二损失则由被保险人自己负责。在我国，家庭财产保险普遍采用这种赔偿方式。

2. 比例赔偿方式

比例赔偿方式在定值保险和不定值保险中有所不同。在定值保险中，比例赔偿方式是指保险赔款额按保险标的受损的损失程度计算。计算公式为：

保险赔款额＝保险金额×损失程度

损失程度＝保险标的受损价值÷保险标的受损当时市场完好价值×100%

保险标的受损价值＝保险标的受损当时市场完好价值－残值

在定值保险中，保险金额是根据投保时保险标的保险价值决定的，即保险金额等于保险标的价值。因此，赔款时不论受损财产当时的实际价值是多少，全部损失按保险金额赔偿，部分损失按损失程度赔偿。这种方式多运用货物运输保险。

在不定值保险中，比例赔偿方式是指保险赔款额按保险保障程度计算。计算公式为：

保险赔款额＝保险标的损失价值×保险保障程度

保险保障程度＝保险金额÷保险标的受损当时市场完好价值×100%

在不定值保险中，保险金额是投保时约定的，作为保险赔偿的最高限度。保险事故发生时，若保险金额高于或等于财产的实际价值，则按照财产的实际损失价值足额赔偿；若保险金额低于财产的实际价值，则按保障程度赔偿。

3. 限额赔偿方式

限额赔偿方式是指保险人仅在财产损失超过一定限额时才承担赔偿责任。这种赔款方式多用于农作物收成保险。保险赔款是限额标准与农作物收获量之差的价值。所谓限额标准是指保险所保障的收获量。实际收获量达到或超过保险保障的收获量的，保险人则不予赔偿；只有当实际收获量低于保障的收获量时，保险人才赔偿其差额的价值。

例如，每亩土地的棉花，约定限额标准 260 公斤，因遭旱灾，实际收获量只有每亩 100 公斤，保险人应赔偿每亩 160 公斤的损失。

(二) 赔付支出的业务程序

赔付支出的业务程序如图 7-1 所示。

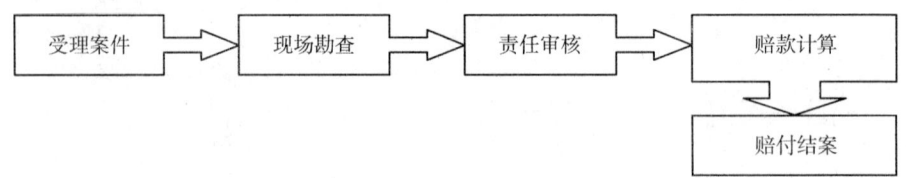

图 7-1 赔付支出的业务程序

(三) 赔付支出核算应设置的会计科目

为了反映和核算保险公司的赔付支出，应设置"赔付支出"、"预付赔付款"、"损余物资"、"应收代位追偿款"等科目进行核算。

(1) "赔付支出"科目。本科目为损益类科目，核算保险公司财产保险、意外伤害保险、一年期以内（含一年）的健康保险业务按保险合同约定支付的赔款和发生的理赔勘查费用。发生赔付支出时记在科目的借方；收回损余物资的冲减金额及错赔、骗赔追回的赔款记科目的贷方。期末，应将该科目的余额转入"本年利润"科目，结转后该科目无余额。本科目应按保险合同和险种进行明细核算。

(2) "预付赔付款"科目。本科目为资产类科目，核算保险公司在处理各种理赔案件过程中，按照保险合同约定预先支付的赔付款。再保险接受人分入分保业务须支付的赔付款也在本科目核算。该科目借方登记预先支付的赔付款，贷方登记结案后转作赔付支出的金额，期末借方余额，反映保险公司实际预付的赔付款。该科目可按投保人或受益人进行明细核算。

（3）"损余物资"科目。本科目为资产类科目，核算保险公司按照原保险合同约定承担赔偿保险金责任后取得的损余物资成本。该科目借方登记保险公司承担赔偿保险金责任后取得的损余物资成本，贷方登记处置损余物资时转出的账面余额，期末借方余额，反映保险公司承担赔偿保险金责任后取得的损余物资成本。该科目可按损余物资种类进行明细核算。

（4）"应收代位追偿款"科目。本科目为资产类科目，核算保险公司按照原保险合同约定承担赔付保险金责任后确认的代位追偿款。该科目借方登记保险公司承担赔付保险金责任后确认的代位追偿款，贷方登记收回应收代位追偿款时转销的应收代位追偿款的账面余额，期末借方余额，反映保险公司已确认尚未收回的代位追偿款。

（四）赔付支出的账务处理

《企业会计准则第25号——原保险合同》规定，保险人应当在确定支付赔付款项或实际发生理赔费用的当期，按照确定支付的赔付款项金额或实际发生的理赔费用金额，计入当期损益；同时，冲减相应的未决赔款准备金余额。关于冲减相应的未决赔款准备金余额的账务处理，将在第四节"财产保险准备金的核算"中阐述。

（1）当时结案的赔付支出的核算。

【例7-8】中国人寿财产保险公司承保宏达公司车辆损失险出险，保险公司会计部门收到业务部门交来的赔款计算书和被保险人签章的赔款收据，签发赔款150000元的转账支票给投保人。保险公司编制会计分录为：

借：赔付支出——车辆损失险　　　　　　　　　150000
　　贷：银行存款——活期户　　　　　　　　　　　　　150000

（2）预付赔款的核算。

【例7-9】安邦财产保险公司承保万顺公司财产综合险出险，因保险双方对实际损失存在争议，一时难以结案。保险公司先预付赔款400000元，以银行转账支票付讫。后经双方调查协商，确定保险损失为600000元，公司再以转账支票200000元补足赔款。

保险公司预付赔款时，会计分录为：

借：预付赔付款——财产综合险　　　　　　　　400000
　　贷：银行存款——活期户　　　　　　　　　　　　　400000

补付赔款及结案时，会计分录为：

借：赔付支出——财产综合险　　　　　　　　　600000
　　贷：预付赔付款——财产综合险　　　　　　　　　　400000
　　　　银行存款——活期户　　　　　　　　　　　　　200000

（3）理赔勘查支出的核算。理赔勘查支出是指保险公司对保险责任范围内的保险事故现场勘查发生的费用，以及公司聘请专业技术人员对承保的保险标的损失进行估损鉴定等发生的支出，如律师费、诉讼费、损失检验费、相关理赔人员薪酬等。保险人应当在实际发生理赔费用的当期，按照实际发生的理赔费用金额，计入当期损益。对于保险责任范围内赔案不成立的勘查支出在其他业务成本中列支，不得列入赔付支出。

【例7-10】天安财产保险公司承保刘峰的财产基本险出险，保险公司聘请民太安保险评估公司进行评估工作，以银行转账支票支付评估费10000元。保险公司编制会计分录为：

　　借：赔付支出——财产基本险　　　　　　　　10000
　　　　贷：银行存款——活期户　　　　　　　　　　　　10000

（4）损余物资的核算。保险财产遭受保险事故后，在多数情况下，不是完全受损而是部分受损，残留物资还具有一定的利用价值，即"损余物资"。损余物资一般应合理作价归投保人，并在赔款中予以扣除；如果被保险人不愿意接受，保险公司可按全额赔付，损余物资交归保险公司处理。损余物资在没有处理前，要妥善保管。并设置"损余物资登记簿"，登记损余物资的数量和金额。

《企业会计准则第25号——原保险合同》规定，保险人承担赔偿保险金责任后取得的损余物资，应当按照同类或类似资产的市场价格计算确定的金额确认为资产，并冲减当期赔付成本。会计分录为：

　　借：损余物资
　　　　贷：赔付支出

处置损余物资时，保险人应当按照收到的金额与相关损余物资账面价值的差额，调整当期赔付成本。会计分录为：

　　借：库存现金（银行存款）（实际收到的金额）
　　借或贷：赔付支出（借贷方差额）
　　　　贷：损余物资（账面余额）

若损余物资已计提跌价准备的，还应同时予以结转。

【例7-11】中国人民财产保险公司承保新世纪百货商场财产综合险遭受火灾出险，经计算，财产损失应赔款300000元，保险公司应得的损余物资折价100000元归商场所有，其余赔款由保险公司支付。保险公司编制会计分录为：

　　借：赔付支出——财产综合险　　　　　　　200000
　　　　贷：银行存款　　　　　　　　　　　　　　　　200000

【例7-12】若【例7-11】中损余物资商场没有接受，保险公司取得损余物资时，同类资产的市场价格为125000元，后来保险公司将损余物资作价110000元，出售给别的单位。在此期间，该损余物资没有发生减值。保险公司交付商场赔款时，编制会计分录：

　　借：赔付支出——财产综合险　　　　　　　300000
　　　　贷：银行存款　　　　　　　　　　　　　　　　300000

取得损余物资时，编制会计分录：

　　借：损余物资　　　　　　　　　　　　　　125000
　　　　贷：赔付支出——财产综合险　　　　　　　　　125000

出售损余物资时，编制会计分录：

```
借：银行存款                                    110000
    赔付支出——财产综合险                       15000
    贷：损余物资                                        125000
```

（5）错赔或骗赔案件的核算。在保险理赔过程中，不可避免地要发生某些错赔或骗赔案件。一经发现，要认真查处并追回赔款，并冲减相应的赔付支出。

【例 7-13】中国太平洋财产保险公司在支付了中天公司的财产综合险赔款后，发现这是一起错赔案件，系工作失误多赔了 180000 元。经双方交涉，中天公司以银行转账支票退回已多付的赔款。保险公司编制会计分录为：

```
借：银行存款                                    180000
    贷：赔付支出——财产综合险                          180000
```

（6）代位追偿款的核算。应收代位追偿款是指保险人承担赔付保险金责任后，依法向第三者责任人索赔不属于其免责范围所造成的损失而应当取得的赔款。《企业会计准则第 25 号——原保险合同》规定，保险人承担赔付保险金责任应收取的代位追偿款，同时满足确认条件的，应当确认为应收代位追偿款，并冲减当期赔付成本。其条件为：①与该代位追偿款有关的经济利益很可能流入。②该代位追偿款的金额能够可靠地计量。保险人承担赔付保险金责任后确认代位追偿款，应当按照确认的代位追偿款金额，编写会计分录为：

```
借：应收代位追偿款
    贷：赔付支出
```

收到应收代位追偿款时，保险人应当按照收到的金额与相关应收代位追偿款账面价值的差额，调整当期赔付成本。会计分录为：

```
借：库存现金（或银行存款）（实际收到的金额）
    坏账准备（已计提的相关坏账准备）
    借或贷：赔付支出（实际收到的金额与相关应收代位追偿款的账面价值的差额）
        贷：应收代位追偿款（相关应收代位追偿款的账面余额）
```

【例 7-14】2013 年 1 月 3 日，阳光财产保险公司承保全峰快递公司的运货车出险，保险公司在承担赔偿保险金责任后，取得向责任方追偿的权利，估计追偿金额为 90000 元。2013 年 4 月 25 日，保险公司从责任方收回追偿款 68000 元存入银行。保险公司已为该项应收代位追偿款计提坏账准备 10000 元。

（1）1 月 3 日确认代位追偿款时，会计分录为：

```
借：应收代位追偿款                              90000
    贷：赔付支出                                        90000
```

（2）4 月 25 日收回代位追偿款时，会计分录为：

```
借：银行存款                                    68000
    坏账准备                                    10000
    赔付支出                                    12000
    贷：应收代位追偿款                                  90000
```

第三节 人身保险业务的核算

人身保险业务主要包括保费收入的核算、保险金给付的核算、退保业务的核算及提取责任准备金的核算等内容。

一、人寿保险业务的核算

人寿保险是指以被保险人的生命为保险标的,以被保险人死亡或生存至合同约定的年限时,由保险人给付保险金的保险。具体包括生存保险、死亡保险、两全保险和年金保险等。

人寿保险通常简称为寿险,是人身保险中产生最早的一个险种。随着社会经济的发展,寿险业在整个保险业中的地位越发重要。

(一)人寿保险保费收入的核算

1. 人寿保险保费收入的计算

人寿保险的保费由两部分组成:纯保险费和附加保险费。纯保险费是以预定死亡率和预定利率为基础计算的,是保险公司用于保险金支付的那部分费用。纯保费的计算需要使用生命表并考虑投资所取得的收益。所谓生命表,是指按年龄编制的人口死亡率表,表中内容主要包括年龄、生存人数、死亡人数、死亡率、平均寿命等。附加保费主要是用于保险公司的各项业务开支和预期利润,它是以预定费用率计算的。由于人寿保险业务期限较长,因此其费用组成比较复杂。

保费计算的关键在于确定合理的保险费率。

(1)保险费率计算的基本假设。保险费率的计算有如下假设:

假设之一:保费可以一次缴清,也可以分期缴付,许多人寿保险的保费按年缴付。在计算保险费率时,通常假设保费在年初缴付、保险金在年末给付。但实际情况是,在签发保险单时即缴付第一次保费,以后每年在保险单的签发日而不是在年初缴付保费;保险金则是在被保险人死亡或达到规定年龄后给付,而不一定在年末给付。

假设之二:由于保险公司预先并不知道将来的利率水平,因此,有必要假设在整个保险期内每年可以取得一个合理利率,即保险公司确信在长期可以取得一个平均利率,如果实际利率低于预定利率,就要用以前积累的盈余来弥补利息收入的不足部分。出售分红保险单的保险公司一般会用一个保守的预定利率,并使用红利形式把超额的利息收入返还给保险单所有人。

假设之三:费率计算假设死亡人数在年内平均分布。例如,50~60岁年龄段的100000人在一年内死亡1200人,即每个月死亡100人。根据这种假设,死亡平均发生在一年的中期,而在前面的费率计算中,保险金是在年末给付,这意味着保险公司要损失半年的利息,这一损失需要以费用附加的方式加以调整。

假设之四:假设一个保险单失效率,即对除了被保险人死亡或期满以外的其他原因造成的合同终止作出假设。在实践中,保险单失效率是按年龄和险种区分的。

(2)纯费率的确定。纯费率一般可以根据给定的死亡率和利率确定。在计算纯费率时,只考虑死亡率和利息两个因素,通过"利息折扣"和"死亡率折扣",在签发保单时,使将来净保费收入的现值等于将来给付保险金的现值。由于假设保险金在年末给付、保险费在年初缴付,所以对保险金的"利息折扣"要比对保险费的"利息折扣"多一年。将来净保费收入的现值是保险公司的预期价值,将来给付的保险金的现值是保险单所有人的预期价值,这个等式表明保险单所有人与保险公司进行的是等价交易。保险公司的业务开支和利润通过附加保费解决。

(3)附加费率的确定。附加保费是保险公司各项业务开支和预期利润的来源,因此,应尽可能按照这个目标确定附加费率。附加费率部分与保险金额有关,部分同每份保险单有关,保险公司在确定附加费率时,要同时考虑保险金额和每份保险单两个要素。附加费率的计算公式与财产保险业务中附加费率的计算公式基本相同。

2. 人寿保险保费收入的基本程序

人寿保险业务的范围广、种类多,保险公司根据不同的险种分别确定保费,投保人缴纳保费的方式、程序和手续也不相同。概括起来,人寿保险业务的保费有以下特点:

(1)寿险保单的保险费一般是分期缴付,并在保险合同中载明,投保人或被保险人必须按合同规定的时间及金额缴纳保险费。

(2)投保人的第一期保险费必须在签订合同时向保险公司缴付,以后各期保险费应按合同规定的时间及金额,前往保险公司指定地点缴纳保险费。

(3)出纳人员收到款项后,随即开出三联收款凭证,并加盖"现金收讫"章与经办员名章,第一联保费收据交投保人收执,第二联保费副本交业务部门登记业务卡片,第三联收款存根连同存款缴款回单一并交会计记账。

(4)属于集体投保的寿险业务,由保险公司和代办单位直接建立代收保费关系,由单位指定代办员代收代缴,并以转账方式将保费划入保险公司账户。

3. 人寿保险保费收入的确认与计量

人寿险保险业务保费收入的确认与财产保险相同,也应同时满足《企业会计准则第25号——原保险合同》中所规定的三个条件。由于人寿保险一般是收款生效,因此,保费收入一般于收到保费时确认。采用分期收款方式收取保费的,如果保费金额可以确定,而且收取保费的可能性大于不能收取保费的可能性,可以于应收保费时确认保费收入,而不一定要在实际收到时确认。在采用以保户储金利息作为保费收入的收款方式下,可以按期确认保费收入。

4. 人寿保险保费收入核算应设置的会计科目

为了反映和核算人寿保险业务保费收入的增减变动情况,与财产保险一样也应设置"保费收入"、"应收保费"、"预收保费"等科目进行核算。具体内容前面已介绍,此处不再赘述。

5. 人寿保险保费收入核算的账务处理

人寿保险业务保费收入的核算与财产保险业务基本类似，包括业务发生时收取保费和预收保费两种情况。保费收入账务处理时，会计分录为：

借：库存现金、银行存款、应收保费、预收保费等
　　贷：保费收入

（1）保险业务发生时收取保费的核算。保险业务发生时，若分期收取保费的，根据当期应收取的保费确认保费收入；若一次性收取保费的，根据一次性应收取的保费确认保费收入。

【例 7-15】中国人寿保险公司的会计部门根据业务部门送来的"简身险保费日结单"及所附收据存根和现金 20000 元，审查后办理入账。保险公司编制会计分录为：

借：库存现金　　　　　　　　　　　　　　　　20000
　　贷：保费收入——简身险　　　　　　　　　　　　20000

【例 7-16】中国平安人寿保险公司承保通达集团 5 年期团体寿险，投保对象为该集团的所有员工 200 人，每人按标准每月缴费 10 元。保险公司编制会计分录为：

借：银行存款　　　　　　　　　　　　　　　　2000
　　贷：保费收入——普通寿险（团体寿险）　　　　　　2000

（2）预收保费的核算。

【例 7-17】新华人寿保险公司的客户张平投保个人养老金险，约定每月交费 200 元，2013 年 1 月 5 日以现金预缴全年保费 2400 元。保险公司编制会计分录为：

借：库存现金　　　　　　　　　　　　　　　　2400
　　贷：保费收入——年金保险（个人养老金险）　　　　200
　　　　预收保费——张平　　　　　　　　　　　　2200

【例 7-18】续【例 7-17】保险公司以后每月将预收保费转为实现的保费收入时，应编制会计分录为：

借：预收保费——张平　　　　　　　　　　　　200
　　贷：保费收入——年金保险（个人养老金险）　　　　200

（二）人寿保险业务保险金给付的核算

人寿保险业务保险金给付是指保险公司对投保人在保险期满或保险期中支付保险金，以及对保险期内发生保险责任范围的意外事故按规定给付的保险金，主要包括满期给付、死伤医疗给付、年金给付三种。人寿保险公司的主要义务就是当被保险人发生保险事故时，根据保险合同的约定给付保险金，因此，给付保险金是人寿保险公司经营业务的重要组成部分。人寿保险公司应重合同、守信用，按规定正确、及时地给付保险金。

1. 人寿保险金给付的方式

人寿保险属于给付性保险，只要发生了保险合同约定的保险事故，保险公司就要按照合同规定给付保险金。人寿保险业务保险金的给付有红利、退保金和保险金给付三种方式。

（1）红利。保单所有人可以采取下列方式取得红利：①现金方式。支付现金的保单

生效后1~2年,保单所有人可以现金方式取得红利。②累计生息。保单所有人只领取利息收入,把红利留存在保险公司累积,由保险公司运用生息,并可在任何时候提取红利。③抵缴保费。保单所有人可以用红利来购买增额缴清保险费,即将红利作为一次缴清的保费,用以提高原保单上的保险金额。

(2) 保金。人寿保险保单的保险期限较长,有的保户会由于经济原因或其他事先从未预料的原因,而提出退保或转换保单。退保可以采取以下方式:①现金方式领取保险单的先期价值,即退保费。②将原保单改为缴清保单。即将现金价值作为一次缴清保险费,改变原保单的保险金额,以后投保人不用再缴纳保险费。③将原保单改为展期保险。即将现金价值作为一次缴清保险费的保险金额和保险责任不变,只是将原保单的保险期限改变。

(3) 保险金给付。保险金是指当发生保险事故时,由保险人根据合同约定给付的金额。人寿保险中的保险金可以分为满期、死亡、意外事故死亡以及残废等保险金,投保人可以根据自身需要,选择不同的保险金给付方式。人寿保险业务中保险金给付的方式有:①由保险公司保存保险金,定期向受益人支付利息。由于保险金的留存能为保险公司提供长期资金来源,所以这种给付方式比较灵活,支付的利息较高。②按固定金额向受益人分期给付保险金。一般按月给付固定保险金,直到付完本金和利息为止。允许受益人在任何时候提取全部或部分保险金,如果受益人尚未领完本息就死亡了,剩余的本息由受益人的继承人继续领取。③定期向受益人给付等额保险金。分期给付金额取决于保险金数额、约定的利率和给付次数,以年金方式按期给付。如果保险公司的投资收益超过预定利率,应将超过的部分也付给受益人。④一次支付现金方式。⑤按终身年金方式给付保险金。这种方式是受益人用领取的保险金投保一份终身年金保险。此后,受益人按期领取年金直至死亡。每次分期给付金额取决于所选择的终身年金的种类、保险金数额、预定利率、受益人的性别以及开始给付时的年龄。

2. 保险金给付的确认与计量

根据《企业会计准则第25号——原保险合同》的规定,保险人应当在确定支付赔付款项或实际发生理赔费用的当期,按照确定支付的赔付款项金额或实际发生的理赔费用金额,计入当期损益;同时,冲减相应的寿险责任准备金余额。

人寿保险业务的保险金给付主要包括死伤医疗给付、满期给付、年金给付三种。人寿保险公司在办理给付保险金时,应由投保人提供有关单证及证明。经业务部门审查核实后,填制"满期给付领取收据"、"死伤医疗给付领取收据",并由投保人签章后,连同保险分户卡一并送交会计部门。经会计部门复核无误后,向投保人支付保险金。

3. 满期给付的核算

被保险人生存到保险期满时,保险公司给付的保险金称作满期给付。如我国开办的养老保险。当被保险人达到退休年龄或约定的领取年龄,并且缴费期限达到规定的年限时,可以办理月领养老金手续。缴费期限不足规定年限者,应办理一次性领取养老金手续。满期给付综合投保年龄、保险期限、缴费时间和投保份数等因素,根据寿险数学精算出来的。满期给付一般由被保险人本人受领。

现阶段，我国开办的人寿保险满期险种主要有简易人寿保险、团体人寿保险、普通个人生存保险以及生死两全保险等。满期给付的手续，一般由被保险人持本人的保险证、身份证、缴费凭证等向保险公司申请满期给付保险金，经保险公司审核后，由业务部门填制"满期给付领款收据"，连同有关证件一并送财会部门，由财会部门审核并按规定给付。

（1）满期给付核算会计科目的设置。为了反映和监督人寿保险业务满期给付的增减变动情况，主要应设置"满期给付"科目进行核算。

"满期给付"科目属于损益类科目，核算保险公司因人寿保险业务的被保险人生存至保险期满，公司按保险合同约定支付给被保险人的满期保险金。其借方登记所发生的满期给付金额，贷方登记按规定冲减的满期给付金额，期末，应将该科目余额转入"本年利润"科目，结转后该科目无余额。该科目可以按保险合同和险种进行明细核算。

（2）账务处理。满期给付的账务处理包括发生和期末结转满期给付两项内容。同时应考虑是否存在投保人贷款本息未还清和未交保费的情况。

①被保险人生存至期满，按保险条款规定支付保险金时，会计分录为：

借：满期给付
　　贷：库存现金（或银行存款）

②在满期给付时，如有贷款本息未还清者，应将其未还清的贷款本息从应支付的保险金中扣除。会计分录为：

借：满期给付（应给付金额）
　　贷：贷款——保户质押贷款（未收到的保户质押贷款本金）
　　　　利息收入（欠息金额）
　　　　库存现金（银行存款）（实际支付金额）

③在保险合同规定的缴费宽限期内发生满期给付时，会计分录为：

借：满期给付（应给付金额）
　　贷：保费收入（投保人未缴保费金额）
　　　　利息收入（欠息金额）
　　　　库存现金（银行存款）（实际支付金额）

④期末，将"满期给付"科目的余额转入"本年利润"科目时，会计分录为：

借：本年利润
　　贷：满期给付

【例7-19】泰康人寿保险公司承保客户李飞的简易人寿保险期满，客户持相关证件申请给付保险金20000元。保险公司经核实无误后，以现金支付保险金。保险公司编制会计分录为：

借：满期给付——简易寿险　　　　　　　　　　　　20000
　　贷：库存现金　　　　　　　　　　　　　　　　　　　　20000

【例7-20】阳光人寿保险公司承保建工集团公司的3年期团体两全人寿保险，现已到期。保险公司业务部门按缴费期限、投保份数，计算每一个被保险人已满期的保险金，支付保险金总计300000元，保险公司编制会计分录为：

借：满期给付——团体寿险　　　　　　　　　300000
　　贷：银行存款　　　　　　　　　　　　　　　　300000

【例7-21】某客户投保保险金额为50000元的两全保险满期，尚有8000元的保单质押贷款未归还，该笔贷款应付利息为406元，会计部门将贷款及利息扣除后办理给付。

借：满期给付　　　　　　　　　　　　　　　50000
　　贷：贷款——保户质押贷款　　　　　　　　　　8000
　　　　利息收入　　　　　　　　　　　　　　　　406
　　　　库存现金　　　　　　　　　　　　　　　41594

4. 死伤医疗给付的核算

死伤医疗给付分为死亡给付、伤残给付、医疗给付三种。死亡给付是保险公司对被保险人因保险事故死亡时的给付；伤残给付是保险公司对被保险人因保险事故永久性全部丧失劳动能力时的给付；医疗给付是保险公司对被保险人因保险事故进行医疗时的给付。我国的死伤医疗给付通常采取一次性给付方式。支付死伤医疗给付时，如被保险人有当月保费未交清的或借款本息未还清的，应从给付保险金中扣回；如有预缴保费的，应退还给付后至期满的预缴保费；如因伤残已经给付部分保险金额，由于同一原因在180天内身故的，应予扣除，补给保险金的差额部分，若在180天以外身故的，则可再给付一期保险金额。

按照人寿保险业务的规定，申请死伤医疗给付时，被保险人或受益人必须及时提供有关证明。经业务部门调查核实后，计算出应给付的金额，并连同有关证明、调查报告送会计部门。会计部门经复核无误后，据以支付给付金额。

（1）死伤医疗给付核算会计科目的设置。为了反映和监督人寿保险业务死伤医疗给付的增减变动情况，主要应设置"死伤医疗给付"科目进行核算。"死伤医疗给付"属于损益类科目，核算保险公司因人寿保险及长期健康保险业务的被保险人在保险期内发生保险责任范围内的保险事故，公司按保险合同的约定支付给被保险人（或受益人）的保险金。其借方登记所发生的死伤医疗给付金额，贷方登记按规定冲减的死伤医疗给付金额，期末，应将该科目余额转入"本年利润"科目，结转后该科目无余额。该科目可按保险合同和险种进行明细核算。需要说明的是，人寿保险公司的意外伤害保险和短期医疗保险的保险金在"赔付支出"科目核算，不在该科目核算。

（2）账务处理。死伤医疗给付的账务处理包括发生和期末结转死伤医疗给付两项内容。同时应考虑是否存在投保人贷款本息未还清和未交保费的情况。

①被保险人在保险期内发生保险责任范围内的死亡、意外伤残、医疗事故而按保险责任支付保险金时，会计分录为：

借：死伤医疗给付
　　贷：库存现金（或银行存款）

②发生死伤医疗给付时，如有贷款本息未还清者，应将其未还清的贷款本息从应支付的保险金中扣除。会计分录为：

借：死伤医疗给付（应给付金额）
　　贷：贷款——保户质押贷款（未收到的保户质押贷款本金）
　　　　利息收入（欠息金额）
　　　　库存现金（银行存款）（实际支付金额）

③在保险合同规定的缴费宽限期内发生死伤医疗给付时，会计分录为：

借：死伤医疗给付（应给付金额）
　　贷：保费收入（投保人未缴保费金额）
　　　　利息收入（欠息金额）
　　　　库存现金（银行存款）（实际支付金额）

④期末，将"死伤医疗给付"科目的余额转入"本年利润"科目时，会计分录为：

借：本年利润
　　贷：死伤医疗给付

【例7-22】某保户为其子女投保10年期独生子女两全保险，现因交通事故造成其子两肢永久残废，经医院提供伤残证明，按规定给付保险金50000元，经复核以现金支付。根据合同，该保户免缴全部保费，保单仍然有效。其会计分录为：

借：死伤医疗给付——普通寿险（独生子女险）　　50000
　　贷：库存现金　　　　　　　　　　　　　　　　　　50000

【例7-23】某简易人寿保险保户因病死亡，其受益人提出死亡给付申请，业务部门审查同意给付全部保险金80000元，该保户还有尚未归还的贷款1000元，借款利息为78元，均从应给付的保险金中扣除；另外还有当月应缴未缴的保费22元。会计部门审核后，以现金支付余额。

借：死伤医疗给付——简寿险　　　　　　　　　80000
　　贷：保费收入　　　　　　　　　　　　　　　　　　22
　　　　贷款——保户质押贷款　　　　　　　　　　　1000
　　　　利息收入　　　　　　　　　　　　　　　　　　78
　　　　库存现金　　　　　　　　　　　　　　　　　6900

【例7-24】某养老金险保户因病死亡，其受益人持相关单证申请领取丧葬费。业务部门经审查，按规定同意给付16000元，会计部门核对无误后，以现金支付。

借：死伤医疗给付——养老金险　　　　　　　　16000
　　贷：库存现金　　　　　　　　　　　　　　　　　16000

5. 年金给付的核算

保险公司年金保险业务的被保险人生存至规定的年龄，公司按保险合同的约定支付给被保险人的给付金额称为年金给付。年金给付分为即期给付和延期给付两种。即期年金给付是从购买日期后的一个给付间隔期（月、季、半年或年）后开始给付第一次年金，这类本息合同必须用趸缴保费方式购买。延期年金给付是在隔了一定时期以后开始给付年金，这一定时期必须比一个给付间隔期长。延期年金可以用趸缴保费方式购买，也可以用分期缴费方式购买。

支付年金保险业务保险金时，被保险人如有借款本息尚未还清的，应从给付的保险金中扣清借款本息；如有预交保费的，应退还给付后至期满前的预交保费。

（1）年金给付核算会计科目的设置。为了反映和监督人寿保险业务年金给付的增减变动情况，主要应设置"年金给付"科目进行核算。"年金给付"科目属于损益类科目，核算保险公司因年金保险业务的被保险人生存至规定的年龄，公司按保险合同的约定支付给被保险人（或受益人）的给付金额。其借方登记所发生的年金给付金额，贷方登记按规定冲减的年金给付金额，期末，应将该科目余额转入"本年利润"科目，结转后该科目无余额。该科目可按保险合同和险种进行明细核算。

（2）账务处理。年金给付的账务处理包括发生和期末结年金给付两项内容。同时应考虑是否存在投保人贷款本息未还清和未交保费的情况。

① 被保险人生存至规定年龄，按保险合同条款规定支付年金时，会计分录为：

借：年金给付
　　贷：库存现金（或银行存款）

② 在年金给付时，如有贷款本息未还清者，应将其未还清的贷款本息从应支付的保险金中扣除。会计分录为：

借：年金给付（应给付金额）
　　贷：贷款——保户质押贷款（未收到的保户质押贷款本金）
　　　　利息收入（欠息金额）
　　　　库存现金（银行存款）（实际支付金额）

③期末，将"年金给付"科目的余额转入"本年利润"科目时，会计分录为：

借：本年利润
　　贷：年金给付

【例7-25】周某投保终身年金保险，每月缴保费100元，现已到约定年金领取年龄。该投保人持有关证件到保险公司办理领取手续，按规定每月领取保险金480元。经复核无误后，会计部门以现金支付。

借：年金给付　　　　　　　　　　　　　　　　　　　　480
　　贷：库存现金　　　　　　　　　　　　　　　　　　　　480

（三）人寿保险退保业务的核算

退保业务是被保险人在保险期限未满的情况下要求退保并获保险公司同意的业务。在保险单所有人退保的情况下，保险公司按照保险合同的约定，计算确定的应退还保险单所有人的金额，称为退保费。

1. 退保业务的种类

因人寿保险险种不同，退保的有关规定、手续以及退保费的金额也不同。人寿保险业务退保可分为犹豫期退保和正常退保两种。

（1）犹豫期退保。犹豫期退保是指投保人在合同约定的犹豫期内的退保。一般保险公司规定投保人收到保单后10天为犹豫期。若投保人在犹豫期退保，保险公司通常会扣除工本费后退还全部保费。

(2) 正常退保。超过犹豫期的退保视为正常退保。通常领取过保险金的保单，不得申请退保。正常退保一般要求保单经过一定年度后，投保人可以提出解约申请，寿险公司应自接到申请之日起 30 天内退还保单现金价值。

保单现金价值是指寿险契约在发生解约或退保时可以返还的金额。在长期寿险契约中，保险人为履行契约责任，通常需要提取一定数额的责任准备金，当被保险人要求解约或退保时，保险人按规定，将提取的责任准备金减去解约扣除后的余额退还给被保险人，这部分金额即为保单的现金价值。

2. 退保业务的基本规定

(1) 简易人身险。简易人身保险习惯上称为简身险，它是一种小面额、免体检、适合一般低工资收入者的人寿保险。被保险人交付保费 1 年以上，并且保险期已满 1 年，如不愿继续保险，可向保险公司申请退保。对未交足 1 年保费的保险单，但保险期已满 1 年，失效不满 2 年的，应办完复效手续后方可申请退保。保险公司受理退保申请后，由业务部门进行审核，无误后按保险单规定，将计算确定的金额作为退保费，退给被保险人。

(2) 团体人寿险。团体人寿保险是以团体为对象，以团体的所有成员或者大部分成员为被保险人的一种人寿保险。一般都不进行体检，在保险期间也不办理退保，但投保单位职工因退职、退休、离职离休等原因而发生退保，或者因投保单位发生经济上的困难，在保险期间中途要求减少保险份数的，可以按每一个被保险人实际交付保费的时间、份数计算退保费，退给投保单位。

(3) 养老金险。养老金险一般在保险期间不得退保，但投保单位如经主管部门批准关、停、并、转以及顶替、升学、参军、外迁无法转移的，则退给投保单位（不退给个人）已交保费的 90%。如被保险人提前退休超过 5 年的，则退给已交保费的一半。如确因受经营业务、季节性影响缴费的，可申请不超过 2 个月的宽限期，宽限期满，如仍未缴费而导致失效，且在失效两年后也不办理复效手续的，可退还投保单位已交保费的一半。

3. 退保业务的核算

根据《企业会计准则第 25 号——原保险合同》的规定，原保险合同提前解除的，保险人应当按照原保险合同约定计算确定应退还投保人的金额，作为退保费，计入当期损益。

(1) 退保业务核算应设置的会计科目。为了反映和监督人寿保险退保业务，主要应设置"退保金"、"保费收入"等科目进行核算。保险公司寿险原保险合同提前解除时按照约定应当退还投保人的保单现金价值，在"退保金"科目核算；保险公司寿险原保险合同提前解除时应当退还投保人的不属于保单现金价值的款项，以及非寿险原保险合同提前解除时应当退还投保人的款项，在"保费收入"科目核算。

"退保金"科目属于损益类科目，其借方登记寿险原保险合同提前解除时按照约定应当退还投保人的保单现金价值，贷方登记期末转入"本年利润"科目的金额，期末结转后，该科目无余额。该科目可按险种进行明细核算。

(2) 账务处理。退保业务的账务处理包括发生和期末结转年金给付两项。发生退保费时的账务处理应考虑是否存在投保人贷款本息未还清的情况。

①保险公司寿险原保险合同提前解除，按原保险合同的约定，计算确定应退还投保人的保单现金价值，做会计分录：

借：退保金
　　贷：库存现金（或银行存款）

②保险公司寿险原保险合同提前解除，按原保险合同的约定，计算确定应退还投保人的不属于保单现金价值的款项，做会计分录：

借：保费收入
　　贷：库存现金（或银行存款）

③支付退保金时，若有贷款本息未还清者，则应将其未归还的贷款本息从应付退保金中予以扣除，会计分录为：

借：退保金
　　贷：贷款——保户质押贷款
　　　　利息收入
　　　　库存现金（或银行存款）

④被保险人退保时，若有预缴保费的，应退还预缴部分，会计分录为：

借：退保金
　　预收保费
　　贷：库存现金（或银行存款）

⑤期末，将"退保金"科目的余额转入"本年利润"科目时，会计分录为：

借：本年利润
　　贷：退保金

【例7-26】某简身险保户因移居国外而要求退保，经业务部门同意，按规定计算应退被保险人退保金20000元，财会部门审查无误后即以现金支付，做会计分录：

借：退保金——简身险　　　　　　　　　　20000
　　贷：库存现金　　　　　　　　　　　　　　　　20000

【例7-27】某养老金险保户因经济困难要求退保，业务部门按规定的标准计算应退8000元，但退保户尚有4000元借款未还，借款利息为350元，财会部门审核无误后，扣除其借款本息，以现金支付退保金，做会计分录：

借：退保金　　　　　　　　　　　　　　　8000
　　贷：贷款——保户质押贷款　　　　　　　　　　4000
　　　　利息收入　　　　　　　　　　　　　　　　350
　　　　库存现金　　　　　　　　　　　　　　　　3650

二、人身意外伤害保险和健康保险业务的核算

（一）意外伤害保险和健康保险的概念

意外伤害保险是以被保险人的身体或劳动能力作为保险标的，以被保险人在保险有效期内因遭受意外伤害造成死亡、残疾、支出医疗费、暂时丧失劳动能力为给付保险金条件的人身保险业务。

健康保险也称疾病保险，是以被保险人的疾病、分娩及其所致残疾、死亡为保险标的，以被保险人在保险有效期内因患病造成死亡、残疾、支出医疗费、暂时丧失劳动能力为给付保险金条件的人身保险业务。

健康保险按保险期限的长短，可分为短期健康保险和长期健康保险；按保险标的所产生的结果，可分为医疗保险和残疾收入补偿保险等。其中，短期健康保险是指保险期限为1年及1年以下的健康保险；长期健康保险是指保险期限在1年以上的健康保险；医疗保险是指保险人对投保人由于疾病等所用的医疗费用承保的保险；残疾收入补偿保险是指对被保险人因疾病或遭受意外事故而导致残疾、丧失部分或全部工作能力而不能获得正常收入或使劳动收入减少造成损失的补偿保险。

（二）意外伤害保险和健康保险的账务处理

1. 科目设置

为了反映和监督意外伤害保险业务和健康保险业务保费收入和保险金给付情况，主要设置"保费收入"、"应收保费"、"赔付支出"、"死伤医疗给付"等科目进行核算。其中，"赔付支出"科目的设置在第二节"财产保险赔付支出的核算"中已述，"死伤医疗给付"科目用于长期健康险业务，其设置在本节"人寿保险业务保险金给付的核算"中已述，这里都不再重复。

2. 保费收入的核算

意外伤害保险业务和健康保险业务保费收入的确认，也应同时满足《企业会计准则第25号——原保险合同》中所规定的三个确认条件，并且应当根据原保险合同约定的保费总额确认。投保人向保险公司申办意外伤害保险和健康保险时，应办理投保手续和缴纳保费。每日对外营业结束后，由业务部门汇编"××险保费日结单"，连同保费收据存根送交会计部门。会计部门审查后办理入账。其会计分录为：

借：库存现金（或银行存款、应收保费）
　　贷：保费收入

【例7-28】中南财经政法大学武汉学院为在校学生6000人投保1年期学生团体平安险，保险金额为6000元，按规定每人每年缴纳保费10元，合计60000元。经特别约定分两次缴清，投保时支付50%，两个月后支付50%。

借：银行存款　　　　　　　　　　　　　　　　　　　　30000
　　应收保费——中南财经政法大学武汉学院　　　　　　30000
　　　贷：保费收入——伤害保险（平安险）　　　　　　　　　　60000

3. 保险金给付的核算

保险公司应当在确定支付赔付款项或实际发生理赔费用的当期，按照确定支付的赔付款项金额或实际发生的理赔费用金额，计入当期损益；同时，冲减相应的未决赔款准备金、长期健康险责任准备金余额。关于冲减相应的未决赔款准备金余额的核算前已述，这里不再重复；而冲减相应的长期健康险责任准备金余额的核算，将在"人身保险准备金的核算"中阐述，此处略。

保险公司在办理意外伤害保险和健康保险保险金给付时，应由投保人提供有关单证及证明。经业务部门审查核实后，填制"××险给付领取收据"，并由投保人签章，连同分户卡送交会计部门。经会计部门审查无误后据以给付投保人保险金。其会计分录为：

借：赔付支出（死伤医疗给付）
　　贷：库存现金（或银行存款等）

【例 7-29】水果湖中学投保 1 年期学生住院医疗险，保险金额为 80000 元。该中学有位学生因患病而住院治疗，在住院期间发生理赔范围内的医疗费用 30000 元，按分级累进计算给付金额为 28000 元，经审查后当即以现金支付。

借：赔付支出——健康险（医疗险）　　　　　　　　28000
　　贷：库存现金　　　　　　　　　　　　　　　　　　　　28000

【例 7-30】某长期健康险保单的被保险人发生重大疾病，向保险人提出给付申请，保险人审查后同意给付保险金 120000 元，但须扣除宽限期内尚未缴付的保费 4800 元和保单质押贷款 13600 元（其中利息为 1000 元）。

借：死伤医疗给付——长期健康险　　　　　　　120000
　　贷：保费收入　　　　　　　　　　　　　　　　　　　　4800
　　　　贷款——保户质押贷款　　　　　　　　　　　　13600
　　　　利息收入　　　　　　　　　　　　　　　　　　　　1000
　　　　库存现金　　　　　　　　　　　　　　　　　　　100600

第四节　保险准备金的核算

保险准备金的核算包括财产保险准备金的核算和人身保险准备金的核算。

一、财产保险准备金的核算

财产保险准备金是指保险公司为履行其承担的保险责任或者备付未来赔款，从所收取的保险费中按规定提取的资金准备。它是保险公司的一种积累，包括未到期责任准备金和未决赔款准备金。

财产保险合同成立并生效后，保险公司即负有合同约定的保险责任，具有在投保人发生保险事故的情况下,向保险受益人提供赔偿的义务,在向保险受益人支付赔偿之前,这项内容实质上构成了保险公司的一项负债。由于保费通常在投保人发生保险事故之前收取,而赔偿是在此之后,因此,为了保证未来赔偿有充足的资金来源,保险公司需要计提财产保险准备金,确认负债,同时将计提的金额计入当期损益,这也是会计上权责发生制原则的要求。

由于财产保险合同保费收入是在满足确认条件时按原保险合同约定的保费总额确定,而没有进行递延处理,因此,根据会计上的配比原则,保险人需要预计该保险合同可能使保险人未来需要履行保险责任而可能出现的保险支出,并按此金额计提保险责任准备金,在保费收入确认的当期计入损益。

(一) 未到期责任准备金的核算

1. 未到期责任准备金的确认与计量

未到期责任准备金,是指保险人为尚未终止的非寿险保险责任提取的准备金。根据《企业会计准则第 25 号——原保险合同》的规定,保险人应当在确认非寿险保费收入的当期,按照保险精算确定的金额,提取未到期责任准备金,作为当期保费收入的调整,并确认未到期责任准备金负债。

2. 未到期责任准备金的科目设置

为了反映和监督财险业务未到期责任准备金的增减变动情况,主要应设置"未到期责任准备金"和"提取未到期责任准备金"科目进行核算。

(1) "未到期责任准备金"科目。该科目属于负债类科目,核算保险公司按规定提取的非寿险原保险合同未到期责任准备金。再保险接受人提取的再保险合同分保未到期责任准备金,也在该科目核算。其贷方登记按规定提取的未到期责任准备金,借方登记按规定冲减的未到期责任准备金,期末的贷方余额,反映保险公司的未到期责任准备金。该科目可按保险合同进行明细核算。

(2) "提取未到期责任准备金"科目。该科目属于损益类科目,核算保险公司提取的非寿险原保险合同未到期责任准备金和再保险合同分保未到期责任准备金。其借方登记按规定提取的未到期责任准备金,贷方登记按规定冲减的未到期责任准备金,期末,应将该科目余额转入"本年利润"科目,结转后该科目无余额。该科目可按险种和保险合同进行明细核算。

3. 账务处理

未到期责任准备金的账务处理包括未到期责任准备金的计提、转销、资产负债表日的处理以及将提取未到期责任准备金结转本年利润等内容。

(1) 未到期责任准备金的计提。保险人应当在确认非寿险保费收入的当期,按照保险精算确定的金额,提取未到期责任准备金,作为当期保费收入的调整,并确认未到期责任准备金负债。会计分录为:

借:提取未到期责任准备金
　　贷:未到期责任准备金

(2) 资产负债表日的处理。保险人应当在资产负债表日,按照保险精算重新计算确定的未到期责任准备金金额与已提取的未到期责任准备金余额的差额，调整未到期责任准备金余额。会计分录为：

借：未到期责任准备金
　　贷：提取未到期责任准备金

（3）未到期责任准备金的转销。原保险合同提前解除的，保险人应当转销相关未到期责任准备金余额，计入当期损益。会计分录为：

借：未到期责任准备金
　　贷：提取未到期责任准备金

（4）提取未到期责任准备金的期末结转。期末，应将"提取未到期责任准备金"科目余额转入"本年利润"科目，会计分录为：

借：本年利润
　　贷：提取未到期责任准备金

【例7-31】2013年6月6日，中国人寿财产保险公司会计部门收到业务部门交来的财产基本险保费日报表、保费收据存根和银行收账通知，该业务签单生效时收到全部保费，按照保险精算计算确定的未到期责任准备金金额为6800000元；2013年6月30日，该保险公司按照保险精算重新计算确定的未到期责任准备金金额为5980000元。

（1）2013年6月6日确认未到期责任准备金6800000元时，会计分录为：

借：提取未到期责任准备金　　　　　　　　6800000
　　贷：未到期责任准备金　　　　　　　　　　　　　6800000

（2）2013年6月30日冲减未到期责任准备金820000元时，会计分录为：

借：未到期责任准备金　　　　　　　　　　820000
　　贷：提取未到期责任准备金　　　　　　　　　　　820000

（二）未决赔款准备金的核算

1. 未决赔款准备金的确认与计量

未决赔款准备金，是指保险人为非寿险保险事故已发生尚未结案的赔案提取的准备金，包括已发生已报案未决赔款准备金、已发生未报案未决赔款准备金和理赔费用准备金。

其中，已发生已报案未决赔款准备金是指保险人为非寿险保险事故已发生并已向保险人提出索赔、尚未结案的赔案提取的准备金；已发生未报案未决赔款准备金是指保险人为非寿险保险事故已发生、尚未向保险人提出索赔的赔案提取的准备金；理赔费用准备金是指保险人为非寿险保险事故已发生尚未结案的赔案可能发生的律师费、诉讼费、损失检验费、相关理赔人员薪酬等费用提取的准备金。

根据《企业会计准则第25号——原保险合同》的规定，保险人应当在非寿险保险事故发生的当期，按照保险精算确定的金额，提取未决赔款准备金，并确认未决赔款准备金负债。

2. 未决赔款准备金的科目设置

为了反映和监督财险业务未决赔款准备金的增减变动情况，主要应设置"未决赔款准备金"和"提取未决赔款准备金"科目进行核算。

（1）"未决赔款准备金"科目。该科目属于负债类科目，核算保险公司为已经发生非寿险保险事故并已提出保险赔款，以及已经发生非寿险保险事故但尚未提出保险赔款的赔案及可能发生的理赔费用，按规定提取的未决赔款准备金。再保险接受人提取的再保险合同未决赔款准备金，也在该科目核算。其贷方登记按规定提取的未决赔款准备金，借方登记按规定冲减的未决赔款准备金，期末的贷方余额，反映保险公司的未决赔款准备金。该科目可按保险合同进行明细核算。

（2）"提取未决赔款准备金"科目。该科目属于损益类科目，核算保险公司由于已经发生非寿险保险事故并已提出保险赔款，以及已经发生非寿险保险事故但尚未提出保险赔款的赔案及可能发生的理赔费用，按规定提取的未决赔款准备金。再保险接受人提取的再保险合同未决赔款准备金，也在该科目核算。其借方登记按规定提取的未决赔款准备金，贷方登记按规定冲减的未决赔款准备金，期末，应将该科目余额转入"本年利润"科目，结转后该科目无余额。该科目可按险种和保险合同进行明细核算。

3. 账务处理

未决赔款准备金的账务处理包括未决赔款准备金的计提、充足性测试、冲减以及将提取未决赔款准备金结转"本年利润"等内容。

（1）未决赔款准备金的计提。投保人发生非寿险保险合同约定的保险事故当期，保险公司应按保险精算确定的金额，提取未决赔款准备金，并确认未决赔款准备金负债。会计分录为：

借：提取未决赔款准备金
　　贷：未决赔款准备金

（2）未决赔款准备金充足性测试。保险人至少应当于每年年度终了，对未决赔款准备金进行充足性测试。保险人按照保险精算重新计算确定的未决赔款准备金金额超过充足性测试日已提取的未决赔款准备金余额的，应当按照其差额补提未决赔款准备金；若小于则不调整未决赔款准备金。

（3）未决赔款准备金的冲减。原保险合同保险人确定支付赔付款项金额或实际发生理赔费用的当期，应按冲减的相应未决赔款准备金余额，做会计分录：

借：未决赔款准备金
　　贷：提取未决赔款准备金

（4）提取未决赔款准备金的期末结转。期末，应将"提取未决赔款准备金"科目余额转入"本年利润"科目，会计分录为：

借：本年利润
　　贷：提取未决赔款准备金

【例7-32】天安财产保险公司承保的货物运输险出险，按保险精算确定的未决赔款准备金为3500000元。年终，保险公司对未决赔款准备金进行充足性测试，按保险精算重新计算确定的未决赔款准备金为10680000元，充足性测试日已提取的未决赔款准备金余额为9500000元。

（1）提取未决赔款准备金时，会计分录为：
借：提取未决赔款准备金　　　　　　　　3500000
　　贷：未决赔款准备金　　　　　　　　　　　　　3500000
（2）年终进行充足性测试补提未决赔款准备金时，会计分录为：
借：提取未决赔款准备金　　　　　　　　1180000
　　贷：未决赔款准备金　　　　　　　　　　　　　1180000

【例 7-33】 2013 年 5 月 31 日，安邦财产保险公司对某财产保险合同按保险精算确定的未决赔款准备金金额为 500000 元，其中，已发生已报案未决赔款准备金金额为 360000 元，已发生未报案未决赔款准备金金额为 60000 元，理赔费用准备金金额为 80000 元。2013 年 5 月 31 日，分配相关理赔人员职工薪酬 50000 元，2013 年 6 月 23 日，该财产保险公司以银行存款支付该财产保险合同赔款 380000 元。

（1）2013 年 5 月 31 日提取未决赔款准备金时，会计分录为：
借：提取未决赔款准备金　　　　　　　　500000
　　贷：未决赔款准备金　　　　　　　　　　　　　500000
（2）2013 年 5 月 31 日分配相关理赔人员职工薪酬时，会计分录为：
借：未决赔款准备金　　　　　　　　　　50000
　　贷：提取未决赔款准备金　　　　　　　　　　　50000
（3）2013 年 6 月 23 日支付赔款时，会计分录为：
借：未决赔款准备金　　　　　　　　　　450000
　　贷：提取未决赔款准备金　　　　　　　　　　　450000
借：赔付支出　　　　　　　　　　　　　380000
　　贷：银行存款　　　　　　　　　　　　　　　　380000

二、人身保险准备金的核算

在人身保险业务准备金核算中，保险公司对尚未终止的人寿保险责任应提取寿险责任准备金；对尚未终止的长期健康保险责任应提取长期健康险责任准备金；对尚未终止的意外伤害险和健康险非寿险保险责任应提取未到期责任准备金；对非寿险保险事故已发生尚未结案的赔案应提取未决赔款准备金。其中，未到期责任准备金和未决赔款准备金的核算，与财产保险业务中未到期责任准备金和未决赔款准备金的核算基本相同，这里主要对寿险责任准备金和长期健康险责任准备金的核算进行阐述。

（一）寿险责任准备金的核算

人寿保险理论上包括生存保险、死亡保险和生死两全保险三类，在实务中主要是指定期寿险、终生寿险、简易人身险、教育金保险和年金保险等。这些人寿保险基本上都属于长期性保险业务，其保费收入具有与短期性保险业务完全不同的特征。在这些长期性人寿保险业务中，保费的缴纳通常以分期均衡缴费方式为主，采用趸缴保费的方式较为少见。而在保险期内，随着被保险人年龄的增长，保险公司承担的给付死亡保险金责任的可能性不断增大,即长期性保险业务的保险风险不可能平均分布于整个保险期间,在保险期间内保险风险是不断增加的。由此造成保险公司当期收取的保费与当期承担的风险责任并不对等,通常在保险初期收取的保费高于当期的风险责任费用,形成一定的保险剩余,而在保险后期则形成保费不足。在这种情况下,保险公司为了平衡未来发生的债务,保证有充足的能力随时进行给付,就必须将投保人历年缴纳的纯保费和利息积累起来,作为将来保险金给付和退保给付的责任准备金。具体来说,寿险责任准备金应当是保险公司收入的净保费和利息与寿险合同所规定的当期应承担给付义务之间的差额。

1. 寿险责任准备金的确认与计量

寿险责任准备金,是指保险人为尚未终止的人寿保险责任提取的准备金。根据《企业会计准则第25号——原保险合同》的规定,保险人应当在确认寿险保费收入的当期,按照保险精算确定的金额,提取寿险责任准备金,并确认寿险责任准备金负债。

2. 寿险责任准备金的科目设置

为了反映和监督财险业务寿险责任准备金的增减变动情况,主要应设置"寿险责任准备金"和"提取寿险责任准备金"科目进行核算。

(1)"寿险责任准备金"科目。该科目属于负债类科目,核算保险公司为尚未终止的人寿保险责任提取的准备金。其贷方登记按规定提取、补提的寿险责任准备金,借方登记按规定冲减的寿险责任准备金,期末的贷方余额,反映保险公司的寿险责任准备金。该科目可按保险合同进行明细核算。

(2)"提取寿险责任准备金"科目。该科目属于损益类科目,核算保险公司为尚未终止的人寿保险责任提取的准备金。其借方登记按规定提取、补提的寿险责任准备金,贷方登记按规定冲减的寿险责任准备金,期末,应将该科目余额转入"本年利润"科目,结转后该科目无余额。该科目可按险种和保险合同进行明细核算。

3. 账务处理

(1)寿险责任准备金的计提。保险人在确认寿险保费收入的当期,应按保险精算确定的寿险责任准备金,做会计分录:

借:提取寿险责任准备金
　　贷:寿险责任准备金

(2)寿险责任准备金充足性测试。保险人至少应当于每年年度终了,对寿险责任准备金进行充足性测试。保险人按照保险精算重新计算确定的寿险责任准备金金额超过充足性测试日已提取的寿险责任准备金余额的,应当按照其差额补提寿险责任准备金;若小于则不调整寿险责任准备金。

(3)寿险责任准备金的冲减。原保险合同保险人确定支付赔付款项金额或实际发生理赔费用的当期,应按冲减的相应寿险责任准备金余额,做会计分录:

借:寿险责任准备金
　　贷:提取寿险责任准备金

(4)寿险责任准备金的转销。寿险原保险合同提前解除的,保险人应将相关寿险责任准备金余额予以转销。会计分录为:

借：寿险责任准备金
　　　贷：提取寿险责任准备金

（5）提取寿险责任准备金的期末结转。期末，应将"提取寿险责任准备金"科目余额转入"本年利润"科目，会计分录为：

借：本年利润
　　　贷：提取寿险责任准备金

（二）长期健康险责任准备金的核算

1. 长期健康险责任准备金的确认与计量

长期健康险责任准备金，是指保险人为尚未终止的长期健康保险责任提取的准备金。根据《企业会计准则第25号——原保险合同》的规定，保险人应当在确认寿险保费收入的当期，按照保险精算确定的金额，提取长期健康险责任准备金，并确认长期健康险责任准备金负债。

2. 长期健康险责任准备金的科目设置

为了反映和监督财险业务长期健康险责任准备金的增减变动情况，主要应设置"长期健康险责任准备金"和"提取长期健康险责任准备金"科目进行核算。

（1）"长期健康险责任准备金"科目。该科目属于负债类科目，核算保险公司为尚未终止的长期健康保险责任提取的准备金。其贷方登记按规定提取、补提的长期健康险责任准备金，借方登记按规定冲减的长期健康险责任准备金，期末的贷方余额，反映保险公司的长期健康险责任准备金。该科目可按保险合同进行明细核算。

（2）"提取长期健康险责任准备金"科目。该科目属于损益类科目，核算保险公司为尚未终止的长期健康保险责任提取的准备金。其借方登记按规定提取、补提的长期健康险责任准备金，贷方登记按规定冲减的长期健康险责任准备金，期末，应将该科目余额转入"本年利润"科目，结转后该科目无余额。该科目可按险种和保险合同进行明细核算。

3. 账务处理

（1）长期健康险责任准备金的计提。保险人在确认寿险保费收入的当期，应按保险精算确定的长期健康险责任准备金，做会计分录：

借：提取长期健康险责任准备金
　　　贷：长期健康险责任准备金

（2）长期健康险责任准备金充足性测试。保险人至少应当于每年年度终了，对长期健康险责任准备金进行充足性测试。保险人按照保险精算重新计算确定的长期健康险责任准备金金额超过充足性测试日已提取的长期健康险责任准备金余额的，应当按照其差额补提长期健康险责任准备金；若小于则不调整长期健康险责任准备金。

（3）长期健康险责任准备金的冲减。原保险合同保险人确定支付赔付款项金额或实际发生理赔费用的当期，应按冲减的相应长期健康险责任准备金余额，做会计分录：

借：长期健康险责任准备金
　　　贷：提取长期健康险责任准备金

(4)长期健康险责任准备金的转销。寿险原保险合同提前解除的,保险人应将相关长期健康险责任准备金余额予以转销。会计分录为:

借:长期健康险责任准备金
　　贷:提取长期健康险责任准备金

(5)提取长期健康险责任准备金的期末结转。期末,应将"提取长期健康险责任准备金"科目余额转入"本年利润"科目,会计分录为:

借:本年利润
　　贷:提取长期健康险责任准备金

【例7-34】2013年2月25日,阳光保险公司在确认某团体终身寿险保险合同保费收入时,按照保险精算确定的寿险责任准备金金额为800000元;在确认某重大疾病保险合同保费收入时,按照保险精算确定的长期健康险责任准备金金额为300000元。2013年3月28日,该保险公司以银行存款支付该团体终身寿险保险合同赔付款项780000元,支付该重大疾病保险合同赔付款项260000元。

(1)2013年2月25日提取寿险责任准备金和长期健康险责任准备金时,会计分录为:

借:提取寿险责任准备金　　　　　　　　　　　800000
　　贷:寿险责任准备金　　　　　　　　　　　　　　　　800000
借:提取长期健康险责任准备金　　　　　　　　300000
　　贷:长期健康险责任准备金　　　　　　　　　　　　　300000

(2)2013年3月28日支付赔付款项时,会计分录为:

借:寿险责任准备金　　　　　　　　　　　　　800000
　　贷:提取寿险责任准备金　　　　　　　　　　　　　　800000
借:赔付支出　　　　　　　　　　　　　　　　780000
　　贷:银行存款　　　　　　　　　　　　　　　　　　　780000
借:长期健康险责任准备金　　　　　　　　　　300000
　　贷:提取长期健康险责任准备金　　　　　　　　　　　300000
借:赔付支出　　　　　　　　　　　　　　　　260000
　　贷:银行存款　　　　　　　　　　　　　　　　　　　260000

第五节　再保险业务的核算

一、再保险业务概述

再保险最初创始于意大利,在海上保险中出现,后来被用于火灾保险。19世纪末,人身保险中也开始有再保险。再保险是因为社会化大生产带来的巨额风险而得以存在的，在保险经营中占有极其重要的地位。保险人通过再保险将超过其自身财力所能承担的责任向其他保险人进行再保险，使再保险接受人承担一定份额的风险责任，可以起到分散承担责任风险、扩大承保业务范围、保持经营成果稳定的作用。同时，开展再保险业务，对于促进国内保险市场的发展也具有积极的现实意义。

（一）再保险的概念与内容

再保险，又称分保，是指一个保险人（再保险分出人）分出一定的保费给另一个保险人（再保险接受人），再保险接受人对再保险分出人由原保险合同所引起的赔付成本及其他相关费用进行补偿的保险业务。在再保险业务中，分出保险业务的保险人称为原保险人或再保险分出人，亦即再保险合同的投保人；接受分保业务的保险人称为再保险人或再保险接受人（分入人）。如果再保险人又将其分入的再保险业务转分给其他保险人，则称为转分保。在转分保业务中，双方当事人分别称为转分保分出人和转分保接受人。

再保险业务中，再保险分出人为了转移风险和责任，将原保险合同中一定比例的保费收入分给再保险接受人，这对再保险分出人而言为分出保费，对再保险接受人而言则为分保费收入。原保险人承保业务和进行经营管理要花费一定的开支，要向再保险人收取一定的分保手续费，称为分保佣金；有时，再保险人还要从分保盈余中支付一定比例的佣金给分出人，作为对分出人良好经营成果的报酬，称为盈余佣金和纯益手续费。分保佣金和盈余佣金（或纯益手续费）对再保险接受人而言均为分保费用，对再保险分出人而言则为摊回分保费用。此外，原保险合同确认的赔付款项及理赔费用，按再保险合同约定应由再保险接受人承担的部分，对再保险接受人而言为分保赔付支出，对再保险分出人而言则为摊回赔付支出。

（二）再保险业务的种类

再保险是一种以原保险为基础的独立的保险业务。它是保险企业之间的一种业务经营活动，但又是一项独立的合同。再保险按照原保险人与再保险人之间对保险责任的分配方式，可分为比例再保险和非比例再保险两大类。

（1）比例再保险。比例再保险是指原保险人与再保险人签订分保合同，以保险金额为基础，计算比例，分担保险责任限额的再保险。比例再保险又可以分为成数再保险和溢额再保险。成数再保险是指再保险分出人以保险金额为基础，对每一危险单位按固定比例即一定成数作为自留额，将其余的一定成数转让给再保险接受人，保险费和保险赔款按同一比例分摊。溢额再保险是指再保险分出人以保险金额为基础，规定每一危险单位的一定额度作为自留额，并将其超过自留额的部分，即溢额，分给再保险接受人。再保险接受人按承担溢额的比例收取分保费用和分摊分保赔款。

（2）非比例再保险。非比例再保险又称超额再保险，是一种以赔款为基础，计算自赔限额和分保责任限额的再保险。非比例再保险又可分为超额赔款再保险和超额赔付率再保险。超额赔款再保险是指由再保险分出人与再保险接受人签订协议，对每一危险单位损失或一次巨灾事故的累计责任损失规定一个自赔额，自赔额以上至一定限度由再保险接受人负责。超额赔付率再保险是指以一定时期（一般为1年）的累计责任赔付率为基础计算责任限额，当实际赔付率超过约定赔付率时，其超过部分由再保险接受人负责一定限额。

（三）再保险业务会计核算的特点

再保险业务与直接承保业务相比较，在会计核算上具有以下几个方面的特点。

1. 再保险业务产生的资产、负债及相关收支应单独确认

根据《企业会计准则第26号——再保险合同》的规定，再保险分出人应单独核算其所持有的再保险合同，不应当将再保险合同形成的资产与有关原保险合同形成的负债相互抵消，也不应当将再保险合同形成的收入或费用与有关原保险合同形成的费用或收入相互抵消。

2. 再保险业务资金结算方式与再保险业务不同

再保险资金结算是在保险人之间进行，或通过保险经纪人进行，采用的是"风险共担、利益共享"的原则。在再保险分出人发生赔款及手续费、佣金、营业税金及附加等业务的情况下，再保险接受人不直接向保险受益人支付赔款、向保险代理人或经纪人支付手续费和佣金以及其他相关税费，而是事先由再保险分出人支付赔款和税费，再保险接受人按分保比例事后与再保险分出人核算应负担的份额。因此，对再保险业务应核算摊回分保费用。

3. 分保账单是再保险业务核算的专用凭证

分保账单是核算再保险业务的专用会计凭证，也是定期清算往来账款唯一的依据。它由再保险分出人编制并送再保险接受人。分保账单一般按季编制，账单中一般载明分保手续费、分保赔款、分保准备金、分保费等内容，会计部门根据账单中借方与贷方的差额，确定是应收还是应付。

4. 再保险业务不涉及手续费支出和佣金支出的核算

由于再保险业务不是委托保险代理人进行的，而是在保险公司之间进行，因此，再保险接受人不涉及向保险代理人或保险经纪人支付手续费或佣金的问题，不涉及手续费支出和佣金支出的核算。

再保险业务的核算分为再保险分出业务的核算和再保险分入业务的核算两个方面。

二、分出业务的核算

分出业务核算是再保险业务中以再保险分出人为主体所进行的核算。其内容主要包括分出保费、摊回分保费用、摊回赔付支出以及各种准备金的核算。

（一）分出保费的计算

分出保费的计算是再保险分出业务核算的基础。分出保费计算方法有按比例计算和按非比例计算两种。

对于比例再保险，再保险分出人的自留额和再保险接受人的责任额都表示为保额的一定比例，该比例也是计算分出保费的依据，用公式表示如下：

分出保费 = 保费 × 确定的比例

第七章 保险公司业务的核算

非比例再保险最典型的代表为超额赔款再保险,在此以超额赔款再保险为例,说明非比例再保险分出保费的计算。超额赔款再保险分出保费的计算包括预交最低再保险费、净保费收入总额、再保险费率三个要素。在实际工作中,再保险费的计收有变动再保险费制和固定再保险费制两种方式,这里不作详细介绍。

另外,值得注意的是,在实务中分保费的计算方法除了采用上述方法以外,还要受到《中华人民共和国保险法》有关条款的约束。

(二) 科目设置

为了反映和监督再保险分出业务分出保费、摊回分保费用、摊回赔付支出以及各种准备金的增减变动情况,再保险分出人主要应设置"应收分保账款"、"应付分保账款"、"预收赔付款"、"存入保证金"、"分出保费"、"应收分保合同准备金"、"摊回保险责任准备金"、"摊回赔付支出"和"摊回分保费用"等科目进行核算。

(1) "应收分保账款"科目。该科目属于资产类科目,核算保险公司从事再保险业务应收取的款项。其借方登记再保险业务发生的应收未收款项的增加,贷方登记再保险业务发生的应收未收款项的减少,期末的借方余额,反映保险公司从事再保险业务应收取的款项。该科目可按再保险分出人或再保险接受人和再保险合同进行明细核算。

(2) "应付分保账款"科目。该科目属于负债类科目,核算保险公司从事再保险业务应付未付的款项。其贷方登记再保险业务发生的应付未付款项的增加,借方登记再保险业务发生的应付未付款项的减少,期末的贷方余额,反映保险公司从事再保险业务应付未付的款项。该科目可按再保险分出人或再保险接受人和再保险合同进行明细核算。

(3) "预收赔付款"科目。该科目属于负债类科目,核算保险公司从事再保险分出业务预收的分保赔付款。其贷方登记预收的分保赔付款,借方登记转销的预收分保赔付款,期末的贷方余额,反映保险公司尚未转销的预收分保赔付款。该科目可按再保险接受人进行明细核算。

(4) "存入保证金"科目。该科目属于负债类科目,核算保险公司从事再保险分出业务按合同约定扣存再保险接受人的保费形成的保证金。其贷方登记扣存的分保保证金,借方登记返还上期扣存的分保保证金,期末的贷方余额,反映保险公司扣存的尚未返还的分保保证金。该科目可按再保险接受人进行明细核算。

(5) "分出保费"科目。该科目属于损益类科目,核算保险公司从事再保险分出业务向再保险接受人分出的保费。其借方登记按规定向再保险接受人分出的保费及调整增加的分出保费,贷方登记按规定调整减少的分出保费。期末,应将该科目余额转入"本年利润"科目,结转后该科目无余额。该科目可按险种进行明细核算。

(6) "应收分保合同准备金"科目。该科目属于资产类科目,核算再保险分出人从事再保险业务确认的应收分保未到期责任准备金,以及应向再保险接受人摊回的保险责任准备金。再保险分出人也可单独设置"应收分保未到期责任准备金"、"应收分保未决赔款准备金"、"应收分保寿险责任准备金"、"应收分保长期健康险责任准备金"等科目核算。

"应收分保合同准备金"科目借方登记按规定确认的应收分保未到期责任准备金,

与应向再保险接受人摊回的保险责任准备金金额，以及调整增加的金额，贷方登记按规定调整减少的、冲减及转销的金额，期末的借方余额，反映保险公司从事再保险业务确认的应收分保合同准备金余额。该科目可按再保险接受人和再保险合同进行明细核算。

（7）"摊回保险责任准备金"科目。该科目属于损益类科目，核算再保险分出人从事再保险业务应向再保险接受人摊回的保险责任准备金，包括未决赔款准备金、寿险责任准备金、长期健康险责任准备金。再保险分出人也可单独设置"摊回未决赔款准备金"、"摊回寿险责任准备金"、"摊回长期健康险责任准备金"等科目核算。

"摊回保险责任准备金"科目贷方登记应向再保险接受人摊回的保险责任准备金金额，以及调整增加的金额，借方登记按规定冲减及转销的摊回保险责任准备金金额。期末，应将该科目余额转入"本年利润"科目，结转后该科目无余额。该科目可按保险责任准备金类别和险种进行明细核算。

（8）"摊回赔付支出"科目。该科目属于损益类科目，核算再保险分出人向再保险接受人摊回的应由其承担的赔付成本。再保险分出人也可单独设置"摊回赔付支出"、"摊回年金给付"、"摊回满期给付"、"摊回死伤医疗给付"等科目进行核算。"摊回赔付支出"科目贷方登记向再保险接受人摊回的应由其承担的赔付成本及调整增加的金额，借方登记按规定调整减少的金额。期末，应将该科目余额转入"本年利润"科目，结转后该科目无余额。该科目可按险种进行明细核算。

（9）"摊回分保费用"科目。该科目属于损益类科目，核算再保险分出人向再保险接受人摊回的应由其承担的分保费用。其贷方登记向再保险接受人摊回的应由其承担的分保费用，以及向再保险接受人收取的纯益手续费，借方登记按规定调整减少的摊回分保费用。期末，应将该科目余额转入"本年利润"科目，结转后该科目无余额。该科目可按险种进行明细核算。

（三）账务处理

1. 分出保费的核算

（1）再保险分出人应当在确认原保险合同保费收入的当期，按照相关再保险合同的约定，计算确定分出保费，计入当期损益。会计分录为：

借：分出保费
　　贷：应付分保账款

（2）对于超额赔款再保险等非比例再保险合同，应按再保险合同的约定，计算确定分出保费，计入当期损益。

调整分出保费时，如分出保费调整增加，则：

借：分出保费
　　贷：应付分保账款

如分出保费调整减少，则做相反的会计分录。

2. 应收分保未到期责任准备金的核算

（1）原保险合同为非寿险原保险合同的，再保险分出人在确认原保费收入的当期，还应按相关再保险合同的约定，计算确认相关的应收分保未到期责任准备金资产，并冲减提取未到期责任准备金。会计分录为：

借：应收分保未到期责任准备金
　　贷：提取未到期责任准备金

（2）资产负债表日，再保险分出人在调整原保险合同未到期责任准备金余额时，应相应调整应收分保未到期责任准备金余额。即按相关再保险合同约定计算确定的应收分保未到期责任准备金的调整金额，会计分录为：

借：提取未到期责任准备金
　　贷：应收分保未到期责任准备金

3. 摊回分保费用的核算

（1）再保险分出人应当在确认原保险合同保费收入的当期，按照相关再保险合同的约定，计算确定应向再保险接受人摊回的分保费用，计入当期损益。会计分录为：

借：应收分保账款
　　贷：摊回分保费用

（2）再保险分出人应当根据相关再保险合同的约定，在能够计算确定应向再保险接受人收取的纯益手续费时，将该项纯益手续费作为摊回分保费用，计入当期损益。会计分录为：

借：应收分保账款
　　贷：摊回分保费用

4. 摊回保险责任准备金的核算

（1）再保险分出人应当在提取原保险合同未决赔款准备金、寿险责任准备金、长期健康险责任准备金的当期，按照相关再保险合同的约定，计算确定应向再保险接受人摊回的相应准备金，确认为相应的应收分保准备金资产。

摊回未决赔款准备金时，会计分录为：

借：应收分保未决赔款准备金
　　贷：摊回未决赔款准备金

摊回寿险责任准备金时，会计分录为：

借：应收分保寿险责任准备金
　　贷：摊回寿险责任准备金

摊回长期健康险责任准备金时，会计分录为：

借：应收分保长期健康险责任准备金
　　贷：摊回长期健康险责任准备金

（2）对原保险合同保险责任准备金进行充足性测试补提保险责任准备金时，应按相关再保险合同约定计算确定的应收分保保险责任准备金的相应增加额，会计分录为：

借：应收分保未决赔款准备金（应收分保寿险责任准备金、应收分保长期健康险责任准备金）
　　贷：摊回未决赔款准备金（摊回寿险责任准备金、摊回长期健康险责任准备金）

（3）再保险分出人应当在确定支付赔付款项金额或实际发生理赔费用而冲减原保险

合同相应保险责任准备金余额的当期，冲减相应的应收分保准备金余额。会计分录为：

借：摊回未决赔款准备金（摊回寿险责任准备金、摊回长期健康险责任准备金）
　　贷：应收分保未决赔款准备金（应收分保寿险责任准备金、应收分保长期健康险责任准备金）

5. 摊回赔付支出的核算

（1）再保险分出人应当在确定支付赔付款项金额或实际发生理赔费用而确认原保险合同赔付成本的当期，按相关再保险合同的约定，计算确定应向再保险接受人摊回的赔付成本，计入当期损益。会计分录为：

借：应收分保账款
　　贷：摊回赔付支出

在因取得和处置损余物资、确认和收到应收代位追偿款等而调整原保险合同赔付成本的当期，应按相关再保险合同的约定，计算确定摊回赔付成本的调整金额，计入当期损益。

摊回赔付成本调整增加时，会计分录为：

借：应收分保账款
　　贷：摊回赔付支出

摊回赔付成本调整减少时，做相反的会计分录。

（2）对于超额赔款再保险等非比例再保险合同，再保险分出人应当在能够计算确定应向再保险接受人摊回的赔付成本时，将该项应摊回的赔付成本计入当期损益。会计分录为：

借：应收分保账款
　　贷：摊回赔付支出

6. 存入分保保证金的核算

再保险分出人应当在发出分保业务账单时，将账单标明的扣存本期分保保证金确认为存入分保保证金。会计分录为：

借：应付分保账款
　　贷：存入保证金

同时，按照账单标明的返还上期扣存分保保证金转销相关存入分保保证金。会计分录为：

借：存入保证金
　　贷：应付分保账款

再保险分出人根据相关再保险合同的约定，按期计算存入分保保证金利息，计入当期损益。会计分录为：

借：利息支出
　　贷：应付分保账款

7. 原保险合同提前解除的核算

再保险分出人应当在原保险合同提前解除的当期，按照相关再保险合同的约定，计算确定分出保费、摊回分保费用的调整金额,计入当期损益;同时,转销相关应收分保准备金余额。

(1)调整分出保费的核算。按计算确定的分出保费的调整金额,做会计分录:

借:应付分保账款
　　贷:分出保费

(2)调整摊回分保费用的核算。按计算确定的摊回分保费用的调整金额,做会计分录:

借:摊回分保费用
　　贷:应收分保账款

(3)转销相关应收分保准备金余额的核算转销相关应收分保未到期责任准备金余额时,做会计分录:

借:提取未到期责任准备金
　　贷:应收分保未到期责任准备金

转销相关应收分保寿险责任准备金余额时,做会计分录:

借:摊回寿险责任准备金
　　贷:应收分保寿险责任准备金

转销相关应收分保长期健康险责任准备金余额时,做会计分录:

借:摊回长期健康险责任准备金
　　贷:应收分保长期健康险责任准备金

8.结算分保账款的核算

再保险分出人、再保险接受人结算分保账款时,按应付分保账款金额,借记"应付分保账款"科目,按应收分保账款金额,贷记"应收分保账款"科目,按借贷方差额,借记或贷记"银行存款"科目。

9.期末,结平损益类科目的核算

期末,再保险分出人将损益类科目的余额转入"本年利润"科目,结转后损益类科目无余额。

(1)结转费用和支出时,做会计分录:

借:本年利润
　　贷:分出保费
　　　　利息支出

(2)结转收益时,做会计分录:

借:摊回分保费用
　　摊回赔付支出
　　摊回未决赔款准备金
　　摊回寿险责任准备金
　　摊回长期健康险责任准备金
　　贷:本年利润

【例7-35】2013年6月30日，中国人民保险公司在提取原保险合同未决赔款准备金、寿险责任准备金、长期健康险责任准备金时，根据相关再保险合同约定计算确定的应向再保险接受人摊回的未决赔款准备金、寿险责任准备金、长期健康险责任准备金金额分别为280000元、500000元、360000元。

（1）摊回未决赔款准备金时，会计分录为：

借：应收分保未决赔款准备金　　　　　　　　　280000
　　　贷：摊回未决赔款准备金　　　　　　　　　　　　　280000

（2）摊回寿险责任准备金时，会计分录为：

借：应收分保寿险责任准备金　　　　　　　　　500000
　　　贷：摊回寿险责任准备金　　　　　　　　　　　　　500000

（3）摊回长期健康险责任准备金时，会计分录为：

借：应收分保长期健康险责任准备金　　　　　　360000
　　　贷：摊回长期健康险责任准备金　　　　　　　　　　360000

三、分入业务的核算

分入业务的核算是再保险接受人接受再保险后对取得的分保费、发生的分保赔款和费用、提取的各种准备金等进行的核算。

（一）科目设置

为了反映和监督再保险分入业务分保费收入、分保赔款和费用以及提取的各种准备金的增减变动情况，再保险接受人除了设置"应收分保账款"、"应付分保账款"、"保费收入"、"未到期责任准备金"、"保险责任准备金"、"分保赔付支出"、"提取未到期责任准备金"、"提取保险责任准备金"等科目外，还应设置"分保费用"、"存出保证金"科目进行核算。

（1）"分保费用"科目。该科目属于损益类科目，核算再保险接受人向再保险分出人支付的应由其承担的各项费用。其借方登记再保险接受人按再保险合同约定计算确定的分保费用金额、收到分保业务账单时对分保费用调整增加的金额以及按再保险合同约定计算确定的纯益手续费金额，贷方登记收到分保业务账单时对分保费用调整减少的金额。该科目可按险种进行明细核算。

（2）"存出保证金"科目。该科目属于资产类科目，核算再保险接受人按合同约定存出的分保保证金。其借方登记存出的分保保证金，贷方登记收回的分保保证金，期末借方余额，反映再保险接受人存出的分保保证金。该科目可按再保险分出人进行明细核算。

（二）账务处理

1. 分保费收入的核算

（1）根据《企业会计准则第26号——再保险合同》的规定，分保费收入同时满足下列条件的，才能予以确认：再保险合同成立并承担相应保险责任；与再保险合同相关的经济利益很可能流入；与再保险合同相关的收入能够可靠地计量。再保险接受人根据相关再保险合同的约定，计算确定分保费收入金额，做会计分录：

借：应收分保账款
　　贷：保费收入

（2）再保险接受人在收到分保业务账单时，按账单标明的金额对分保费收入进行调整，调整金额计入当期损益。调整增加时，做会计分录：

借：应收分保账款
　　贷：保费收入

调整减少时，做相反的会计分录。

2. 分保费用的核算

（1）再保险接受人应当在确认分保费收入的当期，根据相关再保险合同的约定，计算确定分保费用，计入当期损益。会计分录为：

借：分保费用
　　贷：应付分保账款

再保险接受人应当在收到分保业务账单时，按照账单标明的金额对分保费用进行调整，调整金额计入当期损益。调整增加时，做会计分录：

借：分保费用
　　贷：应付分保账款

调整减少时，做相反的会计分录。

（2）再保险接受人应当根据相关再保险合同的约定，在能够计算确定应向再保险分出人支付的纯益手续费时，将该项纯益手续费作为分保费用，计入当期损益。会计分录为：

借：分保费用
　　贷：应付分保账款

3. 分保准备金的核算

（1）再保险接受人提取分保未到期责任准备金、分保未决赔款准备金、分保寿险责任准备金、分保长期健康险责任准备金的核算，以及进行相关分保准备金充足性测试的处理，与原保险业务中的核算与处理基本相同，这里不再赘述。

（2）再保险接受人应当在收到分保业务账单确认分保赔付成本的当期，冲减相应的分保准备金余额。会计分录为：

借：未决赔款准备金（寿险责任准备金、长期健康险责任准备金）
　　贷：提取未决赔款准备金（提取寿险责任准备金、提取长期健康险责任准备金）

4. 分保赔付支出的核算

再保险接受人应当在收到分保业务账单的当期，按照账单标明的分保赔付款项金额，作为分保赔付成本，计入当期损益。会计分录为：

借：分保赔付支出
　　贷：应付分保账款

5. 存出分保保证金的核算

再保险接受人应当在收到分保业务账单时，将账单标明的扣存本期分保保证金确认为存出分保保证金。会计分录为：

借：存出保证金
　　贷：应收分保账款

同时，按照账单标明的再保险分出人返还上期扣存分保保证金转销相关存出分保保证金。会计分录为：

借：应收分保账款
　　贷：存出保证金

再保险接受人根据相关再保险合同的约定，按期计算存出分保保证金利息，计入当期损益。会计分录为：

借：应收分保账款
　　贷：利息收入

6. 结算分保账款的核算

再保险接受人、再保险分出人结算分保账款的核算在再保险分出业务的核算中已述。

7. 期末，结平损益类科目

做会计分录：

借：本年利润
　　贷：分保费用
　　　　分保赔付支出
　　　　提取未到期责任准备金
　　　　提取未决赔款准备金
　　　　提取寿险责任准备金
　　　　提取长期健康险责任准备金

借：保费收入
　　利息收入
　　贷：本年利润

【例 7-36】 2013 年 3 月 31 日，阳光再保险公司收到安邦保险公司的分保业务账单，该分保业务账单上标明的非寿险保险合同分保赔付款项金额为 60000 元，相应的分保保险合同准备金为 52000 元。阳光再保险公司应编制会计分录为：

借：分保赔付支出　　　　　　　　　　　　60000
　　贷：应付分保账款　　　　　　　　　　　　　60000
借：未决赔款准备金　　　　　　　　　　　52000
　　贷：提取未决赔款准备金　　　　　　　　　　52000

第七章 保险公司业务的核算

本章小结

保险按保险对象分为财产保险和人身保险;按业务承保方式分为原保险和再保险。保险公司业务会计核算与其他业务相比,具有自己独有的特点。

财产保险是指投保人根据合同约定,向保险人支付保险费,保险人按照保险合同的约定,对所承保的财产及其有关利益因自然灾害或意外事故造成的损失承担赔偿保险金责任的保险业务。财产保险业务的核算主要包括财产保险保费收入、赔付支出和财产准备金的核算等内容。

人身保险是指保险人通过与投保人签订保险合同,在向投保人收取一定的保险费后,在被保险人因疾病或遭遇意外事故致伤或死亡,或保险期满时给付医疗费用或给付保险金的保险行为。人身保险主要包括人寿保险、意外伤害保险和健康保险三大类。人寿保险业务的核算主要包括保费收入、保险金给付、退保业务及寿险责任准备金的核算等内容。意外伤害保险业务和健康保险业务的核算主要包括保费收入、保险金给付以及准备金的核算等内容。

再保险,又称分保,是指一个保险人(再保险分出人)分出一定的保费给另一个保险人(再保险接受人),再保险接受人对再保险分出人由原保险合同所引起的赔付成本及其他相关费用进行补偿的保险业务。再保险业务的核算分为再保险分出业务的核算和再保险分入业务的核算两个方面。

思考题

1. 保险公司业务会计核算的特点有哪些?
2. 保险公司会计要素有哪些?有何特殊之处?
3. 如何核算保费收入?保险费率怎么确定?
4. 为什么保险公司要提取准备金?要提取哪些准备金?
5. 保险公司有哪些支出?分保费用如何计算?又是怎样核算的?

练习题

一、资料

1. 安邦财产保险公司按保险合同的规定收到保户缴纳的保费 6000 元。

2. 阳光财产保险公司于 8 月 25 日收到保户缴纳的保费 30000 元,公司于 9 月 5 日起承担保险责任。

3. 华为公司与中国人民财产保险公司签订保险合同投保财产综合险,约定保费 200000 元,双方协商共分 5 期支付,本月保险公司收到首期保费 40000 元。

4. 大地财产保险公司承保富士康公司的一台机器设备出险,保险公司会计部门收到赔款计算书和投保人签章的赔款收据,签发赔款 500000 元的转账制品给投保人,同时支付理赔勘查费 6000 元。

5. 中国平安财产保险公司承保的财产综合险出险,按照保险精算确定的未决赔款准

备金为 900000 元。年终，保险公司对未决赔款准备金进行充足性测试，按保险精算重新计算确定的未决赔款准备金为 12560000 元，充足性测试日已提取的未决赔款准备金余额为 13600000 元。

二、要求

根据上述经济业务，编制会计分录。

第八章 信托及租赁公司业务的核算

学习目的与要求

让学生掌握信托、租赁的基本理论及知识;培养学生运用所学知识分析、解决信托、租赁实际问题的能力;通过学习使学生初步掌握信托、租赁的基本方法,培养学生的实际工作能力,从而为学生将来从事相关工作打下坚实的基础。

通过学习使学生形成对信托、租赁性质、种类、功能、特点等基本理论、基本技能和基本知识的理解;形成对信托、租赁的实践意义的认识;形成对信托、租赁实际运用的能力;形成对信托、租赁与其他相关金融工具、制度区别的比较。

第一节 信托公司业务的核算

一、信托及其种类

(一) 信托与信托投资公司

1. 信托及其信用关系

《中华人民共和国信托法》对信托的定义是:信托是指委托人基于对受托人的信任,将其财产权委托给受托人,由受托人按委托人的意愿以自己的名义,为受益人的利益或者特定目的进行管理或者处分的行为。

信托是一种特殊的财产管理制度和法律行为,同时又是一种金融制度,信托与银行、保险、证券一起构成了现代金融体系。

信托是多边信用关系,一般涉及三方面当事人,即投入信用的委托人,受信于人的受托人,以及受益于人的受益人。

(1) 委托人是授人信用,即信托财产的所有者,是让受托人适从其目的对财产进行管理或处理的人。除未成年人外,凡拥有财产者,无论是个人、法人还是不具备法人资格的团体,都可以成为委托人。

(2) 受托人是受信于人,即接受委托人的要求,按照合同规定对信托财产进行管理或处理的人。在美国和日本,受托人都是法人。英国的受托人,可以是个人,也可以是法人。各国情况是不一样的,但是,各国对受托人都有资格限制,因为受托人关系到社会公众的利益。

(3) 受益人是接受委托利益的人,如遗嘱信托中承受遗产的人就是受益人。如果委托人本身就是受益人,这种信托形式就是自益信托,如果受益人是第三者则这种信托叫他益信托。委托人、受托人、受益人称为信托关系人。信托关系人围绕信托财产而产生的经济关系叫信托关系。受益人可以是自然人、法人或者依法成立的其他组织。委托人可以是受益人,也可以是同一信托的唯一受益人。受托人可以是受益人但不得是同一信托的唯一受益人。

2. 信托公司

信托公司是以信任委托为基础、以货币资金和实物财产的经营管理为形式,开展融资和融物相结合的多边信用行为的经济组织,是信托信用关系中的受托人。在中国,信托公司是指依照《中华人民共和国公司法》和《信托公司管理办法》设立的主要经营信托业务的金融机构。

设立信托公司、经营信托业务,应当具备下列条件:①有符合《中华人民共和国公司法》和中国银行业监督管理委员会规定的公司章程。②有具备中国银行业监督管理委员会规定的入股资格的股东。③具有本办法规定的最低限额的注册资本。④有具备中国银行业监督管理委员会规定任职资格的董事、高级管理人员和与其业务相适应的信托从业人员。⑤具有健全的组织机构、信托业务操作规程和风险控制制度。⑥有符合要求的营业场所、安全防范措施和与业务有关的其他设施。⑦中国银行业监督管理委员会规定的其他条件。

3. 信托的特点

(1) 以信用为基础。任何类型的信托都是建立在委托人对受托人信用的基础上,如果受托人不为委托人所信用,信托行为就不会产生。

(2) 具有特定的目的。信托的目的是为了受益者的利益,受托人接受委托人的信托财产,并按照委托人的意愿去运用,所得收益归于委托者或指定的受益人,受托人所得到的是约定的信托报酬。

(3) 财产权是信托成立的前提。委托者必须享有财产的所有权(或支配权),受托者才能接受这项信托,受托人替代委托人行使财产上的法定权利。

(4) 信托是多边的经济关系。信托行为一般涉及三方面关系人即委托人、受托人和受益人,有时委托人本身就是受益人,有时受益人不止一个人。而商业银行一般贷款是涉及银行和贷款单位两个方面。

(5) 信托机构不承担损失风险。受托人按委托人要求对财产进行经营管理,收益归受益者所有,亏损也由受益者负担。

4. 信托的职能

(1) 财务管理职能。即为人理财代人办事的职能,具体包括信托机构受托为委托者管理和处理财产或代办经济事务两大内容,是信托的首要职能和基本职能。

(2)融通资金职能。即信托机构通过办理自身业务所起到的融资及金融服务职能。

(3)中介服务职能。处理与协调经济关系、提供信任、信息与咨询的职能。

(4)投资职能。信托机构运用信托业务手段可参与固定资产投资、证券投资、商品投资和艺术品投资等。

(二)信托的种类

1. 以委托人为标准划分,信托可以分为个人信托和法人信托

(1)个人信托即以个人身份委托受托人办理信托业务。个人信托又分为生前信托和身后信托。生前信托指个人在世时就以委托人身份与受托人建立了信托关系,其信托合同限于委托人在世时有效。身后信托指根据个人遗嘱办理身后的有关信托事项,如执行遗嘱、管理财产、为保寿险者在身后代领赔款等。个人信托的特点在于:①信托受益人多数为委托人以外的第三人,如委托人的家属、特定的个人等。②信托财产一般为非生产性的个人财产。③信托目的大都是使委托人能按个人意愿分配财产、保障受益人的生活。

(2)法人信托又称公司信托、团体信托,即委托人不是某个人,而是公司、社团等具备资格的法人委托受托人办理信托业务。在这种信托业务中,委托人是公司、社团等法人,受托人只能是信托投资公司等信托机构,任何个人都没有受理法人信托或代理法人信托的资格。

2. 以信托成立的方式为标准划分,信托可以分为任意信托、法定信托

(1)任意信托是指按信托当事人(委托人、受托人、受益人)的意思成立信托关系,明白订定在有关信托文件(契约或遗嘱)之中,即这种信托的成立完全以各方当事人的自由意思表示为依据,不受外力干预,故又称"自由信托";又因其意思表示订定在文件上,亦称"明示信托"。

(2)法定信托是指依照制定法的明文规定而设立的信托,主要有以下几种:土地信托、遗产管理信托、破产信托。

3. 以受益人为标准划分,信托可以分为公益信托和私益信托

(1)公益信托是指为了公共利益的目的,使整个社会或社会公众的一个显著重要的部分受益而设立的信托。公益信托包括:①救济贫困。②救助灾民。③扶助残疾人。④发展教育、科技、文化、艺术、体育事业。⑤发展医疗卫生事业。⑥发展环境保护事业,维护生态环境。⑦发展其他社会公益事业。

(2)私益信托是指以个人或法人团体自身的利益而举办的信托业务,这种信托的受益人与委托人是有利益关系的个人或法人。受益人可能是本人,也可能是与自己有利益关系的他人。

4. 以信托财产的性质为标准划分,信托可以分为金钱信托、动产信托、不动产信托以及金钱债权信托

(1)金钱信托,又称资金信托,它是指委托人基于对受托人(信托机构)的信任,将自己合法拥有的资金委托给受托人,由受托人按委托人的意愿以自己的名义,为受益人的利益或者特定目的管理、运用和处分的行为。

金融企业会计

(2) 动产信托是指接受的信托财产是动产的信托，它是不动产信托的对称。所谓动产，是指可以移动的财产，如交通工具、设备、原材料等一切可以搬运、移位的财产。因此，动产信托又称设备信托或动产设备信托，它是财产信托的一种，主要以动产（主要指契约设备）的管理和处理为目的而设立的信托。

(3) 不动产信托也可称为房地产信托，简单来说，就是不动产所有权人（委托人），为受益人的利益或特定目的，将所有权移转给受托人，使其依信托合同来管理运用的一种法律关系。它是以不动产如建筑物、土地（不含耕地）等作为信托财产，由受托人按照信托合同，将不动产通过开发、管理、经营及处分等程序，提高不动产的附加价值，并将受托成果归还给受益人的信托业务。

(4) 金钱债权信托是指委托人以金钱债权移转给受托人，在此项债权给付清算后再交委托人或受益人管理、使用或支配。金钱债权信托包括应收款债权信托、住房贷款债权信托、贷款债权信托、特定债权信托、不良债权信托等。

(三) 信托和银行信贷的区别

信托和银行信贷都是一种信用方式，但两者多有不同。

1. 经济关系不同

信托是按照"受人之托、代人理财"的经营宗旨来融通资金、管理财产，涉及委托人、受托人和受益人三个当事人，其信托行为体现的是多边的信用关系。而银行信贷则是作为"信用中介"筹集和调节资金供求，是银行与存款人、贷款人之间发生的双边信用关系。

2. 行为主体不同

信托业务的行为主体是委托人。在信托行为中，受托人要按照委托人的意旨开展业务，为受益人服务，其整个过程，委托人都占主动地位，受托人被动地履行信托契约、受委托人意旨的制约。而银行信贷的行为主体是银行，银行自主地发放贷款，进行经营，其行为既不受存款人的制约，也不受借款人意旨的强求。

3. 承担风险不同

信托一般按委托人的意图经营管理信托财产，信托的经营风险一般由委托人或受益人承担，信托投资公司只收取手续费和佣金，不保证信托本金不受损失和最低收益。而银行信贷则是根据国家规定的存放款利率吸收存款、发放贷款，自主经营，因而银行承担整个信贷资金的营运风险，只要不破产，对存款要保本付息、按期支付。

4. 清算方式不同

银行破产时，存、贷款作为破产清算财产统一参与清算；而信托投资公司终止时，信托财产不属于清算财产，由新的受托人承接继续管理，保护信托财产免受损失。

(四) 信托公司会计信托业务核算的内容

作为独立的经济组织，信托公司会计核算的内容包括资产的核算、负债的核算、所有者权益的核算、收入的核算、费用的核算和利润的核算。本节主要介绍其信托业务的核算方法。

信托公司信托业务会计核算的内容包括信托存款与委托存款业务的核算、信托贷款

第八章 信托及租赁公司业务的核算

与委托贷款业务的核算、信托投资与委托投资业务的核算、其他信托业务的核算、代理业务的核算等。

二、信托存款与委托存款业务的会计核算

（一）信托存款及其会计核算

1. 信托存款的来源与特点

信托存款是信托机构按照委托人的要求，为特定目的吸收进来代为管理的资金，是信托机构经营业务的重要资金来源。信托存款一般分为两大类：普通信托存款和特约信托存款。普通信托存款是委托单位把可以自主运用的资金，委托给金融信托机构加以管理和运用，以获取相应信托收益的业务。其对象为企业、事业、机关、团体、学校等单位及其主管部门按照有关规定提留的结余资金、财政预算外的结余资金以及保险收益结余资金等。其特点是：委托人一般不指定资金使用的具体对象或项目，而由金融信托部门自选用款对象；在资金的运用过程中，金融信托部门要确保资金安全，并定期向受益人支付收益。特约信托存款是存款人指定投资范围或对象以及收益的方法，信托公司除收取约定的信托费外，其损益责任由存款人自负的信托存款。

（1）信托存款主要的资金来源是：财政部门委托投资或贷款的信托资金；企业主管部门委托投资或贷款的信托资金；劳动保险机构的劳保基金；科研单位的科研基金；各种学会、基金会的基金；个人具有特定用途的资金。

（2）信托存款与一般存款的区别：①存款主体不同。根据有关规定，可以进行信托存款的部门只能是财政部门、企业主管部门、劳动保险机构、科研单位及各种学会和基金会；而进行一般存款时，则无此种限制。②资金来源不同。信托存款的资金来源既不是社会生产和流通资金中暂时闲置的部分，也不是国家预算内资金，而是存在于生产流通环节之外，可由其自主支配的一部分社会闲置或机动资金。一般存款资金来源则比信托存款要宽泛得多。③经营机构业务范围不同。信托存款既可以在银行及其分支机构办理，也可以在金融信托投资机构办理；而一般存款只能在银行及其分支机构办理。④存款期限不同。信托存款为一年期以上（含一年）的定期存款，而一般存款的存款期限则灵活多样，不受限制。⑤办理程序不同。信托存款办理具体程序为：存款人提出要求，经金融信托机构审查资金来源属规定范围后，由双方的法定代表人或其授权代表签订《信托存款协议书》以明确双方权利义务，存款人将款项划入已开立的信托存款账户并取得金融信托机构出具的定期信托存款证书，同时开始计息。存款到期，由存款人提交信托存款证书，取回本息。一般存款的办理由存款人持款交给银行，取得存单（折）即可。信托存款到期，如要续存，应重新办理存款手续；而一般存款并不都要重新办理存款手续。

2. 信托存款核算的会计科目

（1）"代理业务负债"科目。本科目核算企业不承担风险的代理业务收到的款项，包括受托投资资金、受托贷款资金等。企业收到的代理业务款项，借记"银行存款"、

"存放中央银行款项"、"吸收存款"等科目,贷记本科目。定期或在合同到期与委托客户进行结算,按合同约定比例计算代理业务资产收益,结转已实现未结算损益,借记"代理业务资产——已实现未结算损益"科目;按属于委托客户的收益,贷记本科目;按属于企业的收益,贷记"手续费及佣金收入"科目。按规定划转、核销或退还代理业务资金,借记本科目,贷记"银行存款"、"存放中央银行款项"、"吸收存款"等科目。本科目期末贷方余额反映企业收到的代理业务资金。

(2)"代理业务资产"科目。本科目是用于核算企业不承担风险的代理业务形成的资产,如受托理财业务进行的证券投资、受托贷款等。本科目应设立"成本或本金"和"已实现未结算损益"两个明细账,分别核算代理业务资产的成本或本金和已实现未结算的代理业务损益。企业收到委托人的资金,应按实际收到的金额,借记"存放中央银行款项"、"吸收存款"等科目,贷记"代理业务负债"科目。以代理业务资金购买证券等,借记本科目(成本),贷记"存放中央银行款项"、"结算备付金"、"吸收存款"等科目。将购买的证券售出,应按实际收到的金额,借记"存放中央银行款项"、"结算备付金"、"吸收存款"等科目;按卖出证券应结转的成本,贷记本科目(成本);按其差额,借记或贷记本科目(已实现未结算损益)。定期或在合同到期与委托客户进行结算,按合同约定比例计算代理业务资产收益,结转已实现未结算损益,借记本科目(已实现未结算损益),贷记"代理业务负债"(委托客户的收益)、"手续费及佣金收入"(本企业的收益)等科目。发放受托的贷款,应按实际发放的金额,借记本科目(本金),贷记"吸收存款"、"银行存款"等科目。收回受托贷款,应按实际收到的金额,借记"吸收存款"、"银行存款"等科目,贷记本科目(本金),按其差额,贷记本科目(已实现未结算损益)等。

3. 信托存款的账务处理

(1)收到客户的信托存款,做会计分录:

借:银行存款
　　贷:代理业务负债——××单位信托存款

(2)以代理业务资金购买证券等,做会计分录:

借:代理业务资产(成本)
　　贷:银行存款

(3)出售证券时,做会计分录:

借:银行存款代理业务资产——已实现未结算损益(若售价小于成本)
　　贷:代理业务资产(成本)
　　　　代理业务资产——已实现未结算损益(若售价大于成本)

(4)定期或在合同到期与委托客户进行结算,按合同约定比例计算代理业务资产收益,结转已实现未结算损益(若售价大于成本),做会计分录:

借:代理业务资产——已实现未结算损益
　　贷:代理业务负债——××单位信托存款(属于客户的收益)
　　　　手续费及佣金收入(属于信托公司的收益)

(5) 收回受托贷款，应按实际收到的金额，做会计分录：
借：银行存款
　　贷：代理业务资产（本金）
　　　　代理业务资产——已实现未结算损益（收款大于成本）
(6) 按规定划转、核销或退还代理业务资金，做会计分录：
借：代理业务负债——××单位信托存款
　　贷：银行存款

（二）委托存款及其核算

1. 委托存款业务的基本程序

金融信托机构接受委托单位的委托，按指定的对象和用途，代为运用和管理交付的资金称为"委托存款"。委托存款是金融信托资金来源的一种形式，其实质是委托贷款或委托投资的保证金，因而它是与委托贷款或委托投资相对应和相结合的一种存款，委托人多是为贷而存，资金的支配和运用权限是属于委托者。

金融信托机构在办理委托存款业务时的具体做法是：①委托人提出存款要求，并说明存入金额和期限，经金融信托机构经办人员审查其资金来源是否属规定范围。②委托人、受托人（金融信托机构）、受益人三方签订委托协议，或者由委托人与受益人两方签订协议。③委托人在金融信托机构开立委托存款账户。④委托人将款项划入金融信托机构账户，或者提交转账支票通过银行划款，作为委托贷款或委托投资的准备金，信托机构根据委托人意图和要求进行贷款或投资。⑤金融信托机构从款项入账当日起开始计息。委托人交存金融信托机构的委托存款利率必须按照中国人民银行统一规定的存款利率政策办理；委托存款在未使用前，金融信托机构可以按活期利率计息。⑥委托人到期提取存款，由原收受存款的金融信托机构将款项划回原委托人账户，或向存户开出转账支票。⑦存入的委托存款，委托人如果有急用，可以在尚未动用的委托存款金额内支取。

金融信托机构办理委托存款业务过程中还应坚持如下原则：委托存款可以一次或分次存入，先存后用；专款专用；金融信托机构受托发放的委托贷款或投资余额不能超过委托人交存的委托存款余额；受托发放的委托贷款或投资的期限，不能超过委托人交存的委托存款的期限；已经发放的委托投资款或贷款尚未收回时，委托人不能从信托机构取回相应的委托存款。

金融信托机构的存款余额如果大于已经发放的委托贷款或投资余额时，对其超过部分，按规定要向中国人民银行交存存款准备金。

2. 委托存款的会计处理

(1) 存入委托存款。委托人与金融机构签订"委托存款协议书"。金融机构为委托人开立委托存款账户。委托人将委托存款资金存入银行账户。金融机构向委托人开出一式三联委托存款单，其会计分录为：

借：银行存款
　　贷：代理业务负债——委托存款——××委托人户

(2) 委托存款计息。金融机构应对未发放委托贷款和进行委托投资前的委托存款计付利息，运用计息余额表按季计息，会计分录为：

借：利息支出
　　贷：应付利息——××委托人户

（3）支取委托存款。委托存款随时可以支取，但仅限于委托存款大于委托贷款的部分或者是在委托贷款收回之后。会计分录：

借：代理业务负债——委托存款——××委托人户
　　贷：银行存款

三、信托贷款与委托贷款业务的会计核算

（一）信托贷款

1. 信托贷款的种类

信托贷款是指受托人接受委托人的委托，将委托人存入的资金，按其（或信托计划中）指定的对象、用途、期限、利率与金额等发放贷款，并负责到期收回贷款本息的一项金融业务。信托贷款以贷款的用途划分，可分为固定资产信托贷款、流动资金信托贷款和临时周转信托贷款。根据项目选定主体的不同以及委托人的不同标准和要求，将贷款分为甲类信托贷款和乙类信托贷款。所谓甲类信托贷款就是由委托人指定贷款项目，项目风险由委托人负责；乙类贷款则是由受托人选定项目，风险相应由受托人承担。

2. 信托贷款与银行贷款的区别

（1）银行贷款与信托贷款在产品特征方面存在着很大的差异。银行贷款是比较标准化的产品，产品的价格即利率的弹性比较小。信托贷款具有很强的个性化色彩，信托贷款的灵活性表现为定价灵活、风险与收益灵活匹配、放款灵活，满足客户的个性化需求。

（2）信托贷款与信托投资是相互结合和互相转化的，满足信托资金运用的最大化，在风险与收益的结合点上力求最大平衡。

（3）信托公司发放信托贷款，常与借款人约定控制企业公章以及限制担保、借款、资产处置和关联交易等重大经营活动，实时掌握企业经营和财务状况，出现了所谓债权股份化的趋势，这是银行贷款所不具备的特点。银行往往从企业财务指标、管理指标、行业指标等方面评价企业的债务清偿能力和风险度，但并不对企业经营管理施加积极的主动影响，其处罚措施之威慑力有余，影响力则不足，效果往往不彰。而宣布贷款提前到期则是"双刃剑"，容易招致多家银行同时收贷，或者导致借款人经营更加困难。

（4）信托公司具有直接投资功能，可以在发放贷款的同时直接进行股本权益性投资，更增强了对投资项目的控制力。同时，如果项目净资产回报率高，信托公司不但可以保证贷款安全，而且还分享企业资本增值性收益，如果将来上市，长期投资的综合收益率较高。有的信托公司推出的夹层融资，即通过股权和债权的混合融资，兼顾多种运用方式之利。

（5）信托贷款与投资具有转化的特点。信托公司在阶段性信托投资时，通过公司股东回购股权的方式向企业融资，将股权融资转换成债权融资，既可以以股东资格指派董

事参与经营和决策，还可以在设计产品时让股东承担回购义务以及第三人对该回购义务提供担保，这就扩大了债务偿还的保障渠道。

（6）除了股权外，信托公司还可以通过附条件转移所有权的方式购买企业的不动产、应收债权等资产向企业融资，或者以担保信托的模式为信托贷款提供担保，在我国所有权让与担保制度付之阙如的情况下，获得了良好的保障效果，还回避了担保制度所否定的流质、流押之弊。这些灵活的组合运用方式为金融产品创新注入了新的元素。银行囿于不能直接投资的限制，在以贷款债权运用存款资金时，不能主动地配合运用物权和股权，限制了产品创新的空间。

3. 信托贷款的会计处理

（1）委托人存入资金时，会计分录为：

借：银行存款
　　贷：代理业务负债——××委托人户

（2）发放信托贷款，会计分录：

借：代理业务资产——信托贷款——××单位贷款户
　　贷：银行存款——××单位存款户

（3）计息时，会计分录为：

借：应收利息——应收信托贷款利息
　　贷：利息收入——信托贷款利息收入

（4）收回信托贷款，会计分录为：

借：银行存款——××单位存款户
　　贷：代理业务资产——信托贷款——××单位贷款户

（二）委托贷款

1. 委托贷款的业务流程

委托贷款是指由委托人提供合法来源的资金，委托业务银行根据委托人确定的贷款对象、用途、金额、期限、利率等代为发放、监督使用并协助收回的贷款业务。委托人包括政府部门、企事业单位及个人等。委托贷款的业务流程为：①委托人与借款人达成融资意向，协商确定贷款利率、期限等要素。②委托人与借款人在业务银行开设结算账户，委托人向业务银行出具《贷款委托书》，并由委托人和借款人共同向银行提出申请。③银行受理客户委托申请，进行调查并经审批后，对符合条件的客户接受委托。

2. 委托贷款与信托贷款的区别

（1）资金性质不同。委托贷款只是在资金的运用上改变了形式，委托单位的拨款改为金融信托机构的贷款，委托人和用款单位之间的借贷关系变为金融信托机构与受益人之间的信用关系，但这并未改变资金原来的性质。而信托贷款是金融信托机构用吸收的信托存款和部分自有资金，在保证受益人能获得应有收益的前提下，自行选定项目和对象发放贷款，从而具有银行贷款的一般特征，实质上改变了原来资金的性质和用途。

（2）对信贷计划影响的程度不同。由于委托贷款是金融信托机构受单位的委托代为运用委托资金，委托资金的运用多表现为一次性，所以对综合信贷计划影响不大，信用规模扩张的程度也较小。信托贷款的表现形式为贷放与收回反复循环，资金不断周转使用，因而对信用规模和信贷计划影响的程度较大。

（3）管理方法不同。一般而言，国家对委托贷款管理较松，而对信托贷款则视同对银行贷款的管理，管理比较严格。

（4）具体的业务要求不同。金融信托机构办理委托贷款业务主要依据委托单位所指定的资金用途、对象等发放贷款，监督款项的使用情况以及负责贷款到期时的催还，但对借款单位到期无力偿还贷款的情况不负责任。而信托贷款的发放和收回均由金融信托机构自主办理，所以要由自己承担贷款的风险和经济损失。

3. 委托贷款的会计处理

（1）委托人存入资金时，会计分录为：

借：银行存款
　　　贷：代理业务负债——××委托人户

（2）发放信托贷款时，会计分录为：

借：代理业务资产——委托贷款——××单位贷款户
　　　贷：银行存款——××单位存款户

（3）计算应收贷款利息时，会计分录为：

借：应收利息——应收委托贷款利息
　　　贷：代理业务负债——委托贷款利息收入

（4）向委托人收取手续费时，会计分录为：

借：代理业务负债——××委托人户
　　　贷：手续费及佣金收入——委托贷款手续费收入

（5）收回委托贷款时，会计分录为：

借：银行存款——××单位存款户
　　　贷：代理业务资产——委托贷款——××单位贷款户

（6）贷款收回后、终止委托、将款项划转到委托方存款账户时，会计分录为：

借：代理业务负债——××委托人户
　　　贷：银行存款

四、信托投资与委托投资业务的会计核算

（一）信托投资

1. 信托投资的种类

信托投资是集合不特定的投资者，将社会闲散并期待增值的资金集中起来，由信托投资公司管理、运作，投资于某个特定的项目，共同分享投资收益。

按照投资与生产的关系来划分，信托投资一般分为直接投资与间接投资。直接投资即生产建设投资，就是投资者把资金投给农、工、商等企业，进行基本建设，或者进行技术改造。间接投资即证券投资，指金融信托机构用货币资金购买股票、国库券、公司

第八章 信托及租赁公司业务的核算

债券等有价证券，借以获取收益的行为。

2. 信托投资的程序

金融信托机构办理信托投资的业务程序依次为：项目筛选、项目评估、项目谈判、项目确立、项目执行和项目终止六个阶段。

（1）项目筛选。项目筛选就是信托公司经过调查研究，并进行认真的分析，把符合信托投资条件的项目筛选出来，对不符合信托投资条件的予以及时排除。信托公司对符合信托投资条件、择优筛选出来的项目，应作进一步的评估。

（2）项目评估。在初步筛选的基础上，信托投资公司根据可行性研究报告，对项目寿命期内的必备条件进行定量和定性的分析，对投资项目的必要性和可行性进行科学的评议、估算和预测，为投资决策提供依据，这个过程就是项目评估。信托投资项目的评估，主要包括以下几个内容：①投资环境评估。②产品市场评估。③供应情况评估。④工艺技术设备评估。⑤财务效益评估。综合以上各方面的评估结果，金融信托机构的经办人员对投资项目的必要性及在技术上、财务上和经济上的可行性作出结论，肯定一种最优方案，写出投资项目的评估报告。

（3）项目谈判。项目谈判工作是在评估报告中提出的项目可行性意见的基础上进行的。通过投资各方的协商谈判，不仅为签订合同做准备，而且还为投资公司的业务开展、投资各方相互了解、进行长期合作产生影响。项目谈判的主要内容有：投资的方式、金额和期限、利润的分配方法、投资企业的组织形式和管理方式等。

（4）项目确立。项目的确立主要指签订合同，投资合同一经签订，就具有法律效力，投资各方必须依照执行。根据国家的政策法令和经济合同法规，投资合同的内容应包括以下 13 个要点：投资项目的名称、法定地址；投资项目的注册资本和投资总额；投资项目的经营内容、规模和方式；投资各方的投资方式、投资额度、提供的合作条件、服务方式、投资构成和期限；投资各方投资交付期限，逾期不交、欠交、转让的条款；投资企业的组织形式及法人代表，董事会或联合机构的组成；投资企业的经营管理方式、管理机构设置、经营管理制度；投资各方收益的分配方法；投资各方对债务、亏损承担的责任和履行职责的方式；投资企业的财务会计制度、劳动工资、劳动管理和劳动保险等事项；合同中止的条件、中止后债务清算和资产的处理；合同终止时的债务清算的财产处理；违反合同的责任、争议的解决方式及其他应该写明的事项。

（5）项目执行。在投资项目确立后，投资各方都应按合同规定，将认缴的投资缴足。金融信托投资公司除协议拨足投资资金外，还要对资金使用情况和项目进展程度进行监督；项目一经投产，要共同支持其生产经营活动，加强财务监督，使其尽快产生效益。如发生亏损，按规定承担损失。

（6）项目终止。投资项目在以下情况下可实行终止：投资期限届满，双方无意延长期限，可撤出投资；如经营亏损或一方不履行责任，或因不可抗力等因素，使经营不能正常进行，可进行解散清理；如合同规定允许投资股权转让，信托投资公司可根据情况，决定是否转让股权。

3. 信托投资的会计处理

(1) 投资某项目时，会计分录为：

借：代理业务资产——信托（股权）投资——××项目
　　贷：银行存款

(2) 投资证券时，会计分录为：

借：代理业务资产——信托（证券）投资
　　贷：银行存款

(3) 获得信托投资收益时，会计分录为：

借：应收股息或应收利息
　　贷：投资收益——信托投资收益

(4) 出售证券时，会计分录为：

借：银行存款
　　贷：代理业务资产——信托（证券）投资

(二) 委托投资

委托投资是委托人将资金事先存入金融信托机构作为委托投资基金，委托金融信托机构向其指定的联营或投资单位进行投资，并对投资的使用情况、投资单位的经营情况及利润分红等进行管理和监督的一种金融信托业务。

1. 委托投资与信托投资的区别

委托投资与信托投资有两点不同。①信托投资的资金来源是信托投资公司的自有资金及稳定的长期信托资金，而委托投资的资金来源是与之相对应的委托人提供的投资保证金。②信托投资过程中，信托投资公司直接参与投资企业经营成果的分配，并承担相应的风险，而对委托投资，信托公司则不参与投资企业的收益分配，只收取手续费，对投资效益也不承担经济责任。

2. 委托投资与委托贷款的关系

委托投资与委托贷款是相似的业务种类，都属于特定信托业务。委托投资的委托人可以是企业主管部门、公司、各级财政部门、企业等单位；在办理委托投资前，委托人同样必须将委托投资基金存入金融信托机构；委托投资的对象和用途也同样必须符合国家有关法律、政策和计划管理的规定，项目同样应具有良好的经济效益和社会效益。委托投资项目必须按规定报经有关部门审批，取得有权单位批准的纳入固定资产投资计划的文件，金融信托机构在办理委托投资业务时同样不承担风险；因为作为投资，委托人在投资期间不可以收回委托投资基金；金融信托机构对办理委托投资同样须收取一定的手续费用。

委托投资与委托贷款的区别：①委托人办理委托投资不以收取贷款利息为目的，而是从投资单位中分取利润。②委托贷款时间较短，一般为1~3年，而委托投资的时间较长，一般为10年以上，或没有一定期限。③委托贷款不要求金融信托机构代委托人对借款企业进行管理，只须其资金使用合理，到期收回本息就可以，而委托投资则不同，它要求金融信托机构代替委托人参加投资企业的管理及企业财务核算等各方面的事务，以保证分得相当利润。④委托投资包括委托金融信托机构直接投资于企业单位和委托金融信托机构购买有价证券两个方面。

3. 委托投资的会计处理

(1) 投资项目时，会计分录为：

借：代理业务资产——委托投资
  贷：银行存款

(2) 收到委托投资项目分配的利润时，会计分录为：

借：银行存款
  贷：代理业务负债——委托投资××户

(3) 收取委托投资手续费时，会计分录为：

借：代理业务负债——委托投资××户
  贷：手续费及佣金收入——委托投资手续费收入

五、其他信托业务的会计核算

(一) 财产信托

1. 财产信托的种类

财产信托是指委托人将其合法所有的财产或财产权（包括各种动产、不动产和其他权益等）交付给信托公司设立信托，由信托公司作为受托人，按照委托人意愿，为受益人的利益，根据信托文件的约定进行管理、运用和处分的活动。

财产信托按照信托方式，可分为管理处理财产信托、处理方式财产信托和管理方式财产信托。①管理处理财产信托是将财产的出租与代售两种职能融于一体的财产信托方式。②处理方式财产信托是将财产或财产权委托公司代为出售的财产信托方式。③管理方式财产信托是将财产或财产权委托公司出租或者管理的信托方式。

按照公司是否给予资金融通分为融资性财产信托和服务性财产信托。①融资性财产信托是指公司受托将委托人的动产、不动产转让或出售给指定或不指定的购货方，公司以分期付款的方式向购货方提供资金融通，为购货方垫付货款，然后购货方以分期付款的方式，定期归还公司的垫款。②服务性财产信托是指公司只为财产购销双方在转让、出售过程中代办有关手续或监督付款，或提供中介信用保证，而不提供融资服务的信托方式。

2. 财产信托的会计处理

(1) 接受委托人财产时，会计分录为：

借：代理业务资产——信托财产
  贷：代理业务负债——财产信托

(2) 获得收益（如信托财产租赁收入）时，会计分录为：

借：银行存款
  贷：代理业务负债——信托财产租赁收入

(3) 收取财产信托手续费时，会计分录为：
借：代理业务负债
　　贷：手续费及佣金收入——财产信托手续费收入
(4) 终止财产信托时，会计分录为：
借：代理业务负债
　　贷：代理业务资产——信托财产（实物部分）
　　　　银行存款（货币部分）

（二）公益信托

1. 公益信托的种类

公益信托（慈善信托）是指出于公共利益的目的，为使社会公众或者一定范围内的社会公众受益而设立的信托。具体来说，就是为了救济贫困、救助灾民、扶助残疾人，发展教育、科技、文化、艺术、体育、医疗卫生事业，发展环境保护事业、维护生态平衡，以及发展其他社会公益事业而依法设立的信托。公益信托包括：

(1) 公众信托。委托人为一定范围内的公众的利益而设立的信托。

(2) 公共机构信托。为促进公共机构的管理发展而设立的信托，其可以提高公共机构的运行效率。

(3) 慈善性剩余信托。由捐款人设立的一种慈善信托，捐款人可将一部分信托收益用于自己及家庭的生活，剩余部分转给慈善机构。

2. 公益信托的业务流程

(1) 提出设立公益信托申请。为了一定的公益目的设立信托，委托人、受益人均可以提出申请设立公益信托。委托人只有一人或者数人的，可以直接向公益事业管理机构提出设立公益信托的申请；委托人人数众多，或者是不特定的社会公众的，宜由受托人提出申请。

(2) 信托资产转移。公益信托设立申请经公益事业管理机构批准后，信托财产由委托人转移给受托人，信托成立。

(3) 信托财产管理与运用。基于对信托财产保值增值的目的，受托人管理运用信托财产，每年编制信托事务处理情况及财产状况的报告，经信托监察人认可、公益事业管理机构批准后，予以公告；按照信托文件规定将信托资产或（和）收益交给受益人。

(4) 信托监管。信托监管包括对信托财产运用的监管和对受托人的监管。对信托财产的监管是公益事业管理机构有义务检查受托人处理公益信托事务的情况及财产状况。对公益信托受托人的监管包括两点：一是受托人未经公益事业管理机构批准不得辞任；二是受托人违反信托业务或者无力履行职责的，由公益事业管理机构变更受托人。

(5) 信托终止。信托期满，公益信托终止，受托人应当及时将终止事由和终止日期报告公益事业管理机构；公益信托终止后，受托人应当作出清算报告。

3. 公益信托的会计处理

(1) 收到公益信托的资金或财产时，会计分录为：
借：银行存款——公益信托存款

         贷：代理业务负债——××公益信托户
（2）运用公益信托资金时，会计分录为：
         借：代理业务负债——××公益信托户
         贷：银行存款——公益信托存款

第二节 租赁公司业务的核算

一、租赁及其种类

（一）租赁的基本内容

租赁是指出租人将自己所拥有的某种物品交与承租人使用，承租人由此获得在一段时期内使用该物品的权利，但物品的所有权仍保留在出租人手中，承租人为其所获得的使用权需向出租人支付一定的费用（租金）。

1. 租赁当事人

（1）出租人。出租人是出租物件的所有者，拥有租赁物件的所有权，将物品租给他人使用，收取报酬。出租人可以是单个经济主体，也可以是若干经济主体的联合体。

（2）承租人。承租人是出租物件的使用者，租用出租人物品，向出租人支付一定的费用。其在租赁中，不仅是出租物件的使用者，有时也是出租物件购买的发起人。

2. 租赁标的

租赁标的是指租赁合同当事人权利与义务所共同指向的对象，或称为权利与义务的客体，一切动产、不动产都可成为租赁标的。租赁标的具有以下特点：①租赁财产必须是特定物。特定物一般具有特殊的质量构成、性能或特点，如某一设备、某一部汽车等。租赁标明的必须是特定物。这是因为出租人具有财产所有权，在租赁期满时，出租人要收回原物。②租赁财产必须是非消耗物。③租赁标的不应是已经或将成为不动产的不可分离的附着物或必备物。④作为一个完整主体的一部分的物件，如果不破坏主体的完整就不能使之分离，或者这样的分离造成主体物的效用散失，这样不能作为租赁标的。

3. 租赁期限

租赁期限即租期，指出租人出让物件给承租人使用的期限。我国《合同法》规定，当事人约定的租赁期限不得超过20年。超过20年的，超过部分无效。租赁期间届满，当事人可以续订租赁合同、退租或购买。

租赁合同签订后一般不可撤销，但下列情况除外：①经出租人同意。②承租人与原出租人就同一资产或同类资产签订了新的租赁合同。③承租人支付一笔足够大的额外款项。④发生某些很少会出现的或有事项。承租人有权选择续租该资产，并且在租赁开始日就可以合理确定承租人将会行使这种选择权，不论是否再支付租金，续租期也包括在租赁期之内。

（二）租赁的种类

从承租人筹资的角度来看，租赁通常可分为经营租赁和融资租赁两种。

（1）经营租赁，又称业务租赁，是为了满足经营使用上的临时或季节性需要而发生的资产租赁。经营租赁是一种短期租赁形式，它是指出租人不仅要向承租人提供设备的使用权，还要向承租人提供设备的保养、保险、维修和其他专门性技术服务的一种租赁形式。

其业务特征表现为：①租赁物件的选择由出租人决定。②租赁物件一般是通用设备或技术含量很高、更新速度较快的设备。③租赁的目的主要是短期使用设备。④出租人既提供租赁物件，又同时提供必要的服务。⑤出租人始终拥有租赁物件的所有权，并承担有关的一切利益与风险。⑥租赁期限短，租赁期远低于租赁物的经济寿命。⑦租赁物件的使用有一定的限制条件。⑧可撤销性，即这种租赁是一种可解约的租赁，在合理的条件下，承租人预先通知出租人即可解除租赁合同，或要求更换租赁物。⑨不完全付清性，即经营租赁的租金总额一般不足以弥补出租人的租赁物成本并使其获得正常收益，出租人在租赁期满时将其再出租或在市场上出售才能收回成本，因此，经营租赁不是全额清偿的租赁。⑩出租人不仅负责提供租金信贷，而且要提供各种专门的技术设备。

（2）融资租赁，也称资本租赁，是指公司需要添置设备时，公司不是采用购买，而是委托租赁公司根据公司的要求选择代为购入所需的资产，然后公司以租赁的方式从租赁公司租入该项资产，从而达到融通资金的目的。它是一种采用"融物"形式的、不可撤销的中长期融资形式。

《企业会计准则第21号——租赁》规定，符合下列一项或数项标准的，应当认定为融资租赁：①在租赁期届满时，租赁资产的所有权转移给承租人。②承租人有购买租赁资产的选择权，所订立的购买价款预计将远低于行使选择权时租赁资产的公允价值，因而在租赁开始日就可以合理确定承租人将会行使这种选择权。③即使资产的所有权不转移，但租赁期占租赁资产使用寿命的大部分。④承租人在租赁开始日的最低租赁付款额现值，几乎相当于租赁开始日租赁资产公允价值；出租人在租赁开始日的最低租赁收款额现值，几乎相当于租赁开始日租赁资产公允价值。⑤租赁资产性质特殊，如果不作较大改造，只有承租人才能使用。

融资租赁是企业筹措资金的一种重要方法。采用这种租赁形式，企业可以获得租赁公司的设备使用权，实际上相当于获得了企业购置设备所需的资金，所以，这是一种将资金筹措和设备租赁结合在一起的筹资方法。由于这一筹资方法具有特殊的优点，使其成为一种国际化的筹资手段。目前，它主要有以下形式：①直接购买租赁。由租赁公司通过向国外贷款或合股等办法，在国内外资本市场上筹集资金，然后向国内外厂商直接购买承租人所需的设备，租赁给承租人使用。②转租赁。这种租赁形式的特点是，承租人所租设备是租赁公司从国内外的其他租赁公司或设备制造厂家租来的。③回租赁。即承租企业可将原来已买进设备出售给租赁公司，再从租赁公司租回使用。④杠杆租赁。即由一家或几家租赁公司联合，以少量的资金融通大量资金（一般是以设备和租金作抵

第八章 信托及租赁公司业务的核算

押向银行贷款 60%~80%），以购买大型的、价格高昂的设备给承租企业的一种融资性复杂、手续烦琐的租赁形式。

融资租赁具有以下特点：①由出租人（租赁公司）通过融资提供资金，购进承租人所需的生产设备并租赁给承租人使用。该生产设备往往是由承租人直接从设备制造商或销售商那里选定的。②合同期限较长，一般设备 3~5 年，大型设备 10 年以上。租赁合同期包括不可解约的固定期限及合同中规定的续租或展期等。③承租人按合同规定，分期向出租人缴纳租金，并承担合同期内设备的维修、保养和保险义务。④租赁期满时，根据租赁合同条款规定处理设备。一般有三种处理方法：一是到期后将设备退还给租赁公司；二是另订立合同，继续租赁；三是承租人留购，即以很少的"名义货价"（租赁期满后租赁设备残值的市场售价）或"商定价格"把设备买下来。

二、租金

租金是指租赁业务中出租人向承租人收取的转让资产使用权的补偿款。在出租人表现为租金收入，在承租人表现为租金费用。租赁业务的租金通常是在出租人和承租人双方谈判中根据资产的成本确定的，而且按时间计算，如每月租金若干。

（一）租金的构成要素与影响因素

租金的构成要素与影响因素，一般包括租赁资产的购置成本（包括运费、保险费等），租赁期间的利息费用和租赁资产的手续费、管理费、维修费、保险费及租赁资产的无形损耗和税收以及计算方法、利率、租期等。

1. 租金的构成要素

（1）租赁资产的购置成本。它是构成租金的首要因素。租赁资产的购置成本由租赁资产（设备）购价，即租赁资产从出口地运到进口地（即承租人所在地）起卸前的运输费和途中保险费所组成。

租赁资产购价一般根据市场行情，由出租人和承租人协商确定，确定的依据是该资产当时国际市场行情价格水平及供货商与出租人签订的该资产买卖合同价格，但为了避免出租人在租赁资产购价上加码，承租人可积极参与贸易谈判，或直接与供货商洽谈，商定购价及其他主要商务条款，有时甚至可先以买方名义同供货商订立供货合同，然后再将其转让给出租人执行，或指示出租人根据所商定的买卖合同另外与供货商签订供货合同。

在国际租赁中，租赁资产需从国外进口。如果租赁资产的进口价为到岸价（CIF），则到岸价就是租赁资产的购置成本；如果进口价是离岸价（FOB），则购置成本应等于离岸价加上途中的运输费和保险费；如果进口价为成本加运费价（CFR），则以成本加运费价加上途中保险费作为购置成本。有时承租人直接支付了租赁资产的运输费、保险费、安装调试费，这些费用虽也是购置成本的组成部分，但计算租金时应从购置成本中扣除。

（2）租赁期间的利息费用。租赁期间的利息费用是指出租人为购置租赁资产而向银

行贷款所支付的利息，它也是租金的一项重要构成因素。租赁期间利息费用的高低主要受租赁资产的购置成本、利率、租期及租金支付方式的影响。其中，利率是影响利息高低水平的最重要标志。利率高低取决于公司的筹资成本、资金来源和运用状况及承租人的信用、资金使用方向等因素。

（3）租赁手续费。租赁手续费是租赁公司为承办租赁设备所开支的营业费用（包括办公费、工资、差旅费、税金等）和收取的必要盈利。有的租赁公司将手续费分为业务费用和利润两部分。

租赁手续费的计算和收取方式有两种：一是按租赁资产现汇价格的一定百分比计算，于租赁开始日收取；二是酌量提高利息率，而在租期内逐次收取。这种方式一般为那些只参与融资而不参与贸易业务的租赁公司所采用。关于租赁手续费率的高低以及采用何种方法摊入租金进行收取，各租赁公司都有自己的规定和方法。有些公司透明度高，有些公司则是保密的，因为手续费高低往往是各租赁公司竞争的重要内容之一。一般来说，租赁金额较大的项目，收取的手续费率低一些。

除以上租赁资产的购置成本，租赁期间的利息费和租赁手续费三项是租金的主要构成要素外，还有一些因素，如出租人为承租人提供人员培训、专利发明、专有技术等，也是租金的构成因素。

2. 租金的影响因素

（1）计算方法。对同一笔租赁交易运用的租金计算方法不同直接影响到租金总额的大小。

（2）利率。在租赁设备总成本一定的情况下，利率是影响租金金额的最重要因素。在固定利率条件下，若其他因素不变，利率越高，租金总额越大，反之则相反。

（3）租赁期限。租期的长短直接影响租金总额的大小，因为租期越长，承租人占用出资人资金的时间就越长，出租人承受的利息负担也就越重，而出租人的利息负担必须通过资金的方式收回。因此，租期和租金总额成正比，租期越长，租金金额越大。

（4）付租间隔期。付租间隔期指的是上期租金支付日与当期租金支付日之间的时间间隔。付租间隔期一般有年付、半年付、季付、月付等。付租间隔期越长，意味着承租人占用出租人资金的时间也越长，租金金额也就相应越大。

（5）付租方式。付租方式有期初付租和期末付租之分。在期初付租情况下，承租人占用出租人资金的时间相对缩短，因此租金总额较少。而期末付租的租金则要相对增加。

（6）保证金的支付数量和方式。一般情况下，承租人向出租人给付的保证金越多，租金总额越少。另外，保证金是从租赁设备的概算成本中扣除，还是用作递交最后一起租金的一部分，对租金总额的影响较大，如果是从概算成本中扣除，租金总额就小，否则租金总额就大。

（7）支付币种。在国际租赁中，国内承租人承租国外租赁设备时应考虑租金支付的币种。一般而言，利率高且汇率高的支付币种，租金就高些。

（8）计息日和起租日。由于计息日和起租日的不同确定方法，他们之间的时间间隔也就不同，利息累积存在差异，进而对租金总额将产生一定的影响。

第八章　信托及租赁公司业务的核算

（二）租金的分类

1. 生产性租金

生产性租金是通过技术创新和制度创新所取得的超额利润。这种租金的取得是暂时的，随着新产品、新技术的普遍生产和采用，它会趋于消失。但这种超额利润仍然是不同于"一般租金"的"地租性质租金"。因为如果企业家不将资金投入具有风险性的某种新技术，而是投入传统部门或传统技术，他就得不到这种超额利润。生产性租金就是采用短期内供给无弹性的新技术的产物。对生产性租金的寻求是生产发展的动力，它推动生产技术、经营组织的不断创新，推动社会生产力的不断发展。所以，对生产性租金的寻求要鼓励，使之成为企业行为的动力。

2. 非生产性租金

非生产性租金是通过生产要素和产品供给的人为垄断取得的。对非生产性租金的寻求不能增加社会财富，它挤占和浪费大量的生产性资源，使社会财富的创造减少；而且，体现收入分配不公的是非生产性租金的攫取。所以，寻求非生产性租金的效应是完全消极性的，社会要对之予以限制和消除。

（三）租金的计算方法

租金的计算方法包括附加率法、年金法、成本回收法、不规则租金、浮动利率的租金。

1. 附加率法

附加率法指在租赁资产的设备货价或概算成本上再加上一个特定的比率来计算租金的方法。特定比率由营业费用和预期利润来确定。

每期租金 R 的表达式为：

$R = P \times (1 + N \times i) / N + P \times r$

式中，P 为租赁资产的价格；N 为租赁期数；i 为与租赁期数相对应的利率；r 为附加率。

2. 年金法

年金法是以年金现值理论为基础的租金计算方法。即将一项租赁资产在未来各租赁期内的租金按一定的利率换算成现值，使其现值总和等于租赁资产的概算成本的租金计算方法。其包括先收租金的等额年金法和后收租金的等额年金法。

（1）先收租金的等额年金法。在租金先收的情况下，等额年金法的计算公式为：

$$R = PV \cdot \frac{i(1+i)^{n-1}}{(1+i)^n - 1}$$

式中，R 为每次（相同间隔）应收租金；PV 为租赁物件总成本；i 为付租间隔期费率；n 为收租次数。

（2）后收租金的等额年金法。按照年金法计算的基本原理，后收租金的等额年金法的计算公式为：

$$R = PV \cdot \frac{i(1+i)^n}{(1+i)^n - 1}$$

式中，R 为每次（相同间隔）应收租金；PV 为租赁物件总成本；i 为付租间隔期费率；n 为收租次数。

3. 成本回收法

成本回收法指由租赁双方在签订租赁合同时商定，各期按照一定的规律收回本金，再加上应收的利息即为各期租金。

4. 不规则租金

即带有付租宽限期的租金计算法，宽限期长短对租金总额有影响，具体计算公式是将宽限期的利息加入到概算成本中，然后用等额年金法计算每期租金。

5. 浮动利率的租金

在租期内利率随市场变化，计算各期租金时的利率不同。浮动利率一般采用 Libor 利率（即伦敦国际银行间拆放利率）并加一定的利差作为租金利率，一般以起租日的 Libor 利率加利差作为计算第一期租金的利率，第一期租金偿还日的 Libor 利率加利差则作为计算第二期租金的利率，依此类推，计算以后各期利率，从而再计算各期租金。

三、租赁的计价

1. 最低租赁付款额

最低租赁付款额是指在租赁期内，承租人应支付或可能被要求支付的款项（不包括或有租金和履约成本），加上由承租人或与其有关的第三方担保的资产余值。

承租人有购买租赁资产选择权，所订立的购买价款预计将远低于行使选择权时租赁资产的公允价值，因而在租赁开始日就可以合理确定承租人将会行使这种选择权的，购买价款应当计入最低租赁付款额。即：

最低租赁付款额 = 承租人支付的款项 + 第三方担保的资产余值 + 承租人购买租赁资产价款

2. 或有租金

或有租金是指金额不固定、以时间长短以外的其他因素（如销售量、使用量、物价指数等）为依据计算的租金。或有租金在租赁开始时是不确定的，不能作为最低租赁付款额。比如：①双方约定按基本利率 6% 来收取租金，另外支付或有租金。②或有租金与物价指数相联系。如果物价指数在 110%~115%，每年再付租金 30 万元；物价指数在 115%~120%，每年再付租金 50 万元；等等。③或有租金与营业收入相联系。例如，协议规定，从租期的第二年起，每年按本项目营业收入的 2% 计算或有租金。

3. 履约成本

履约成本是指租赁期内为租赁资产支付的各种使用费用，如融资租入固定资产的改良支出、技术咨询和服务费、人员培训费、固定资产的经常性修理费、保险费等。

4. 最低租赁收款额

最低租赁收款额是指最低租赁付款额加上独立于承租人和出租人，但在财务上有能力担保的第三方对出租人担保资产余值，它包括各期租金，各种资产担保余值。

最低租赁收款额=最低租赁付款额+与承租人和出租人均无关的第三方的担保额

5. 担保余值

担保余值就承租人而言，是指由承租人或与其有关的第三方担保的资产余值。在租赁合同中没有规定优先购买选择权的情况下，构成承租人最低租赁付款额的一项内容。因为承租人没有优先购买选择权，所以承租人应保证租赁期满时出租人收回这部分资产余值。这里所指的"第三方"是指与承租人有关的第三方，即在业务经营或财务上与承租人有关的各方，如母公司、子公司、联营企业、合营企业、主要原料供应商、主要产品承销商、租赁资产出售方等。

就出租人而言，担保余值是指就承租人而言的担保余值加上独立于承租人和出租人，但在财务上有能力担保的第三方担保的资产余值。这里的"第三方"相当于中介担保人，是指与承租人和出租人均无关，但在财务上有能力担保的各方，如担保公司、财产保险公司等。

6. 资产余值

资产余值又称金融残值，是在租期结束时，未能实现未回收本金部分加上该值在整个租赁期间产生的应收利益，在合同中预留出来的公允价值。金融残值是承租人留购设备作价的基础，或承租人进行续租时作为续租的本金，也是计算最低收款或最低付款额的基础之一。

7. 未担保余值

未担保余值是指租赁资产余值中扣除就出租人而言的担保余值以后的资产余值。对于融资租入固定资产，计算应提折旧总额时，如果存在担保余值的，应提折旧总额=融资租入固定资产入账价值－担保余值，不考虑残值。如果不存在担保余值，应提折旧总额=融资租入固定资产入账价值－残值。

8. 未实现融资收益

未实现融资收益是指未收到租金并未获担保的部分，因其是否能按期收回具有不确定性，因此按照稳健性原则的要求对预期收益就不计或少计，而且对超过一个租金支付期未收到租金的应停止确认融资收入，其原已确认的融资收入应予以冲回，转作表外核算，这样处理有助于抵消管理人员和所有者的乐观主义情绪，以利于投资者和债权人更有利地评价风险。但是，将能够带来未来经济利益的相关支出全部由当期投资收益承担，有失配比性。

未实现融资收益=最低租赁收款额+未担保余值－租赁投资净额

四、租赁核算的会计科目

租赁核算应设置"融资租赁资产"科目、"未担保余值"科目、"租赁收入"科目、"未实现融资收益"科目、"长期应收款"科目。

（1）"融资租赁资产"科目。本科目核算企业（租赁）为开展融资租赁业务取得资产的成本。本科目可按承租人、租赁资产类别和项目进行明细核算。企业购入和以其他方式取得的融资租赁资产，借记本科目，贷记"银行存款"等科目。在租赁期开始日，按租赁开始日最低租赁收款额与初始直接费用之和，借记"长期应收款"科目，按未担保余值，借记"未担保余值"科目，按融资租赁资产的公允价值（最低租赁收款额与未担保余值的现值之和），贷记本科目，按发生的初始直接费用，贷记"银行存款"等科目，按其差额，贷记"未实现融资收益"科目。融资租赁资产的公允价值与其账面价值有差额的，还应借记"营业外支出"科目或贷记"营业外收入"科目。本科目期末借方余额，反映企业融资租赁资产的成本。

（2）"未担保余值"科目。本科目核算企业（租赁）采用融资租赁方式租出资产的未担保余值。本科目可按承租人、租赁资产类别和项目进行明细核算。未担保余值发生减值的，可以单独设置"未担保余值减值准备"科目。出租人融资租赁产生的应收租赁款，在租赁期开始日，应按租赁开始日最低租赁收款额与初始直接费用之和，借记"长期应收款"科目，按未担保余值，借记本科目，按融资租赁资产的公允价值（最低租赁收款额和未担保余值的现值之和），贷记"融资租赁资产"科目，按发生的初始直接费用，贷记"银行存款"等科目，按其差额，贷记"未实现融资收益"科目。租赁期限届满，承租人行使了优惠购买选择权的，企业（租赁）按收到承租人支付的购买价款，借记"银行存款"等科目，贷记"长期应收款"科目。存在未担保余值的，按未担保余值，借记"租赁收入"科目，贷记本科目。承租人未行使优惠购买选择权，企业（租赁）收到承租人交还租赁资产，存在未担保余值的，按未担保余值，借记"融资租赁资产"科目，贷记本科目；存在担保余值的，按担保余值，借记"融资租赁资产"科目，贷记"长期应收款"科目。资产负债表日，确定未担保余值发生减值的，按应减记的金额，借记"资产减值损失"科目，贷记"未担保余值减值准备"科目。未担保余值价值以后又得以恢复的，应在原已计提的未担保余值减值准备金额内，按恢复增加的金额，借记"未担保余值减值准备"科目，贷记"资产减值损失"科目。本科目期末借方余额，反映企业融资租出资产的未担保余值。

（3）"租赁收入"科目。本科目核算企业（租赁）确认的租赁收入。本科目可按租赁资产类别进行明细核算。企业确认的租赁收入，借记"未实现融资收益"、"应收账款"等科目，贷记本科目。取得或有租金，借记"银行存款"等科目，贷记本科目。期末，应将本科目余额转入"本年利润"科目，结转后本科目无余额。

（4）"未实现融资收益"科目。本科目核算企业分期计入租赁收入或利息收入的未实现融资收益。本科目可按未实现融资收益项目进行明细核算。出租人融资租赁产生的应收租赁款，在租赁期开始日，应按租赁开始日最低租赁收款额与初始直接费用之和，借记"长期应收款"科目，按未担保余值，借记"未担保余值"科目，按融资租赁资产的公允价值（最低租赁收款额的现值和未担保余值的现值之和），贷记"融资租赁资产"科目，按融资租赁资产的公允价值与账面价值的差额，借记"营业外支出"科目或贷记"营业外收入"科目，按发生的初始直接费用，贷记"银行存款"等科目，按其差额，贷记本科目。采用实际利率法按期计算确定的融资收入，借记本科目，贷记"租赁收入"科目。采用递延方式分期收款，实质上具有融资性质的销售商品或提供劳务等经营活动产生的长期应收款，满足收入确认条件的，按应收的合同或协议价款，借记"长期应收款"科目，按应收的合同或协议价款的公允价值，贷记"主营业务收入"等科目，按其差额，贷记本科目。涉及增值税的，还应进行相应的处理。采用实际利率法按期计算确定的利息收入，借记本科目，贷记"财务费用"科目。本科目期末贷方余额，反映企业尚未转入当期收益的未实现融资收益。

（5）"长期应收款"科目。本科目核算企业融资租赁产生的应收款项和采用递延方式分期收款、实质上具有融资性质的销售商品和提供劳务等经营活动产生的应收款项。本科目可按债务人进行明细核算。本科目的期末借方余额，反映企业尚未收回的长期应收款。出租人融资租赁产生的应收租赁款，在租赁期开始日，应按租赁开始日最低租赁收款额与初始直接费用之和，借记"长期应收款"科目，按未担保余值，借记"未担保余值"科目，按融资租赁资产的公允价值（最低租赁收款额和未担保余值的现值之和），贷记"融资租赁资产"科目，按融资租赁资产的公允价值与账面价值的差额，借记"营业外支出"科目或贷记"营业外收入"科目，按发生的初始直接费用，贷记"银行存款"等科目，按其差额，贷记"未实现融资收益"科目。

五、租赁的账务处理

1. 经营租赁的会计处理

经营租赁的业务主要包括：购入租赁资产和开拓业务支出（初始直接费用）、收取押金和预收租金、租赁期间相关费用的发生、收取租金（包括或有租金）、租赁结束。

（1）购入资产和初始直接费用的会计处理：

①购入资产用于出租，做会计分录：

借：融资租赁资产——库存
　　贷：银行存款

②支付租赁宣传广告费用，做会计分录：

借：销售费用
　　贷：银行存款

（2）收取押金和预收租金的会计处理：

③收到承租人押金，做会计分录：

借：银行存款
　　贷：其他应付款——××客户押金

④收到承租人预付租金，做会计分录：

借：银行存款
　　贷：应收账款——××客户租金

⑤向承租人移交资产使用权，做会计分录：

借：融资租赁资产——租出——××客户
　　贷：融资租赁资产——库存

(3) 租赁期间相关费用的会计处理：

⑥计提租赁资产折旧，做会计分录：

借：管理费用
　　贷：累计折旧

⑦支付修理费，做会计分录：

借：管理费用
　　贷：银行存款

(4) 收取租金的会计处理：

⑧收取基本租金，做会计分录：

借：银行存款（或应收账款）
　　贷：租赁收入

⑨收取或有租金，做会计分录：

借：银行存款
　　贷：租赁收入

(5) 租赁结束时的会计处理：

⑩收回租赁资产，做会计分录：

借：融资租赁资产——库存
　　贷：融资租赁资产——租出——××客户

⑪退还押金，做会计分录：

借：其他应付款——××客户押金
　　贷：银行存款

2. 融资租赁的账务处理

融资租赁的业务包括取得的融资租赁资产、租赁合同开始执行、未实现融资收益的分配和租赁期满的会计处理等。

(1) 融资租赁准备的会计处理：

企业购入和以其他方式取得的融资租赁资产，做会计分录：

借：融资租赁资产
　　贷：银行存款

(2) 租赁合同执行的会计处理：

①在租赁期开始日，做会计分录：

借：长期应收款（按租赁开始日最低租赁收款额与初始直接费用之和）
　　未担保余值（按未担保余值）
　　贷：融资租赁资产（按融资租赁资产的公允价值或最低租赁收款额与未担保余值的现值之和）
　　　　银行存款（按发生的初始直接费用）
　　　　未实现融资收益（按其差额）

②分配未实现融资收益，做会计分录：

借：未实现融资收益
　　贷：租赁收入
（3）租赁期满的会计处理：
①收回租赁资产，做会计分录：
借：融资租赁资产
　　贷：长期应收款
②承租人留购租赁资产，出租人做会计分录：
借：银行存款
　　贷：长期应收款

本章小结

信托是一种财产管理制度，它的核心内容是"受人之托、代人理财"。具体是指委托人基于对受托人的信任，将其财产权委托给受托人，受托人按委托人的意愿以自己的名义为受益人的利益或者特定目的，进行管理或者处分的行为。

信托业务的会计核算应设置如下账户：代理业务负债、代理业务资产、代理买卖证券款、代理承销证券款、代理兑付证券、代理兑付证券款。

租赁是一种以一定费用借贷实物的经济行为。在这种经济行为中，出租人将自己所拥有的某种物品交与承租人使用，承租人由此获得在一段时期内使用该物品的权利，但物品的所有权仍保留在出租人手中；承租人为其所获得的使用权需向出租人支付一定的费用（租金）。租赁对承租人、出租人、机器设备供应商和银行等，都有积极作用。

出租人租赁会计的核算应设置如下账户：融资租赁资产、未担保余值、租赁收入、未实现融资收益、长期应收款。

思考题

1. 信托、租赁的种类。
2. 信托、租赁的特点。
3. 信托、租赁的基本职能。
4. 信托、租赁的优势。
5. 信托、租赁的风险。
6. 信托、租赁核算的账户。

练习题

习题一

一、目的：信托业务的核算
二、资料
1. 收到委托人汇入信托资金3000000元。
2. 用信托资金购买A企业债券1500000元。

3. 出售A企业债券，收到本息1530000元。

4. 按照信托协议，本公司与委托人结算代理业务收益30000元，其中20000元属于委托人，10000元属于本公司。

5. 按照委托协议，本公司发放委托贷款2000000元。

6. 贷款到期，本公司收回委托贷款本息2050000元。

三、要求

根据所给资料编制会计分录。

习题二

一、目的：练习租赁业务的核算

二、资料

1. 根据租赁协议，本公司按照承租人的要求购入设备一套，价值5000000元。

2. 根据租赁协议，本公司将所购设备（账面价值5000000元，租赁资产公允价值5400000元）出租给承租人使用，租期4年，未担保余值450000元，谈判中发生费用200000元，未实现融资收益1000000元。

3. 期末，本公司确认本期未实现融资收益250000元。

4. 本公司收到出租人支付或有租金300000元。

5. 期末，本公司将本期实现的租赁收入550000元转入"本年利润"账户。

三、要求

根据所给资料编制会计分录。

第九章 金融企业收入、费用、利润的核算

学习目的与要求

了解金融企业收入的概念、特征及其分类。掌握金融企业费用的构成及其会计核算。了解金融企业收入与利得、费用与损失的区别。掌握金融企业利润形成、利润分配的会计核算方法。了解金融企业所得税费用的核算。

第一节 金融企业收入的核算

一、金融企业收入的核算

收入是指企业在销售商品、提供劳务及让渡资产使用权等日常活动中所形成的经济利益的总流入。根据收入的概念,金融企业收入具有以下特征:

(1)金融企业收入从金融企业的日常活动中产生,而不是从偶发的交易或事项中产生,也不是从处置固定资产等非正常活动中产生的。日常活动是指金融企业为完成其经营目标而从事的所有活动,以及与之相关的其他活动。如商业银行提供贷款服务、商业银行办理委托贷款、证券公司代理客户买卖证券、保险公司销售保险合同、信托投资公司受托理财、租赁公司出租固定资产,等等。

(2)金融企业收入可能表现为金融企业资产的增加,如增加银行存款、应收手续费等;也可能表现为负债的减少,如以手续费及佣金收入抵偿债务;或者两者兼而有之,如手续费及佣金收入的款项中部分抵偿债务,部分收取现金。

(3)金融企业收入能导致金融企业所有者权益增加。收入能增加资产或减少负债或二者兼而有之。因此,根据"资产=负债+所有者权益"的公式,企业取得收入一定能增加所有者权益。但收入扣除相关成本费用后的净额,则可能增加所有者权益,也可能减少所有者权益。这里仅指收入本身导致的所有者权益的增加,而不是指收入扣除相关成本费用后的毛利对所有者权益的影响。

(4)金融企业收入只包括本金融企业经济利益的流入,不包括为第三方或客户代收

的款项，如证券公司代理客户收取的证券买卖收入、商业银行代理委托贷款企业收取利息等。代收的款项，一方面增加企业的资产，另一方面增加企业的负债，因此不增加企业的所有者权益，也不属于本企业的经济利益，不能作为本企业的收入。

（5）金融企业收入必须是能以货币计量的。收入作为会计要素之一，同其他各要素一样，必须能够以货币来衡量其价值，从而为收入的确认、计量、记录和报告提供准确的依据，也便于与其相关的费用相配比，体现一定期间的经营成果。

（6）金融企业收入必须要与其相关的费用相配比。收入必须要与取得该收入相关的费用相配比。收入和费用存在着密切的联系，费用在本质上是为取得收入而发生的支出，而收入则表示费用所带来的结果。因此，收入必须要与相关的费用相比较，以确定当期的净损益，对收入的确认计量和记录，才有实际意义。

二、金融企业收入、收益和利得的关系

收益和利得与收入密切相关。收益是指会计期间经济利益的增加，表现为能导致所有者权益增加的资产流入、资产增值或负债减少。"能导致所有者权益增加"是收益的重要特征。但要注意的是，能导致所有者权益增加并不说明它就一定是收益。投资者投入也能导致企业所有者权益增加，但它不是收益。

收益的形成可能来源于金融企业的日常活动，也可能来源于日常活动以外的活动。那些由企业日常活动形成的收益，即为收入；而日常活动以外的活动所形成的收益，通常称作利得。在对收入、利得两者作出区分时，要注意三个方面：一是利得是金融企业边缘性或偶发性交易或事项的结果，如无形资产所有权转让、固定资产处置形成的收益、非货币性交易收益、出售无形资产收益、罚款净收入等；二是利得属于那种不经过经营过程就能取得或不曾期望获得的收益，如金融企业接受政府的补贴、因其他企业违约收取的违约金、资产价值的变动等；三是利得在利润表中通常以净额反映。

三、金融企业收入的分类

（一）按照企业从事日常活动的性质分类

金融企业的日常活动主要是提供各种金融商品服务所取得的收入，主要包括利息收入、手续费及佣金收入、保险业务收入、公允价值变动收益、汇兑收益和其他业务收入。

（1）利息收入。利息收入是指金融企业发放各类贷款、与其他金融机构（中央银行、同业等）之间发生资金往来业务、买入返售金融资产等所取得的利息收入。其中，商业银行发放的各类贷款包括银团贷款、贸易融资、贴现和转贴现融出资金、协议透支、信用卡透支、转贷款和垫款等，但不包括接受委托发放的委托贷款。商业银行系统内、商业银行之间以及商业银行与中国人民银行之间相互资金往来所取得的利息，也属于利息收入核算的内容。利息收入在营业收入中占有很大的比重，特别是在当前金融业分业经营的情况下，利息收入是商业银行财务成果的重要内容。

（2）手续费及佣金收入。手续费及佣金收入是指商业银行在办理代理业务中收取的手续费及佣金，商业银行包括办理结算业务、咨询业务、担保业务、代保管等代理业务以及办理受托贷款及投资业务等收取的手续费及佣金收入。证券公司包括代理承销、兑付和买卖证券等业务实现的收入。

（3）保险业务收入。保险业务收入是指保险公司从事保险业务确认的原保费收入和分保费收入。

（4）公允价值变动收益。公允价值变动收益是指企业交易性金融资产、交易性金融负债，以及采用公允价值模式计量的投资性房地产、衍生工具、套期保值业务等公允价值变动形成的应计入当期损益的净收益。

（5）汇兑收益。汇兑收益是指金融企业进行外汇买卖或外币兑换、外币货币性项目因汇率变动等业务形成的汇兑收益。

（6）其他业务收入。其他业务收入是指商业银行经营的除主营业务以外的其他业务所取得的收入。包括出租固定资产、转让无形资产等取得的收入。

（二）按照企业从事日常活动在企业中的重要性分类

按照企业从事日常活动在企业中的重要性，可以分为主营业务收入和其他业务收入。我国金融企业实行的是分业经营，不同的金融企业主营业务收入有着明显的区别。商业银行的主营业务收入主要为利息收入、手续费及佣金收入、汇兑收益；证券公司的主营业务收入主要为手续费及佣金收入；保险公司的主营业务收入主要为保险业务收入等。

四、金融企业收入的确认和计量

企业收入的来源渠道多种多样，不同收入来源的特征有所不同，其收入确认条件也往往存在差别。金融企业提供金融产品服务取得的收入，应当在以下条件均能满足时予以确认：①与交易相关的经济利益能够流入企业。②收入的金额能够可靠地计量。

（1）金融企业发放的贷款，应按期计提利息并确认收入。发放贷款到期（含展期，下同）90天后尚未收回的，其应计利息停止计入当期利息收入，纳入表外核算；已计提的贷款应收利息，在贷款到期90天后仍未收回的，或在应收利息逾期90天后仍未收到的，冲减原已计入损益的利息收入，转作表外核算。非银行金融企业除贷款以外的融出资金，其计提的利息按上述原则处理。

（2）手续费及佣金收入，应当在向客户提供相关服务时确认。

（3）利息收入，应按让渡资金使用权的时间和适用利率计算确定。

（4）保费、分保费收入应在下列条件均能满足时予以确认：①保险合同成立并承担相应保险责任。②与保险合同相关的经济利益能够流入。③与保险合同相关的收入和成本能够可靠地计量。

五、金融企业收入的核算

金融企业提供金融商品服务所取得的收入主要包括利息收入、手续费及佣金收入、保险业务收入、租赁收入、投资收益、公允价值变动损益、汇兑损益、其他业务收入等。但不包括为第三方或者客户代收的款项,如企业代垫的工本费、代邮电部门收取的邮电费等。

(一) 利息收入的核算

金融企业所取得的利息收入,应通过"利息收入"科目核算。该科目为损益类科目,可按业务类别进行明细核算。

资产负债表日,金融企业应按合同利率计算确定的应收未收利息,借记"应收利息"科目,按摊余成本和实际利率计算确定的利息收入,贷记"利息收入"科目,按其差额,借记或贷记"贷款——利息调整"等科目。实际利率与合同利率差异较小的,也可以采用合同利率计算确定利息收入。期末,应将该科目余额转入"本年利润"科目,转后该科目无余额。

1. 贷款利息收入的核算

贷款利息收入是指金融企业发放的各项贷款,按贷款本金规定的利率及计息期限计算的应收利息。它是利息收入的主要部分。

金融企业发放的贷款,应按期计提利息并确认收入。发放贷款到期(含展期,下同)90天及以上尚未收回的,其应计利息停止计入当期利息收入,纳入表外核算;已计提的贷款应收利息,在贷款到期90天后仍未收回的,或在应收利息逾期90天后仍未收到的,冲减原已计入损益的利息收入,转作表外核算。非银行金融企业除贷款以外的融出资金,其计提的利息按上述原则处理。

金融企业发放的各项贷款,应按贷款本金规定的利率及计息期限计算应收利息。取得利息时,根据计算清单编制借、贷方记账传票,会计分录为:

借:应收利息——××单位应收利息户
    贷:利息收入——贷款利息收入户

2. 银行存款利息收入的核算

银行存款利息收入是金融企业存入银行存款应收取的利息。收到银行存款利息收入时,根据有关凭证编制借、贷方记账传票。会计分录为:

借:银行存款——银行存款户
    贷:利息收入——存款利息收入户

3. 金融企业往来利息收入的核算

金融企业往来利息收入是金融企业与其他金融机构往来而发生的利息收入。金融企业往来收入,应按让渡资金使用权的时间和适用利率计算确定。

(1) 存放在中央银行各项存款取得利息收入,根据有关凭证编制借、贷方记账传票。会计分录为:

第九章 金融企业收入、费用、利润的核算

借：存放中央银行款项
　　贷：利息收入——存放中央银行款项利息收入户

(2) 存放同业款项利息收入，根据有关凭证编制借、贷方记账传票。会计分录为：

借：存放同业——××行户
　　贷：利息收入——存放同业款项利息收入户

(3) 拆借给同业系统和其他金融企业资金，取得利息收入时，根据有关凭证编制借、贷方记账传票。会计分录为：

借：存放中央银行款项或其他科目——××行户
　　贷：利息收入——拆放同业利息收入户

(4) 调拨资金利息收入。本企业上、下级之间相互占用业务资金，取得利息收入时，根据有关凭证编制借、贷方记账传票。会计分录为：

借：系统内有关科目——××行户
　　贷：利息收入——调拨资金利息收入户

4. 贴现利息收入的核算

贴现利息收入是金融企业办理商业汇票等票据贴现业务收到的贴现利息收入。贴现利息收入，应按让渡资金使用权的时间和适用利率计算确定。

贴现是收款人在需要资金时，以其收取的未到期承兑汇票，经过背书转让给金融企业，先向金融企业贴付利息，该企业以票面金额扣除贴现利息后的票款付给收款人。汇票到期时，金融企业凭票向承兑人收取现款。贴现利息收入是收款人在向金融企业贴现时，金融企业在向贴现申请人支付贴现金额的同时，被贴现天数和贴现率扣收的贴现利息。

办理票据贴现业务取得利息收入时，根据有关凭证编制借、贷方记账传票。会计分录为：

借：贴现——××单位贴现申请户
　　贷：利息收入——贴现利息收入户
　　　　吸收存款——××单位存款户

(二) 手续费及佣金收入的核算

手续费及佣金收入是指金融企业在办理代理业务中收取的手续费及佣金。商业银行在办理结算业务、咨询业务、担保业务、代保管等代理业务以及办理受托贷款及投资业务等取得的收入计入手续费及佣金收入。证券公司在代理承销、兑付和买卖证券等业务中实现的收入计入手续费及佣金收入。

手续费及佣金收入应当在向客户提供相关服务时确认，并通过"手续费及佣金收入"科目进行核算。金融企业确认手续费及佣金收入时，按应收的金额，借记"应收账款"、"其他应收款"等科目，贷记"手续费及佣金收入"科目；实际收到手续费及佣金时，借记"存放中央银行款项"、"吸收存款"、"结算备付金"等科目，贷记"应收账款"等科目。期末，应将该科目余额转入"本年利润"科目，转后该科目无余额。该科目可按手续费及佣金收入类别进行明细核算。

1. 商业银行手续费及佣金收入的核算

(1) 收取转账结算手续费。商业银行办理转账结算业务，需按《银行结算业务收费表》规定的范围和标准向客户收取手续费。手续费采取当时计收和定期汇总计收两种方法。计收手续费时，会计分录为：

借：吸收存款——付款人户
　　或库存现金
　　贷：手续费及佣金收入

(2) 收取结汇手续费。商业银行在办理外贸和非贸易外汇结算中，根据具体业务情况，要向客户收取手续费，如信用证项下出口企业办妥出口来证交单时，银行要收取通知费、议付费，如信用证项下进口，银行要向进口企业收取开证费和其他费用，另外各种外贸和非贸易外汇结算中银行收取的结汇手续费等。

商业银行收取此项手续费，通常都与具体业务一并收取，如进口代收结算，进口单位承兑交单后，如以外汇额度用人民币换汇对外支付时，经办行的会计分录为：

借：吸收存款——进口单位（人民币）
　　贷：货币兑换（人民币）
借：货币兑换（外币）
　　贷：存放国外同业（外币）
　　　　手续费及佣金收入——结汇手续费

(3) 收取委托贷款手续费。委托贷款手续费是指商业银行受委托方委托，按委托方指定对象发放贷款收取利息后，按一定比例计收的手续费。商业银行收到委托贷款利息分成而得的手续费后，记入"手续费及佣金收入"科目，其会计分录为：

借：代收贷款利息——委托人代收利息户
　　贷：手续费及佣金收入

2. 证券公司手续费及佣金收入的核算

证券公司的手续费及佣金收入指证券公司为客户办理各种业务收取的手续费收入，包括代买卖证券手续费收入、代兑付证券手续费收入、代保管证券手续费收入及以代销和余额包销方式发行证券手续费收入。

证券公司应设置"手续费及佣金收入"科目核算公司为客户办理各种业务收取的代买卖证券、代理兑付证券、代保管证券等代理业务实现的手续费收入，借方核算手续费收入结转额，贷方核算手续费收入的增加额，期末将手续费及佣金收入科目的余额结转到"本年利润"科目的贷方，结转后该科目应无余额；证券公司应按各项代理证券业务实现的手续费及佣金收入情况分别设置明细账：代买卖证券手续费收入、代兑付证券手续费收入、代保管证券手续费收入、发行证券手续费收入等。

(1) 代买卖证券、代理兑付证券、代保管证券等代理业务实现的手续费收入。确认手续费收入时，会计分录为：

借：银行存款——自有资金户
　　结算备付金——公司

第九章 金融企业收入、费用、利润的核算

  贷：手续费及佣金收入——代买卖证券手续费收入
        ·——代兑付证券手续费收入
        ——代保管证券手续费收入

（2）公司采用代销方式和余额承购包销方式代发行证券实现的手续费收入，一般应于发行期结束，将所集资金付给委托单位（发行单位）时直接抵扣。会计分录为：
  借：代理承销证券款
   贷：手续费及佣金收入——代发行证券手续费收入
    银行存款

如单独收取手续费，会计分录为：
  借：银行存款（已收取）
   应收款项（应收的手续费）
   贷：手续费及佣金收入——代发行证券手续费收入

（3）年终结转余额时，会计分录为：
  借：手续费及佣金收入——代买卖证券手续费收入
        ——代兑付证券手续费收入
        ——代保管证券手续费收入
        ——代发行证券手续费收入
   贷：本年利润

（三）保险业务收入的核算

保险公司的保险业务收入包括保费收入和分保费收入。

  保费收入是从事保险业务的金融企业销售保险产品取得的收入，是从事保险业务的金融企业的主要收入项目。从事保险业务的金融企业依靠其收取的保费建立有关责任准备金，从而实现对被保险人因保险事故所受损失的经济补偿。缴付保险费是投保人的基本义务，只有在投保人按约定的办法缴付保险费的前提下，从事保险业务的金融企业才能承担保险合同所订明的保险责任。对此，《保险法》第十三条规定："保险合同成立后，投保人按照约定交付保险费；保险人按照约定的时间开始承担保险责任。"

  保费收入核算保险公司直接承保业务所取得的保费收入。保险业务以储金实现的利息收入作为保费收入，也在保费收入中核算。实现的保费收入，应按实际价款记账。本期实现的保费收入借记"银行存款"、"应收保费"等科目，贷记"保费收入"科目。保险业务储金实现的利息收入，借记"银行存款"、"长期债券投资——应计利息"等科目，贷记"保费收入"科目。"保费收入"科目应按险种设置明细账。期末，应将本科目的余额转入"本年利润"科目，结转后本科目无余额。

  分保费收入核算公司分入分保业务所取得的保费收入。公司发生分入分保业务时，按分保业务账单中标明的分入保费等项目金额，借记"分保业务往来"等科目，贷记"分保费收入"科目和其他有关科目。"分保费收入"科目应按险种设置明细账。期末，应将"分保费收入"科目的余额转入"本年利润"科目，结转后"分保费收入"科目无余额。

(四) 租赁业务收入的核算

租赁收入核算租赁企业确认的租赁收入。企业确认的租赁收入，借记"未实现融资收益"、"应收账款"等账户，贷记"租赁收入"。取得或有租金，借记"银行存款"等科目，贷记本账户。期末，应将本账户余额转入"本年利润"账户，结转后本账户无余额。租赁收入的具体核算方法在前面相关章节已讲述。

(五) 投资收益的核算

投资收益是金融企业通过购买有价证券或以现金、无形资产、实物等对外投资所取得的收益。金融企业通过各种形式的对外投资所取得的收益，应设置"投资收益"科目进行核算。其中，债券投资在持有期间所取得的利息收入，也可以通过"利息收入"科目进行核算。"投资收益"科目可按投资项目进行明细核算，期末应将该科目余额转入"本年利润"科目，转后该科目无余额。在利润表上，投资收益应按对外投资所取得的收益减去发生的投资损失后的净额列报。

(六) 公允价值变动损益的核算

公允价值变动损益是金融企业持有的金融资产或金融负债，由于公允价值变动形成的损益。金融企业应设置"公允价值变动损益"科目进行核算。该科目核算金融企业在初始确认时划分为以公允价值计量且其变动计入当期损益的金融资产或金融负债（包括交易性金融资产或金融负债和直接指定为以公允价值计量且其变动计入当期损益的金融资产或金融负债），以及采用公允价值计量模式的衍生工具、套期业务中公允价值变动形成的应计入当期损益的利得或损失。

资产负债表日，金融企业应按交易性金融资产公允价值高于其账面余额的差额，借记"交易性金融资产——公允价值变动"科目，贷记"公允价值变动损益"科目；公允价值低于其账面余额的差额，做相反的会计分录。交易性金融负债的公允价值高于其账面余额的差额，借记"公允价值变动损益"科目，贷记"交易性金融负债——公允价值变动"科目；公允价值低于其账面价值的差额，做相反的会计分录。

当金融企业出售交易性金融资产或金融负债时，应将出售收到的对价与账面余额的差额，借记或贷记"投资收益"；同时将原计入该金融资产或金融负债的公允价值变动转出，借记或贷记"金融资产"或"金融负债"科目，贷记或借记"投资收益"科目。

金融企业持有的金融资产或金融负债公允价值可能高于或低于账面余额，因此公允价值变动收益减去公允价值变动损失后，以净额在利润表中进行列报。

(七) 汇兑损益的核算

汇兑损益是金融企业在经营货币兑换、外币兑换以及售汇业务过程中，有效利用利率、汇率变动而发生的损益。金融企业采用分账制核算的，期（月）末将所有以外币表示的"货币兑换"科目余额按期（月）末汇率折算为记账本位币金额，折算后的记账本位币金额与"货币兑换——记账本位币"科目余额进行比较，为贷方差额的借记"货币兑换——记账本位币"科目，贷记"汇兑损益"科目，为借方差额的做相反的会计分录。

汇兑收益是指发生外币兑换、货币兑换业务产生的收益。即已经收入的外币资金在

第九章 金融企业收入、费用、利润的核算

使用时，或已经发生的外币债权、外币债务在偿还时，由于期末汇率与记账汇率的不同而发生的折合为记账本位币的差额，期末汇率高于记账汇率而折合为记账本位币的差额为汇兑收益；反之，则为汇兑损失。

金融企业的货币兑换及兑换通过"货币兑换"科目核算，其买卖及兑换业务发生时，兑入的货币，借记有关科目，贷记本科目；同时兑出的货币借记本科目，贷记有关科目。期末按货币兑换细目余额确认损益，如果货币兑换科目人民币金额在贷方，则表明是汇兑收益。

金融企业发生的汇兑收益，通过"汇兑收益"科目核算，确认汇兑收益时，会计分录为：

借：货币兑换
　　贷：汇兑收益

期末将"汇兑收益"科目余额结转本年利润。

（八）其他业务收入的核算

其他业务收入是指金融企业经营的除主营业务以外的其他业务所取得的营业收入。由于国内金融业实行分业经营、分业管理，某项业务在其中某个金融企业是主营业务，而在另一金融企业则是非主营业务。因此，金融企业在核算其他业务收入时，要根据自身的特点，区分主营业务和其他业务，正确核算其他业务收入。

商业银行的其他业务收入主要包括出租固定资产、转让无形资产等取得的收入。证券公司的其他业务收入主要包括咨询服务收入、转让无形资产收入、受托资产管理收益等。保险公司的其他业务收入主要包括手续费及佣金收入、咨询服务收入、代勘查收入、无形资产转让收入等。

取得其他业务收入时，借记"库存现金"、"银行存款"、"其他应收款"等科目，贷记"其他业务收入"科目。本科目应按其他业务收入的种类设置明细账。发生其他业务收入的会计分录为：

借：库存现金或相关科目
　　贷：其他业务收入

期末，应将本科目的余额转入"本年利润"科目，结转后本科目无余额。

六、营业外收入的核算

营业外收入是金融企业发生的与其业务经营活动无直接关系的各项经济利益的流入。营业外收入由金融企业的非日常活动形成，属于应直接计入当期利润的利得。主要包括非流动资产处置利得、非货币性资产交换利得、债务重组利得、政府补助、盘盈利得、捐赠利得等。

金融企业对发生的各项营业外收入，应设置"营业外收入"科目进行核算。该科目属于损益类科目，可以根据营业外收入项目分别设置明细科目进行核算。发生营业外收入时，其会计分录为：

借：固定资产清理等有关科目
　　贷：营业外收入

第二节　金融企业费用的核算

一、金融企业费用的概念及特征

费用是指企业在日常活动中发生的、会导致所有者权益减少的、与所有者分配利润无关的经济利益的总流出。费用是与收入相对应而存在的。金融企业费用具有如下基本特征：

（1）费用可能表现为资产的减少，或负债的增加，或二者兼而有之。费用的发生形式多种多样，既可能表现为资产的减少（如购买办公用品支付现金），也可能表现为负债的增加（如承担长期借款利息），还可能是二者的组合（如购买材料款项部分支付现金，剩余部分形成负债）。

（2）费用是企业在日常活动中发生的经济利益的流出，而不是从偶发的交易或事项中发生的经济利益的流出。如工业企业采购原材料、商业企业从事商品采购活动、金融企业从事存款业务等所发生的经济利益的流出，属于费用。有些交易或事项虽然也能使企业发生经济利益的流出，但因为不属于企业的日常经营活动，所以其经济利益的流出不属于费用而是损失，如金融企业的意外损失。

（3）费用最终会导致所有者权益的减少。一般而言，企业的所有者权益会随着收入的增加而增加，而费用的发生会减少企业的所有者权益，但在企业经营过程中，有两类支出的发生是不能作为费用的：一是偿还债务所发生的资源流出，该项支出的发生仅仅是一项资产和一项负债的等额减少；二是企业向所有者分配的利润或现金股利，虽然该项业务会减少所有者权益，但其性质属于利润分配，不能作为费用。

二、金融企业费用的确认与计量

费用应按权责发生制和收入费用配比原则确认，即凡应属于本期负担的费用，不论其款项是否支付，均确认为当期费用；反之，不属于本期的费用，即使款项已经支付，也不能确认为本期费用。因此费用仅指与本期营业收入相配比的耗费。

金融企业在经营过程中所发生的其他各项费用，应当以实际发生数计入成本费用。凡应当由本期负担而尚未支出的费用，作为预提费用计入本期成本费用；凡已支出，应当由本期和以后各期负担的费用，应当作为待摊费用，分期摊入成本费用。金融企业必须分清本期营业成本、营业费用和下期营业成本、营业费用的界限，不得任意预提和摊销费用。

三、金融企业费用的分类

金融企业发生的费用，通常可按经济用途和经济性质进行分类：

（一）按经济用途分类

金融企业的费用按经济用途可以分为用于各项经营活动的费用和期间费用两部分。

（1）用于各项经营活动的费用主要有利息支出、手续费及佣金支出、赔付支出、保单红利支出、分保费用、业务及管理费、其他业务成本。

（2）期间费用，指与经营活动无直接关系，属于某一时期的费用，金融企业的期间费用为业务及管理费，业务及管理费在当期损益中扣除。

（二）按经济性质分类

金融企业的费用按经济性质可分为吸收存款的利息支出、工资及福利费、折旧费用、费用性税金以及其他支出等。

四、金融企业费用与损失的区别

费用是指企业在日常活动中发生的、会导致所有者权益减少的、与向所有者分配利润无关的经济利益的总流出。损失是指企业在非日常活动中发生的、会导致所有者权益减少的、与向所有者分配利润无关的经济利益的流出。费用是企业的经营成本，费用的发生能为企业带来收益。损失是沉没成本，不能为企业带来收益。费用是正常经营活动的产物，损失是例外。

损失分两类：一类是直接计入所有者权益的损失（即减少资本公积——其他资本公积），如可供出售的金融资产的公允价值低于账面价值等；一类是直接计入利润的损失（即计入营业外支出），如固定资产盘亏、处置固定资产的净损失、处置无形资产的净损失、罚款支出、对外捐赠、债务重组损失、非常损失等。

五、金融企业费用的核算

（一）利息支出的核算

利息支出是指商业银行吸收的各种存款（单位存款、个人存款、信用卡存款、特种存款、转贷款资金等）的核算。与其他金融机构之间发生资金往来业务、卖出回购金融资产等产生的利息支出。其中，商业银行与其他金融机构之间发生资金往来包括商业银行系统内、商业银行相互之间以及商业银行与中央银行及其他非银行金融机构之间发生的资金往来业务。

对商业银行发生的利息支出，在会计上应设置"利息支出"科目进行核算，该科目为损益类科目，可按利息支出项目进行明细核算。资产负债表日，商业银行应按摊余成

本和实际利率计算确定的利息费用金额,借记"利息支出"科目,按合同利率计算确定的应付未付利息,贷记"应付利息"科目,按其差额,借记或贷记"吸收存款——利息调整"等科目。实际利率与合同利率差异较小的,也可以采用合同利率计算确定利息费用。期末,应将该科目余额转入"本年利润"科目,转后该科目无余额。

(二)手续费及佣金支出的核算

手续费及佣金支出反映商业银行发生的与其经营活动相关的各项手续费、佣金等支出,如储蓄代办手续费及佣金支出、结算手续费及佣金支出以及其他手续费及佣金支出。对代办业务的手续费和结算业务手续费,必须按规定标准计算后支付。支付某项代办业务的手续费时,其会计分录为:

借:手续费及佣金支出
　　贷:库存现金(应付手续费及佣金)

(三)赔付支出的核算

赔付支出是指保险公司支付的原保险合同赔付款项和再保险合同赔付款项。"赔付支出"科目设"直接赔款"、"直接理赔费用"、"间接理赔费用"、"收回赔款和物质折价"和"代位追偿款"五个二级科目,并按险种和销售渠道进行明细核算。公司在确定支付赔付款项金额或实际发生理赔费用的当期,借记"赔付支出"科目,贷记"应付赔付款"、"银行存款"、"库存现金"科目。承担赔付保险金责任应当确认的代位追偿款,借记"应收代位追偿款"科目,贷记"赔付支出"科目。收到应收代位追偿款时,应按实际收到的金额,借记"银行存款",原已计提坏账准备的,借记"坏账准备"科目,按应收代位追偿款的账面余额,贷记"应收代位追偿款"科目,按其差额借记或贷记"赔付支出"科目。承担赔偿保险金责任取得的损余物质,应按同类或类似资产的市场价格计算确定的金额,借记"损余物质"科目,贷记"赔付支出"科目。处置损余物质,应按实际收到的金额借记"银行存款",按损余物质的账面余额贷记"损余物质",按其差额借记或贷记"赔付支出"科目。错赔、骗赔追回的赔款,冲减赔付支出。期末,应将本科目的余额转入"本年利润"科目,结转后本科目无余额。

(四)退保金的核算

退保金是指保险公司寿险原保险合同提前解除时,按照约定退还投保人的保单现金价值。企业(保险)寿险原保险合同提前解除时应当退还投保人的不属于保单现金价值的款项,以及非寿险原保险合同提前解除时应当退还投保人的款项,在"保费收入"科目核算。本科目可按险种进行明细核算。企业寿险原保险合同提前解除的,应按原保险合同约定计算确定的应退还投保人的保单现金价值,借记本科目,贷记"库存现金"、"银行存款"等科目。期末,应将本科目余额转入"本年利润"科目,结转后本科目无余额。

(五)保单红利支出的核算

保单红利支出是指按原保险合同约定支付给投保人的红利,在"保单红利支出"科目核算。该科目可按保单红利来源进行明细核算。企业按原保险合同约定计提应支付的保单红利,借记本科目,贷记"应付保单红利"科目。期末,应将本科目余额转入"本年利润"科目,结转后本科目无余额。

(六) 分保费用的核算

分保费用是指公司从事再保险业务支付的分保费用,在"分保费用"科目核算,该科目可按险种进行明细核算。企业在确认分保费收入的当期,应按再保险合同约定计算确定的分保费用金额,借记本科目,贷记"应付分保账款"科目。收到分保业务账单,按账单标明的金额对分保费用进行调整,借记或贷记本科目,贷记或借记"应付分保账款"科目。计算确定应向再保险分出人支付的纯益手续费的,应按再保险合同约定计算确定的纯益手续费,借记本科目,贷记"应付分保账款"科目。期末,应将本科目余额转入"本年利润"科目,结转后本科目无余额。

(七) 营业税金及附加的核算

营业税金及附加是金融企业根据《税法》的规定,按适用的税率和费率计算缴纳的各种税金和附加费。它是由金融企业的营业收入承担的税金,包括营业税、城市维护建设税、教育费附加。营业税是国家对提供各种应税劳务、转让无形资产或者销售不动产的单位和个人征收的税种。营业税按照营业额或交易金额的大小乘以相应的税率计算。教育费附加是国家为了发展我国的教育事业,提高人民的文化素质而征收的一项费用。这项费用按照企业缴纳的营业税的一定比例计算,并与营业税一起缴纳。城市维护建设税是国家为了加强城市的维护建设,扩大和稳定城市维护建设资金的来源而开征的一种税。

金融企业应设置"营业税金及附加"科目来核算营业税金及附加的增减变动情况。房产税、车船税、土地使用税、印花税在"业务及管理费"科目核算,不在该科目核算。但与投资性房地产相关的房产税、土地使用税在该科目核算。该科目属于损益类科目,可按"营业税"、"城市维护建设税"、"教育费附加"等设置明细科目进行核算。金融企业按规定计算确定的与经营活动相关的税费,借记"营业税金及附加"科目,贷记"应交税费——应交营业税或应交城市维护建设税"、"其他应交款——应交教育费附加"科目。

营业税金及附加计提时会计分录为:

借:营业税金及附加
  贷:应交税费——应交营业税 (按一定税率计算)
    应交税费——应交城市维护建设税 (按营业税的7%计算)
    其他应交款——应交教育费附加 (按营业税的3%计算)

缴纳时的会计分录为:

借:应交税费——应交营业税
  应交税费——应交城市维护建设税
  其他应交款——应交教育费附加
  贷:银行存款

(八) 业务及管理费

业务及管理费是一种期间费用,是指金融企业在业务经营和管理过程中所发生的各项费用，主要包括折旧费、业务宣传费、业务招待费、电子设备运转费、钞币运送费、安全防范费、邮电费、劳动保护费、外事费、印刷费、低值易耗品摊销、职工工资及福利费、差旅费、水电费、职工教育经费、工会经费、会议费、诉讼费、公证费、咨询费、无形资产摊销、长期待摊费用摊销、取暖降温费、聘请中介机构费、技术转让费、绿化费、董事会费、财产保险费、劳动保险费、待业保险费、住房公积金、物业管理费、研究费用等。金融企业应设置"业务及管理费"科目进行核算，该科目下按费用项目进行明细核算。金融企业发生各项业务及管理费时，会计分录为：

　　借：业务及管理费
　　　　贷：库存现金（或应付职工薪酬等相关科目）

（九）资产减值损失的核算

　　金融企业应当在资产负债表日判断各项资产是否存在可能发生减值的迹象，对存在减值迹象的，按照资产减值等准则计提各项资产减值准备。为了反映金融企业计提的各项资产减值准备所形成的损失，专门设置"资产减值损失"科目进行核算。该科目属于损益类科目，可按资产减值损失的项目进行明细核算。

　　金融企业根据资产减值等准则确定资产发生减值的，按应减记的金额，借记"资产减值损失"科目，贷记"坏账准备"、"长期股权投资减值准备"、"持有至到期投资减值准备"、"固定资产减值准备"、"在建工程——减值准备"、"工程物资——减值准备"、"无形资产减值准备"、"商誉——减值准备"、"贷款损失准备"、"抵债资产跌价准备"等科目。商业银行计提坏账准备、持有至到期投资减值准备、贷款损失准备等后，相关资产的价值又得以恢复的，应在原已计提的减值准备金额内，按恢复增加的金额，借记"坏账准备"、"持有至到期投资减值准备"、"贷款损失准备"等科目，贷记"资产减值损失"科目。期末，应将"资产减值损失"科目余额转入"本年利润"科目，结转后该科目无余额。

（十）其他业务成本的核算

　　凡不属于利息支出、手续费及佣金支出、汇兑损益、投资损益、公允价值变动损益、资产减值损失、业务及管理费的各项营业性支出，作为其他业务成本。其中包括出租固定资产的折旧费、无形资产转让成本等。商业银行应设置"其他业务成本"科目来核算反映其他业务成本的增减变动情况。发生其他业务成本时，其会计分录为：

　　借：其他业务成本
　　　　贷：库存现金等有关科目

六、营业外支出的核算

　　营业外支出是金融企业发生的与其业务经营活动无直接关系的各项经济利益的流出。营业外支出由金融企业的非日常活动产生，属于应直接计入当期利润的损失，主要包括非流动资产处置损失、非货币性资产交换损失、债务重组损失、公益性捐赠支出、非常损失、盘亏损失等。营业外收入和营业外支出应当分别核算，并在利润表中分别反映。

金融企业对发生的各项营业外支出,应设置"营业外支出"科目进行核算。该科目属于损益类科目,可以根据营业外支出项目分别设置明细科目进行核算。发生营业外支出时,其会计分录为:

借:营业外支出
　　贷:库存现金(或"待处理财产损溢"等有关科目)

第三节　金融企业利润及利润分配的核算

一、金融企业利润的概念与构成

利润是指企业在一定会计期间的经营成果,包括收入减去费用后的净额、直接计入当期利润的利得和损失等。金融企业的利润按照反映内容的不同,分为营业利润、利润总额和净利润。

(一) 金融企业营业利润

营业利润是企业利润的重要来源,主要由主营业务利润和其他业务利润两部分构成。主营业务利润与其他业务利润之和减去相应的期间费用后的余额即为营业利润。营业利润集中反映了企业的经营管理业绩和盈利能力,其计算公式为:

营业利润=营业收入−营业支出

其中,营业收入和营业支出的构成,不同金融企业其内容不同。

商业银行、证券公司的营业收入=利息净收入+手续费及佣金净收入+投资收益+公允价值变动收益+汇兑收益+其他业务收入

商业银行、证券公司的营业支出=营业税金及附加+业务及管理费+资产减值损失+其他业务成本

保险公司的营业收入=已赚保费(保险业务收入−分出保费−提取未到期责任准备金)+投资收益+公允价值变动收益+汇兑收益+其他业务收入

保险公司的营业支出=退保金+赔付支出+提取保险责任准备金+保单红利支出+分保费用+营业税金及附加+手续费及佣金支出+业务及管理费+资产减值损失+其他业务成本−摊回赔付支出−摊回保险责任准备金−摊回分保费用

(二) 金融企业利润总额

金融企业利润总额是企业从事各项经营活动以及非经营活动所取得的财务成果。其计算公式为:

金融企业利润总额=金融企业营业利润+营业外收入−营业外支出

(三) 金融企业净利润

金融企业利润总额在扣除所得税后的差额，即为金融企业的净利润，净利润的大小最终体现企业的盈利能力。其计算公式为：

金融企业净利润 = 利润总额 – 所得税费用

二、金融企业利润的结算

(一) 利润结算的方法

会计制度规定，企业期末结转利润（亏损）时，可以采用表结利润的方法或账结利润的方法。

1. 表结法

表结法下，各损益类账户每月月末只需结计出本月发生额和月末累计余额，不结转到"年利润"账户，只有在年末时才将全年累计余额转入"本年利润"账户。但每月月末要将损益类账户的本月发生额合计数填入利润表的本月数栏，同时将本月末累计余额填入利润表的本年累计数栏，通过利润表计算反映各期的利润（或亏损）。表结法下，年中损益类账户无须结转入"本年利润"账户，从而减少了转账环节和工作量，同时并不影响利润表的编制及有关损益指标的利用。

2. 账结法

账结法下，每月月末均需编制转账凭证，将在账上结计出的各损益类账户的余额转入"本年利润"科目。结转后"本年利润"科目的本月合计数反映当月实现的利润或发生的亏损，"本年利润"科目的本年累计数反映本年累计实现的利润或发生的亏损。账结法在各月均可通过"本年利润"科目提供当月及本年累计的利润（或亏损）额，但增加了转账环节的工作量。

(二) 金融企业利润结算的核算

为了反映金融企业利润的形成及构成，应设置"本年利润"科目进行核算。该科目属于所有者权益类科目。期末，将各损益类科目余额转入"本年利润"科目，以此算出本年是盈利还是亏损。年度终了，将"本年利润"转至"利润分配"的未分配利润明细科目之后，"本年利润"科目无余额。

利润结转的会计处理可分为两个环节进行：一是将全部收入类科目的贷方余额转入"本年利润"科目的贷方；二是将全部支出类科目的借方余额转入"本年利润"科目的借方。

（1）商业银行损益类科目余额转入"本年利润"科目时，会计分录为：

借：利息收入
　　手续费及佣金收入
　　投资收益
　　公允价值变动损益
　　汇兑损失

第九章 金融企业收入、费用、利润的核算

　　　　其他业务收入
　　　　营业外收入
　　　　贷：本年利润
　　借：本年利润
　　　　贷：利息支出
　　　　　　手续费及佣金支出
　　　　　　投资收益
　　　　　　公允价值变动损益
　　　　　　汇兑损益
　　　　　　营业税金及附加
　　　　　　业务及管理费
　　　　　　资产减值损失
　　　　　　其他业务成本
　　　　　　营业外支出
　　　　　　所得税费用

（2）保险公司损益类科目余额转入"本年利润"科目时，会计分录为：
借：保费收入
　　投资收益
　　公允价值变动损益
　　汇兑损益
　　其他业务收入
　　营业外收入
　　贷：本年利润
借：本年利润
　　　　贷：赔付支出
　　　　　　保单红利支出
　　　　　　退保金
　　　　　　分保费用
　　　　　　分出保费
　　　　　　投资收益
　　　　　　公允价值变动损益
　　　　　　汇兑损益
　　　　　　营业税金及附加
　　　　　　业务及管理费
　　　　　　资产减值损失
　　　　　　其他业务成本
　　　　　　营业外支出

　　　　所得税费用
（3）证券公司损益类科目余额转入"本年利润"科目时，会计分录为：
借：手续费及佣金收入
　　　利息收入
　　　投资收益
　　　公允价值变动损益
　　　汇兑损益
　　　其他业务收入
　　　营业外收入
　　贷：本年利润
借：本年利润
　　贷：投资收益
　　　　公允价值变动损益
　　　　营业税金及附加
　　　　业务及管理费
　　　　资产减值损失
　　　　其他业务成本
　　　　营业外支出
　　　　所得税费用
　　若算出的"本年利润"余额在贷方，则表示盈利；若在借方，则表示亏损。期末，将"本年利润"转入"利润分配"的未分配利润明细科目，若为盈利，则会计分录为：
借：本年利润
　　贷：利润分配——未分配利润
　　若为亏损，则以相反的方向记账。

三、金融企业所得税费用的核算

（一）金融企业所得税核算方法及一般程序

1. 资产负债表债务法

　　《企业会计准则》规定，企业应采用资产负债表债务法核算所得税。资产负债表债务法是从资产负债表出发，通过比较资产负债表上列示的资产、负债按照《企业会计准则》规定确定的账面价值与按照《税法》规定确定的计税基础，对于两者之间的差额分别应纳税暂时性差异与可抵扣暂时性差异，确认相关的递延所得税负债与递延所得税资产。由于递延所得税资产和负债的增减变化，使所得税费用也发生增减变化，从而所得税费用不等于应交所得税。

　　应纳税暂时性差异是资产的账面价值大于计税价值，或者负债的账面价值小于计税价值，也就是说从现在看来是造成"少缴税"，而以后要补上的就叫做"应纳税暂时性

第九章 金融企业收入、费用、利润的核算

差异"。如固定资产折旧，会计按 10 年，而《税法》要求按 5 年计提折旧，折旧使得期末资产账面价值大于计税价值。

可抵扣暂时性差异是资产的账面价值小于计税价值，或者负债的账面价值大于计税价值，也就是说从现在看是造成了"多缴税"，而以后可以少缴的就叫做"可抵扣暂时性差异"。如固定资产折旧，会计按 5 年，《税法》要求按 10 年计提折旧，那就造成可抵扣暂时性差异。

应纳税暂时性差异形成递延所得税负债，资产的账面价值大于其计税基础或负债的账面价值小于其计税基础都可形成应纳税暂时性差异。相当于账面要缴的大于《税法》规定要缴的税。而我们是按《税法》规定缴税，实际交的少了，所以两者之间的差额即应纳税暂时性差异。应纳税暂时性差异×使用税率＝递延所得税负债。企业负债了，应交未交，以后需要补交。

相反，可抵扣暂时性差异形成递延所得税资产，资产的账面价值小于其计税基础或负债的账面价值大于其计税基础都可形成可抵扣暂时性差异。相当于账面要缴的小于《税法》规定要缴的税。而我们是按《税法》规定缴税，实际缴的多了，所以两者之间的差额即可抵扣暂时性差异。可抵扣暂时性差异×使用税率＝递延所得税资产。多缴的还是企业的资产，之后可用来抵扣。

（1）应纳税暂时性差异的账务处理。当资产账面价值大于资产计税依据或负债账面价值小于负债计税依据时，做会计分录：

借：所得税费用
　　贷：应交税费——应交所得税
　　　　递延所得税负债

当期差额在贷方，体现为递延所得税负债，以后从借方转出，将使应纳税所得额增加。

（2）可抵扣暂时性差异的账务处理。当资产账面价值小于资产计税依据或负债账面价值大于负债计税依据时，做会计分录：

借：所得税费用
　　递延所得税资产
　　贷：应交税费——应交所得税

当期差额在借方，体现为递延所得税资产，以后从贷方转出，将使应纳税所得额减少。

在采用资产负债表债务法核算所得税的情况下，企业一般应于每一资产负债表日进行所得税的核算。发生特殊交易或事项时，如企业合并，在确认因交易或事项产生的资产、负债时即应确认相关的所得税影响。

2. 所得税核算的一般程序

（1）确定应交所得税：
应交所得税＝应纳税所得额×所得税税率
（2）确定递延所得税：①确定资产负债表中除递延所得税资产和递延所得税负债以

外的其他资产和负债项目的账面价值。②按照《企业会计准则》中对于资产和负债计税基础的确定方法，以适用的税收法规为基础，确定资产负债表中有关资产、负债项目的计税基础。③比较资产、负债的账面价值与其计税基础，对于两者之间存在差异的（称为暂时性差异），分析其性质，除《企业会计准则》中规定的特殊情况外，分别应纳税暂时性差异与可抵扣暂时性差异，确定该资产负债表日与应纳税暂时性差异及可抵扣暂时性差异相关的递延所得税负债和递延所得税资产的应有金额，并将该金额与期初递延所得税资产和递延所得税负债的余额相比，确定当期应予进一步确认的递延所得税资产和递延所得税负债的金额或应予转销的金额，作为构成利润表中所得税费用的递延所得税。

（3）确定所得税费用。有了递延所得税负债与递延所得税资产，又知道当期的所得税的数额（《税法》规定的应纳税所得额与适用的所得税税率相乘计算出的结果），然后用当期的所得税的数额与递延所得税负债、递延所得税资产加减计算就得出利润表中的所得税费用。计算公式如下：

所得税费用＝当期所得税（应交所得税）＋递延所得税

（二）所得税费用的核算

1. 科目设置

（1）"递延所得税资产"科目，本科目属于资产类科目。核算企业根据所得税准则确认的可抵扣暂时性差异产生的所得税资产。根据《税法》规定可用以后年度税前利润弥补的亏损及税款抵减产生的所得税资产，也在本科目核算。本科目应当按照可抵扣暂时性差异等项目进行明细核算。本科目期末借方余额，反映企业已确认的递延所得税资产的余额。

（2）"递延所得税负债"科目，本科目属于负债类科目。核算企业根据所得税准则确认的应纳税暂时性差异产生的所得税负债。本科目应当按照应纳税暂时性差异项目进行明细核算。本科目期末贷方余额，反映企业已确认的递延所得税负债的余额。

（3）"所得税费用"科目，本科目属于损益类科目。核算企业确认的应从当期利润总额中扣除的所得税费用。本科目可按"当期所得税费用"、"递延所得税费用"进行明细核算。

2. 递延所得税资产的主要账务处理

（1）资产负债表日，企业根据所得税准则应予确认的递延所得税资产，借记"递延所得税资产"科目，贷记"所得税费用——递延所得税费用"、"资本公积——其他资本公积"等科目。本期应确认的递延所得税资产大于其账面余额的，应按其差额确认；本期应确认的递延所得税资产小于其账面余额的差额，做相反的会计分录。非同一控制下企业合并中取得资产、负债的入账价值与其计税基础不同形成可抵扣暂时性差异的，应于购买日根据所得税准则确认递延所得税资产，同时调整商誉，借记"递延所得税资产"科目，贷记"商誉"科目。

（2）资产负债表日，预计未来期间很可能无法获得足够的应纳税所得额用以抵扣可抵扣暂时性差异的，按原已确认的递延所得税资产中应减记的金额，借记"所得税费用——当期所得税费用"、"资本公积——其他资本公积"等科目，贷记"递延所得税资产"科目。

3. 递延所得税负债的主要账务处理

资产负债表日，企业根据所得税准则应予确认的递延所得税负债，借记"所得税费用——递延所得税费用"、"资本公积——其他资本公积"等科目，贷记"递延所得税负债"科目。本期应予确认的递延所得税负债大于其账面余额的，借记"所得税费用——递延所得税费用"、"资本公积——其他资本公积"等科目，贷记"递延所得税负债"科目。应予确认的递延所得税负债小于其账面余额的，做相反的会计分录。

非同一控制下企业合并中取得资产、负债的入账价值与其计税基础不同形成应纳税暂时性差异的，应于购买日根据所得税准则确认递延所得税负债，同时调整"商誉"，借记"商誉"科目，贷记"递延所得税负债"科目。

4. 所得税费用的主要账务处理

资产负债表日，企业按照《税法》规定计算确定的当期应交所得税，借记"所得税费用（当期所得税费用）"，贷记"应交税费——应交所得税。"

资产负债表日，根据递延所得税资产的应有余额大于"递延所得税资产"科目余额的差额，借记"递延所得税资产"科目，贷记"所得税费用（递延所得税费用）"、"资本公积——其他资本公积"等科目；递延所得税资产的应有余额小于"递延所得税资产"科目余额的差额做相反的会计分录。企业应予确认的递延所得税负债，应当比照上述原则调整"所得税费用"、"递延所得税负债"科目及有关科目。

期末，应将"所得税费用"科目的余额转入"本年利润"科目，结转后本科目无余额。

四、金融企业利润分配的核算

金融企业实现的利润，应当按照《税法》、财务制度的规定，依据一定的程序进行分配。

（一）金融企业利润的分配程序

按规定，金融企业可以利用年度实现的税前利润弥补以前年度的亏损，但连续弥补的期限不超过5年。对于已连续5年弥补亏损尚不足的，5年后改用税后利润弥补。

本期实现的利润总额扣除所得税费用后，即为本期实现的净利润。本期实现的净利润加上年初未分配利润（或减去年初未弥补亏损）和其他转入后的余额，即为可供分配的利润。其分配的顺序为：①提取法定盈余公积。提取法定盈余公积和公益金。②提取各项准备金。金融企业按规定应提取一般风险准备。③股东大会同意以后，也可以提取任意盈余公积。④向投资者分配利润。根据普通股和优先股的差别，先对优先股进行分配，然后对普通股进行分配。这里对普通股的利润分配既可以以现金形式分配，也可以以股票股利形式来转增资本。

（二）金融企业利润分配的核算

金融企业利润分配的账务处理如下：

（1）从净利润中提取盈余公积的会计分录为：
借：利润分配——提取法定盈余公积
　　　　　——提取任意盈余公积
　　贷：盈余公积——法定盈余公积
　　　　　　　　——任意盈余公积

如以盈余公积补亏，其会计分录为：
借：盈余公积
　　贷：利润分配——盈余公积补亏

（2）提取一般风险准备的会计分录为：
借：利润分配——提取一般风险准备
　　贷：一般风险准备

（3）向股东分配股利或向投资者分配利润的会计分录为：
借：利润分配——应付优先股股利
　　　　　——应付普通股股利
　　贷：应付股利（或应付利润）

（4）按规定对利润进行分配后，将"利润分配"科目中各明细科目余额转入"未分配利润"明细科目。其会计分录为：
借：利润分配——未分配利润
　　贷：利润分配——各明细账户

通过上述分录转账后，"利润分配"科目除"未分配利润"明细账户有余额外，其他明细账户均无余额。"未分配利润"余额若在贷方，则为留存收益，其年末余额表示历年积存的未分配利润；"未分配利润"余额若在借方，则表示未弥补的亏损。

本章小结

加强损益的核算对金融企业有着特别重要的意义。利润核算的实质是对金融企业收入和费用、直接计入当期利润的利得和损失的核算。其主要内容包括利息收入、手续费及佣金收入、保险业务收入、投资损益、公允价值变动损益、汇兑损益、其他业务收入、利息支出、手续费及佣金支出、保险业务支出、营业税金及附加、业务及管理费、资产减值损失、其他业务成本以及营业外收入和营业外支出等的核算。在一个会计期末，通过将各损益类科目余额转入"本年利润"科目，得出本期的利润总额。利润总额减去所得税费用后，得出净利润。净利润加上年初的未分配利润后形成本期可供分配利润。可供分配的利润按照一定的顺序进行分配后形成期末的未分配利润。

思考题

1. 金融企业收入的特征有哪些，如何分类？
2. 金融企业费用如何分类？
3. 收入与利得、费用与损失的区别有哪些？

4. 金融企业营业利润、利润总额及净利润的计算方法。

5. 金融企业所得税费用如何核算？

练习题

练习一

一、资料

某商业银行2011年年终时，各损益账户的具体情况如下：利息收入500万元，手续费及佣金收入260万元，投资收益180万元，汇兑收益50万元，其他业务收入100万元，营业外收入20万元。利息支出380万元，手续费及佣金支出9万元，营业税金及附加20万元，业务及管理费200万元，资产减值损失68万元，其他业务成本77万元。

二、要求

写出年终利润结转会计分录。

练习二

一、资料

某商业银行2011年发生下列业务：

（1）年初未分配利润为600万元，本年度实现利润总额2000万元，该银行适用的所得税率为33%，假设不存在其他纳税调整项目。

（2）按税后利润的10%提取法定盈余公积。

（3）提取任意盈余公积200万元。

（4）提取一般风险准备200万元。

（5）向投资者宣告分配现金股利800万元。

二、要求

（1）计算企业年度应交所得税，并做会计分录。

（2）编制企业有关利润分配的会计分录。

第十章 金融企业财务报告及财务分析

学习目的与要求

了解金融企业财务报告的构成内容及编制要求。掌握商业银行、证券公司及保险公司财务报告的编制方法。掌握财务分析的基本方法和金融企业财务报表分析的主要指标。

第一节 金融企业财务报告概述

一、金融企业财务报告的构成内容

金融企业会计作为一个经济信息系统是由确认、计量、记录和报告四个基本环节构成的。编制和报送财务报告既是会计的目的，也是金融企业会计工作的重点。

金融企业财务报告又称金融企业财务会计报告，是指金融企业对外提供的反映企业某一特定日期的财务状况和某一会计期间的经营成果、现金流量等会计信息的文件。金融企业财务会计报告是一个完整的报告体系，它由会计报表、会计报表附注和财务情况说明书所构成。会计报表是财务报告的主体和核心，会计报表包括资产负债表、利润表、现金流量表、所有者权益变动表及相关附表。会计报表附注是指为便于会计报表使用者理解会计报表的内容而对会计报表的编制基础、编制依据、编制原则和方法及主要项目等所做的解释。财务情况说明书是对企业一定会计期间经营情况进行分析说明的书面文字报告。

金融企业财务会计报告按照编制时间可以分为月度会计报告、季度会计报告、半年度会计报告和年度会计报告。月度、季度和半年度会计报告统称中期会计报告。年度会计报告是全面反映金融企业全年的经营成果、财务状况以及年内财务状况变动情况的报表，是年度经济活动的总括性报表，每年年底编制一次。

二、金融企业财务会计报告的编制要求

为了保证财务报告的质量,为财务报告使用者提供决策有用的会计信息,金融企业编制和对外提供财务报告应符合下列基本要求。

1. 数字真实可靠

为了保证财务会计报告所提供的信息真实可靠,数据正确,在编制财务会计报告前,应对各种会计账簿、表册、财产等进行认真审核和清查,以保证账证相符、账账相符、账实相符。在此基础上,据以编制会计报表,才能做到账表相符、内外账务相符,保证财务会计报告所提供的信息真实、准确。

2. 内容全面完整

全面完整的财务会计报告,一方面要求按规定的项目和内容进行编报,另一方面要求能充分反映金融企业经营活动的全面情况。因此,编制和报送的财务会计报告,应当按照规定的格式和内容进行编报。凡是国家要求提供的信息,应当按规定的要求编报,不得漏报。在编报的报表中,凡要求填报的指标和项目,不得漏填漏列,任意取舍。

3. 前后相互衔接

财务报告的编制基础、编制依据、编制原则和方法,应保持前后会计期间的一致性,不得随意变动,以保证各期财务报告的可比性。在情况发生变化而必须变更会计政策和会计方法时,应当在财务报告中说明变更的原因和变更后的影响。另外,各种会计报表之间、会计报表各项目之间,凡有对应关系的数字应当相互一致或衔接。

4. 编报及时齐备

财务会计报告必须及时编报,才有利于报告的使用,达到编报的目的。不能及时传送给信息使用者,即便是最真实可靠和全面完整的财务会计报告,也没有实际的使用价值。月度财务会计报告应当于月度终了后6天内(节假日顺延,下同)对外提供;季度财务会计报告应当于季度终了后15天内对外提供;半年度财务会计报告应当于年度中期结束后60天内(相当于两个连续的月度)对外提供;年度财务会计报告应当于年度终了后4个月内对外提供。

金融企业的年度财务会计报告,应经本系统直属领导机构、审计机关、会计师事务所审核后,按规定时间向有关方面报出。

三、金融企业编制财务报告的准备工作

编制财务报表是在总结日常会计核算的基础上进行的一种总结核算,从会计凭证到账簿记录,从账簿记录再到财务报表,是一个会计核算资料逐步系统化和逐步深化的过程,也是核算数据转换为会计信息的过程。财务报表中各项指标主要来源于账簿记录,为了保证财务报表数字的真实可靠和会计信息的质量标准,在编制财务报表前,金融企业应当完成下列工作:

第十章 金融企业财务报告及财务分析

（一）清理资金

金融企业会计部门要与其他业务部门密切配合，对各种资金进行清理。

（1）清理业务资金。金融企业的业务资金主要包括存款、贷款、短期投资、借入资金、拆出资金等，对这些业务资金都要进行全面核对，该收回的积极收回，该归还的及时归还，该清户的及时清户，该转期的抓紧办理转期。对于暂时没有结果的要说明情况，按规定程序办理。

（2）清理结算资金。金融企业办理的各种结算资金，要根据使用票据和结算方式的不同，进行全面清理。该划出的款项要及时划出，应收回的积极催回，没有解付的要多方联系积极解付，经多方查找确实无法解付并超过期限的，应办理退汇。

（3）清理内部资金。内部资金是指金融企业内部暂时过渡性资金。主要指其他应付款、其他应收款、待摊费用等。对这些资金要逐项进行清理，该收回的收回，该上缴的上缴，该摊销的摊销，该报损的报损，该转收益的转收益，该核销的核销，使内部资金和过渡性款项减少到最低限度。经过清理暂时无法解决的，要注明原因，以备日后查考和清理。

（二）盘点财产物资

在决算前对库存现金、金银、外币、有价单证和物品等，均须对照账面记载，认真进行盘点核实。同时还要检查库房管理制度的执行情况、安全措施和落实情况，若有问题必须纠正。

（1）清点库存实物。对库存现金、金银、外币、有价单证和空白重要凭证等，均须对照账面记载，认真进行盘点核实，如发现问题，要查明原因，按照有关规定处理。

（2）清理固定资产及低值易耗品。对房屋、器具、设备等固定资产以及各种低值易耗品，应根据有关账卡记录进行盘点。凡未入账的应登记入账，已入账设卡的要逐一核对清楚，若发现多、缺情况，应按规定进行处理，以保证账、卡、实物相符。

（三）核对和调整账务

（1）检查会计科目运用情况。会计科目是各项业务分类的依据，只有正确运用，才能通过会计记录，正确并真实地反映金融企业全年的业务活动和财务收支状况。因此，在年度决算前，应根据会计科目的变动情况，检查会计科目的归属和运用情况，对发现使用不当的应及时调整科目，以便真实反映各项业务和财务活动情况。

（2）全面核对内外账务。年度决算前，要对企业内部所有的账、簿、卡、据进行一次全面检查和核对。检查和核对的内容包括：科目总账与分户账的金额是否相符，金银、外币等账面记载与库存实物是否相符，库存现金账面存数与实际库存现金是否相符，金融企业内部账务与客户账是否相符等。若有不符或因会计政策变更、会计差错，要按照规定进行更正，达到账账、账款、账据、账实、账表、内外账户相符。

（3）核对往来账项。金融机构之间往来项目较多，系统内联行往来、金融企业之间跨系统往来、金融机构与中央银行往来都要认真清理和核对。如有差错及时更正，保证金融机构往来之间相互平衡。

(四)核实损益

(1)核实业务收支。对各项利息收入和支出、手续费及佣金收入和支出、保费收入与支出、营业外收入和支出等账户要进行复查,重点应复查利息收支的计算。包括复查计息的范围、利率使用、利息计算是否正确,如发现差错,应及时纠正。

(2)检查各项费用开支。对各项业务费用,应按照开支范围和费用标准进行复查。主要检查费用开支是否按规定标准开支,费用列支项目是否正确,有无扩大开支范围、挤占业务支出的情况。对超过范围和标准开支的,应查明情况,如发现差错或问题,应及时进行更正。

(五)按期结账

在上述几项准备工作基本落实或完成的基础上,应按规定的结账日进行结账,结出有关账簿的期末余额和本期发生额,不得提前或推迟。年度结账日为公历年度每年的12月31日;半年度、季度、月度结账日分别为公历年每半年、每季、每月的最后一天。

第二节 金融企业财务会计报表的编制

由于金融企业在我国实行的是分业经营,不同金融企业的经营活动内容有很大差别,本节将以商业银行、证券公司及保险公司为例,介绍不同金融企业主要会计报表的格式内容及编制方法。

一、商业银行财务会计报表的编制

(一)商业银行资产负债表

商业银行资产负债表是反映商业银行在某一特定日期(月末、季末和年末)的财务状况的会计报表。它按照"资产=负债+所有者权益"的会计恒等式,依照一定的分类标准和次序,把企业特定日期的资产、负债和所有者权益三项要素的所属项目予以适当排列编制而成。它是一种反映企业经营资金运动静态表现的报表。

资产负债表在财务报告体系中具有举足轻重的地位,它所提供的会计信息,对各种不同的使用者都具有十分重要的作用。通过资产负债表,可以了解商业银行某一日期资产的总额及构成,表明商业银行拥有或控制的资源以及分布情况;可以了解商业银行某一日期的负债总额及构成,表明商业银行未来需要用多少资产或劳务清偿债务;可以了解所有者权益的构成情况,表明所有者在资产中所占的份额。资产负债表还可以提供进行财务分析的基本资料。

1. 商业银行资产负债表的结构

目前国际上流行的资产负债表的结构或格式主要有账户式和报告式两种。在我国资产负债表采用账户式的报表结构,报表分为左右两方,左方列示资产各项目,反映全部资产分布及存在形态;右方列示负债和所有者权益各项目,反映全部负债和所有者权益的内容和构成情况。资产项目按其流动性大小顺序排列,流动性大的排列在前,流动性小的排列在后;负债各项目到期日的远近顺序排列,到期日近的排列在前,到期日远的排列在后;所有者权益各项目按其永久性程度顺序排列,永久性大的排列在前,永久性小的排列在后。资产负债表左右双方平衡相等,即资产总计等于负债和所有者权益总计。我国商业银行资产负债表的格式与内容如表10-1所示。

表10-1　　　　　　　　　　商业银行资产负债表

编制单位：　　　　　　　　　　　年　月　日　　　　　　　　　　　　单位：元

资　产	行次	期末余额	年初余额	负债和所有者权益	行次	期末余额	年初余额
资产：				负债：			
现金及银行存款	1			向中央银行借款	28		
存放中央银行款项	2			联行存放款项	29		
贵金属	3			同业及其他金融机构存放款项	30		
存放联行款项	4			拆入资金	31		
存放同业款项	5			交易性金融负债	32		
拆出资金	6			衍生金融负债	33		
交易性金融资产	7			卖出回购金融资产款	34		
衍生金融资产	8			吸收存款	35		
买入返售金融资产	9			应付职工薪酬	36		
应收款项类金融资产	10			应交税费	37		
应收利息	11			应付利息	38		
其他应收款	12			其他应付款	39		
发放贷款和垫款	13			预计负债	40		
可供出售金融资产	14			应付债券	41		
持有至到期投资	15			递延所得税负债	42		
长期股权投资	16			其他负债	43		
投资性房地产	17			负债合计	44		
固定资产	18			实收资本（或股本）	45		
在建工程	19			国家资本	46		
固定资产清理	20			集体资本	47		
无形资产	21			法人资本	48		
商誉	22			其中：国有法人资本	49		
长期待摊费用	23			个人资本	50		
抵债资产	24			外商资本	51		
递延所得税资产	25			资本公积	52		
其他资产	26			减：库存股	53		
				盈余公积	54		
				一般风险准备	55		
				未分配利润	56		

317

续表

资　　产	行次	期末余额	年初余额	负债和所有者权益	行次	期末余额	年初余额
				外币报表折算差额	57		
				归属于母公司所有者权益合计	58		
				少数股东权益	59		
				所有者权益（或股东权益）合计	60		
资产总计	27			负债和所有者权益（或股东权益）总计	61		

2. 商业银行资产负债表的编制

商业银行资产负债表主体部分的各项目都列有"年初余额"和"期末余额"两个栏目。资产负债表设置"年初余额"栏的目的主要是用于各项目期末余额与期初余额进行比较，以分析企业财务状况的变动趋势。从这一点看，我国的资产负债表实际上是一种比较资产负债表。

"年初余额"各项数字，应根据上年年末资产负债表"期末余额"栏内所列数字填列。如上年度资产负债表规定的各个项目的名称和内容同本年度不相一致，应对上年年末资产负债表各项目的名称和数字按照本年度的规定进行调整，填入本表"年初余额"栏内。现分别说明商业银行资产负债表中"期末余额"各栏目的填列方法。

（1）"现金及银行存款"、"存放中央银行款项"项目，反映商业银行期末持有的现金、存放中央银行款项等总额。根据"库存现金"和"存放中央银行款项"科目总账的期末余额加总填列。

（2）"存放同业款项"、"交易性金融资产"、"买入返售金融资产"、"可供出售金融资产"、"递延所得税资产"等资产项目，一般直接反映商业银行持有的相应资产的期末价值，根据相应科目总账的期末余额填列。买入返售金融资产计提准备的，还应以扣减计提的准备后的金额列示。

（3）"贵金属"项目，反映商业银行期末持有的贵金属价值。根据"贵金属"科目总账的期末余额填列。

（4）"交易性金融资产"项目，反映商业银行期末持有的用公允价值计量且变动计入当期损益的以交易为目的所持有的债券、股票、基金、权证投资等金融资产。根据"交易性金融资产"科目总账的期末余额填列。

（5）"衍生金融资产"项目，反映商业银行期末持有的衍生工具、套期工具、被套期项目中属于衍生金融资产的金额。根据"衍生金融资产"科目总账的期末余额填列。

（6）"买入返售金融资产"项目，反映按照返售协议约定先买入再按固定价格返售的票据、证券、贷款等金融资产所融出的资金。

（7）"可供出售金融资产"项目，反映公司持有的以公允价值计量的可供出售股票投资、债券投资等金融资产。本项目应根据"可供出售金融资产"科目的期末余额，减去"可供出售金融资产减值准备"科目期末余额后的金额填列。

(8)"发放贷款和垫款"项目,反映商业银行发放的贷款和贴现资产扣减贷款损失准备期末余额后的金额。根据"贷款"科目和"贴现资产"科目总账的期末余额加总减去"贷款损失准备"科目总账余额后填列。

(9)"拆出资金"、"应收利息"等资产项目,反映商业银行持有的相应资产的实际价值,以扣减对应的资产减值准备后的金额列示。"拆出资金"、"应收利息"分别根据"拆出资金"、"应收利息"科目总账的期末余额填列。

(10)"持有至到期投资"项目,根据"持有至到期投资"科目期末总账余额减去"持有至到期投资减值准备"科目期末总账余额后填列。

(11)"长期股权投资"根据"长期股权投资"科目期末总账余额减去"长期股权投资减值准备"科目期末总账余额后填列。

(12)"投资性房地产"项目,反映公司持有的投资性房地产。采用成本模式计量投资性房地产的,本项目应根据"投资性房地产"科目的期末余额减去"投资性房地产累计折旧(摊销)"和"投资性房地产减值准备"科目期末余额后的金额填列,采用公允价值计量投资性房地产的,本项目应根据"投资性房地产"科目的期末余额填列。

(13)"固定资产"项目,反映商业银行固定资产在期末的实际价值。以"固定资产"总账期末余额扣减"累计折旧"和"固定资产减值准备"总账期末余额后的金额列示。

(14)"无形资产"项目,以"无形资产"总账期末余额扣减"累计摊销"和对应的"无形资产减值准备"总账期末余额后的金额填列。

(15)"递延所得税资产"项目,反映公司确认的可抵扣暂时性差异产生的递延所得税资产。根据"递延所得税资产"总账期末余额填列。

(16)"其他资产"项目,反映商业银行期末持有的存出保证金、应收股利、其他应收款、1年内应予摊销的长期待摊费用等合计总额。资产负债表中其他资产项目包括的内容相对较多,又分别设置了不同的科目进行核算,因此,应将"存出保证金"、"应收股利"、"其他应收款"、"长期应收款"、"未实现融资收益"、"抵债资产"、"商誉"、"代理兑付证券"、"代理兑付证券款"、"坏账准备"等总账余额进行分析加总后填列。

(17)"向中央银行借款"、"同业及其他金融机构存放款项"、"拆入资金"、"交易性金融负债"、"卖出回购金融资产款"、"吸收存款"、"应付职工薪酬"、"应交税费"、"应付利息"、"应付债券"、"递延所得税负债"等项目,反映商业银行从中央银行借入在期末尚未偿还的借款、尚未偿付的债务金额等。分别根据相应科目总账的年末余额填列。

(18)"交易性金融负债"项目,反映公司承担的以公允价值计量且其变动计入当期损益的以交易为目的所持有的金融负债,但衍生金融负债除外。

(19)"衍生金融负债"项目,反映衍生工具、套期项目、被套期项目中属于衍生金融负债的金额,应根据"衍生工具"、"套期项目"、"被套期项目"等科目的期末贷方余额分析计算填列。

(20)"吸收存款"项目,该项目反映商业银行以负债的形式吸收的存款,应根据"吸收存款"科目的期末余额填列。

(21)"应付职工薪酬"项目,反映公司根据有关规定应付给职工的工资、职工福利、社会保险费、住房公积金、工会经费、职工教育经费、非货币性福利、辞退福利等各种薪酬。外商投资企业按规定从净利润中提取的职工奖励及福利基金，也在本项目填列。

(22)"应交税费"项目，反映公司按照《税法》等规定计算应交纳的各种税费。包括增值税、消费税、营业税、所得税、资源税、土地增值税、城市维护建设税、房产税、土地使用税、车船税、教育费附加、矿产资源补偿费等。企业代扣代缴的个人所得税等也通过本项目反映。

(23)"应付利息"项目，企业按照合同约定应支付的利息，包括吸收存款、分期付息到期还本的长期借款、企业债券等应支付的利息。企业发行的一次还本付息债券的利息费用在"应付债券"项目填列。

(24)"其他应付款"项目，应根据"其他应付款"科目的期末余额填列。

(25)"预计负债"项目，反映商业银行确认的对外提供担保、未决诉讼、产品质量保证、重组义务、亏损性合同等预计负债。

(26)"应付债券"项目，反映商业银行为筹集（长期）资金而发行债券的本金和利息。本项目应根据"应付债券"科目的期末余额填列。

(27)"递延所得税负债"项目，反映商业银行确认的应纳税暂时性差异产生的所得税负债。

(28)"其他负债"项目，反映除以上负债以外的其他负债。

(29)"实收资本"项目，反映商业银行接受投资者投入的实收资本。其中，"国有资本"和"外商资本"单独列示。对于上市银行，其公开发行且在市场上流通的股票，如果在披露时点能明确确定为国有股或外商持有股份，应填列在"国有资本"或"外商资本"，如果不能明确确定则可以不填列。

(30)"资本公积"项目，反映商业银行收到投资者出资额超出其在注册资本或股本中所占份额的部分，直接计入所有者权益的利得和损失也在本项目填列。

(31)"库存股"项目，反映商业银行持有尚未转让或注销的本公司股份金额。

(32)"盈余公积"项目，反映公司从净利润中提取的盈余公积。

(33)"一般风险准备"项目，反映公司一般风险准备的期末余额。

(34)"未分配利润"项目，反映尚未分配的利润。未弥补的亏损，在本项目内以"-"填列。

(35)"外币报表折算差额"项目，反映因合并外币报表产生的折算差额。

(36)"归属于母公司所有者权益合计"项目，反映在合并报表中归属于母公司的所有者权益部分。

(37)"少数股东权益"项目，反映编制合并报表时，子公司所有者权益中由母公司以外的其他投资者所拥有的权益份额。

(二) 商业银行利润表

商业银行利润表是反映商业银行在一定会计期间经营成果的会计报表。商业银行一定会计期间的经营成果一般表现为利润，但也可能表现为亏损，因此，利润表也称损益表。商业银行通过编制利润表，可以反映其在一定会计期间实现的营业收入以及与收入相配比的成本费用等情况,并通过利润总额或亏损总额的计算,为考核商业银行的经营成果,分析利润增减变动原因提供相关信息。

1. 商业银行利润表的结构

为了把利润表的信息恰当地反映出来,便于报表使用者理解和使用,需要把列入利润表的各个项目按照一定的顺序进行排列,以形成相对稳定的结构。目前利润表主要有单步式和多步式两种结构。

单步式利润表是将汇总的本期各项收入的合计数与各项成本、费用的合计数相抵后,一次计算求得本期最终利润(或亏损)的表式。这种格式比较简单,便于编制,但是缺少利润构成情况的详细资料,不利于直观分析银行的收益构成、收益质量及对银行未来获利能力的预测。

多步式利润表是将收入与费用项目按不同性质归类后,分步计算营业利润、利润总额、净利润的表式。这种格式注重收入与成本费用配比的层次性,从而得出一些中间性的数据。与单步式利润表相比,能够提供更为丰富的信息。这样有利于报表使用者了解银行经营成果的不同来源,有利于对银行经营情况进行分析,有利于利润表的纵向和横向比较。我国商业银行的利润表采用多步式结构。其格式与内容如表10-2所示。

表10-2　　　　　　　　　　　商业银行利润表

编制单位：　　　　　　　　　　　　　　　年　月　　　　　　　　　　金额单位：元

项　目	行次	本月数	本年累计数
一、营业收入	1		
(一)利息净收入	2		
利息收入	3		
利息支出	4		
(二)手续费及佣金净收入	5		
手续费及佣金收入	6		
手续费及佣金支出	7		
(三)投资收益(损失以"-"号填列)	8		
其中:对联营企业和合营企业的投资收益	9		
(四)公允价值变动收益(损失以"-"号填列)	10		
(五)其他收入	11		
汇兑收益(损失以"-"号填列)	12		
其他业务收入	13		
二、营业支出	14		
(一)营业税金及附加	15		
(二)业务及管理费	16		
(三)资产减值损失	17		
(四)其他业务成本	18		
三、营业利润(亏损以"-"号填列)	19		
加:营业外收入	20		
减:营业外支出	21		

续表

项　目	行次	本月数	本年累计数
四、利润总额（亏损以"-"号填列）	22		
减：所得税费用	23		
五、净利润（亏损以"-"号填列）	24		
归属于母公司所有者的净利润	25		
少数股东损益	26		
六、每股收益：	27		
（一）基本每股收益	28		
（二）稀释每股收益	29		
七、其他综合收益	30		
八、综合收益总额	31		
（一）归属于母公司所有者的综合收益总额	32		
（二）归属于少数股东的综合收益总额	33		

2. 商业银行利润表的编制

按照我国财政部门对编制利润表的要求，商业银行利润表中一般设有"本月数"和"本年累计数"两栏。"本月数"栏，反映各项目的本期实际发生数。在编制月报表时，应根据有关损益类账户的本月发生额分析填列。在编制中期报表时，应将"本月数"栏改为"上年同期数"栏，填列上年同期累计实际发生额。在编制年度利润表时，应将"本月数"一栏改成"上年数"，填列上年全年累计实际发生数。如上年度利润表规定的各个项目的名称和内容同本年度不相一致，应对上年度利润表各项目的名称和数字按照本年度的规定进行调整，填入本表"上年数"栏内。报表中"本年累计数"栏，反映各项目自年初起至报告期末止的累计实际发生额。商业银行利润表各项目的内容及填列方法如下：

（1）"利息净收入"项目，应根据"利息收入"项目金额减去"利息支出"项目金额后的余额计算填列。"利息收入"、"利息支出"项目，反映商业银行经营存贷款业务、与其他金融机构之间发生资金往来等确认的利息收入和发生的利息支出，分别根据"利息收入"和"利息支出"科目期末转利润科目的数额填列。

（2）"手续费及佣金净收入"项目，应根据"手续费及佣金收入"项目金额减去"手续费及佣金支出"项目金额后的余额计算填列。"手续费及佣金收入"、"手续费及佣金支出"项目，反映商业银行在经营活动中确认的各项手续费、佣金收入和发生的相关的各项手续费、佣金支出。分别根据"手续费及佣金收入"、"手续费及佣金支出"科目期末转利润科目的数额填列。

（3）"投资收益"、"公允价值变动收益"、"汇兑收益"项目反映商业银行以各种方式对外投资取得的收益、按照相关准则规定应当计入当期损益的资产或负债公允价值变动收益、汇率变动形成的收益。如为损失，以"-"号列示。分别根据"投资收益"、"公允价值变动损益"、"汇兑损益"科目期末转利润科目的数额分析填列。

（4）"其他业务收入"、"其他业务成本"项目反映商业银行在经营的除主营业务以外的其他业务所取得的收入和发生的成本。根据期末转利润科目的数额分析填列。

（5）"营业税金及附加"、"业务及管理费"、"资产减值损失"项目反映商业银行生产经营过程中交纳的营业税及附加税费、发生的业务及管理费、发生的资产减值损失等项目。分别根据"营业税金及附加"、"业务及管理费"、"资产减值损失"科目期末转利润科目的数额填列。

（6）"营业外收入"、"营业外支出"、"所得税费用"等项目，反映商业银行发生的与其经营活动无直接关系的各项收入和支出，以及根据所得税准则确认的应从当期利润总额中扣除的所得税费用。分别根据"营业外收入"、"营业外支出"、"所得税费用"期末转利润科目的数额填列。

（三）商业银行现金流量表

商业银行现金流量表是反映商业银行在一定会计期间现金和现金等价物流入和流出的会计报表。现金流量表中的现金，是指商业银行库存现金以及可以随时用于支付的各种存款，包括库存现金、存放中央银行款项、存放同业款项、存放系统内存款、拆放同业款项等。现金等价物是指商业银行持有的期限短、流动性强、易于转换为已知金额现金、价值变动风险很小的投资，如三个月内到期的债券投资。通过编制现金流量表，可以使会计报表使用者了解和评价商业银行获取现金和现金等价物的能力、未来偿还负债及支付股利的能力，并据以预测未来的现金流量。

1. 商业银行现金流量表的格式与内容

现金流量表内分类列示经营活动产生的现金流量、投资活动产生的现金流量和筹资活动产生的现金流量，并于最后列示作为上述三项现金流量净额之和的现金及现金等价物的净增加额。如果有汇率变动对现金的影响额，则列示于现金及现金等价物净增加额之前。其中，经营活动是指商业银行投资活动和筹资活动以外的所有交易和事项；投资活动是指商业银行长期资产的购建和不包括在现金等价物范围内的投资及其处置活动；筹资活动是指导致商业银行资本及债务规模和构成发生变化的活动。目前我国商业银行现金流量表的格式与内容如表10-3所示。

表10-3　　　　　　　　　商业银行现金流量表

编制单位：　　　　　　　　　年　月　日　　　　　　　　　单位：元

项目	行次	本期金额	上年金额
一、经营活动产生的现金流量：	1		
客户存款和同业存放款项净增加额	2		
向中央银行借款净增加额	3		
向其他金融机构拆入资金净增加额	4		
收取利息、手续费及佣金的现金	5		
收到其他与经营活动有关的现金	6		
经营活动现金流入小计	7		
客户贷款及垫款净增加额	8		

续表

项　　目	行　次	本期金额	上年金额
存放中央银行和同业款项净增加额	9		
支付利息、手续费及佣金的现金	10		
支付给职工以及为职工支付的现金	11		
支付的各项税费	12		
支付其他与经营活动有关的现金	13		
经营活动现金流出小计	14		
经营活动产生的现金流量净额	15		
二、投资活动产生的现金流量：	16		
收回投资收到的现金	17		
取得投资收益收到的现金	18		
收到其他与投资活动有关的现金	19		
投资活动现金流入小计	20		
投资支付的现金	21		
购建固定资产、无形资产和其他长期资产支付的现金	22		
支付其他与投资活动有关的现金	23		
投资活动现金流出小计	24		
投资活动产生的现金流量净额	25		
三、筹资活动产生的现金流量：	26		
吸收投资收到的现金	27		
其中：子公司吸收少数股东投资收到的现金	28		
发行债券收到的现金	29		
收到其他与筹资活动有关的现金	30		
筹资活动现金流入小计	31		
偿还债务支付的现金	32		
分配股利、利润或偿付利息支付的现金	33		
其中：子公司支付给少数股东的股利、利润	34		
支付其他与筹资活动有关的现金	35		
筹资活动现金流出小计	36		
筹资活动产生的现金流量净额	37		
四、汇率变动对现金及现金等价物的影响	38		
五、现金及现金等价物净增加额	39		
加：期初现金及现金等价物余额	40		
六、期末现金及现金等价物余额	41		

2. 商业银行现金流量表的编制

对商业银行经营活动产生的现金流量的列报有直接法和间接法两种方法。直接法是商业银行根据当期有关现金流量的会计事项，对经营活动的现金流入与流出，逐项进行确认，以反映经营活动产生的现金流量。在采用直接法编制现金流量表时，应将当期利润表中每一个对现金流量有影响的收入和支出项目进行反映，而不考虑其他非现金性收

第十章 金融企业财务报告及财务分析

入和非现金支出。例如,对利息收入中的现金收入部分予以反映,而对应收利息不作考虑;再如对进行股权投资的权益收入、固定资产的折旧费用等也都不予反映。间接法是以净利润为起算点,调整不涉及现金的收入、费用、营业外收支等有关项目,剔除投资活动、筹资活动对现金流量的影响,据此计算出经营活动产生的现金流量。与间接法相比,直接法的主要特点是对商业银行经营活动中具体项目的现金流量进行详细列报,这种列报方式直观,经营活动中通过各种途径取得的现金和各种用途流出的现金,在按照直接法编制的现金流量表上一目了然,便于会计报表使用者了解商业银行在经营活动过程中现金进出情况,有助于对银行未来的现金流量作出估计。因此,直接法成为现金流量表编制的主要方法。在我国,编制商业银行现金流量表时,要求对"经营活动产生的现金流量"采用直接法列报,同时以间接法编制"经营活动产生的现金流量",作为现金流量表补充资料在现金流量表附注中予以披露。在现金流量表补充资料中,应分别揭示将净利润调节为经营活动的现金流量、不涉及现金收支的投资和筹资活动和根据现金及现金等价物的期末余额和期初余额计算的当期净增加额。并且补充资料中"将净利润调节为经营活动的现金流量",应当与现金流量表内第一部分的最后结果,即"经营活动产生的现金流量净额"相等;补充资料中根据现金及现金等价物的期末余额和期初余额计算的当期"现金及现金等价物净增加额",应当与现金流量表内最后一行"现金及现金等价物净增加额"相等。在直接法下,编制现金流量表可具体采用工作底稿法和T形账户法两种方法。

(1)工作底稿法。工作底稿法是以工作底稿为手段,以利润表和资产负债表数据为基础,根据有关科目的记录,对现金流量表的每一项目进行分析并编制调整分录,从而编制出现金流量表的一种方法。其编制步骤是:第一步,将资产负债表的期初数和期末数过入工作底稿的期初数栏和期末数栏。第二步,对当期业务进行分析并编制调整分录。调整分录大致有以下几类:第一类,通过调整,将权责发生制下的有关收入和费用转换成现金基础;第二类,涉及资产负债表和现金流量表中的投资、筹资项目,反映投资和筹资活动的现金流量;第三类,将利润表中有关投资和筹资方面的收入和费用列入现金流量表投资、筹资现金流量中。此外,为了核对资产负债表项目的期末数变动情况,虽不涉及现金收支,也需编制调整分录。在调整分录中,有关现金及现金等价物的事项,并不直接借记或贷记现金,而是分别计入"经营活动产生的现金流量","投资活动产生的现金流量","筹资活动产生的现金流量"等项目,借记表明现金流入,贷记表明现金流出。第三步,将调整分录过入工作底稿中的相应部分。第四步,核对调整分录,借贷合计应当相等,资产负债表项目期初数加减调整分录中的借贷金额以后,应当等于期末数。第五步,根据工作底稿中的现金流量表项目部分编制正式的现金流量表。

(2)T形账户法。T形账户法是以T形账户为手段,以利润表和资产负债表数据为基础,对每一项目进行分析并编制调整分录,从而编制出现金流量表的方法。采用T形账户法编制现金流量表的程序如下:第一步,开设"非现金"账户。为所有的非现金项目(包括资产负债表项目和利润表项目)分别开设T形账户,并将各自的期末期初变动数过入各科目。如果某项目的期末数大于期初数,则将差数过入与该项目余额相同的方向；反之，过入相反的方向。第二步，开设"现金"账户。开设一个大的"现金及现金等价物"T形账户，该账户从上到下分为经营活动、投资活动和筹资活动三个部分，每个部分都是左边记现金流入，右边记现金流出，与非现金账户一样，过入期末期初变动数。第三步，编制调整分录。以利润表项目为基础，资产负债表分析每一个非现金项目的增减变动，并据以编制调整分录。第四步，登记T形账户。将所有的调整分录过入各现金项目的T形账户和"现金及现金等价物"T形账户。第五步，核对账户记录。对各T形账户中的记录进行核对，各账户借贷相抵后的余额与原先过入的期末期初变动数应当一致。第六步，编制"现金流量表"。根据大的"现金及现金等价物"T形账户中的有关资料，编制正式现金流量表。T形账户法和工作底稿法只是形式上有所差别，而其基本原理和方法则是相同的。关键点和难点也是在编制调整分录上，其调整分录的编制原理和方法基本与工作底稿法相同，只是在采用T形账户法时可省去一些不涉及现金收支的调整分录，以简化现金流量表的编制过程。

(四) 商业银行所有者权益变动表

1. 商业银行所有者权益变动表的格式及内容

商业银行所有者权益变动表是指反映构成所有者权益的各组成部分当期的增减变动情况的会计报表。通过所有者权益变动表，既可以为报表使用者提供所有者权益总量增减变动的信息，也能为其提供所有者权益增减变动的结构性信息，特别是能够让报表使用者理解所有者权益增减变动的根源。所有者权益变动表在一定程度上体现银行综合收益的特点，除列示直接计入所有者权益的利得和损失外，同时包含最终属于所有者权益变动的净利润，从而构成银行的综合收益。

所有者权益变动表以矩阵的形式列示以下两个方面的内容：一方面列示导致所有者权益变动的交易或事项，即所有者权益变动的来源，对一定时期所有者权益的变动情况进行全面反映；另一方面按照所有者权益各组成部分（即实收资本、资本公积、盈余公积、未分配利润和库存股）列示交易或事项对所有者权益各部分的影响。我国商业银行所有者权益变动表的格式和内容如表10-4所示。

2. 商业银行所有者权益变动表的编制

商业银行所有者权益变动表各项目均需填列"本年金额"和"上年金额"两栏。所有者权益变动表"上年金额"栏内各项数字，应根据上年度所有者权益变动表"本年金额"内所列数字填列。上年度所有者权益变动表规定的各个项目的名称和内容同本年度不一致的，应对上年度所有者权益变动表各项目的名称和数字按照本年度的规定进行调整，填入所有者权益变动表的"上年金额"栏内。

商业银行所有者权益变动表各项目应当根据商业银行当期净利润、直接计入所有者权益的利得和损失、所有者投入资本和向所有者分配利润、从利润中提取盈余公积、一般风险准备金等情况分析填列。直接计入当期损益的利得和损失应包含在净利润中；直接计入所有者权益的利得和损失，主要包括可供出售金融资产公允价值变动净额、现金流量套期工具公允价值变动净额等，单列项目反映。

表10-4

商业银行所有者权益（股东权益）变动表

编制单位：　　　　　　　　　　年度　　　　　　　　　　　　　　　　　　　　　　　　单位：元

项目	行次	本年金额									上年金额								
		归属于母公司所有者权益						少数股东权益	所有者权益合计	归属于母公司所有者权益						少数股东权益	所有者权益合计
		实收资本（或股本）	资本公积	减：库存股	盈余公积	一般风险准备	未分配利润	其他			实收资本（或股本）	资本公积	减：库存股	盈余公积	一般风险准备	未分配利润	其他		
一、上年年末余额	1																		
加：会计政策变更	2																		
前期差错更正	3																		
二、本年年初余额	4																		
三、本年增减变动额（减少以"-"号填列）	5																		
（一）净利润	6																		
（二）直接计入所有者权益的利得和损失	7																		
1.可供出售金融资产公允价值变动净额	8																		
（1）计入所有者权益的金额	9																		
（2）转入当期损益的金额	10																		
2.现金流量套期工具公允价值变动净额	11																		
（1）计入所有者权益的金额	12																		
（2）转入当期损益的金额	13																		
（3）计入被套期项目初始确认金额中的金额	14																		
3.权益法下被投资单位其他所有者权益变动的影响	15																		
4.与计入所有者权益项目相关的所得税影响	16																		
5.其他	17																		

续表

项目	行次	本年金额									上年金额								
		归属于母公司所有者权益							少数股东权益	所有者权益合计	归属于母公司所有者权益							少数股东权益	所有者权益合计
		实收资本（或股本）	资本公积	减：库存股	盈余公积	一般风险准备	未分配利润	其他			实收资本（或股本）	资本公积	减：库存股	盈余公积	一般风险准备	未分配利润	其他		
上述（一）和（二）的小计	18																		
（三）所有者投入和减少的资本	19																		
1.所有者投入资本	20																		
2.股份支付计入所有者权益的金额	21																		
3.其他	22																		
（四）利润分配	23																		
1.提取盈余公积	24																		
2.提取一般风险准备	25																		
3.对所有者（或股东）的分配	26																		
4.其他	27																		
（五）所有者权益内部结转	28																		
1.资本公积转增资本（或股本）	29																		
2.盈余公积转增资本（或股本）	30																		
3.盈余公积弥补亏损	31																		
4.一般风险准备弥补亏损	32																		
5.其他	33																		
四、本年末余额	34																		

(五) 商业银行会计报表附注

1. 商业银行会计报表附注的作用和编制原则

商业银行会计报表附注是指对在会计报表中列示项目所做的进一步说明，以及未能在这些报表中列示项目的说明等。附注是会计报表的重要组成部分，是对会计报表的补充说明，它主要对会计报表不能包括的内容，或者披露不详尽的内容，做进一步的解释和说明，从而有助于会计报表使用者理解和使用会计信息。会计报表使用者要了解商业银行的财务状况、经营成果、现金流量情况和所有者权益变动情况，应当全面阅读附注，附注相对于报表而言，同样具有重要性。在会计报表附注编制中，应遵循两个基本原则：

（1）兼顾充分性和适当性。商业银行会计报表附注，既要使投资者和潜在投资者能从中得知企业全部重要的信息，以帮助他们作出最佳的投资决策，又要保护企业的商业秘密，避免不利于企业使其竞争对手得益的信息泄露。这就要求在编制会计报表附注过程中要做到既充分又适当，内外兼顾。

（2）体现规范化和灵活性。商业银行会计报表附注的规范化是指其格式和内容应力求统一。例如，对企业采用的会计政策，会计报表有关项目注释，分地区、分行业的资料，重要事项等要按规定顺序披露。灵活性是指会计报表附注的编制要结合企业实际情况，讲求实效。

2. 商业银行会计报表附注应当披露的内容

附注应当披露企业的基本情况、财务报表的编制基础等事项，相关信息应当与资产负债表、利润表、现金流量表和所有者权益变动表等报表中列示的项目相互参照，并且应当按照一定的构成进行系统合理的排列和分类，有顺序地披露信息。通常情况下，附注应当按照下列顺序披露：

（1）商业银行的基本情况。

（2）财务报表的编制基础。

（3）遵循《企业会计准则》的声明。商业银行应当声明编制的财务报表符合《企业会计准则》的要求，真实、完整地反映了商业银行的财务状况、经营成果和现金流量等有关信息。

（4）重要会计政策和会计估计的说明。商业银行应当披露采用的重要会计政策和会计估计，不重要的会计政策和会计估计可以不披露。在披露重要会计政策和会计估计时，应当披露重要会计政策的确定依据和财务报表项目的计量基础，以及会计估计中所采用的关键假设和不确定因素。

（5）会计政策和会计估计变更以及差错更正的说明。商业银行应当按照《企业会计准则第 28 号——会计政策、会计估计变更和差错更正》及其应用指南的规定，披露会计政策和会计估计变更以及差错更正的有关情况。

（6）报表重要项目的说明。商业银行应当尽可能以列表形式披露报表重要项目的构成或当期增减变动情况。对报表重要项目的说明，应当按照资产负债表、利润表、现金流量表、所有者权益变动表及其项目列示的顺序，采用文字和数字描述相结合的方式进

行披露。报表重要项目的明细金额合计,应当与报表项目金额衔接。

(7) 或有事项。按照《企业会计准则第 13 号——或有事项》第十四条和第十五条的相关规定进行披露。对信贷承诺存在经营租赁承诺、资本支出承诺、证券承销及债券承兑承诺的,还应披露有关情况。

(8) 资产负债表日后事项。每项重要的资产负债表日后非调整事项的性质、内容及其对财务状况和经营成果的影响。无法做出估计的,应当说明原因。包括资产负债表日后,商业银行利润分配方案中拟分配的以及经审议批准宣告发放的股利或利润。

(9) 关联方关系及其交易的说明。

(10) 风险管理。主要对商业银行的信用风险、流动风险、外汇风险、套期保值等信息进行披露。

二、证券公司财务会计报表的编制

证券公司财务会计报表的编制,仅介绍资产负债表、利润表、现金流量表的内容及编制方法。所有者权益变动表的内容及编制方法与商业银行相同。资产管理公司、基金公司、期货公司应当执行证券公司资产负债表格式和附注规定。

(一) 证券公司资产负债表

1. 证券公司资产负债表的格式及内容

证券公司资产负债表的格式与内容如表 10-5 所示。

表 10-5　　　　　　　　　证券公司资产负债表

编制单位:　　　　　　　　　　___年__月__日　　　　　　　　金额单位:元

资　产	行次	年初数	期末数	负债和所有者权益	行次	年初数	期末数
资产:				负债:			
货币资金	1			短期借款	28		
其中:客户资金存款	2			其中:质押借款	29		
结算备付金	3			拆入资金	30		
其中:客户备付金	4			交易性金融负债	31		
拆出资金	5			衍生金融负债	32		
交易性金融资产	6			卖出回购金融资产款	33		
衍生金融资产	7			代理买卖证券款	34		
买入返售金融资产	8			代理承销证券款	35		
应收利息	9			应付职工薪酬	36		
应收款项	10			应交税费	37		
代理兑付证券	11			应付利息	38		
存出保证金	12			应付款项	39		
可供出售金融资产	13			代理兑付证券款	40		
持有至到期投资	14			预计负债	41		
长期股权投资	15			长期借款	42		

续表

资产	行次	年初数	期末数	负债和所有者权益	行次	年初数	期末数
投资性房地产	16			应付债券	43		
固定资产	17			递延所得税负债	44		
在建工程	18			其他负债	45		
固定资产清理	19			负债合计	46		
无形资产	20			实收资本（或股本）	47		
其中：交易席位费	21			国家资本	48		
商誉	22			集体资本	49		
长期待摊费用	23			法人资本	50		
抵债资产	24			其中：国有法人资本	51		
递延所得税资产	25			个人资本	52		
其他资产	26			外商资本	53		
				资本公积	54		
				减：库存股	55		
				盈余公积	56		
				一般风险准备	57		
				未分配利润	58		
				外币报表折算差额	59		
				归属于母公司所有者权益合计	60		
				少数股东权益	61		
				所有者权益（或股东权益）合计	62		
资产总计	27			负债和所有者权益（或股东权益）总计	63		
补充资料：							
代保管证券（面值）：							
受托投资管理业务收到的存入银行的客户资金存款：							
代理业务资产：							
受托投资管理业务转到结算备付金的客户备付金：							
代理业务负债：							

2. 证券公司资产负债表的编制方法

证券公司资产负债表中反映公司年末全部资产、负债和所有者权益的情况。表中"年初数"栏各项目，应根据上年末资产负债表"年末数"栏所列数字填列。如果本年度资产负债表规定的各个项目的名称和内容同上年度不一致，应对上年年末资产负债表各项目的名称和数字按照本年度的规定进行调整，填入本表"年初数"栏内。如果本年度有调整年初数的情况时，应相应调整年初报表数。证券公司资产负债表"年末数"各项目的内容及填列方法如下：

（1）"货币资金"项目，反映公司期末持有的现金、银行存款和其他货币资金总额。其中，证券经纪业务取得的客户资金存款应在本项目下单独反映。

（2）"结算备付金"项目，反映公司期末持有的为证券交易的资金清算与交收而存入指定清算代理机构的款项。其中，证券经纪业务取得的客户备付金应在本项目下单独反映。

（3）"拆出资金"项目，反映公司拆借给境内、境外其他金融机构的款项，应根据"拆出资金"科目的期末余额减去"贷款损失准备"科目所属相关明晰科目期末余额后的金额分析计算填列。

（4）"交易性金融资产"项目，反映公司持有的以公允价值计量，且其变动计入当期损益的以交易为目的所持有的债券投资、股票投资、基金投资、权证投资等金融资产，但衍生金融资产除外。

（5）"衍生金融资产"项目，反映公司期末持有的衍生工具、套期工具、被套期项目中属于衍生金融资产的金额，应根据"衍生工具"、"套期工具"、"被套期项目"等科目的期末余额分析计算填列。

（6）"买入返售金融资产"项目，反映按照返售协议约定先买入再按固定价格返售的票据、证券、贷款等金融资产所融出资金。

（7）"应收利息"项目，反映公司交易性金融资产、持有至到期投资、可供出售金融资产、发放贷款、存放中央银行款项、拆出资金、买入返售金融资产等应收取的利息。

（8）"应收款项"项目，反映公司应收账款和其他应收款减去相应坏账准备后的金额。

（9）"代理兑付证券"项目，反映公司已兑付但尚未收到委托单位兑付资金的证券金额。

（10）"存出保证金"项目，反映公司因办理业务需要存出或交纳的各种保证金款项期末余额。

（11）"可供出售金融资产"项目，反映公司持有的以公允价值计量的可供出售股票投资、债券投资等金融资产。本项目应根据"可供出售金融资产"科目的期末余额减去"可供出售金融资产减值准备"科目期末余额后的金额填列。

（12）"持有至到期投资"，反映到期日固定、回收金额固定或可确定且企业有明确意图和能力持有至到期的非衍生金融资产。本项目应根据"持有至到期投资"科目的期末余额减去"持有至到期投资减值准备"科目期末余额后的金额填列。

（13）"长期股权投资"项目，反映公司持有的对子公司、联营企业和合营企业的长期股权投资。本项目应根据"长期股权投资"科目的期末余额减去"长期股权投资减值准备"科目期末余额后的金额填列。

（14）"投资性房地产"项目，反映公司持有的投资性房地产。采用成本模式计量投资性房地产的，本项目应根据"投资性房地产"科目的期末余额减去"投资性房地产累计折旧（摊销）"和"投资性房地产减值准备"科目期末余额后的金额填列，采用公允价值计量投资性房地产的，本项目应根据"投资性房地产"科目的期末余额填列。

（15）"固定资产"项目，反映公司持有固定资产的账面余额扣减累计折旧、减值准备后的账面价值。

第十章　金融企业财务报告及财务分析

(16)"在建工程"项目，反映公司期末各项未完工程的实际支出，包括交付安装的设备价值、未完建筑安装工程已经耗用的材料、工资和费用支出、预付出包工程的价款等的可收回金额。本项目应根据"在建工程"科目的期末余额减去"在建工程减值准备"科目期末余额后的金额填列。

(17)"固定资产清理"项目，反映公司因出售、毁损、报废等原因转入清理但尚未清理完毕的固定资产净值，以及固定资产清理过程中所发生的清理费用和变价收入等各项金额的差额。

(18)"无形资产"项目，反映公司持有无形资产的成本，包括专利权、非专利技术、商标权、著作权、土地使用权等。本项目应根据"无形资产"科目的期末余额减去"累计摊销"和"无形资产减值准备"科目期末余额后的金额填列。

(19)"交易席位费"项目，反映公司交易席位费的摊余价值减去相应减值准备后的金额。

(20)"商誉"项目，反映公司合并中形成的商誉的价值。本项目应根据"商誉"科目的期末余额减去相应减值准备后的金额填列。

(21)"长期待摊费用"项目，反映公司已经发生但应由本期和以后各期负担的分摊期限在一年以上的各项费用。本项目应根据"长期待摊费用"科目的期末余额填列。

(22)"抵债资产"项目，反映公司取得的尚未处置的实物抵债资产的成本减去抵债资产减值准备后的账面价值。

(23)"递延所得税资产"项目，反映公司确认的可抵扣暂时性差异产生的递延所得税资产。

(24)"其他资产"项目，反映除以上资产以外的其他资产。主要包括：应收股利、长期应收款账面余额扣减累计减值准备和未实现融资收益后的净额以及其他未列示的资产。

(25)"短期借款"项目，反映公司向银行或其他金融机构借入的期限在1年期以下（含1年）的各种借款。本项目应根据"短期借款"科目的期末余额填列。

(26)"拆入资金"项目，反映公司从境内、境外金融机构拆入的款项。

(27)"交易性金融负债"项目，反映公司承担的以公允价值计量且其变动计入当期损益的以交易为目的所持有的金融负债，但衍生金融负债除外。

(28)"衍生金融负债"，反映衍生工具、套期项目、被套期项目中属于衍生金融负债的金额，应根据"衍生工具"、"套期项目"、"被套期项目"等科目的期末贷方余额分析计算填列。

(29)"卖出回购金融资产款"项目，反映公司按照回购协议先卖出再按固定价格买入的票据、证券、贷款等金融资产所融入的资金。

(30)"代理买卖证券款"项目，反映公司接受客户委托，代理客户买卖股票、债券和基金等有价证券而收到的款项。

(31)"代理承销证券款"项目，反映公司接受委托，采用承购包销方式或代销方式承销证券所形成的、应付证券发行人的承销资金。

(32)"应付职工薪酬"项目,反映公司根据有关规定应付给职工的工资、职工福利、社会保险费、住房公积金、工会经费、职工教育经费、非货币性福利、辞退福利等各种薪酬。外商投资企业按规定从净利润中提取的职工奖励及福利基金也在本项目填列。

(33)"应交税费"项目,反映公司按照《税法》等规定计算应交纳的各种税费。包括:增值税、消费税、营业税、所得税、资源税、土地增值税、城市维护建设税、房产税、土地使用税、车船税、教育费附加、矿产资源补偿费等。企业代扣代缴的个人所得税等也通过本项目反映。

(34)"应付利息"项目,企业按照合同约定应支付的利息,包括吸收存款、分期付息到期还本的长期借款、企业债券等应支付的利息。企业发行的一次还本付息债券的利息费用在"应付债券"项目填列。

(35)"应付款项"项目,反映公司应付账款和其他应付款的合计数。

(36)"代理兑付证券款"项目,反映公司接受委托代理兑付证券收到的兑付资金。

(37)"预计负债"项目,反映公司确认的对外提供担保、未决诉讼、产品质量保证、重组义务、亏损性合同等预计负债。

(38)"长期借款"项目,反映公司向银行或其他金融机构借入的期限在1年以上(不含1年)的各项借款。

(39)"应付债券"项目,反映公司为筹集(长期)资金而发行债券的本金和利息。本项目应根据"应付债券"科目的期末余额填列。

(40)"递延所得税负债"项目,反映公司确认的应纳税暂时性差异产生的所得税负债。

(41)"其他负债"项目,反映除以上负债以外的其他负债。

(42)"实收资本(或股本)"项目,反映公司接受投资者投入的实收资本。其中,"国有资本"和"外商资本"单独列示。对于上市金融企业,其公开发行且在市场上流通的股票,如果在披露时点能明确确定为国有股或外商持有股份,应填列在"国有资本"或"外商资本",如果不能明确确定则可以不填列。

(43)"资本公积"项目,反映公司收到投资者出资额超出其在注册资本或股本中所占份额的部分,直接计入所有者权益的利得和损失也在本项目填列。

(44)"库存股"项目,反映公司持有尚未转让或注销的本公司股份金额。

(45)"盈余公积"项目,反映公司从净利润中提取的盈余公积。

(46)"一般风险准备"项目,反映公司一般风险准备的期末余额。

(47)"未分配利润"项目,反映尚未分配的利润。未弥补的亏损,在本项目内以"-"填列。

(48)"外币报表折算差额"项目,反映因合并外币报表产生的折算差额。

(49)"归属于母公司所有者权益合计"项目,反映在合并报表中归属于母公司的所有者权益部分。

(50)"少数股东权益"项目,反映编制合并报表时,子公司所有者权益中由母公司以外的其他投资者所拥有的权益份额。

(51) "代理业务资产"项目,反映公司不承担风险的代理业务形成的资产,包括受托理财业务进行的证券投资和受托贷款等。

(52) "代理业务负债"项目,反映公司不承担风险的代理业务收到的款项,包括受托投资资金、受托贷款资金等。

(二) 证券公司利润表

1. 证券公司利润表的格式及内容

证券公司利润表的格式及内容如表 10-6 所示。

表 10-6　　　　　　　　　　　　　证券公司利润表

编制单位:　　　　　　　　　　　　　____年__月　　　　　　　　　　　金额单位:元

项　　目	行　次	本月数	本年累计数
一、营业收入	1		
(一) 手续费及佣金净收入	2		
其中: 代理买卖证券业务净收入	3		
证券承销业务净收入	4		
受托客户资产管理业务净收入	5		
(二) 利息净收入	6		
利息收入	7		
利息支出	8		
(三) 投资收益 (损失以"-"号填列)	9		
其中: 对联营企业和合营企业的投资收益	10		
(四) 公允价值变动收益 (损失以"-"号填列)	11		
(五) 其他收入	12		
汇兑收益 (损失以"-"号填列)	13		
其他业务收入	14		
二、营业支出	15		
(一) 营业税金及附加	16		
(二) 业务及管理费	17		
(三) 资产减值损失	18		
(四) 其他业务成本	19		
三、营业利润 (亏损以"-"号填列)	20		
加: 营业外收入	21		
减: 营业外支出	22		
四、利润总额 (亏损以"-"号填列)	23		
减: 所得税费用	24		
五、净利润 (亏损以"-"号填列)	25		
归属于母公司所有者的净利润	26		
少数股东损益	27		
六、每股收益	28		
(一) 基本每股收益	29		
(二) 稀释每股收益	30		

续表

项　目	行次	本月数	本年累计数
七、其他综合收益	31		
八、综合收益总额	32		
（一）归属于母公司所有者的综合收益总额	33		
（二）归属于少数股东的综合收益总额	34		

2. 证券公司利润表的编制方法

证券公司利润表中的"上年数"、"本年数"栏的填制方法与商业银行相同。证券公司利润表中各项目的内容及其填列方法如下：

（1）"营业收入"项目，反映"手续费及佣金净收入"、"利息净收入"、"投资收益"、"公允价值变动收益"、"汇兑收益"、"其他业务收入"等项目的合计金额。

（2）"手续费及佣金收入"项目，反映公司确认的代理承销、兑付和买卖证券等业务实现的手续费及佣金收入减去发生的各项手续费、风险结算金、承销业务直接相关的各项费用及支出后的净额，应根据"手续费及佣金收入"、"手续费及佣金支出"等科目的发生额分析计算填列。其中，"代理买卖证券业务净收入"、"证券承销业务净收入"和"受托客户资产管理业务净收入"在本项目下单独填列。

（3）"利息净收入"项目，反映"利息收入"项目金额减去"利息支出"项目金额后的余额。

（4）"利息收入"项目，反映公司经营存贷款业务等确认的利息收入，应根据"利息收入"的发生额分析填列。企业债券投资的利息收入，也可以在该项目反映。

（5）"利息支出"项目，反映公司经营存贷款业务等发生的利息支出，应根据"利息支出"等科目的发生额分析填列。企业发行债券的利息支出，也可以在该项目反映。

（6）"投资收益"项目，反映公司以各种方式对外投资取得的收益。本项目应根据"投资收益"科目的发生额分析填列。如为投资损失，本项目以"-"号填列。其中，对联营企业和合营企业的投资收益应单独列示。

（7）"其他收入"项目，反映"汇兑收益"和"其他业务收入"的金额合计。

（8）"公允价值变动收益"项目，反映公司应当计入当期损益的资产或负债公允价值的变动收益。本项目应根据"公允价值变动收益"科目的发生额分析填列，如为净损失，本项目以"-"号填列。

（9）"汇兑收益"项目，反映公司外币货币性项目因汇率变动形成的净收益，应根据"汇兑损益"科目的发生额分析填列。如为净损失，以"-"号填列。

（10）"其他业务收入"项目，反映公司确认的除主营业务活动以外的其他经营活动实现的收入，包括出租固定资产、出租无形资产、出租包装物和商品、销售材料、用材料进行非货币性交换（非货币性资产交换具有商业实质且公允价值能够可靠计量）或债务重组等实现的收入。

（11）"营业支出"项目，反映"营业税金及附加"、"业务及管理费"、"资产减值损失"、"其他业务成本"等项目的金额合计。

(12) "营业税金及附加"项目,反映公司经营业务应负担的消费税、营业税、城市建设维护税、资源税和教育费附加等。本项目应根据"营业税金及附加"科目的发生额分析填列。

(13) "业务及管理费"项目,反映公司在业务经营和管理过程中所发生的电子设备运转费、安全防范费、物业管理费等费用,应根据"业务及管理费"科目的发生额分析填列。

(14) "资产减值损失"项目,反映公司计提(或恢复后转回)各项资产减值准备所形成的损失,如本项目为恢复后转回的金额,以"-"号填列。

(15) "其他业务成本"项目,反映除"营业税金及附加"、"业务及管理费"和"资产减值损失或呆账损失"之外的其他业务成本。

(16) "营业外收入"项目,反映公司发生的与经营业务无直接关系的各项收入,包括非流动资产处置利得、非货币性资产交换利得、债务重组利得、政府补助、盘盈利得、捐赠利得等。

(17) "营业外支出"项目,反映公司发生的与经营业务无直接关系的各项支出,包括非流动资产处置损失、非货币性资产交换损失、债务重组损失、公益性捐赠支出、非常损失、盘亏损失等。

(18) "所得税费用"项目,反映公司确认的应从当期利润总额中扣除的所得税费用。

(19) "净利润"项目,反映公司实现的净利润。

(20) "归属于母公司所有者的净利润"项目,反映公司编制合并报表时净利润中归属于母公司所有者的部分。

(21) "少数股东损益"项目,反映编制合并会计报表时子公司净利润中属于母公司以外的其他投资者部分。

(22) "基本每股收益"、"稀释每股收益"项目,反映按照每股收益准则的规定计算确定的金额,本项目仅由普通股或潜在普通股已公开交易的企业,以及正处于公开发行普通股或潜在普通股过程中的企业填报。

(三) 证券公司现金流量表

证券公司现金流量表反映公司经营活动、投资活动、筹资活动产生的现金和现金等价物流入和流出情况。一级分公司及境外机构无须填报此表。现金流量表各项目应当根据本年有关会计明细账目及统计资料等分析填列。证券公司现金流量表的编制方法与商业银行相同,证券公司现金流量表的格式及内容如表10-7所示。

表 10-7　　　　　　　　　证券公司现金流量表

编制单位:　　　　　　　　　年　月　日　　　　　　　　　单位:元

项　　目	行　次	本期金额	上年金额
一、经营活动产生的现金流量:	1		
处置交易性金融资产净增加额	2		
收取利息、手续费及佣金的现金	3		

续表

项　　　　目	行次	本期金额	上年金额
拆入资金净增加额	4		
回购业务资金净增加额	5		
收到其他与经营活动有关的现金	6		
经营活动现金流入小计	7		
支付利息、手续费及佣金的现金	8		
支付给职工以及为职工支付的现金	9		
支付的各项税费	10		
支付其他与经营活动有关的现金	11		
经营活动现金流出小计	12		
经营活动产生的现金流量净额	13		
二、投资活动产生的现金流量：	14		
收回投资收到的现金	15		
取得投资收益收到的现金	16		
收到其他与投资活动有关的现金	17		
投资活动现金流入小计	18		
投资支付的现金	19		
购建固定资产、无形资产和其他长期资产支付的现金	20		
支付其他与投资活动有关的现金	21		
投资活动现金流出小计	22		
投资活动产生的现金流量净额	23		
三、筹资活动产生的现金流量：	24		
吸收投资收到的现金	25		
其中：子公司吸收少数股东投资收到的现金	26		
发行债券收到的现金	27		
收到其他与筹资活动有关的现金	28		
筹资活动现金流入小计	29		
偿还债务支付的现金	30		
分配股利、利润或偿付利息支付的现金	31		
其中：子公司支付给少数股东的股利、利润	32		
支付其他与筹资活动有关的现金	33		
筹资活动现金流出小计	34		
筹资活动产生的现金流量净额	35		
四、汇率变动对现金及现金等价物的影响	36		
五、现金及现金等价物净增加额	37		
加：期初现金及现金等价物余额	38		
六、期末现金及现金等价物余额	39		

（四）证券公司会计报表附注

证券公司首先应按照证券公司报表附注的要求及规定编制财务报表附注。其他未作明确规定的，公司应参考一般企业报表附注、商业银行报表附注要求编制。证券公司报表附注的特别要求及规定如下：

（1）编制合并财务报表的公司，应按照规定分别对合并财务报表和母公司财务报表的主要项目进行注释。

（2）证券公司编制报表附注的规定和《企业会计准则》及《企业会计准则——应用指南》是对财务报表附注的基本规定。除此之外，无论上述规章是否有明确规定，凡对报表使用者有重大影响的财务会计信息，公司均应予以充分披露。

（3）报表附注项目金额异常或年度间变动异常的报表项目（如占公司报表日资产总额5%或报告期利润总额10%以上，且两个期间的数据变动幅度达30%以上的），应具体说明原因。

（4）对附注中的资产负债表项目注释期末期初比较数据，一般最左侧为期末数；对附注中的利润表项目注释本期与上期比较数据，一般最左侧为本期数。公司应披露公允价值确定、金融资产分类原则。

（5）采用估值技术确定公允价值的，应披露相关估值假设及主要参数选取原则。按公允价值计价的资产，除按科目及类别披露期初、期末公允价值及当期变动外，还应披露初始成本。具体披露参照表10-8：

表10-8　　　　　　　　　　采用公允价值计量的项目

项目名称	期初余额	期末余额	当期变动	初始成本
合　　计				

（6）证券公司财务报表附注应至少包括以下内容：①公司概况。②财务报表的编制基础。③遵循《企业会计准则》的声明。④公司采用的主要会计政策、会计估计。⑤会计政策和会计估计变更及差错更正的说明。⑥对公司面临的信用风险、流动性风险、市场风险和汇率、利率风险等进行分析。⑦报表重要项目的说明。⑧或有事项和承诺事项、资产负债表日后非调整事项、关联方关系及其交易等事项。⑨其他需要说明的重要事项。

（7）公司对报表重要项目的说明，应当按照资产负债表、利润表、现金流量表、所有者权益变动表及其项目列示的顺序，采用文字和数字描述相结合的方式进行披露。报表重要项目的明细金额合计，应当与报表项目金额相互钩稽。

（8）货币资金除按《企业会计准则——应用指南》要求，按自有资金和客户资金分别披露外，还应在上述两项下披露融资融券业务（如果公司开展此项业务，下同）的相关数据，包括自有信用资金存款和客户信用资金存款。自有信用资金存款反映公司存放在银行或其他金融机构的用于融资融券业务的自有信用资金款项，根据"银行存款"等科目的明细余额分析填列。客户信用资金存款反映公司存入银行或其他金融机构的、开展融资融券业务的客户资金款项和客户为融资融券存入的担保资金款项，根据"银行存款"等科目的明细余额分析填列。

（9）结算备付金除按《企业会计准则——应用指南》要求，按自有资金和客户资金分别披露外，还应披露融资融券业务的信用备付金。信用备付金反映公司为融资融券业务的资金清算与交收而存入证券登记结算公司的款项,根据"结算备付金"科目明细余额分析填列。

(10) 交易性金融资产和可供出售金融资产除按《企业会计准则——应用指南》要求披露外,还应披露公司创设认购权证业务(如果公司开展此项业务,下同)等用于履约抵押的证券的公允价值,根据"交易性金融资产"和"可供出售金融资产"科目明细余额分析填列。

(11) 公司应在其他资产项目下披露应收款项、应收股利、抵债资产、代理兑付债券和应收融资融券客户款等项目。其中应收款项应披露账龄及欠款金额前五名单位明细及欠款原因。

(12) 代理买卖证券款除按《企业会计准则——应用指南》要求进行披露外,还应披露信用交易代理买卖证券款,反映公司接受融资融券客户委托,代理买卖股票、债券和基金等有价证券而收到的款项。

(13) 手续费及佣金净收入除按《企业会计准则——应用指南》要求,分别披露证券承销业务、证券经纪业务、资产管理业务的收入与支出外,还应披露保荐业务、财务顾问业务和投资咨询业务的收入与支出。资产管理业务按定向、集合、专项分别披露收入与支出。

(14) 利息净收入应按存放金融同业利息收入、资金拆借收入、融资融券利息收入、债券回购利息收入和各项业务支出分项披露。

(15) 投资收益应按对联营企业和合营企业的投资收益、出售交易性金融资产的投资收益、出售交易性金融负债的投资收益、出售可供出售金融资产的投资收益、出售持有至到期金融资产的投资收益、衍生金融工具的投资收益和金融资产持有期间取得的收益等分项披露。母公司的数据还应包括从子公司取得的股利。

(16) 公允价值变动收益应按交易性金融资产公允价值变动收益、交易性金融负债公允价值变动收益、衍生金融工具公允价值变动收益和融出证券公允价值变动收益等分项披露。

(17) 其他收入应按项目分别披露收入与支出。

(18) 公司应按重要性原则披露营业税金及附加、业务及管理费、营业外收支的明细及比较数字。

(19) 公司应编制资产减值准备变动表,分项披露各项减值准备的变动情况。

(20) 公司应披露主要税种和税率,如营业税、所得税等;若有税负减免的,应说明批准机关、文号、减免幅度及有效期限;如果各分公司、专业子公司异地独立纳税,其执行不同税率的,应予说明。

(21) 公司应披露其所控制的境内外所有公司及合营企业、联营企业的全称、注册资本、经营范围以及本公司对其投资额和所占权益比例等。未纳入合并财务报表范围的子公司,应明确说明原因及对财务状况的影响。合并报表范围如发生变更,应当披露变更内容、原因。公司报告期内若发生购买股权而增加控股子公司、合营企业的情况,应说明每个新增企业的购买日及其确定方法。

三、保险公司会计报表的编制

(一) 保险公司资产负债表

1. 保险公司资产负债表的格式及内容

保险公司资产负债表的格式与内容如表10-9所示。

表10-9　　　　　　　　　　保险公司资产负债表

编制单位：　　　　　　　　　　____年__月__日　　　　　　　　金额单位：元

资产	行次	年初数	期末数	负债和所有者权益	行次	年初数	期末数
资产：				负债：			
货币资金	1			短期借款	35		
拆出资金	2			拆入资金	36		
交易性金融资产	3			交易性金融负债	37		
衍生金融资产	4			衍生金融负债	38		
买入返售金融资产	5			卖出回购金融资产款	39		
应收利息	6			预收保费	40		
应收保费	7			应付手续费及佣金	41		
应收代位追偿款	8			应付分保账款	42		
应收分保账款	9			应付职工薪酬	43		
应收分保未到期责任准备金	10			应交税费	44		
应收分保未决赔款准备金	11			应付赔付款	45		
应收分保寿险责任准备金	12			应付保单红利	46		
应收分保长期健康险责任准备金	13			其他应付款	47		
保户质押贷款	14			保户储金及投资款	48		
预付赔付款	15			未到期责任准备金	49		
其他应收款	16			未决赔款准备金	50		
定期存款	17			寿险责任准备金	51		
可供出售金融资产	18			长期健康险责任准备金	52		
持有至到期投资	19			长期借款	53		
长期股权投资	20			应付债券	54		
存出资本保证金	21			独立账户负债	55		
贷款	22			递延所得税负债	56		
投资性房地产	23			其他负债	57		
固定资产	24			负债合计	58		
在建工程	25			实收资本（或股本）	59		
固定资产清理	26			国家资本	60		
无形资产	27			集体资本	61		
商誉	28			法人资本	62		
长期待摊费用	29			其中：国有法人资本	63		
抵债资产	30			个人资本	64		
独立账户资产	31			外商资本	65		

续表

资产	行次	年初数	期末数	负债和所有者权益	行次	年初数	期末数
递延所得税资产	32			资本公积	66		
其他资产	33			减：库存股	67		
				盈余公积	68		
				一般风险准备	69		
				未分配利润	70		
				外币报表折算差额	71		
				归属于母公司所有者权益合计	72		
				少数股东权益	73		
				所有者权益（或股东权益）合计	74		
资产总计	34			负债和所有者权益（或股东权益）总计	75		

2. 保险公司资产负债表的编制方法

保险公司资产负债表反映期末全部资产、负债和所有者权益情况。表内资产总计等于负债加所有者权益总计。表中"年初数"栏内各项数字，应根据上年末资产负债表"期末数"栏内所列数字填列。如果本年度资产负债表规定的各个项目的名称和内容同上年度不相一致，应对上年年末资产负债表各项目的名称和数字按照本年度的规定进行调整，填入表中"年初数"栏内。保险公司资产负债表中各项目的内容和填列方法如下：

（1）"货币资金"项目，反映公司期末持有的现金、银行存款和其他货币资金总额。

（2）"拆出资金"项目，反映公司拆借给境内、境外其他金融机构的款项，应根据"拆出资金"科目的期末余额减去"贷款损失准备"科目所属相关明晰科目期末余额后的金额分析计算填列。

（3）"交易性金融资产"项目，反映公司持有的以公允价值计量，且其变动计入当期损益的以交易为目的所持有的债券投资、股票投资、基金投资、权证投资等金融资产，但衍生金融资产除外。

（4）"衍生金融资产"项目，反映公司期末持有的衍生工具、套期工具、被套期项目中属于衍生金融资产的金额，应根据"衍生工具"、"套期工具"、"被套期项目"等科目的期末余额分析计算填列。

（5）"买入返售金融资产"项目，反映按照返售协议约定先买入再按固定价格返售的票据、证券、贷款等金融资产所融出资金。

（6）"应收利息"项目，反映公司交易性金融资产、持有至到期投资、可供出售金融资产、发放贷款、存放中央银行款项、拆出资金、买入返售金融资产等应收取的利息。

（7）"应收保费"项目，反映按照原保险合同约定应向投保人收取的保费。

（8）"应收代位追偿款"项目，反映按照原保险合同约定承担赔付保险金责任后确认的代位追偿款。

(9)"应收分保账款"项目,反映公司从事再保险业务应收取的款项。

(10)"应收分保未到期责任准备金"、"应收分保未决赔款准备金"、"应收分保寿险责任准备金"、"应收分保长期健康险责任准备金"项目,反映再保险分出人从事再保险业务确认的应收分保未到期责任准备金,以及应向再保险接受人摊回的保险责任准备金。

(11)"保户质押贷款"项目,反映按规定对保户提供的质押贷款。

(12)"预付赔付款"项目,反映公司从事保险业务预先支付的赔付款。

(13)"其他应收款"项目,反映公司除存出保证金、买入返售金融资产、应收票据、应收账款、预付账款、应收股利、应收利息、应收代位追偿款、应收分保账款、应收分保合同准备金、长期应收款等以外的其他各种应收及暂付款项。

(14)"定期存款"项目,反映公司持有的定期存款和通知存款总额,本项目根据"定期存款"和"通知存款"科目期末余额加总后填列。

(15)"可供出售金融资产"项目,反映公司持有的以公允价值计量的可供出售股票投资、债券投资等金融资产。本项目应根据"可供出售金融资产"科目的期末余额减去"可供出售金融资产减值准备"科目期末余额后的金额填列。

(16)"持有至到期投资",反映到期日固定、回收金额固定或可确定,且企业有明确意图和能力持有至到期的非衍生金融资产。本项目应根据"持有至到期投资"科目的期末余额减去"持有至到期投资减值准备"科目期末余额后的金额填列。

(17)"长期股权投资"项目,反映公司持有的对子公司、联营企业和合营企业的长期股权投资。本项目应根据"长期股权投资"科目的期末余额减去"长期股权投资减值准备"科目期末余额后的金额填列。

(18)"存出资本保证金"项目,反映按规定比例缴存的资本保证金。

(19)"贷款"项目,反映公司在《中华人民共和国保险法》颁布以前发放的目前尚未收回的贷款扣减贷款损失准备期末余额后的金额。

(20)"投资性房地产"项目,反映公司持有的投资性房地产。采用成本模式计量投资性房地产的,本项目应根据"投资性房地产"科目的期末余额减去"投资性房地产累计折旧(摊销)"和"投资性房地产减值准备"科目期末余额后的金额填列,采用公允价值计量投资性房地产的,本项目应根据"投资性房地产"科目的期末余额填列。

(21)"固定资产"项目,反映公司持有固定资产的账面余额扣减累计折旧、减值准备后的账面价值。

(22)"在建工程"项目,反映公司尚未达到预定可使用状态的在建工程的成本扣减减值准备后的账面价值。

(23)"固定资产清理"项目,反映公司因出售、毁损、报废等原因转入清理但尚未清理完毕的固定资产净值,以及固定资产清理过程中所发生的清理费用和变价收入等各项金额的差额。

(24)"无形资产"项目,反映公司持有无形资产的成本,包括专利权、非专利技术、商标权、著作权、土地使用权等,扣减累计摊销、无形减值准备后的账面价值。

(25)"商誉"项目,反映公司合并中形成的商誉的价值。本项目应根据"商誉"科目的期末余额减去相应减值准备后的金额填列。

(26)"长期待摊费用"项目,反映公司已经发生但应由本期和以后各期负担的分摊期限在一年以上的各项费用。本项目应根据"长期待摊费用"科目的期末余额填列。

(27)"抵债资产"项目,反映公司取得的尚未处置的实物抵债资产的成本减去抵债资产减值准备后的账面价值。

(28)"独立账户资产"项目,反映对分拆核算的投资连结产品不属于风险保障部分确认的独立账户资产价值。

(29)"递延所得税资产"项目,反映公司确认的可抵扣暂时性差异产生的递延所得税资产。

(30)"其他资产"项目,反映除以上资产以外的其他资产。主要包括应收股利、预付账款、存出保证金、其他应收款、物料用品、低值易耗品、损余物资、融资租赁出租方的"长期应收款"扣减累计减值准备、未实现融资收益后的净额以及其他未列示的资产。

(31)"短期借款"项目,反映公司向银行或其他金融机构借入的期限在1年期以下(含1年)的各种借款。本项目应根据"短期借款"科目的期末余额填列。

(32)"拆入资金"项目,反映从境内、境外金融机构拆入的款项。

(33)"交易性金融负债"项目,反映公司承担的以公允价值计量且其变动计入当期损益的以交易为目的所持有的金融负债,但衍生金融负债除外。

(34)"衍生金融负债",反映衍生工具、套期项目、被套期项目中属于衍生金融负债的金额,应根据"衍生工具"、"套期项目"、"被套期项目"等科目的期末贷方余额分析计算填列。

(35)"卖出回购金融资产款"项目,反映公司按照回购协议先卖出再按固定价格买入的票据、证券、贷款等金融资产所融入的资金。

(36)"预收保费"项目,反映收到未满足保费收入确认条件的保险费。

(37)"应付手续费及佣金"项目,反映应支付但尚未支付的手续费和佣金。

(38)"应付分保账款"项目,反映从事再保险业务应付未付的款项。

(39)"应付职工薪酬"项目,反映公司根据有关规定应付给职工的各种薪酬。

(40)"应交税费"项目,反映公司按照《税法》等规定计算应缴纳的各种税费。包括增值税、消费税、营业税、所得税、资源税、土地增值税、城市维护建设税、房产税、土地使用税、车船税、教育费附加、矿产资源补偿。企业代扣代缴的个人所得税等也通过本项目反映。

(41)"应付赔付款"项目,反映公司应支付但尚未支付的赔付款项。

(42)"应付保单红利"项目,反映公司按原保险合同约定应付未付投保人的红利。

(43)"其他应付款"项目,反映公司除应付票据、应付账款、预收账款、应付职工薪酬、应付利息、应付股利、应交税费、长期应付款等以外的其他各项应付、暂收的款项。

(44)"保户储金及投资款"项目,反映公司收到尚未返还的保户储金和投资款。

(45)"未到期责任准备金"项目,反映公司提取的非寿险原保险合同未到期责任准备金以及再保险接受人提取的再保险合同分保未到期责任准备金。

(46)"未决赔款准备金"、"寿险责任准备金"、"长期健康险责任准备金"项目,反映公司提取的原保险合同保险责任准备金以及再保险接受人提取的再保险合同保险责任准备金。

(47)"长期借款"项目,反映公司向银行或其他金融机构借入的期限在1年以上(不含1年)的各项借款。

(48)"应付债券"项目,反映公司为筹集(长期)资金而发行债券的本金和利息。本项目应根据"应付债券"科目的期末余额填列。

(49)"独立账户负债"项目,反映对分拆核算的投资连结产品不属于风险保障部分确认的独立账户负债。

(50)"递延所得税负债"项目,反映公司确认的应纳税暂时性差异产生的所得税负债。

(51)"其他负债"项目,反映除以上负债以外的其他负债。包括应付股利、应付利息、存入保证金、预计负债、长期应付款账面余额减去未确认融资费用后的净额等。

(52)"实收资本(或股本)"项目,反映公司接受投资者投入的实收资本。其中,"国有资本"和"外商资本"单独列示。对于上市金融企业,其公开发行且在市场上流通的股票,如果在披露时点能明确确定为国有股或外商持有股份,应填列在"国有资本"或"外商资本",如果不能明确确定则不用填列。

(53)"资本公积"项目,反映公司收到投资者出资额超出其在注册资本或股本中所占份额的部分,直接计入所有者权益的利得和损失也在本项目田填列。

(54)"库存股"项目,反映公司持有尚未转让或注销的本公司股份金额。

(55)"盈余公积"项目,反映公司从净利润中提取的盈余公积。

(56)"一般风险准备"项目,反映公司按规定从净利润中提取的一般风险准备。信托投资公司在税后提取的信托赔偿准备在该项目中填列。

(57)"未分配利润"项目,反映尚未分配的利润,未弥补的亏损,在本项目内以"-"填列。

(58)"外币报表折算差额"项目,反映因合并外币报表产生的折算差额。

(59)"归属于母公司所有者权益合计"项目,反映在合并报表中归属于母公司的所有者权益部分。

(60)"少数股东权益"项目,反映编制合并报表时,子公司所有者权益中由母公司以外的其他投资者所拥有的权益份额。

(二)保险公司利润表

1. 保险公司利润表的格式及内容

保险公司利润表的格式及内容如表10-10所示。

表 10-10 保险公司利润表

编制单位：　　　　　　　　　　　____年__月　　　　　　　　　　　金额单位：元

项　　目	行　次	本月数	本年累计数
一、营业收入	1		
（一）已赚保费	2		
保险业务收入	3		
其中：分保费收入	4		
减：分出保费	5		
提取未到期责任准备金	6		
（二）投资收益（损失以"-"号填列）	7		
其中：对联营企业和合营企业的投资收益	8		
（三）公允价值变动收益（损失以"-"号填列）	9		
（四）其他收入	10		
汇兑收益（损失以"-"号填列）	11		
其他业务收入	12		
二、营业支出	13		
（一）退保金	14		
（二）赔付支出	15		
减：摊回赔付支出	16		
（三）提取保险责任准备金	17		
减：摊回保险责任准备金	18		
（四）保单红利支出	19		
（五）分保费用	20		
（六）营业税金及附加	21		
（七）手续费及佣金支出	22		
（八）业务及管理费	23		
减：摊回分保费用	24		
（九）其他业务成本	25		
（十）资产减值损失	26		
三、营业利润（亏损以"-"号填列）	27		
加：营业外收入	28		
减：营业外支出	29		
四、利润总额（亏损以"-"号填列）	30		
减：所得税费用	31		
五、净利润（亏损以"-"号填列）	32		
归属于母公司所有者的净利润	33		
少数股东损益	34		
六、每股收益：	35		
（一）基本每股收益	36		
（二）稀释每股收益	37		
七、其他综合收益	38		
八、综合收益总额	39		
（一）归属于母公司所有者的综合收益总额	40		
（二）归属于少数股东的综合收益总额	41		

第十章 金融企业财务报告及财务分析

2. 保险公司利润表的编制方法

保险公司利润表中"本年数"、"上年数"栏的填制方法同商业银行。保险公司利润表各项目的内容和填列方法如下:

(1) "营业收入"项目,反映"已赚保费"、"投资收益"、"公允价值变动收益"、"汇兑收益"、"其他业务收入"等项目的金额合计。

(2) "已赚保费"项目,反映"保险业务收入"项目金额减去"分出保费"、"提取未到期责任准备金"项目金额后的余额。

(3) "保险业务收入"项目,反映公司从事保险业务确认的原保费收入和分保费收入,应根据"保费收入"科目的发生额分析填列。其中,"分保费收入"应单独填列。

(4) "分出保费"项目,反映公司从事再保险业务分出的保费,应根据"分出保费"科目的发生额分析填列。

(5) "提取未到期责任准备金"项目,反映公司提取的非寿险原保险合同未到期责任准备金和再保险合同分保未到期责任准备金。

(6) "投资收益"项目,反映公司以各种方式对外投资取得的收益,定期存款、保户质押贷款、买入返售金融资产形成的利息收入,也在"投资收益"项目反映。如为投资损失,本项目以"-"号填列。其中,对联营企业和合营企业的投资收益应单独列示。

(7) "公允价值变动收益"项目,反映公司应当计入当期损益的资产或负债公允价值的变动收益。本项目应根据"公允价值变动收益"科目的发生额分析填列,如为净损失,本项目以"-"号填列。

(8) "汇兑收益"项目,反映公司外币货币性项目因汇率变动形成的净收益,应根据"汇兑损益"科目的发生额分析填列。如为净损失,以"-"号填列。

(9) "其他业务收入"项目,反映公司确认的除主营业务活动以外的其他经营活动实现的收入,包括出租固定资产、出租无形资产、出租包装物和商品、销售材料、用材料进行非货币性交换(非货币性资产交换具有商业实质且公允价值能够可靠计量)或债务重组等实现的收入。

(10) "营业支出"项目,反映"退保金"、"赔付支出"、"提取保险责任准备金"、"保单红利支出"、"分保费用"、"营业税金及附加"、"手续费及佣金支出"、"业务及管理费"、"其他业务成本"、"资产减值损失"等项目金额合计,减去"摊回赔付支出"、"摊回保险责任准备金"、"摊回分保费用"等项目金额后的余额。

(11) "退保金"项目,反映公司寿险原保险合同提前解除时,按照约定退还投保人的保单现金价值。

(12) "赔付支出"项目,反映公司支付的原保险合同赔付款项和再保险合同赔付款项。

(13) "摊回赔付支出"项目,反映公司向再保险接受人摊回的赔付成本。

(14) "提取保险责任准备金"项目,反映公司提取的保险责任准备金,包括未决赔款准备金、寿险责任准备金、长期健康险责任准备金,应根据"提取保险责任准备金"

科目的发生额分析填列。

(15)"摊回保险责任准备金"项目,反映公司从事再保险业务应向再保险接受人摊回的保险责任准备金,包括未决赔款准备金、寿险责任准备金、长期健康险责任准备金。

(16)"保单红利支出"项目,反映按原保险合同约定支付给投保人的红利。

(17)"分保费用"项目,反映公司从事再保险业务支付的分保费用。

(18)"营业税金及附加"项目,反映公司经营活动发生的营业税、消费税、城市维护建设税、资源税和教育费附加等相关税费。与投资性房地产相关的房产税、土地使用税在本项目填列。

(19)"手续费及佣金支出"项目,反映公司发生的与其经营活动相关的各项手续费、佣金等支出。

(20)"业务及管理费"项目,反映公司在业务经营和管理过程中所发生的电子设备运转费、安全防范费、物业管理费等费用,应根据"业务及管理费"科目的发生额分析填列。

(21)"摊回分保费用"项目,反映公司从事再保险业务向再保险接受人摊回的分保费用。

(22)"其他业务成本"项目,反映除以上各项成本和"资产减值损失"之外的其他业务成本。

(23)"资产减值损失"项目,反映公司计提(或恢复后转回)各项资产减值准备所形成的损失,如本项目为恢复后转回的金额,以"-"号填列。

(24)"营业外收入"项目,反映公司发生的各项营业外收入,主要包括非流动资产处置利得、非货币性资产交换利得、债务重组利得、政府补助、盘盈利得、捐赠利得等。

(25)"营业外支出"项目,反映公司发生的各项营业外支出,包括非流动资产处置损失、非货币性资产交换损失、债务重组损失、公益性捐赠支出、非常损失、盘亏损失等。

(26)"所得税费用"项目,反映公司确认的应从当期利润总额中扣除的所得税费用。

(27)"净利润"项目,反映公司实现的净利润。

(28)"归属于母公司所有者的净利润"项目,反映公司编制合并报表时净利润中归属于母公司所有者的部分。

(29)"少数股东损益"项目,反映编制合并会计报表时子公司净利润中属于母公司以外的其他投资者部分。

(30)"基本每股收益"、"稀释每股收益"项目,反映按照每股收益准则的规定计算的金额,本项目仅由普通股或潜在普通股已公开交易的企业,以及正处于公开发行普通股或潜在普通股过程中的企业填报。

(三)保险公司现金流量表

保险公司现金流量表的格式及内容如表10-11所示。

表 10–11　　　　　　　　　　　　保险公司现金流量表

编制单位：　　　　　　　　　　　　年　月　日　　　　　　　　　　　　单位：元

项目	行次	本期金额	上年金额
一、经营活动产生的现金流量：	1		
收到原保险合同保费取得的现金	2		
收到再保业务现金净额	3		
保户储金及投资款净增加额	4		
收到其他与经营活动有关的现金	5		
经营活动现金流入小计	6		
支付原保险合同赔付款项的现金	7		
支付手续费及佣金的现金	8		
支付保单红利的现金	9		
支付给职工以及为职工支付的现金	10		
支付的各项税费	11		
支付其他与经营活动有关的现金	12		
经营活动现金流出小计	13		
经营活动产生的现金流量净额	14		
二、投资活动产生的现金流量：	15		
收回投资收到的现金	16		
取得投资收益收到的现金	17		
收到其他与投资活动有关的现金	18		
投资活动现金流入小计	19		
投资支付的现金	20		
质押贷款净增加额	21		
购建固定资产、无形资产和其他长期资产支付的现金	22		
支付其他与投资活动有关的现金	23		
投资活动现金流出小计	24		
投资活动产生的现金流量净额	25		
三、筹资活动产生的现金流量：	26		
吸收投资收到的现金	27		
其中：子公司吸收少数股东投资收到的现金	28		
发行债券收到的现金	29		
收到其他与筹资活动有关的现金	30		
筹资活动现金流入小计	31		
偿还债务支付的现金	32		
分配股利、利润或偿付利息支付的现金	33		
其中：子公司支付给少数股东的股利、利润	34		
支付其他与筹资活动有关的现金	35		
筹资活动现金流出小计	36		
筹资活动产生的现金流量净额	37		
四、汇率变动对现金及现金等价物的影响	38		
五、现金及现金等价物净增加额	39		
加：期初现金及现金等价物余额	40		
六、期末现金及现金等价物余额	41		

(四) 保险公司报表附注的要求及规定

由于保险公司经营活动的特殊性,保险公司报表附注应披露的内容与其他金融企业有很大区别。保险公司报表附注的要求及规定如下:

(1) 会计报表编制基准不符合会计核算基本前提的说明,主要包括两部分内容:①会计报表不符合会计核算基本前提的事项。②对编制合并会计报表的企业,应说明纳入合并范围的子公司的名称、业务性质、注册地、注册资本、实际投资额、母公司所持有的权益性资本的比例及合并期间。报告期纳入合并范围的子公司有增减变动的,还应说明增减变动的情况以及合并范围变动的基准日。对纳入合并范围但母公司持股未达到50%以上的子公司,应说明纳入合并范围的原因。

(2) 重要会计政策和会计估计的说明。会计政策是指保险公司在会计核算时所遵循的具体原则以及保险公司所采用的具体会计处理方法。具体原则,是指保险公司按照国家统一的会计核算制度所制定的、适合于本公司的会计制度中所采用的会计原则;具体会计处理方法,是指保险公司在会计核算中对于诸多可选择的会计处理方法中所选择的、适合于本企业的会计处理方法。例如,长期投资的具体会计处理方法、坏账损失的核算方法等。会计估计,是指保险公司对其结果不能确定的交易或事项以最近可利用的信息为基础所做的判断。例如,固定资产预计使用年限与预计净残值、预计无形资产的受益期、精算假设等。

在会计报表附注中,重要会计政策和会计估计的说明主要包括:①会计年度、记账本位币、记账基础和计价原则。②外币业务折算方法、外币报表折算方法。③现金等价物的确定标准、收入确认的方法。④短期投资、坏账、存货、应付债券、在建工程、长期投资等的核算方法。⑤固定资产计价和折旧方法、无形资产计价及摊销政策、长期待摊费用的摊销政策。⑥借款费用、所得税的会计处理方法。⑦合并会计报表的编制方法。⑧未决赔款准备金估计的基础、未到期责任准备金计提的方法、对采用贴现方法提取准备金的说明(使用的贴现率及确定依据)、长期责任准备金的计提方法、寿险责任准备金和长期健康险责任准备金的精算方法及采用的主要精算假设。⑨回售证券、外汇交易合约、利率期货、远期汇率合约、货币和利率套期、货币和利率期权等衍生金融工具等的计价方法。

(3) 会计政策变更的说明。公司所采用的会计政策,前后各期应当保持一致,不得随意变更。但若法律或会计准则等行政法规、经济环境变化等原因,使得变更会计政策后能够提供企业有关财务状况、经营成果和现金流量等更可靠、更相关的会计信息,则应改变原选用的会计政策。根据《金融企业会计制度》,会计政策的变更,必须符合下列条件之一:①法律或会计制度等行政法规、规章的要求。②这种变更能够提供有关金融企业财务状况、经营成果和现金流量等更可靠、更相关的会计信息。需要说明的是,当本期发生的交易或事项与以前相比具有本质差别而采用新的会计政策,以及对初次发生的或不重要的交易或事项采用新的会计政策时,不属于会计政策变更。

会计政策变更的会计处理方法一般根据会计政策变更的累积影响数能否合理确定而有所不同。会计政策变更的累积影响数是指按变更后的会计政策对以前各项追溯计算的

第十章 金融企业财务报告及财务分析

变更年度期初各有关留存收益项目应有的金额与现有的金额之间的差额。会计政策变更的累积影响数，是假设与会计政策变更相关的交易或事项在初次发生时即采用新的会计政策而得出的变更年度期初留存收益应有的金额与现有的金额之间的差额。

会计政策变更一般采用追溯调整法，如果会计政策变更的累积影响数不能合理确定，会计政策变更应采用未来适用法。追溯调整法，是指对某项交易或事项变更会计政策时，如同该交易或事项初次发生就开始采用新的会计政策，并以此对相关项目进行调整的方法。追溯调整法的运用通常由计算会计政策变更的累积影响数、相关的账务处理、调整会计报表相关项目、附注说明等步骤构成。未来适用法，指对某项交易或事项变更会计政策时，新的会计政策适用于变更当期及未来期间发生的交易或事项的方法。

保险公司按照法律或会计制度等行政法规、规章要求变更会计政策时，应按国家发布的相关会计处理规定执行，如果没有相关的会计处理规定，应当采用追溯调整法进行处理。金融企业为了能够提供更可靠、更相关的会计信息而变更会计政策时，应当采用追溯调整法进行处理。

在采用追溯调整法时，应当将会计政策变更的累积影响数调整期初留存收益，会计报表其他相关项目的期初数也一并调整，但不需要重编以前年度的会计报表。累积影响数通常可以通过以下各步计算获得：①根据新的会计政策重新计算受影响的前期交易或事项。②计算两种会计政策下的差异。③计算差异的所得税影响金额（如果需要调整所得税影响金额的）。④确定前期中的每一期的税后差异。⑤计算会计政策变更的累积影响数。

保险公司应当在会计报表附注中披露会计政策变更的内容和理由、会计政策变更的影响数，或累积影响数不能合理确定的理由。

（4）会计估计变更的说明。由于保险公司经营活动中内在不确定因素的影响，某些会计报表项目不能精确地计量，而只能加以估计。如果赖以进行估计的基础发生了变化，或者由于取得新的信息、积累更多的经验以及后来的发展变化，可能需要对会计估计进行修订。会计估计变更的会计处理，采用未来适用法，不调整以前年度会计报表，也不需要计算会计估计变更的累积影响数，但应当对变更当期和未来期间发生的交易或事项采用新的会计估计进行处理。会计估计的变更，如果仅影响变更当期，会计估计变更的影响数应计入变更当期与前期相同的相关项目中；如果既影响变更当期又影响未来期间，会计估计变更的影响数应计入变更当期和未来期间与前期相同的相关项目中。需要强调的是，当难以区分会计政策变更与会计估计变更时，采用会计估计变更的会计处理方法。

对于滥用会计政策和会计估计及其变更，应当作为重大会计差错予以更正。对于本期发现的与前期相关的重大会计差错，如影响损益，应将其对损益的影响数调整发现当期的期初留存收益，会计报表其他相关项目的期初数也应一并调整；如不影响损益，应调整会计报表相关项目的期初数。如果本期发现的与本期相关的重大会计差错，应调整本期相关项目。

在会计报表附注中，对会计估计变更的说明。保险公司应当在会计报表附注中披露会计估计变更的内容和理由、会计估计变更的影响数，或会计估计变更的影响数不能确定的理由。

（5）或有事项的说明。或有事项是指过去的交易或事项形成的一种状况，其结果需通过未来不确定事项的发生或不发生予以证实，如未决诉讼、债务担保等。如果与或有事项相关的义务同时符合以下三项条件，保险公司应当将其作为负债，在资产负债表单列"预计负债"项目反映：①该义务是金融企业承担的现时义务。②该义务的履行很可能导致经济利益流出金融企业。③该义务的金额能够可靠地计量。如果按规定确认的预计负债所需支出全部或部分预期由第三方或其他方补偿，则补偿金额只能在基本确定能收到时，作为资产单独确认，但确认的补偿金额不应当超过所确认负债的账面价值。

在会计报表附注中，对或有事项的说明。保险公司应当在会计报表附注中披露如下事项形成的原因，预计产生的财务影响（如无法预计，应当说明理由），以及获得补偿的可能性：①已承兑商业汇票形成的或有负债。②未决诉讼、仲裁形成的或有负债。③为其他单位提供债务担保形成的或有负债。④其他或有负债。在涉及未决诉讼、仲裁的情况下，按国家统一会计制度规定如果披露全部或部分信息预期会对企业造成重大不利影响，则企业无须披露这些信息，但应披露未决诉讼、仲裁的原因。

或有资产很可能会给金融企业带来经济利益时，应当在会计报表附注中披露其形成的原因；如果能够预计其产生的财务影响，还应当作相应披露。

（6）资产负债表日后事项的说明。资产负债表日后事项指资产负债表日至财务报告批准报出日之间发生的需要调整或说明的有利或不利事项。财务报告批准报出日，指董事会或类似机构批准财务报告报出的日期。资产负债表日后事项分为调整事项与非调整事项。资产负债表日至财务报告批准报出日之间发生的，为资产负债表日已经存在的情况提供了新的或进一步证据，有助于对资产负债表日存在情况有关的金额作出重新估计的事项，应作为调整事项。例如：①已证实某项资产在资产负债表日已减值，或为该项资产已确认的减值损失需要调整。②表明应将资产负债表日存在的某项现时义务予以确认，或已对某项义务确认的负债需要调整。③表明资产负债表所属期间或以前期间存在重大会计差错。④发生资产负债表所属期间或以前期间所售商品的退回。企业应就调整事项，对资产负债表日所确认的资产、负债和所有者权益，以及资产负债表日所属期间的收入、费用等进行调整。资产负债表日后至财务报告批准报出日之间才发生的，不影响资产负债表日的存在情况，但不加以说明将会影响财务报告使用者作出正确估计和决策的事项，应作为非调整事项。例如：①发行股票和债券。②资本公积转增资本。③对外巨额举债或对外巨额投资。④发生巨额亏损。⑤自然灾害导致资产发生重大损失。⑥外汇汇率或税收政策发生重大变化。⑦发生重大企业合并或处置子公司。⑧对外提供重大担保或对外签订重大抵押合同。⑨发生重大诉讼、仲裁或承诺事项。⑩发生重大会计政策变更。保险公司应就非调整事项，披露其性质、内容以及对财务状况和经营成果的影响。如无法作出估计，应说明理由。

对资产负债表日后至财务报告批准报出日之间由董事会或类似机构所制定利润分配方案中分配的股票股利在会计报表附注中单独披露。如果资产负债表日后事项表明持续经营假设不再适用，则企业不应在持续经营的基础上编制会计报表；同时，还应披露如下内容：①不以持续经营假设编制会计报表的事实。②持续经营假设不再适用的原因。③编制非持续经营会计报表所采用的基础。

（7）关联方关系及其交易的披露。在企业财务和经营决策中，如果一方有能力直接或间接控制、共同控制另一方或对另一方施加重大影响，则它们之间存在关联方关系；如果两方或多方同受一方控制，则它们之间也存在关联方关系。关联方关系主要存在于：①直接或间接地控制其他企业或受其他企业控制，以及同受某一企业控制的两个或多个企业（例如，母公司、子公司、受同一母公司控制的子公司之间）。②合营企业是指按合同规定经济活动由投资双方或若干方共同控制的企业。③联营企业是指投资者对其具有重大影响，但不是投资者的子公司或合营企业的企业。④主要投资者个人、关键管理人员或与其关系密切的家庭成员。主要投资者个人是指直接或间接地控制一个企业10%或以上表决权资本的个人投资者；关键管理人员是指有权力并负责进行计划、指挥和控制企业活动的人员；关系密切的家庭成员是指在处理与企业的交易时有可能影响某人或受其影响的家庭成员。⑤受主要投资者个人、关键管理人员或与其关系密切的家庭成员直接控制的其他企业。关联方关系及其交易只需要在会计报表附注中披露相关信息。关联方之间交易的核算，与同非关联方交易的核算相同，其交易的相关数据包括在会计报表有关项目内，在会计报表中不需要单独反映关联方之间交易的金额。

在存在控制关系的情况下，关联方如为企业时，不论它们之间有无交易，都应当在会计报表附注中披露企业类型、名称、法定代表人、注册地、注册资本及其变化、企业的主营业务、所持股份或权益及其变化。企业与关联方发生交易的情况下，企业应当在会计报表附注中披露关联方关系的性质、交易类型及其交易要素。这些要素一般包括：交易的金额或相应比例、未结算项目的金额或相应比例、定价政策（包括没有金额或只有象征性金额的交易）。

关联方交易应当分别关联方以及交易类型予以披露，类型相同的关联方交易在不影响会计报表使用者正确理解的情况下可以合并披露。

（8）在会计报表附注中对投资类保险产品的披露。其包括：①投资连结产品。对于经营投资连结产品的保险公司，在会计报表附注中应披露：投资连结产品基本情况，如独立账户名称、设立时间、账户特征、投资组合规定、投资风险等。独立账户的资产负债表、投资收益表和净资产变动表。独立账户单位数及每一独立账户单位净资产。独立账户的投资组合情况。风险保费、独立账户管理费和保单管理费计提情况。投资连结产品采用的主要会计政策。独立账户资产的估值原则。保险公司应按下列估值原则对独立账户资产进行估值：第一，任何上市流通的有价证券，以其估值日在证券交易所挂牌的市价（平均价或收盘价）估值；估值日无交易的，以最近交易日的市价估值。第二，未上市的股票应区分以下情况处理：配股和增发新股，按估值日在证券交易所挂牌的同一股票的市价估值；首次公开发行的股票，按成本估值。第三，配股权证，从配股除权日起到配股确认日止，按市价高于配股价的差额估值；如果市价低于配股价，不估值。第四，如有确凿证据表明按上述方法进行估值不能客观反映其公允价值，按最能反映公允价值的价格估值。第五,如有新增事项,按国家最新规定估值。投资连结产品责任准备金计提的种类、方法和采用的基本假设。有关法律法规及保险合同约定需要披露的其他事项。公司应按有关规定定期单独公布上述独立账户财务会计报告,并且应在公司中期和年度财务会计报告附注中单独披露上述信息。②分红保险产品。对于经营分红保险的保险公司,在会计报表附注中应披露:一是可供分配的分红产品收益;二是公司留存的分红产品收益;三是分红比率;四是有关法律法规及保险合同约定需要披露的其他事项。③万能寿险产品。对于经营万能寿险产品的保险公司,在会计报表附注中应披露万能寿险独立账户资产负债明细和保单持有人利益等情况。④投资型财产险。对于经营投资型财产险的保险公司,在会计报表附注中应披露该产品保证收益率等情况。

第三节 金融企业财务报表分析

一、金融企业财务报表分析的意义及内容

金融企业财务报表分析是以金融企业基本活动为对象、以财务报表为主要信息来源、以分析和综合为主要方法的系统认识企业的过程,其目的是了解过去、评价现在和预测未来,以帮助报表使用人改善决策。财务报表分析的对象是金融企业的各项基本活动。财务报表分析就是从报表中获取符合报表使用人分析目的的信息,认识金融企业活动的特点,评价其业绩,发现其问题。财务报表分析的起点是阅读财务报表,终点是作出某种判断(包括评价和找出问题),中间的财务报表分析过程,由比较、分类、类比、归纳、演绎、分析和综合等认识事物的步骤和方法组成。其中分析与综合是两种最基本的逻辑思维方法。因此,财务报表分析的过程也可以说是分析与综合的统一。做好财务报表分析工作,可以正确评价金融企业的财务状况、经营成果和现金流量情况,揭示金融企业未来的报酬和风险;可以检查金融企业预算完成情况,考核经营管理人员的业绩,为建立健全合理的激励机制提供帮助。

金融企业财务报表分析是由不同的使用者进行的,他们各自有不同的分析重点,也有共同的要求。从金融企业总体来看,财务报表分析的基本内容主要包括以下三个方面:①分析企业的偿债能力,分析企业权益的结构,估量对债务资金的利用程度。②评价企业资产的营运能力,分析企业资产的分布情况和周转使用情况。③评价企业的盈利能力,分析企业利润目标的完成情况和不同年度盈利水平的变动情况。以上三个方面的分析内容互相联系,互相补充,可以综合地描述出企业经营的财务状况、经营成果和现金流量情况,以满足不同使用者对会计信息的基本需要。其中偿债能力是企业财务目标实现的稳健保证,而营运能力是企业财务目标实现的物质基础,盈利能力则是前两者共同作用的结果,同时也对前两者的增强起推动作用。

二、金融企业财务报表分析的基本方法

进行财务报表分析,最主要的方法是比较分析法和因素分析法。

(一) 比较分析法的种类与分析的内容

比较分析法的理论基础是客观事物发展变化的统一性(或共同性)与多样性(或差异性)的辩证结合。共同性使它们具有了可比的基础,差异性使它们具有了不同的特征。在实际分析时,这两方面的比较往往结合使用。

1. 按比较参照标准分类

按比较参照标准分类,比较分析法包括趋势分析法、同业分析和预算差异分析等方法。

(1) 趋势分析法。趋势分析就是分析期与前期或连续数期项目金额的对比。这种对财务报表项目纵向比较分析的方法是一种动态的分析。通过分析期与前期(上季、上年同期)财务报表中有关项目金额的对比,可以从差异中及时发现问题,查找原因,改进工作。连续数期的财务报表项目的比较,能够反映出企业的发展动态,以揭示当期财务状况和营业情况增减变化,判断引起变动的主要项目是什么,这种变化的性质是有利还是不利,'发现问题并评价企业财务管理水平,同时也可以预测企业未来的发展趋势。

(2) 同业分析。将企业的主要财务指标与同行业的平均指标或同行业中先进企业指标对比,可以全面评价企业的经营成绩。与行业平均指标的对比,可以分析判断该企业在同行业中所处的位置。和先进企业的指标对比,有利于吸收先进经验,克服本企业的缺点。

(3) 预算差异分析。将分析期的预算数额作为比较的标准,实际数与预算数的差距就能反映完成预算的程度,可以给进一步分析和寻找企业潜力提供方向。

比较法的主要作用在于揭示客观存在的差距以及形成这种差距的原因,帮助人们发现问题,挖掘潜力,改进工作。比较法是各种分析方法的基础,不仅报表中的绝对数要通过比较才能说明问题,计算出来的财务比率和结构百分数也都要与有关资料(比较标准)进行对比,才能得出有意义的结论。

2. 按比较的指标分类

按比较的指标分类,比较分析法分析的内容包括总量指标、财务比率和结构百分比等。

(1) 总量指标。总量是指财务报表某个项目的金额总量,例如净利润、应收账款、存货等。由于不同企业的会计报表项目的金额之间不具有可比性,因此总量比较主要用于历史和预算比较。有时候总量指标也用于不同企业的比较,例如,证券分析机构按资产规模或利润多少建立的企业排行榜。

(2) 财务比率。财务比率是用倍数或比例表示的分数式,它反映各会计要素的相互关系和内在联系,代表了企业某一方面的特征、属性或能力。财务比率的比较是最重要的比较。它们是相对数,排除了规模的影响,使不同比较对象建立起可比性,因此广泛

用于历史比较、同业比较和预算比较。

(3) 结构百分比。结构百分比是用百分率表示某一报表项目的内部结构。它反映该项目内各组成部分的比例关系,代表了企业某一方面的特征、属性或能力。结构百分比实际上是一种特殊形式的财务比率。它们同样排除了规模的影响,使不同比较对象建立起可比性,可以用于本企业历史比较、与其他企业比较和与预算比较。

(二) 因素分析法

因素分析法也是财务报表分析常用的一种技术方法,它是指把整体分解为若干个局部的分析方法,包括财务的比率因素分解法和差异因素分解法。

1. 比率因素分解法

比率因素分解法,是指把一个财务比率分解为若干个影响因素的方法。例如,资产收益率可以分解为资产周转率和销售利润率两个比率的乘积。财务比率是财务报表分析的特有概念,财务比率分解是财务报表分析所特有的方法。

在实际的分析中,分解法和比较法是结合使用的。比较之后需要分解,以深入了解差异的原因;分解之后还需要比较,以进一步认识其特征。不断地比较和分解,构成了财务报表分析的主要过程。

2. 差异因素分解法

为了解释比较分析中所形成差异的原因,需要使用差异分解法。例如,产品材料成本差异可以分解为价格差异和数量差异。

差异因素分解法又分为定基替代法和连环替代法两种。

(1) 定基替代法。定基替代法是测定比较差异成因的一种定量方法。按照这种方法,需要分别用标准值(历史的、同业企业的或预算的标准)替代实际值,以测定各因素对财务指标的影响。

(2) 连环替代法。连环替代法是另一种测定比较差异成因的定量分析方法。按照这种方法,需要依次用标准值替代实际值,以测定各因素对财务指标的影响。

在财务报表分析中,除了普遍、大量地使用比较法和因素分析法之外,有时还使用回归分析、模拟模型等技术方法。

三、金融企业财务报告分析的主要内容

金融企业财务报告分析的内容主要是围绕安全性、流动性、盈利性的要求来确定的。它包括资金的流动性、资金运用效率、风险程度、收益成本、盈利能力等方面。

(一) 经营状况分析

经营状况分析主要是反映和揭示金融企业以流动资产支付流动负债和长期偿债能力。具体指标主要包括以下几种:

1. 流动比率

流动比率=流动资产/流动负债×100%

流动比率可以反映企业短期偿债能力。一般认为金融企业合理的最低流动比率是1,

若该比率过低，难以应付突发的风险；若该比率过高，又显示金融企业资金的利用率过低，会影响其盈利能力。

影响流动比率的主要因素一般认为是营业周期、流动资产中的应收账款（利息）数额和资金周转速度。对流动比率的进一步分析，主要研究各流动项目的结构比例与组成内容。如分析研究商业银行的流动性，还可以借助存款增长率、存款稳定率、核心存款占总资产的比率、贷款增长率、贷款周转速度、存贷比率等指标。

2. 资本风险比率

资本风险比率 = 风险资产/资本金 × 100%

资本风险比率是衡量金融企业经营风险的指标。资本风险比率越高，说明金融企业的经营风险越高。从这一角度来讲，该比率应比较低为佳。但从经营规模的扩张来看，该比率越高，金融企业的经营规模可能越大，从而可能带来一些风险收益。因此，该比率究竟多大，应根据本企业特点和目标而定。

3. 固定资本比率

固定资本比率 = 固定资产净值/资本金 × 100%

按照金融企业财务制度的规定，固定资产净值与资本金的比率必须控制在一定的比例之内，因此必须考核固定资本比率，以保证企业资本金有较高的流动性和变现能力。

（二）盈利能力分析

盈利能力分析主要是评价金融企业通过经营活动获取收益的能力。金融企业盈利能力的强弱直接影响企业的偿债能力、资本结构的变化和企业现金流量。衡量金融企业盈利能力的指标主要包括以下几种：

1. 资产收益率

资产收益率 = 净利润 × 2/(期初资产总额 + 期末资产总额) × 100%

资产收益率反映了企业的总资产利用效率，或者说是企业所有资产的获利能力，是衡量金融企业盈利状况的重要指标。该比率越高，表明企业在增收节支方面的效果越好。

2. 净资产收益率

净资产收益率 = 净利润/资本总额 × 100%

净资产收益率反映单位资本能够获得的净利润。该指标不但反映了通过盈利增加资本的潜力以及资本运用效率的大小，而且决定了股东收益的多少。另外，实际工作中通常还会计算"经常性净资产收益率"（经常性净资产收益率 = 剔除非经常性损益后的净利润/股东权益期末数 × 100%）来分析企业的获利能力。一般来说，资产只能产生"剔除非经常性损益后的净利润"，所以用这个指标来衡量资产状况更加准确。

3. 利润率

利润率 = 利润总额/营业收入 × 100%

评价金融企业利润率的高低，应将该指标与有关可比指标进行对比，如上年实际指标、企业计划目标、行业平均水平等进行比较，通过比较才能对企业本期经营效益以及工作质量作出正确评价。

4. 成本率

成本率=总成本/营业收入×100%

成本率主要反映金融企业收入与成本相互配比的一个指标。一般来说，该比率越低越好。企业内部管理者还可以进行与内部控制目标、与行业先进水平等的对比，并通过其结构变动的分析了解影响成本率的具体原因，以便采取相应措施降低成本，增加盈利。

5. 主营业务利润率

主营业务利润率=主营业务利润/主营业务收入×100%

一个企业如果要实现可持续性发展，主营业务利润率处于同行业前列并保持稳定十分重要。但是如果该指标异忽寻常地高于同业平均水平也应该谨慎了。

6. 资产收益状况比率

固定资产回报率=营业利润/固定资产净值×100%

总资产回报率=净利润/总资产期末数×100%

经常性总资产回报率=剔除非经常性损益后的净利润/总资产期末数×100%

（三）发展能力分析

发展能力主要分析金融企业未来的增长能力，这是企业所有者、债权人以及其他利益相关者最为关注的问题之一。关系金融企业发展能力的指标主要包括以下几种：

1. 资本积累率

资本积累率=本年资本增长额/上年资本总额×100%

资本积累率表明本年度资本的增长幅度。资本增长速度直接决定企业的市场占有份额及抗风险能力的强弱。

2. 总资产增长率

总资产增长率=本期总资产增长额/上年总资产×100%

总资产增长率反映金融企业的资产增长能力。资产增长速度直接决定企业规模扩张情况。

3. 存款增长率

存款增长率=本期存款增长额/上年存款余额×100%

存款增长率主要是分析商业银行资金来源状况。存款增长越快，说明商业银行可以运用的信贷资金越多，后续发展能力越强。

4. 主营业务收入增长率

主营业务收入增长率=（本期主营业务收入－上期主营业务收入）/上期主营业务收入×100%

该比率越高，说明企业的经营效果越好。

财务报表分析对于了解企业的财务状况和经营业绩，评价企业的偿债能力和盈利能力，制定经济决策，都有着显著的作用。但由于种种因素的影响，财务报表分析及其分析方法，也存在着一定的局限性。在分析中，应注意这些局限性的影响，以保证分析结果的正确性。

第十章 金融企业财务报告及财务分析

本章小结

财务报告是金融企业对外提供会计信息的主要载体和手段,编制和报送财务报告是会计作为一个信息系统运行的最后环节。财务报告能够总括地揭示金融企业的财务状况、经营成果和现金流量等情况。金融企业财务报告的编制应严格遵循《企业会计准则》和相关规定的要求,提供及时准确的会计信息。财务报告分析是以财务报表及其他相关资料为依据,采用专门方法,分析过去、评价现在、预测未来。财务分析的基本功能就是将大量的报表数据转换成特定的对决策有用的信息,从而减少决策的不确定性。

思考题

1. 编制财务报告应遵循哪些基本原则?
2. 金融企业财务报告应包括哪些内容?
3. 简述金融企业财务报告的分类。
4. 金融企业资产负债表、利润表项目排列的规律是什么?
5. 财务报告分析的主要方法有哪些?
6. 金融企业财务报告分析的主要内容。

参 考 文 献

[1] 唐宴春. 金融企业会计. 北京：中国金融出版社，1999.
[2] 李光，陈新宁. 金融企业会计. 北京：清华大学出版社，2010.
[3] 任聪聪，冯凌茹. 金融企业会计. 北京：中国财政经济出版社，2012.
[4] 李燕. 金融企业会计. 大连：东北财经大学出版社，2013.
[5] 中华人民共和国财政部. 金融企业会计制度. 北京：中国财政经济出版社，2002.
[6] 张慧珏，莫桂青. 银行会计. 上海：上海财经大学出版社，2012.
[7] 董文艳，钱红华. 保险会计. 上海：上海财经大学出版社，2011.
[8] 彭雪梅. 保险会计学. 成都：西南财经大学出版社，2010.
[9] 刘莹，廖声华. 证券公司会计. 上海：上海财经大学出版社，2012.
[10] 中华人民共和国财政部. 证券公司会计制度. 北京：经济科学出版社，2000.
[11] 罗素清. 租赁会计研究. 上海：上海三联书店，2005.
[12] 余琼. 商业银行会计. 北京：中国财政经济出版社，2010.